面向21世纪本科应用型经管规划教材·物流管理系列

物流案例分析与方案设计

（第2版）

周兴建　蔡丽华　主编

電子工業出版社
Publishing House of Electronics Industry
北京·BEIJING

内 容 简 介

"互联网+"时代，物流行业日新月异。本书以"互联网+物流"的发展为背景，将物流案例分析与物流方案设计融为一体，结合"互联网+"下的物流管理专业课程教学、物流师职业资格认证考试及全国大学生物流设计大赛的特点编写，通过对"互联网+物流"运作管理过程中典型案例的分析、讨论和研究，将理论与实践相结合，借助案例教学培养学生应用理论来提出、分析和解决实际问题的综合能力。全书分为4篇共15章，包括：第1篇案例分析概述（物流案例分析方法、物流案例教学方法）；第2篇物流案例分析（"互联网+物流"案例分析、家电物流案例分析、汽车物流案例分析、钢铁物流案例分析、服装物流案例分析、烟草物流案例分析、物流金融案例分析、电子商务物流案例分析）；第3篇方案设计概述（物流方案设计概述、物流方案设计类型）和第4篇物流方案设计（冷链物流系统方案设计、敏捷仓储系统方案设计、快递网络系统方案设计）。前两篇从物流案例分析的角度强调灵活应用物流理论，为物流方案设计打下坚实的基础；后两篇从物流方案设计的角度强调充分考虑物流运作管理的实际，与物流案例分析相辅相成、有机结合。

本书可作为普通高等院校物流管理、物流工程、市场营销、工商管理专业，以及经济管理类其他相关专业的学习用书，也可作为MBA、物流管理专业的研究生教材，还可作为物流师职业资格认证的培训教材、全国大学生物流设计的辅助参考书及物流从业人员的参考书。

图书在版编目（CIP）数据

物流案例分析与方案设计 / 周兴建，蔡丽华主编. —2 版. —北京：电子工业出版社，2018.3
面向 21 世纪本科应用型经管规划教材. 物流管理系列
ISBN 978-7-121-33818-2

Ⅰ. ①物…　Ⅱ. ①周…　②蔡…　Ⅲ. ①物流管理—案例—高等学校—教材②物流管理—方案设计—高等学校—教材　Ⅳ. ①F252

中国版本图书馆 CIP 数据核字（2018）第 044309 号

策划编辑：姜淑晶
责任编辑：王凌燕
印　　刷：北京盛通数码印刷有限公司
装　　订：北京盛通数码印刷有限公司
出版发行：电子工业出版社
　　　　　北京市海淀区万寿路 173 信箱　　邮编：100036
开　　本：787×1092　1/16　印张：19.75　字数：505.6 千字
版　　次：2013 年 2 月第 1 版
　　　　　2018 年 3 月第 2 版
印　　次：2025 年 8 月第 13 次印刷
定　　价：48.00 元

凡所购买电子工业出版社图书有缺损问题，请向购买书店调换。若书店售缺，请与本社发行部联系，联系及邮购电话：（010）88254888，88258888。

质量投诉请发邮件至 zlts@phei.com.cn，盗版侵权举报请发邮件至 dbqq@phei.com.cn。

本书咨询联系方式：（010）88254199，sjb@phei.com.cn。

前　言

党的二十大报告指出:“加快发展物联网,建设高效顺畅的流通体系,降低物流成本。”这为推动当下与未来一段时间内我国物流业发展指明了方向，也明确了高校高质量物流人才培养模式的指南。

物流案例分析和物流方案设计是应用理论解决物流运作管理实际问题的两个重要方面。物流案例分析能让学生将知识进行内化，并能将各学科理论进行有效的整合；物流方案设计能让学生从实际的场景出发，提出解决问题的多种可能方案。在从理论到实践的过程中，物流案例分析让学生熟练掌握并运用理论来提出问题和分析问题，物流方案设计则让学生考虑实际因素的影响来解决问题。为了达到上述目的，本书在编写过程中，从物流案例和物流方案两个层面，对精挑细选的案例或方案进行深入、详尽的分析，内容丰富和全面，并自成体系。为了便于学生进行自主学习，案例部分每章开头设置“学习要点”和“话题导入”栏目，每章末尾设置“学习资源”和“课后练习”栏目；方案部分每章开头设置“背景介绍”“学习要点”和“方案摘要”栏目，每章末尾则设置“方案总结”和“复习思考”栏目。“学习要点”“话题导入”及“方案摘要”简述了该章的主要内容并激发学生的学习兴趣；“学习资源”中列出了一些网站地址，供学有余力、想深入学习的学生检索之用；“复习思考”与“课后练习”则用于增进学生对于所学章节内容的理解，并进一步激发学生进行后续学习的兴趣。

本书的特点如下：

（1）用案例反映“互联网+”时代的物流管理原理、方法和实务，实现理论与实践的完美结合。

（2）结合全国大学生物流设计大赛等物流类专业学科竞赛的特点，将案例分析和方案设计有机结合。

（3）结合企业物流人员培训实际及全国物流师职业资格认证考试的特点，精选案例并进行深入剖析。

（4）结合“互联网+”下的物流管理专业课程教学特点，利用案例全面囊括物流业的各个领域。

本书由周兴建和蔡丽华担任主编，冯燕、王佳丽、明惠为副主编。具体编写分工：蔡丽华负责编写第 1 篇，周兴建负责编写第 2 篇，明惠负责编写第 3 篇，冯燕、王佳丽负责编写第 4 篇。全书由周兴建负责框架的构建和统稿。

本书力图呈现给读者最新、最前沿的知识，但是互联网、大数据等技术的迅猛发展，对物流行业影响深远，相关理论、案例及方案的研究还处在一个不断探索的过程之中，加之编写时间仓促和作者水平所限，书中难免存在不妥之处，敬请广大读者批评指正。

目　　录

第 1 篇　案例分析概述

第 2 篇　物流案例分析

第3篇 方案设计概述

第4篇 物流方案设计

第 1 篇　案例分析概述

第1章

物流案例分析方法

【学习要点】

- 案例的分类、特征与案例分析的含义；
- 案例分析的过程与案例分析方法；
- 物流案例分析的特点和分析过程。

【话题导入】

在具体的生活、学习和工作中，我们经常遇到这样的情形：

a. 做某件事情很顺利，而做另一件事却相反。

b. 有些知识看了、听了、学了之后久久不忘，而有些知识则过而不留或印象平淡。自己获得了成功或失败，都会发生一些奇异的促进作用，使自己能更有效地进行新的工作。

c. 别人的一个发明、一次获奖往往会引起自己很多、很深的思考与行动。

d. 亲自参加了某个具体实验之后，再回顾相关的理论、常识，效率特别高。

e. 把例题反复理解或独立再证明之后，记忆更深刻。

f. 读小说、看电视会时不时地将自己也置于其中的角色位置。

g. 许多“灵机一动”的突然线索式因素会使当事人茅塞顿开或打破僵局等。

这些情形经常稍纵即逝，但人们常常会对这些现象进行有意识的自我捕捉、总结分析。通过一个个具体的实例，从更深层去挖掘其规律性、扩展思路，一可认识问题，二可获得方法和技能技巧，这就是所谓的案例分析法。案例分析法强调运用者的意识积极性和思考主动性。

运用案例分析法，一是要有明确、集中的问题为中心，防止目标过于漫无边际；二是案例分析只是线索、途径，绝不能将对于案例的分析作为终点和目的。在案例分析法的应用中，最典型的要算“反求法”。简单地说，“反求法”是将一个问题的各个方面拆开分析，逐一分析其特征和功能等，然后对这一问题进行局部或整体改革。“反求法”是一种以现有对象为目标进行研究，并从中获得收益的方法。

（资料来源：学习时报.www.studytimes.com.cn）

1.1　案例与案例分析法

实践证明，在培养管理人才的过程中，案例分析是一种很有效的方法。因为这种方法能将学习者的注意力吸引到管理实践中已经做过或应当做的事情上，有利于巩固和加深学习者对所学课程的理解，培养学习者综合运用所学知识去解决实际问题的能力。通过案例分析，还能给学习者创造一种身临其境的感觉，使其得到一个对企业管理面临的问题进行分析和处理的机会。此外，案例分析还可让学习者通过扮演企业总经理、部门经理或其他各种重要角色去体验在企业组织中关键岗位的责任，学着解决企业中各方面的问题，从而提高其从事管理工作的能力。在案例学习的发源地——美国，案例的讨论并不苛求结果，而强调分析过程。案例分析的主要任务是训练学习者的逻辑思维能力，因为作为一名优秀的管理人员，其逻辑思维过程一定要严谨和准确。

1.1.1　案例的分类

学习知识的目的在于掌握和灵活运用知识。案例分析就是通过对个案进行研究和成组讨论的方式了解管理的实际情况，从而达到提高决策技巧的目的。所谓“案例”（Case），是对某企业经营过程和实际环境的全面描述，是对管理人员所面临的问题或处境的描述。由于在实际工作中，企业所面临的环境处在不断变化之中，而且影响的因素特别多，同时各行各业的业务特点也不相同，因此，案例的情况千差万别，案例的类型也极其丰富。

案例的分类方法有多种，角度不同，其分类的方法也不同。如按篇幅长短，可分为短、中、长、超长四类。短篇案例通常指 2 500 字以下的案例；中篇案例指在 2 500～5 000 字案例；长篇案例指超过 5 000 字的案例；超过万字的则为超长案例。以传载形式看，可以分为书写案例、影像案例、情景仿真案例及网络上使用的用于过程教育的其他形式的案例。按编写方式则可分为自编、翻译、缩减、改编等类。以所需使用的分析工具不同，又可分为工业、商业、交通运输、服务业及非营利组织等类型。从案例的专业综合程度看，则可分为单一职能性的（如生产、财务、管理、人事、政工等）与跨职能综合性两类。按案例间的关系，又可分为单篇独立型与连续系列型两类。应当指出，这些分类方法都不可能将其划分得十分明确，因为对于某个案例，既可以属于这一种类型，又可以属于另一种类型。

比较实用的分类法是按案例的学习功能来划分的。一般可以分为“描述/评审型”案例与“分析/问题型”案例。“描述/评审型”案例是介绍某一管理事件的全过程，有现成的方案与计划，由案例使用者对之进行评审，指出其长处，同时也点明其不足，还要求以所学的理论作为论证依据陈述其评价的理由。这种案例可以描述发现处理问题的全过程，达到扩大学习者知识面、验证与加深其理解理论的效果。一般是只写到方案拟订好为止，不叙述执行结果，更不加总结与评价，而是留给读者去思考。“描述/评审型”案例既不同于新闻报道，也不同于工作经验总结与介绍、交流材料，“分析/问题型”案例则在情况描述中隐含一定的问题，要学习者把这些问题发掘出来，分清主次，探究原因，拟定对策，最后做决定。这无疑有利于培养学习者全面的工作能力，体现了案例教学的基本要求。因此，“分析/问题型”案例最典型，也是管理案例的主流与躯干。

此外，还要介绍一种较新的案例分类法，它把篇幅、性质、功能、适用范围与使用对象等因素结合起来考虑，把案例归为如下四类：

（1）高结构型或技术性问题型案例。这种案例短小精悍，一般不过 1 500 字，很少有多余信息，只把解决问题的有关事实陈述清楚，并有一种“最佳”解法与“标准”答案，同时希望学习者利用所学过的某种（些）理论或方法来推导出这种解法。它们用来帮助学习者加深理解所学过的某一概念，或学会熟练应用前不久所学过的某一个公式。这种案例类似我们常见的文字作业题，所以又称为“习题或专业性案例”，它们虽不一定非要用定量分析手段，却总是单一专业性的。这类案例主要用于高等院校的学习者或经验不够丰富的初级管理者的基础性教学或培训中。

（2）短篇结构性小品型案例。所谓“结构性”，就是条理分明，在这一点上，与第（1）类是相同的，但其篇幅则不一定限于短篇，也可能是中篇，最长可达一万字，它不同于第（1）种之处是，一般没有什么“标准答案”，也谈不上“最佳解决方案”。不过，在布置作业的教师心目中，多半还是有些概念性的内容，希望学习者能结合实际问题，联系这些概念进行分析。这类案例多用于较低年级学习者或经验较少的管理者，同时，在高年级或经验较丰富的管理人员的教育与培训课程中，可结合讲授少量这类案例，或者在授课过程中利用这类案例作为例证工具。

（3）长篇非结构型或问题与机会确定型案例。这类案例篇幅较长，最长可达 10 万字以上，但典型篇幅大致在 2 万～3 万字。它多是综合性、跨学科的，反映了某一管理情境真实而全面的情况，将有关信息几乎都包括在内，往往掺有无关信息，有关信息有时表述不够完整，基本问题有时也不能表达得很清楚，需要学习者自己下工夫去找出问题，理出思路，分清主次，即“梳理辫子”，然后利用找出的机会，拟订各种备选方案，权衡决策。它实际上就是上述分析/问题型案例。由于哈佛大学应用这种案例最早、最多，也可以称之为哈佛型案例。这类案例当然不存在什么“标准答案”与“最佳方法”，但它涉及多方面管理知识，是典型意义上的案例，是教学中管理案例的主体，其中还有较多人们所推崇与偏爱的理论与做法。这类案例主要用于高年级和高级管理干部的教育与培训课程中。

（4）疆域开拓型案例。这类案例向学习者描述的是个尚待开发的未知领域，无论是管理实践者还是在学术界，对这块新疆域都几乎没做过系统的研究。它所涉及的问题与机会纯属未知，甚至有关概念运用的方法都有待研究。处理这类案例，当然还是要以现有的知识为基础和出发点，但不能单纯地运用这些知识，而应当延伸、拓展它们，并力图用全新的方法去处理案例的信息与数据。这种案例在博士班及某些高级管理研究班上使用，也是目前案例教学中较少采用的一种类型。

1.1.2　案例的特征

案例之所以称为案例，首先在于它是被用于案例教学的“实例”。案例必须是实例，不是实例就不是案例。但是，实例并不等同于案例，案例与实例的重要区别就在于：案例有其特定的文体和书写规范，是为特殊的教学目的服务的。因此，不是所有写实的管理事例都可以一概称为案例。比如，从报刊上摘录的有关管理文章或报道虽然揭示了某些管理问题，但它们并非专门为案例教学所写的。尽管以这些资料为媒介也可以进行教学，但所达到的效果同案例教学是有差异的。

同样，案例也不完全等同于实例，实例是指在教学中介绍的已发生的某种事件及前人处理某问题时的经验教训，它多半是已解决的问题。究其性质，虽然也可以将其归入案例范畴，但却不能代表案例分析与教学的主流。因为这种把别人现成的经验教训和盘托出的做法，从教学方法论本源上说，本质上是代理式的学习，与课堂讲授并无二致。从管理教育的目的和案例教学的主要功能来看，包含待解决问题的案例应是管理案例的主体。问题待决型的案例要求学习者找出问题、诊出“病因”、开出“处方”，并在比较各项备选方案优劣的基础上作出决策，仿真解决管理问题的全过程，所以其能力培养功能远大于已决问题型的案例。可见，案例的重点与主体就是待决型的。其实，这种界线很难划清，常可见到某种混合型的形式，如先描述一个问题解决的全过程，然后将以后新出现的或扫尾、后遗问题的解决任务交给学习者。

1．案例的三个要素

（1）必须以事实为依据。与创作小说不同，案例在情节上不得虚构，若出于某种考虑，企业或产品名称等方面的信息不便公开时，可以进行加密处理（或掩饰处理），必要时可对素材进行删减、合并。在案例的编写上，基本要求对事实做“白描”，以便使学习者能身临其境，真正融入一个真实的管理情景中。

（2）案例中包含一个或数个待解决的管理问题。

（3）案例有一定明确的教学目的，拟使学习者验证、深化和运用某些概念、理论，通过分析与讨论，掌握某文献知识，提高某方面的技能。

2．案例的功能

（1）可以培养学习者独立、综合地解决管理问题的能力。管理工作能力中最核心的是分析判断与决策能力。管理问题复杂、多因，无简单规则可循，常因管理和环境不同而选择不同对策。即使对同一问题，也可能通过采取不同办法而获得成功。国外的管理学院（或商学院）通过大量的案例分析，逐渐归纳和领悟出一套适合管理者个人特点的分析和解决问题的思维方法和程序，使其个人工作能力产生一种由量变到质变的飞跃。

（2）具有增进知识、扩大信息量的功能。案例分析讨论中，旁征博引，涉及古今中外各行业、上中下层管理、微观与宏观诸方面，把许多情景和典型管理事例带到教学中，甚至有一些具体的细节，使学习者获得接近真实的体验，眼界大开，思路扩展，有助于拓宽知识面。

（3）学习者在大量相互交往的背景下学习案例，能全面提高表达能力，增强说服别人、为自己的观点辩护、听取别人意见和在群体中搞好协作等综合交际能力。

1.1.3 案例分析法

1．案例分析法的背景

案例分析法（Case Analysis Method，CAM）又称个案研究法。案例分析法由哈佛大学于 1880 年开发完成，后被哈佛商学院用于培养高级经理和管理精英的教育实践，逐渐发展成为今天的“案例分析法”。

哈佛大学的“案例分析法”开始时只是作为一种教育技法用于高级经理人及商业政

策的相关教育实践中，后来被许多企业借鉴过来成为用于培养企业得力员工的一种重要方法。通过使用这种方法对员工进行培训，能明显地增加员工对企业各项业务的了解，培养员工间良好的人际关系，提高员工解决问题的能力，增加企业的凝聚力。

2．案例分析法的内容

案例分析法是指把实际工作中出现的问题作为案例，交给受训学习者研究分析，培养学习者的分析能力、判断能力、解决问题及执行业务能力的培训方法，具体如下：

（1）培训对象。高校学生、新进员工、管理者、经营干部、后备人员等各个层面的学习者。

（2）培训目标。提高学习者解决问题的综合能力，使他们在以后的工作中出色地解决各类问题。

（3）培训内容。进行案例分析法及学习事物能力、观察能力、适应新情况能力、执行业务操作能力的培训。

（4）培训方式。会议讨论方式。

3．案例分析法的特点

由于案例分析法具有很强的实践性和可讨论性，案例本身只是对企业的某些情况做一番描述，有详有略，有的有数据，有的还插入与主题不相关的话，有时是纯客观描述。但案例本身有中心议题，如经营决策、投资决策等。深入思考分析，能发现各种各样的问题，有时表面平铺直叙，却隐含着各种问题。因此，要勤于思索，发现问题所在，找出问题产生的原因，提出问题解决的方案。

思考既是培养和开发智力的过程，又是综合运用所学的各种理论知识的过程。管理理论涉及面广，有经济科学、工程技术科学、社会科学、心理学、公共关系学等。案例分析需要熟悉企业管理业务情况，如生产经营情况、市场、财务、人事、组织等，也涉及社交、商情、科技等情况，且社会本身就是一个庞大的系统。基于上述情况，在对案例进行分析时，应注意以下特点：

（1）多因素的环境。把分析的对象，放到其原来错综复杂、多因素的环境中去认识、了解并深入研究。

（2）多角度分析。一个案例中，一般都会有一个或多个矛盾。作为矛盾，就肯走有其两面性，不同的观点和方法会沿不同的思路展开分析；对同一个案例，很少遇到只有一种分析方法或途径的情况。

（3）多方案的结果。案例分析的目的在于运用所学理论去分析、解决问题，因此，案例分析会出现多方案的结果，只有在比较特殊的情况下，才能简单地得出最佳方案。一般情况下，所得出的多个方案各有利弊，有时还不易进行数量化比较。

应当指出的是，多元化因素、多角度分析和多方案的结果，并不等于哲学上的多元论。由于人类对客观世界的认识和分析有一定的局限性，主观思想不是千篇一律的，都受自己的世界观影响，因此，就有多种学术观点和多学派的争论。

案例分析在得出方案的同时往往会引发更多的问题，这也是案例分析不同于其他方式的最本质的区别或特点。因此，案例分析要主张开放、允许辩论，然后再引导学习者联系理论加以整理、归纳和总结。

1.2 案例分析的过程

1．案例分析的技巧

（1）分析案例的基本视角。分析案例时，应当把握以下两个观察事物的基本角度：

① 当事者的视角。分析案例的第一个要点是进入角色，切忌站在局外，从旁观者的角度，只是当一名普通的观众，“纯客观”、学究式地去分析与评论。必须“扮演”案例中的主要角色，设身处地去体验、观察与思考，这样才有真实感、压力感和紧迫感。这也是案例分析与教学的目的。

② 总经理的视角。这通常是对综合性案例而言。

（2）分析案例的基本技巧。案例分析分口头与书面两种，这里主要介绍书面分析。书面分析应掌握以下技巧：

① 要有个人的见解。要防止单纯复述或罗列案例提供的事实，用所学过的管理理论和知识，发现经营管理已经出现的或潜在的问题，并对这些问题加以逻辑排列，从中抓住主要矛盾。

② 文字表达要开门见山，在案例分析中，为使论点突出，可以使用小标题，在各段落的开始，应突出该段的主题句子，紧接着可用陈述句支持主题句，这样分析，思路清晰、逻辑性强，便于他人理解和接受。

③ 提出的建议要有特色。首先是提出的建议要符合具体情况，有明确的针对性，防止出现空泛的口号和模棱两可的观点及含混不清的语句。应当注意的是，管理的实际问题可能有多种解决办法，不会是唯一的答案，关键是对问题的分析要符合逻辑，对所提出的观点和建议方案要有充分的信息支持和必要的论证，并进行合理的比较。

④ 要重视方案实施的步骤和可操作性。在分析案例时，对提出的解决问题方案常能摆出很多优点，有时却难以操作，这样就失去实际意义，也缺乏说服力。因此，需要对实现目标所需要的条件加以说明。

⑤ 对假设或虚拟的条件要做必要的说明。案例中所给的信息，有时是不完全的，而学习者在案例中扮演高层管理者进行决策，要以属下提供比较理想的决策条件为前提，因此，需要做一些必要的假设。

（3）分析案例的一般过程。无论采取何种分析方法，案例分析的深度、质量在很大程度上都取决于所采取的策略和在案例分析中进入角色的程度。案例分析一般采取如下步骤：

① 明确所分析的案例与已学课程的哪些内容相联系，并找出该案例中的关键问题，以确定能应用的基本理论和分析的依据。

② 察觉和判断出在案例中并未明确提出的和没有任何暗示的关键问题。

③ 选择分析该案例应采取的一般方法。

④ 认真思考，找出案例的整个系统中的主次关系，并作为逻辑分析的依据。

⑤ 确定所要采取的分析类型和扮演的角色。

（4）如何找出关键问题。分析案例开始时，重视所给的提示，这可以作为思考问题的切入点，但不要局限于提示，应打开思路，独立思考，拟定自己分析的思路，最好的做法是在对案例粗读之后、精读之前，先向自己问如下基本问题：

① 案例中的关键问题或主要矛盾是什么？

② 这是一个什么类型的案例？该案例与理论知识中哪些内容有关？分析这个案例欲达到什么目的？

③ 除了案例的提示外，该案例是否还有一些隐含的重要问题？

对上述三个问题应联系起来考虑，不要孤立地思想某一个问题。在思考问题的过程中不断地试图回答它们，直到弄清案例的目的和关键问题。抓住要害，就能纲举目张。

（5）尚未明确的重要问题。发掘尚未明确的重要问题，这是把握案例实质与要点所必需的。这里最关键的是从理解与该案例相关的理论内容去发掘，或结合实际工作中复杂多变的情况去设想可能会遇到的种种矛盾。此外，在案例分析时，务必进入角色，身临其境地拟定各种情景，也能发掘出重要的问题。

（6）分析案例的一般方法。分析案例的方法往往取决于分析者个人的偏好和案例展示的具体情况。这里介绍三种常用的一般方法。所谓一般方法，就是分析时着重考察和探索的方法，或者说是分析时的思考路线。三种方法可根据情况选用，不过常常被综合运用。

① 系统法。这种方法是将所分析的组织看成处于不断地把各种投入转化成产出过程的系统，了解该系统的各个组成部分和它们在转化过程中的相互关系，就能更深刻地理解有关的行动并能更清楚地找出问题和发现机会。有时，用图表法来表明整个系统很有用。例如，方框图有助于了解系统的整个过程及案例中各种人物在系统中所处的地位与相互关系，各种流程图与“能力分析”是系统法中常用的形式。投入—产出转化过程一般可分为若干基本类型，如连续流程型、大规模生产型、批量生产型和项目生产型等。生产流程的类型、特点与组织中各种职能密切相关。

② 行为法。这种方法着眼于组织中各种人员的行为与人际关系，注视人的行为是因为组织本身的存在，它的“思考”与“行为”都离不开具体的人，都要由其成员的行为来体现；把投入变为产出，也是通过人来实现的。人的感知、认知、信息、态度、个性等各种心理因素，人在群体中的表现，人与人之间的交往、沟通、冲突与协调，组织中的人与外界环境的关系，他们的价值观、行为规范与社交结构，有关的组织因素与技术因素，都是行为法所关注的。行为法较易于同系统法结合起来运用。

③ 决策法。这种方法不仅使用决策树，还常使用一种规范化、程序化的模型或工具，来评价并确定各种备选方案。有了备选方案，还要看各种方案的关系，决策依据的原则，还应注意在某一方案实现之前可能会发生什么事件及该事件出现的概率。

（7）明确分析系统中的主次关系。这就是通常说的“梳辫子”，即对案例中提供的大量而杂乱的信息进行归纳，理出条理与顺序，搞清它们之间的关系是主从还是并列，是叠加还是平行，在此基础上，分出轻重缓急。

2. 案例分析的步骤

常见的案例分析方法包括如下六个步骤：

（1）彻底读懂每个案例。拿到一篇案例，学习者需要进行反复阅读，才能对案例中的相关信息了然于胸。在阅读的过程中，最好对案例中的背景、主要事实及意见、面临的难题、利弊条件及重要论点等内容进行一一记录，以方便下一个步骤的进行。

（2）设身处地地进行分析。对案例中的主要角色所面临的问题、活动或困难进行分析是不可缺少的一个环节。在这个过程中至关重要的是收集全部已知事实，并且要对每一事实认真估价、仔细区别、筛选分类。必须要注意的是，不能仅依靠案例中所给的数据或事实来进行简单的分析，因为这些数据及事实有一些是表面现象，必须去伪存真才能保证分析的正确性。也不能让案例中人物的观点来左右自己的思路，因为个人的主张往往过于片面，缺乏全局观念。例如，公司的新产品在市场上销售不力，是定价过高、广告宣传力度不够、销售渠道不够畅通，还是其他什么原因，每个人都会提出自己的见解。学习者在分析时需确定每个人物的观点是拥有充分证据的重大信息，还是缺乏根据的信口开河。

（3）概括问题。在对案例进行认真分析之后，找出问题的症结所在，并对需要解决的问题进行概括，对问题的概括应指出什么是关键之处、解决问题的主要障碍，这一环节至关重要且具有一定的难度，它需要学习者在详细理解问题的基础上，作出一些合理的假设。要能够通过现象看本质，例如，新产品销售不力只是表面现象，是生产、管理、销售中哪个环节出了问题？造成这种现象的内在原因究竟是什么？

（4）提出多种决策方案。对于所面临的问题，一般可以提出多种方案以供选择。例如，为了提高产品的知名度，可以进行人员推销，可以采用广告宣传，也可以举办或参加一些公共关系活动。可供选择的方案越多，企业选择的余地也就越大。要学会集思广益，从不同的人、不同的意见中得到启发，来帮助自己进行判断和决策。

（5）提出决策的标准。提出多个可供选择的方案后，为了确定最终方案，有必要对选择方案时依据的标准进行明确的规定。例如，企业在制定产品的价格时，有时是为了获取高额利润；有时是为了进行市场渗透，扩大市场占有率；有时是为了提高企业在市场上的知名度。究竟怎样定价，应视企业的发展目标而定。而这一发展目标，就是在进行决策方案选择时所必须参照的标准。

（6）作出决策并提出建议。为了找出所有可能方案中解决现有问题的最佳方案，就要把各个方案放在一起进行优劣对比，在经过反复衡量和比较后进行确定，阐述其理由，同时指出被淘汰方案的缺陷所在。最后，对方案的计划实施提出建议。

3. 案例分析法的具体操作

（1）准备阶段。

① 负责人（一般由教师、培训者、主持人担任）确定案例分析的具体目的、内容、范围及对象。

② 从平常收集的资料中选择恰当的案例作为讨论的个案，个案的范围应视培训对象而定。

③ 确定会议室、会议时间，制订案例分析计划。

④ 负责人应准备下列知识：个案研究法的操作方法，在实际应用中应注意的问题，讨论前个案的选择标准，讨论后如何总结问题。

（2）实施阶段。

① 负责人向参加者简单介绍下列知识：个案研究法的背景、方法大意、特色；个案

研究法应用时注意的问题及应用后能达到的效果；计划安排。只有让参加者对本法有了大概的了解后，才能使他们顺利进入角色。

② 将参加者分成 3～4 个小组，每组成员 8～10 人，并决定每组的组长。

③ 分发个案材料。

④ 让参加者熟悉个案内容，并且负责人要接受参加者对个案内容的质询。

⑤ 各组分别讨论研究个案，并找出问题的症结所在。

⑥ 各组找出解决问题的策略。

⑦ 挑选出最理想、最恰当的策略。

⑧ 全体讨论解决问题的策略。

⑨ 负责人进行整理总结

4．案例分析法的实施要点

（1）由于案例是从实际工作中收集的，学习者一般无法完全通过材料了解个案的全部背景及内容。因此，负责人分发完材料后，应对材料进行仔细说明并要接受参加者的咨询，以确定他们对材料的掌握准确无误。

（2）若小组在研究问题时思考方向与训练内容有误差，组长或负责人应及时修正。

（3）问题的症结可能会零散而繁多，从而归纳出来的对策也会凌乱不整，因此，小组有必要根据重要性和相关性整理出适当的对策。

（4）各组挑出最理想策略时，若负责人发现各组提出的对策仅为没有新意的一般性对策，则负责人应加以提示，以促使他们更深入地思考。

（5）在全体讨论解决问题的策略时，其他几组提出质询，并阐明与自己观点的差异所在，以相互激发灵感，然后再做进一步的讨论。

（6）负责人进行总结时，既要对各组提出对策的优缺点进行点评，又要对个案的解决策略进行剖析，还可以引用其他案例进一步说明问题。

（7）负责人挑选案例时，应根据研习课程的目的，挑选适当的个案。

1.3 案例分析的方法

下面介绍五种案例分析方法。

1．对比分析法

所谓对比分析法，就是将 A 企业和 B 企业进行对比分析。对比分析法是最常用、最简单的方法，将一个管理混乱、运营机制有问题的企业和一个管理有序、运营良好的企业进行对比，观察它们在组织结构、资源配置上有什么不同，就可以看出明显的差别。再将这些差别和既定的管理理论相对照，便能发掘出这些差异背后所蕴含的管理学实质。企业管理中经常进行案例分析，将 A 企业和 B 企业进行对比，发现一些不同。各种现象的对比是千差万别的，最重要的是透过现象分析背后的管理学实质。所以说，只有表面现象的对比是远远不够的，还需要有理论分析。

2．因素评价模型

外部因素评价模型（EFE）和内部因素评价模型（IFE）分析来源于战略管理中的环

境分析。因为任何事物的发展都要受到周边环境的影响，这里的环境是广义的环境，不仅指企业外部环境，还指企业内部的环境。通常我们将企业的内部环境称为企业的禀赋，可以看成企业资源的初始值。公司战略管理的基本控制模式由两大因素决定：外部不可控因素和内部可控因素。其中公司的外部不可控因素主要包括政府、合作伙伴（如银行、投资商、供应商）、顾客（客户）、公众压力集团（如新闻媒体、消费者协会、宗教团体）、竞争者，除此之外，社会文化、政治、法律、经济、技术和自然等因素都将制约着企业的生存和发展。

由此分析，外部不可控因素对企业来说是机会与威胁并存。企业如何趋利避险，在外部因素中发现机会、把握机会、利用机会，洞悉威胁、规避风险，对于企业来说是生死攸关的大事。在瞬息万变的动态市场中，企业是否有快速反应（应变）的能力，是否有迅速适应市场变化的能力，是否有创新变革的能力，决定着企业是否有可持续发展的潜力。企业的内部可控因素主要包括技术、资金、人力资源和拥有的信息，除此之外，企业文化和企业精神又是企业战略制定和战略发展中不可或缺的重要部分。

一个企业制定企业战略必须与其自身的文化背景相连。内部可控因素可以充分彰显企业的优势与劣势。从而扬长避短，发挥自身的竞争优势，确定企业的战略发展方向和目标，使目标、资源和战略三者达到最佳匹配。企业通过对外部机会、风险及内部优势、劣势的综合加权分析（借助外部因素评价矩阵及内部因素评价矩阵），确立自身长期战略发展目标，制定企业发展战略。再将企业目标、资源与所制定的战略相比较，找出并建立外部与内部重要因素相匹配的有效的备选战略（借助 SWOT 矩阵、SPACE 矩阵、BCG 矩阵、IE 矩阵及大战略矩阵），通过定量战略计划矩阵（QSPM）对若干备选战略的吸引力总分数的比较，确定企业最有效、最可能成功的战略。然后制定企业可量化的、具体的年度目标，围绕着已确立的目标，合理地进行各项资源的配置（如人、财、物方面的配置和调度），并有效地实施战略，最后是对已实施的战略进行控制、反馈与评价。这是最后一项工作，也是极重要的工作。往往一些战略的挫败很大部分是在实施战略的过程中，缺乏严格的控制机制和绩效考核标准所导致的。充分与及时的反馈是有效战略评价的基石，在快速而剧烈变化的环境中，企业的战略经受着巨大的挑战。通过战略评价决策矩阵，可以清晰地了解企业现行战略与实际的目标实现进程，企业现行战略在变化的环境中的适应性，以及是否需要修正原有的战略策略等问题。

3. SWOT 分析法

SWOT 分析法从某种意义上来说隶属于企业内部分析方法，即根据企业自身的既定内在条件进行分析。SWOT 分析有其形成的基础。按照企业竞争战略的完整概念，战略应是一个企业“能够做的”（组织的强项和弱项）和“可能做的”（环境的机会和威胁）之间的有机组合。著名的竞争战略专家迈克尔·波特提出的竞争理论从产业结构入手对一个企业“可能做的”方面进行了透彻的分析和说明，而能力学派管理学家则运用价值链解析企业的价值创造过程，注重对企业的资源和能力的分析。SWOT 分析法就是在综合了前面两者的基础上，以资源学派学者为代表，将企业的内部分析（20 世纪 80 年代中期管理学界权威人士所关注的研究取向，以能力学派为代表）与产业竞争环境的外部分析（更早期战略研究所关注的中心主题，以安德鲁斯与迈克尔·波特为代表）结合起来，形成了自己结构化的平衡系统分析体系。

与其他的分析方法相比较，SWOT 分析法从一开始就具有显著的结构化和系统性的特征。就结构化而言，首先在形式上，SWOT 分析法表现为构造 SWOT 结构矩阵，并对矩阵的不同区域赋予了不同的分析意义；其次在内容上，SWOT 分析法的主要理论基础也强调从结构分析入手对企业的外部环境和内部资源进行分析。另外，早在 SWOT 分析法诞生之前的 20 世纪 60 年代，就已经有人提出过 SWOT 分析法中涉及的内部优势、弱点，外部机会、威胁这些变化因素，但只是孤立地对它们加以分析。SWOT 分析法的重要贡献就在于用系统的思想将这些似乎独立的因素相互匹配起来进行综合分析，使企业战略计划的制订更加科学、全面。

SWOT 分析法自形成以来，广泛应用于战略研究与竞争分析，成为战略管理和竞争情报的重要分析工具。分析直观、使用简单是它的重要优点。即使没有精确的数据支持和更专业的分析工具，也可以得出有说服力的结论。但是，正是这种直观和简单，使 SWOT 分析法不可避免地带有精度不够的缺陷。例如，SWOT 分析法采用定性方法，通过罗列 S、W、O、T 的各种表现，形成一种模糊的企业竞争地位描述。以此为依据作出的判断，不免带有一定程度的主观臆断。所以，在使用 SWOT 分析法时要注意方法的局限性，在罗列作为判断依据的事实时，要尽量真实、客观、精确，并提供一定的定量数据弥补 SWOT 分析法定性分析的不足，构造高层定性分析的基础。

4. 三种竞争力分析法

三种竞争力分析法指的是公司采取的竞争策略：差别化战略、低成本战略、集中型战略。

差别化战略是提供与众不同的产品和服务，满足顾客特殊的需求，形成竞争优势的战略。企业形成这种战略主要是依靠产品和服务的特色，而不是产品和服务的成本。但是应该注意，差别化战略不是说企业可以忽略成本，只是强调这时的战略目标不是成本问题。企业采用这种战略可以很好地防御行业中的竞争力量，获得超过行业平均水平的利润。

如果企业所在的市场上购买者对价格很敏感，那么奋力成为行业中总成本最低的供应商就是一个很有力的竞争途径。其目的在于：业务的经营运作方式具有高度的成本有效性，获取相对竞争对手的持久的成本优势。低成本战略的目标是获取比竞争对手持久的相对低的成本优势，而不是获取绝对可能低的成本。在寻求低成本的领导地位时，企业的管理者必须认真考虑那些购买者认为是至关重要的特色和服务。一种产品如果过于简便，没有一点附加的特色，实际上就会削弱而不是加强产品的竞争力。而且，竞争对手能否复制或匹配企业获得成本优势的方式也有着重要的意义。成本优势的价值取决于这种优势的持久性。如果竞争对手发现模仿领导者的低成本方法相对来说并不难或者并不需要付出太大的代价，那么，低成本的领导者的成本优势就不会维持很长的时间，就不能产生有价值的优势。

集中型战略是把经营战略的重点放在一个特定的目标市场上，为特定的地区或特定的购买者集团提供特殊的产品或服务。集中型战略与其他两个基本的竞争战略不同。低成本战略与差别化战略面向全行业，在整个行业的范围内进行活动。而集中型战略则围绕一个特定的目标进行密集型的生产经营活动，要求能够比竞争对手提供更有效的服务。企业一旦选择了目标市场，便可以通过产品差别化或成本领先的方法，形成集中型战略。也就是说，采用重点集中型战略的企业，基本上就是特殊的差别化或特殊的成本领先公司。由于采用集中型战略的企业的规模较小，往往不能同时进行差别化和低成本的方法。如果采用集中型战略的企业想实现成本领先，则可以在专用产品或复杂产品上建立自己的成本优势，这类产品难以进行标准化生产，也就不容易形成生产上的规模经济效益，因此，也难以具有经验曲线的优势。如果采用集中型战略的企业要实现差别化，则可以运用所有差别化的方法去达到预期的目的，与差别化战略不同的是，采用集中型战略的企业是在特定的目标市场中与实行差别化战略的企业进行竞争，而不在其他细分市场上与其竞争对手竞争。在这方面，重点集中的企业由于其市场面狭小，可以更好地了解市场和顾客，提供更好的产品与服务。

5．五种力量模型分析法

五种力量模型分析法从一定意义上来说隶属于外部环境分析方法中的微观分析。该模型由迈克尔·波特于20世纪80年代初提出，对企业战略制定产生全球性的深远影响。用于竞争战略的分析，可以有效地分析客户的竞争环境。波特的“五力”分析法是对一个产业盈利能力和吸引力的静态断面扫描，说明的是该产业中的企业平均具有的盈利空间，所以这是一个产业形势的衡量指标，而非企业能力的衡量指标。通常，这种分析法也可用于创业能力分析，以揭示本企业在本产业或行业中具有何种盈利空间。迈克尔·波特对于管理理论的主要贡献，是在产业经济学与管理学之间架起了一座桥梁。在经典著作《竞争战略》中，迈克尔·波特提出了行业结构分析模型，即所谓的五力模型，其中认为：行业现有的竞争状况、供应商的议价能力、客户的议价能力、替代产品或服务的威胁、新进入者的威胁这五大竞争驱动力决定了企业的盈利能力，并指出企业战略的核心应在于选择正确的行业，以及行业中最具有吸引力的竞争位置。

在对企业进行案例分析时以上分析方法经常用到，合理、恰当地使用它们，能够使我们通过一些表面现象看到问题的本质，但这些方法本身只是一些工具，怎样合理地利用它们才是最关键的。

1.4 物流案例分析

1．物流案例分析的内容

物流案例分析中所使用的案例多是现实发生的相当复杂的物流管理问题。从类型来看，物流案例一般分为三类：一是问题评审型，即给出问题和解决问题的方案，让学习者去评价；二是分析决策型，即不给出方案，要求学习者通过讨论分析提出决策方案；三是发展理论型，即通过案例发现新的理论生长点，发展并不断完善理论体系。

物流案例分析要经历如下环节，其中，第（2）（3）两个环节可视为物流案例分析的核心，即合作进行“案例分析”的过程。

（1）阅读案例、个人分析。主要是审读案例文本，把握案例事实，识别案例情境中的关键（案例）问题，个人进行案例分析，初步拟订解决问题的方案。

（2）小组讨论、达成共识。在小组或全班同学面前呈现个人对案例问题的分析，提出解决方案和依据；听取同伴的意见，对案例问题和解决方案展开讨论，以期达成共识。

（3）课堂发言、全班交流。通过在班级中进行交流，相互检验和修正对案例问题的分析，进一步完善解决方案。

（4）总结归纳，消化提升。在个人总结的基础上，独立完成案例作业，撰写案例学习报告。

无论是哈佛大学还是其他学校采用的案例教学法，都属于“教学”的范畴。它首先需要聘请授课教师，由教师来选择或编写案例，并以案例为线索，介绍背景，营造氛围，提出问题，引导讨论，组织课堂教学活动。这种方法，不仅要求教师具有很高的技能技巧，而且对学生的学习也有相当严格的要求。教师要为学生提供理论工具，引导讨论的方向；学生要把所学到的理论知识应用到案例的实践中去，判断案例中哪些是有关的内容，找出真正的案例问题，决定应该做什么，设计出解决方案或行动计划等。

据有关资料介绍，在哈佛攻读公共政策硕士学位（MPP）和公共管理硕士学位（MPA），在为期两年的学习中，学生一般要分析 200 多个案例。如果攻读两年制工商管理硕士（MBA）至少要分析 800 个案例。通常一个学生准备一个案例需要 3～4 小时，加上上课时间，每天要学习 12～18 小时。经过对几百个案例的分析训练之后，学生必须掌握案例教学的要领，善于抓住案例的核心，分析案例中的关键因素。

2. 物流案例研究法

在案例的分析过程中，有一种被人们称为“芝加哥式”的方法，即“案例研究”。实施案例研究的过程是：首先给学习者分发案例，让他们进行审读，然后学习者和教师一起站在客观的、局外人的角度，来讨论为什么会发生这样的事，应该怎样分析，从中找出管理的一般原则和原理。案例研究一般比较简单，所花时间也比较少。

物流案例研究，实际是物流案例分析里学习者必须完成的最重要的步骤。物流案例分析不是去证实某种观点，而重要的是提高分析与决策水平。由于物流案例本身是一个真实的故事，物流案例作者不一定表达了他个人的意见、分析、评价或答案。即使在物流案例中包含着作者的分析和反思，也只能作为一种“备择”的答案，供其他人参考、学习、借鉴或批判。因此，对物流案例提出的问题、展现的矛盾或冲突、解决问题的方法和策略等，都应该由学习者独立思考，把实际情况与有关理论模式和知识联系起来，作出自己的分析和判断。

物流案例研究鼓励和要求教师在阅读和研究物流案例的基础上，撰写物流案例研究报告。

其一，可以作为独立的教研活动，即根据教学的需要，直接选择一些适当的物流案例（现有的或组织本校教师撰写的），分发给全体教师阅读和研究，然后要求他们独立完成分析的过程，撰写物流案例分析报告。

其二，也可以把它作为物流案例分析教研活动的一个步骤，即在进行了小组讨论、全班交流的基础上，要求每位教师独立撰写出物流案例研究报告，进一步消化和提升。

无论是合作研究还是个人学习，物流案例研究报告都应该在物流案例研究的基础上，由教师个人独立完成。这种方式类似于物流案例教学的最后一个步骤，即完成物流案例分析作业。对于教学案例中提供的情境、疑难问题和解决的办法，都需要结合有关教育教学理论进行分析，作出自己的判断和评价。教师也可以给自己提出若干问题，例如，“这个案例对我有哪些启迪和帮助？”“假如我上这节课，我会如何设计教学方案？”“假如我遇到这种情况，我将如何处理？”把别人的经验与自己的实践联系起来思考，辨识模式，发现规律，使物流案例研究报告的撰写过程成为个人知识“外显”的过程，以进一步提高物流教学案例的应用效果。

3．物流案例分析与教学

威廉斯（1969）认为，案例分析的内容应该包括以下几个方面：一个规定的主题和现有的信息（选择的或撰写的书面案例），所需的其他信息，实际的（案例）问题，解决问题的目的，可能的解决方案及效果，最好的措施，处理的结果和防止未来出现类似问题的方法。事实上，案例分析活动主要是借鉴了哈佛 MBA 教学的核心环节，即在教师个人“自我反思”的基础上（个人撰写案例），为“同伴互助”和“专业引领”搭建一个有效的活动平台，把“案例教学”转化为教师共同参加的“案例分析”教学活动。

物流案例教学活动首先强调教师的主动性和全员参与性。由于物流案例分析的主体是全体教师（或相关年级、相关学科教师），要求教师在案例所描述的特定环境中，共同参与、主动学习、积极思考，对提出的案例问题进行讨论、争辩或协商，促使他们对教学疑难问题刨根问底地寻求最佳解决方案，并在讨论中逐步形成共识，共同制订解决问题或改进教学的行动计划。由于物流案例为大家提供了同样的情景和信息，从同一起点出发，人们会提出不同的见解，它不存在什么标准答案。为了解决问题，有时会有多种解决方案，也可以从多种方案的比较鉴别中寻找最合适的答案（最佳化）。全员参与的讨论必将有效地提升全体教师的教学水平。

物流案例教学活动也十分强调活动过程中教师的相互学习，即“同伴互助”。乔依斯与许瓦斯（Joyce，Showers，1982）等组实验发现，教师在课程培训的同时，如参与校内同事间的互助指导，可有75%的人能在课堂上有效应用所学的内容；否则只有15%的人能有同样的表现。其他研究（Sparks，1986；Singh，Shiffette，1996）也发现同事间互助指导远胜于单元式的工作。在案例教学活动中针对自己熟悉领域的教学案例进行研讨时，教师之间的互助指导将会起到更显著的作用。教师不仅能从互助和讨论中获得知识、经验和思维方式上的益处，还能从互助讨论中学会与人沟通的能力。

学习资源

[1] 学习时报（www.studytimes.com.cn）

[2] 中国行业研究网（www.chinairn.com）

[3] 中国物流与采购网（www.chinawuliu.com.cn）

[4] MBA智库百科网（wiki.mbalib.com）

课后练习

案例 1-1　物流管理课程案例分析

案例分析是对真实物流管理情况和问题的书面描述。物流管理案例一般有两种类型：一是现实物流情况介绍，用生动、具体的例子来说明相关理论知识在现实中的运用或发展情况，以使学习者加深对理论的了解，弥补学习者物流实践的不足，加深学习时的感性认识；二是物流管理案例介绍，用物流管理运营的实际案例让学习者从分析中获得全面分析问题、解决问题的能力，多采用戴维·泰勒的分析框架方法。在许多案例中都会给学习者分配一个角色，如顾问的角色或管理者的角色。学习者需要把自己当成这个角色。案例分析中所涉基本问题的性质虽然千差万别，但其中有一些方法却是普遍适用的。需要掌握的最重要的一条就是：问题要清楚地界定、数据要认真地考查，然后进行更细致的分析，并在此基础上提出解答问题的方案。

1．在案例分析中学习

在课堂进行案例分析时，教师要鼓励学生积极参与，鼓励学生提出不同方案。一般不提供“正确答案”。教师对案例分析的帮助主要体现在：鼓励学生大胆提出自己对问题的看法，并适当地进行归纳总结。一般来说，要引导学生讨论以下问题：能从该案例分析中学到什么；能从该案例中得出什么可普遍推广应用的结论；本案例所采用方法的效果如何，能否做进一步的改进；哪些物流管理理论有助于更好地理解与分析本案例。在物流课程学习的初期，学生还只接触了几个案例研究时，可能会有一种挫折感。因为课上的案例讨论可能显得杂乱无章，而且常常不能得出一个明确的结论。所以，在讨论物流案例时，教师要明确告诉学生，归纳总结只是提出一种“解决方案”，原因是物流管理案例无“唯一正确答案”可言。

2．分析物流案例的基本方法

分析案例首先要站好角度，案例分析应注意从如下角度出发。一是当事者的角度。案例分析必须站到案例中的主要角色的立场上去观察和思考，设身处地地去体验，与主角同命运。二是全面、综合的角度，这是对综合型案例而言的。三是要针对相关案例选用恰当的理论知识来分析案例。案例分析包括两个互相关联的方面：首先，要对所指定的将供集体讨论的案例作出深刻而有意义的分析，包括找出案例所描述的情景中存在的问题和机会，找出问题产生的原因及问题间的主次关系，拟订各种针对性的备选行动方案，提出它们各自的支持性论据，进行权衡对比后，从中进行抉择，制定最后决策，作为建议供集体讨论；其次，以清晰而有条理的方式把自己的分析表达出来。

3．案例分析的基本步骤

案例分析包括以下主要步骤：一是理解案例，确定与本案例有关的物流理论知识，找出此案例中的关键问题。二是明确问题，确定是否还有与已找出的关键问题。三是选择分析方法，选定分析此案例所需采取的一般分析方法。一般来说，对于第一种类型的案例，需要运用相关理论框架，在理论指导下展开问题分析；对于第二种类型的问题，需要采用诸如 SCOR 模型进行分析。四是拟订回答方案，一般来说，要求在相应分析方法的指导下，初步提出回答案例问题的方案。如对于第一种类型案例，可以是先提出理论性的带有概括性的结论，然后在案例中找到相应的事实来说明。五是将分析转化为口头发言的有效形式。此后，教师再总结评价学生的讨论结果。在分析案例时，教师还要告诉学生一些应注意的问题。如在案例分析中要做好学习记录；讨论时对相关问题的阐述要用书面语言表达；撰写案例报告要简明扼要、一针见血，一般不超过 2 500 字；要用一句话把案例分析的主要成果概括出来，并成为报告的主题等。

（资料来源：中国知网. www.cnki.net）

思考：

1. 物流管理课程案例分析有何特点？
2. 物流管理课程案例分析有哪些步骤？

第2章 物流案例教学方法

【学习要点】

- 案例教学的内涵、发展与组织形式；
- 案例教学的作用、形成、发展与借鉴；
- 物流案例教学模式的特点与课堂实施。

【话题导入】

案例教学把被动式学习变成主动式学习，有效地防止了滥竽充数。传统的灌输式教学法的弊病之一是学生没有学习压力，因为学生在课前预习与否无人问津，在课堂上是否注意听讲无法考量，除非学生在打瞌睡，否则，只要人坐在课堂里，即便在“溜号”，也无法进行约束。久而久之，灌输式教学实际上培养了学生懒于学习和思考的惰性，尤其是在教师苦口婆心地“灌输”陈旧、过时、空洞理论的时候，更使课堂气氛显得沉闷和压抑，导致学生学而生倦、学而生厌。哈佛大学的案例教学法成功地解决了这些问题。哈佛大学法学院的大量“法院判例”、哈佛大学医学院的大量“临床病例”、哈佛大学商学院的大量“商业实例”及哈佛大学肯尼迪政府学院的大量“公共决策案例”为哈佛教学的改革和创新，即案例教学提供了活生生的素材。通过案例分析，不仅使课堂气氛变得活跃起来，激发了学生的学习兴趣，而且迫使学生主动地学习。因为学生的成绩是教师根据学生在课堂上对案例的破解能力和速度、毅力，案例辩论技巧，发言次数，提纯原理能力及案例综合分析过程等因素来确定的。其中，对学生的课堂发言打分分为四等，占该门功课成绩的25%~50%，任何人如果事先不认真阅读案例，不进行分析和思考，在课堂上就会“露馅”，想蒙混过关是不可能的。学生考进了哈佛大学，不等于进了保险箱，通常有10%的学生得不到“良”以上的成绩，3%的学生被迫退学，有的学科只有10%左右的学生拿到毕业证，从而有效地避免了滥竽充数的现象。

案例教学不重视是否得出正确答案，重视的是得出结论的思辨和推理过程。灌输式教学往往使学生注意听和记，容易滑进不做分析的“泥潭”。在案例教学中，学生必须思考和分析，教师进行案例教学不是例子加理论的简单描述和说明，而是启发和引导学生，对案例涉及的“命题”进行思考、辩论和推理的过程。在案例分析中，围绕案例中的一些事实，教师会提出一连串的问题，抓住学生的身心，强迫学生参与讨论，发表看法。每当一个学生阐述自己的观点之后，教师往往会立刻提出反证，把学生的观点击得粉碎，除非学生的观点无懈可击。恰是这些反证，折射出教师的渊博知识和极强的思辨能力。有时教师会对一些基本原理性的东西提问为什么，而这类问题又是最难的，要回答好它需有扎实的理论功底。在案例分析中，教师通常不给出标准答案，即使告诉学生案例中决策者的实际做法，也不意味着这种做法就是唯一的正确答案。事实上，也不存在绝对正确的答案，存在的只是可能正确处理和解决问题的基本思路和具体方法。通过这种提问式的案例教学法，使学生不仅学到了相关理论和知识，更重要的是学会了面对纷繁复杂的情况去思考、做决策的方法。

案例教学可以使教师和学生在遵守各自的职业道德的过程中，做到“思想共享”、求同存异。善意与尊重是职业行为的标志，也是学生与教师交往中所应具备的素质，学生应当公开而有礼貌地承认他们之间可能存在的任何分歧，公开而有礼貌地表达不同意见，也应有礼貌地倾听和尊重别人的意见，哪怕此意见跟自己的看法大相径庭，至少使自己了解到同一问题会有如此不同的看法存在这一事实。任何人武断地把自己的想法强加于人，或者把自己的想法作为案例分析的唯一衡量标准的做法，都是不受欢迎的。学生在交流看法、交换意见的过程中不断接触新的信息、新的结论和新的预测，形成了一个大家共同分享的“思想平台”。由于哈佛大学的学生都是来自世界各地的高才生，以至于学生发现从来没有在一间教室里遇到这么多比自己聪明的人，自己可以从任何一个人那里学到一些东西。如果说“思想共享”是案例教学形成的一个必要的副产品的话，那么，在“思想共享”的基础上做到求同存异，找出解决问题的思路和办法，则是案例教学生产出的正产品。

（资料来源：学习时报.www.studytimes.com.cn）

2.1 案例教学的一般理论

案例教学法是在学生掌握了有关基本知识和分析技术的基础上，在教师的精心策划和指导下，根据教学目的和教学内容的要求，运用典型案例，将学生带入特定事件的现场进行案例分析，通过学生的独立思考或集体协作，进一步提高其识别、分析和解决某一具体问题的能力，同时培养正确的管理理念、工作作风、沟通能力和协作精神的教学方式。其基本原则有两条：其一，用案例而不是依赖演讲和读书作为主要教学手段；其二，通过自学和相互学习使学生深入参与整个教学过程。

案例教学属于教学论的范畴，教学论是研究教学现象、问题，揭示教学规律的一门学科。自从有了人类世界，就有了广义上的教学实践。教学论就是在考察、研究和反思教学实践的基础上不断丰富和发展的。其发展过程大致经历了经验描述阶段、哲学思辨阶段、科学实证阶段、规范综合阶段和科学人文阶段。当代的教学论研究日趋复杂和多样，纵向上分化发展，横向上又高度综合。作为教学论重要研究领域之一的案例教学，近来成为人们关注的焦点和热点。

2.1.1 案例教学的范畴

教学理论主要关心两大问题：一是教师的教是如何影响学生学的；二是怎样教才是有效的，对教学行为进行一定的规范，并给教师提供一系列使教学有效的建议或处方。

作为教学理论，必须对教学实践中的现象与问题作出合理的解答，并能够在相当程度上预测教学发展的未来走向。案例教学作为一种教学理论与策略，是对以往教学理论的融合与扬弃，拓宽了现代教学论研究的疆域。主要体现在如下几方面：

（1）把案例引入教学系统，打破了由教材统领课堂教学的局面。长期以来，我国的课堂教学主要是师生共同学习国家统一规定的教材和练习材料。虽然最近进行了教材改革，出现了教材版本多元化的趋势，但其本质规定性依然没有改变，这种局面源于赫尔巴特的目的—手段范式，即致力于构建一种逻辑严密的知识体系。

（2）教学目标更人性化。强调学生生命的整体性和生成性，尊重每一个体生命的内在尊严和欢乐，着力提升个体精神自由。把课堂教学生活作为师生人生中一段重要的经历，并努力探寻其之于生命个体的内在意义与价值。

（3）倡导自主、合作、探究的学习方式，实现学习观的根本变革。教育史上人们对学习方式的探讨从未间断，但由于传统知识观的束缚，即知识被视为外在于人的工具，被当成有待人去“占有”的对象物。因此，记诵就成为学生的主要学习方式。这种学习方式受到了人们的质疑和批评，同时也与新课程改革的理念相背离。案例教学倡导自主学习、合作学习和探究学习。

（4）强调交往与对话在教学过程中的重要性。通过交往与对话，师生双方的内在世界得以敞开。原有经验得以丰富，拓宽了师生精神生命的广度与深度。

（5）倡导发展性教学评价。以往的教学评价过分关注甄别功能，忽视甚至忽略教学评价的本体性功能——促进师生健康、全面、持续与和谐发展。而案例教学倡导发展性教学评价，主张教学评价的根本在于其育人功能的合理实现。

2.1.2 案例教学的内涵

合作学习的倡导者认为：合作是人类相互作用的基本形式之一，是人类赖以存在和发展的重要动力。与竞争一样，它是人类生活中不可或缺的重要组成部分。从社会发展的角度来看，人类的大部分活动都是合作性的。应该说，在全球经济一体化的今天，强调相互合作、实现共同发展是有着极为重要的现实意义的。事实上，学生合作意识和合作技能的形成与发展，必须从小就要开始培养，而达成此目标的基本途径之一就是学生漫长的课堂教学生活。课堂无论对教师还是对学生，都具有个体生命价值，蕴含着巨大的生命活力。

传统意义的课堂就是教室的同义语，这种理解显然具有局限性。现代意义的课堂不仅是教师和学生聚合的一个物理空间，而且是一个独特的社会组织，其中蕴藏着复杂多变的结构、情境与互动，是一个充满生机与活力的系统整体，具有鲜活的生命取向。只有师生的生命活力在课堂中得到有效发掘，才能有真正的课堂教学生活，才能真正有助于学生的培养和教师的成长，课堂中人的生长才能真正实现。然而传统的课堂教学则是竞争性的，过多地强调培养学生的竞争意识和竞争能力。学生要想得到教师和家长的表扬和称赞，就必须努力学习，在与其他同学竞争中处于优势地位；学生要想升入好学校，就必须在激烈的竞争中名列前茅。在这种指导思想和教育氛围中，学生缺失合作意识与合作技能是不足为奇的。

事实上，合作学习不仅可以改善课堂内的班级心理气氛，大面积提高学生的学业成绩，促进学生良好的非认知品质的发展，形成学生对学科的积极态度，发展批判性思维能力，更重要的是培养下一代能够将其所学能应用于合作情境之中，而不仅仅停留在掌握知识和技能水平上，最终转变传统教学片面强调竞争的格局。合作学习的重要代表人物约翰逊兄弟认为："现有教育与现实生活中的真实世界反差太大……学校传统上注重的是个人作业，不帮助他人，分数是唯一重要的。在现实生活中，情况就大不相同了。几乎所有工作的核心都是协力配合，与别人合作，领导别人，一起处理他们的问题等。总之，协力配合、相互交流、有效调节与分工是大多数现实生活情境的特征。"案例教学则高度重视学生合作意识与合作技能的养成。主要体现在：一是根据案例的难易程度和学生水平的差异，将大班分成若干个小组进行，每一个小组重点准备一至两个问题。问题的解决需要每个学生进行合理分工和有效合作，否则，问题将无法解决。显然，每个小组成员为了完成各自的任务和学习共同体的目标，必须强调彼此之间的真诚合作。二是案例分析总报告的撰写需要各个小组之间的合作。因为很多具体资料需要每个小组提供，同时还要相互协调、相互合作，才能共同完成总目标。

2.1.3 案例教学的发展

1．案例教学促进多边活动理论的发展

传统教学理论关注的焦点是教师如何将教材的知识体系传输给学生，而很少体察学生是怎样学习的，因此，这是一种教师→学生的单向交流模式。由于这种模式只见物不见人，受到了教育界诸多人士的批评。

现代教学理论认为，单向交流模式不能反映和揭示教学过程的丰富性、复杂性、生成性和动态性，提出教学是教师与学生之间的双向交流活动。无疑，这是对传统教学理论的超越。现代教学的双向活动论有其合理内核，在一定程度上揭示了教学活动的某些本质，但这种认识仍然是不全面、不科学的。它只看到教师与学生群体之间的相互影响，忽视甚至否认学生个体之间的彼此影响。即使承认有这种影响作用，也把它看成一种起消极作用的破坏力量，对学生的健康成长没有任何益处。现代心理学研究表明，多向立体交流较之单向交流和双向交流具有更加明显的成效，能最大限度地发挥彼此之间相互作用的潜能。综观案例教学的理论与实践，不难发现案例教学所倡导的是多向立体交流模式。在案例教学中，教师与学生个体、教师与学生群体、教师与案例材料、学生个体与学生个体、学生个体与学生群体、学生个体与案例材料等多种互动，推动了教学向深度发展。同时学生通过小组讨论、全班讨论和师生互问互答等形式使整个课堂成为一个立体的信息交流网络，实现了师生之间的信息多向立体交流。教师引导学生互相切磋、组内合作、组际竞争、交流讨论，生成集体智慧、拓展思维空间，互动在这里得到了充分的运用。过去的教学理论常常把教学过程看成成人—儿童的双边活动，忽视学生之间相互交流的积极作用，并把生生之间的互动看成影响正常教学秩序的消极力量。传统"三中心"教学模式的生存困境就在于它严重忽视了生生之间互动的重要作用，从而降低了教学质量，师生负担大为增加。案例教学则立足于多边活动的立体背景，强调师生、生生之间的多向交流与互动，充分利用了教学系统中的人力资源，取得了较好的教学效果。案例教学的推广和普及必将在更高层次上促进多边活动理论的发展。

2. 案例教学推动学科综合化进程

现代学科有两大发展趋势：一是综合化趋势，强调学科之间的内在整合；二是细化发展，一门学科分化出更多的独立学科。如果将学科的综合化趋势理解为学科之间的横向连接，那么学科的细化则可理解为一门学科的纵向发展。

我国传统的课程主要是分科课程，其表现形式就是文本形态的教科书。每一科目的教材就是该学科主要知识内容的总结、概括和抽象，体现着国家的意识形态和课程设计者的意图，代表着人类的真理和社会的理想。教学的主要任务就是帮助学生更有效地复制这些学科的知识体系。分科课程的长期发展，造成了课程内容繁、难、偏、旧等弊端，同时整个教学也固守在传递课程内容这一狭小天地里，学生的灵性和创新意识被压抑了。以分科为主要特征的传统教学，过分追求知识的系统性、逻辑性，忽视了学科之间的内在关联。人为分割的知识体系造成学生片面发展。通过这种教学培养出来的学生无法应对现实世界中的各种挑战。

案例教学则能有效地培养学生的综合素质和创新能力。这主要体现在：一是案例内容的综合性。案例不能简单地划归某一学科，而是各个学科的集合体。因为案例是对客观世界各种复杂问题的真实描述，具有较强的现实针对性和问题的极端复杂性，这本身就体现了多种学科知识的融合。二是案例分析和讨论需要学生综合运用多种学科的理论和方法。当学生为了解决案例中的实际问题而运用不同学科知识的时候，这些学科的相同之处和本质联系就会被学生所理解和掌握，世界是一个普遍联系的有机整体的观念就会被学生所认同。案例教学以独特的方式破解了长久以来我国课程与教学的难题。在这里，课程不再是凝固的、冰冷的，教学也不再是帮助学生机械复制教材的知识体系，而是让学生在教学中获得对案例的个性化理解，进行积极的知识与人格的建构。课程成为了活动的、可阐释的文本和载体。

总之，案例教学改变了以单一学科为中心的局面，确立起以解决案例中的实际问题为中心，彻底打破了学科之间老死不相往来的痼疾，实现了学科融合。同时也改变了人才培养的旧有观念，即由“知识型”人才走向“综合素质型”人才。体现了教学论在教学目的和要求上的转变，即从传统的传授知识为主向，注意发展学生综合能力方面的转变。案例教学在学科综合上取得的成果必将进一步推动学科综合化进程。

3. 案例教学打造教学理论融合创新的平台

从本质上说，教学过程是复杂多变的，教学内容是丰富多样的，教学任务是多方面的。因此，教学模式与策略也应该是多种多样的。可以说，世界上不存在一种万能的教学模式与策略。法国学者茨维坦·托多洛夫认为：“现在是综合使用各种方法的时代……综合是一个总的倾向。”美国教育家布卢姆也曾经指出：“在现有的教学策略上加上另一种新策略，其效果虽不会因此而倍增，但却能增加效果。”案例教学则为各派教学理论融合创新打造了平台。众所周知，不同的教学理论流派、各种教学理论的形成与发展有助于更深入地探索和揭示教学的运行规律，开拓教学理论研究的视野；同时，如果各种教学理论和流派只关注自己的研究视界，而不注重理论的融合，必会形成研究的井底之见，而难以全面、完整和深刻地认识和把握教学规律，达到对教学本质的真正理解。案例教学试图将各种先进的教学理论与流派进行有机整合，从而生成一种新的教学模式与策略，推动教学实践的深入发展。

案例教学吸纳了多种教学思想的合理内核，主要表现在：一是启发式教学思想。案例教学将学生置于鲜活生动的问题情境之中，教师运用各种方法和手段激发学生思考问题的热情和兴趣，引导学生对问题探索和解答，这来源于启发式教学的影响。二是建构主义教学思想。案例教学中，学生习得的知识不是系统化、规范化的原理、原则和概念，而是个性化的实践性知识与技能。主张学生通过对案例这一超文本中所链接的知识的学习，对案例中问题的有效解决，来主动地建构自己的知识结构和人格，这是受到建构主义教学思想影响的结果。三是主体性教学思想。案例教学把学生当成真正的主体，从学生独自阅读案例材料，查找、收集与案例相关的信息，提炼案例中的主要观点，参与小组讨论，全班案例分析与讨论，撰写案例分析报告等一系列过程无不体现了学生的主体性。同时，案例教学也把教师当成主体。事实上，案例教学中教师的地位和作用不是削弱了，而是要求更高了。因此，教师角色要从传统的权威者、控制者转变为学生学习的引导者和促进者。四是交往教学思想。案例教学主张师生之间是平等和民主的，学生通过与教师、案例、其他同学的交往、互动来培养个性、发展智能。这些是来自交往教学理论的影响。此外，案例教学还借鉴了问题教学、对话教学、情境教学、参与教学、体验教学等教学流派的合理思想。通过对这些教学理论的吸收、融合和提升，生成独特的案例教学。在这一过程中，案例教学既搭建了各种教学思想和理论运用的平台，又推动了各种教学理论的融合与创新，从而促进教学理论的丰富和发展。

2.1.4 案例教学的组织形式

从本质上说，教学组织形式反映的是通过什么方式来进行有效教学的问题，它与人类社会生产组织方式有着非常密切的关联。其实，良好的教学组织形式可以更深入地敞开学生个体的思想，更透彻地发掘知识的育人价值，这也是人们不断探索和开发教学组织形式的内在原因。在漫长的历史发展过程中，教学组织形式经历了几次重大的变化。在农业社会，社会生产力低下，人们的物质生活极度贫乏。当时的社会生产劳动主要依托整个家庭，以单干为主，其效率非常低。与此对应，学校的教学组织形式也是以个别教学为主。在工业社会，生产力水平大大提高，流水线作业、大批量生产、讲究效率与效益是工业社会的重要特征，这就要求学校也必须大批量培养人才，于是班级授课制出现了。在知识经济社会，人力资本演变成人力“知”本，强调知识的不断创新与重组，尤其重视创新型人才。因此，学校教学组织形式必须进行根本变革。案例教学采用了班级授课与小组活动相结合的教学组织形式，这主要是考虑到当代社会劳动生产方式已发生重大变化所致。现代社会生产既强调集体作业，又强调个体自主，是集体性与个体性的协调统一。因此，案例教学兼顾教学中的个体性与集体性因素，把个别化与人际互动有机地整合起来，尤其强调个体自主创新学习。

案例教学开发的教学组织新形式体现在如下几个方面：

（1）重视课堂讲授。这与传统课堂教学的课堂讲授是不同的，案例教学中的课堂讲授主要对涉及案例分析与讨论的知识点进行精讲、细讲、透讲，让学生具备与案例相关的知识基础。讲授过程力求简要清晰、时短量大、高效低耗，有着较强的研究性和探究性，能为学生进行案例分析与讨论留足时间和空间。

（2）个人学习与小组讨论相结合。案例教学强调个体自主创新学习，也关注学生同伴之间的交流与互动。当然学习小组通常是由性别、年龄、学业成绩、能力倾向等方面不同的成员构成，成员之间存在一定的互补性。全班各小组的总体水平基本一致，每个小组基本可以反映全班的面貌和水平。

（3）班级大讨论。在各个小组充分学习与讨论的基础上进行，要求教师有较强的组织协调能力和相应的理论水平。

2.2　教学案例的作用与形成

2.2.1　教学案例的作用

教学案例由于具有如下作用，正在引起普遍关注：

（1）案例是教学问题解决的源泉。通过案例学习，可以促进每个教师研究自己，分享别人成长的经验，积累反思素材，在实践中自觉调整教与学的行为，提高课堂教学的效能。

（2）案例是教师专业成长的阶梯。运用案例教学，可以将听讲式培训导向参与式培训，在收集案例、分析案例、交互式讨论、开放式探究和多角度解读的过程中，提高教师培训的针对性和实效性。

（3）案例是教学理论的故乡。一个典型的案例有时也能反映人类认识实践上的真理，从众多的案例中，可以寻找到理论假设的支持性或反驳性论据，并避免纯粹理论研究过程中的偏差。

2.2.2　教学案例的形成

案例形成的步骤与研究方法如表 2-1 所示。

表 2-1　案例形成的步骤与研究方法

操作步骤	建议采用的研究方法
确定教学任务的思考力水平与要求	文档（如备课笔记）分析法、讨论
课堂观察并实录教学过程	课堂观察技术、录像带分析技术
教师、学生的课后调查	深度访谈、出声思维、实作测评、文档（如学习笔记）分析法等
分析教学的基本特点及与思考力水平要求的比较	综合分析（主要是质的研究方法）

每个完整的案例大体包括以下四个部分：

（1）主题与背景。每个案例都应提炼出一个鲜明的主题，它通常应关系到课堂教学的核心理念、常见问题、困扰事件，要富有时代性，体现改革精神。

（2）情境描述。案例描述应是一件文学作品或片段，而不是课堂实录，无论主题多么深刻、故事多么复杂，它都应该以一种有趣的、引人入胜的方式来讲述。

案例描述不能杜撰，它应来源于真实的经验（情境故事、教学事件）、面对的问题。当然，具体情节可经适当调整与改编，因为只有这样才能紧紧环绕主题并凸显讨论的焦点。

（3）问题讨论。首先可设计一份案例讨论的作业单，包括学科知识要点、教学法和情境特点，以及案例的说明与注意事项。然后提出建议讨论的问题，如学科知识问题、评价学生的学习效果、教学方法和情境问题、扩展的问题。

（4）诠释与研究。对案例做多角度的解读，可包括对课堂教学行为做技术分析、教师进行课后反思等，案例研究所得的结论可在这一部分展开。这里的分析应回归到对课堂教学基本面的探讨才能展现案例的价值，如果仅限于个别情境或特殊问题，或陷于细节、技巧的追索，会失去真正的意义和价值。

最后，案例可以是单个的，也可以是多个的。例如，横向的差别比较与纵向的改变和进步各有不同的作用。一个精彩的案例不亚于一项教学理论的研究，而且只有教师自己才最适于做这种研究，当然专业研究人员的参与不可或缺。

2.2.3 案例教学法的发展现状

案例教学法最早可以追溯到古希腊、罗马时代，但它真正作为一种教学方法的形成和运用，是在 19 世纪 70 年代由美国哈佛大学法学院院长兰德尔（C.C.Langdell，1826—1906）首创的。兰德尔编著的《合同法案例》是世界上第一本案例教学法的教科书。20 世纪 20 年代，哈佛商学院开始运用案例教学法，哈佛商学院院长华莱士 • B. 汤哈姆于 1921 年出版了第一本案例集。目前，案例教学法作为一种新型的教学方法不仅遍及美国，也早已波及美国以外的其他国家。我国的案例教学也有了 20 年的历史，对我国高校教育思想和教学方法的全面改革有着重要的启示和推动作用。

案例教学开始被运用于商业和企业管理学，其内容、方法和经验日趋丰富和完善，并在世界范围内产生了巨大的影响。尤其是在现代社会，社会发展加速、全球市场日益形成，同时市场竞争日趋白热化，知识、人才的价值和作用日益凸显，特别是对人才、知识的实际应用能力、对瞬息万变的市场的快速反应能力及在不充分信息条件下的准确决策能力提出了更高要求。在这种情况下，案例教学作为一种行之有效的、务实且有明确目的的、以行动为导向的训练越发受到人们的广泛青睐。在西方，案例教学法是一种已经发展得相当成熟和充分的教学方法和教学手段，有一套行之有效的操作理论、操作规范和操作模式。著名教育家杜威曾说过：最好的一种教学，就是牢牢记住学校教材和实际经验二者相互联系的必要性，使学生养成一种态度，习惯于寻找这两方面的接触点和相互的联系。单纯从这个角度说，案例教学法是一种寻找理论与实践恰当结合点的十分有效的教学方式，必将随着教学实践的发展而不断向前发展。

在诸多的案例教学法中，全世界范围内享有盛名和被广泛赞誉的就是哈佛商学院案例，正是哈佛商学院对案例教学法的成功运用和实施，尤其是使用这种方法为社会培养的大量杰出的工商界骄子，使得案例教学法成为一种风靡全球的、被认为是代表未来教育方向的成功教育模式。哈佛学者斯腾恩伯格认为，优秀教师与普通教师存在三大差别特征，即知识的差别、效率的差别和洞察力的差别。就知识而言，包括三个层面，即原理性知识、特殊案例的知识、把原理和规则运用到特殊案例中的知识。一个优秀的教师应该具备三个层次的完备的知识体系，而不是只能喋喋不休地向学生进行从概念到概念的演绎。我们知道，人的智力是由内智力和外智力两部分共同构成的，内智力指大脑的思维能力，外智力指人所拥有的知识、经验和技能。内智力是智力的核心，外智力是智力的外壳。随着信息社会的来临，人们发现信息时代的智力竞争更多体现为内智力的较量，传统的以知识积累为中心的教育模式已经无法再适应时代发展的需要，知识追求的目标已经从追求是什么、为什么的知识转化为应用知识的知识以及运用知识的知识，我们迫切需要寻求的是一种能够驾驭和超越知识的教育模式，否则将无法适应知识体系的迅猛膨胀。在这种情况下，教育的中心必须由知识的系统积累转变为开发学生的智力潜能，尤其是开发其智力的核心——大脑思维能力。从这个意义上说，案例教学法确实是一种致力于提高学生综合素质的面向未来的教学模式。

案例教学使学生成为教学活动的主体，形成了学生自主学习、合作学习、研究性学习和探索性学习的开放型的学习氛围。与传统的以教师为主导的教学法相比，案例教学法有以下几个方面的优势：

（1）案例教学有利于改革传统概念的教学。传统教学方式是以教师和教材为中心的，灌输的方式是从书本到书本，从概念到概念。关注的是向学生灌输了哪些知识，忽视了对学生学习潜能的开发，导致学生理论与实践的脱节。而案例教学十分注重学生的主体性、主动性、自主性的发挥，注重引导学生通过案例的分析推导，运用概念较好地解决实际问题，在这个过程中学生要学会收集各方面的资料和信息，学会对已有的资料做多方面的分析，促使学生的思维不断深化，并在力图对一个问题寻找多种解答的过程中培养和形成创造性思维。

（2）案例教学有利于提高学生分析问题和解决问题的能力。区别于传统的注入式教学方式，案例教学是一种动态、开放的教学方式，在案例教学中，学生被设计身处在特定的情境中，在不充分信息的条件下对复杂多变的形势独立作出判断和决策，在这过程中锻炼了自我综合运用各种理论知识、经验分析和解决问题的能力。

（3）案例教学有利于促使学生学会学习。学会学习是学习型社会对人们能力的基本要求。传统教学方式教给学生的是运用概念解决问题的现成答案，学生获得的是背诵、机械记忆、按标准答案答题的知识。而案例教学告诉学生“答案不止一个”，答案是开放的、发展的。在案例教学中，教师通过有意识的引导，让学生自己去查资料，通过个体独立或群体合作的方式作出分析和判断，积极寻找多种答案，这样经过反复多次的积淀后，就会获得了自主学习的方法，使学会学习成为现实。

（4）案例教学有利于促使学生学会沟通与合作。案例教学的过程通常要经过小组、大组合作思维的撞击。在合作中互相沟通，在沟通中增进合作，在这过程中会教会学生相互沟通、尊重他人、关心他人，同时也增强了他们说服别人及聆听他人的能力。

在国内，案例教学已被越来越多的人所接受，并列入了各高校的教学改革计划，尤其是在一些法学、工商管理类高校已经开始广泛运用。但是总体来说，目前国内的案例教学还处于一个起步的阶段，这表现在以下几个方面：

（1）教学过程重理论轻实务，重宏观轻微观，重传授轻参与。例如，在我国工商管理教育，尤其是本科教学过程中一些院校还是只注重单一课程的开设，而忽视各门课程的整合；只重视课程中的数量分析，而忽视在现代企业管理中特别重要的人际关系、沟通、企业文化等能力与技巧的培养，培养出的工商管理人才更像局部性职能管理人才，而非企业所需的综合性人才。

（2）案例教学比例不尽合理。与国外商学院相比，国内高校案例教学在工商管理教育中所占的比重还很少，远远不能满足专业人才培养的需要。以哈佛商学院为例，除一两门课以外，其他课程都用案例教学。案例教学所占比例高达 90%，对于 30 个学时的课程，一般只有 2 小时的理论讲授，28 个学时用于案例教学。对于教师来说，不会用案例教学将被淘汰。

（3）案例库源供应不足，质量欠缺。许多高校尽管重视案例教学的应用，但是在案例的收集、整理与分析等方面相当滞后，有些甚至直接采用报纸、杂志甚至传记文学的内容，缺乏对企业管理过程的专业性审视和洞察，从原始材料的选样可以说就已经偏离了企业管理的视角，因而也难以作出专业化的分析和评价。此外，案例陈旧，缺乏代表性，有些案例仅涉及传统产业，缺乏对网络经济时代信息产业、网络企业、电子商务、通信行业等新型产业的管理研究；有些案例研究落后于国际企业管理的潮流，有关跨国投资、国际企业管理、跨文化人力资源管理等方面的案例及教学都相当薄弱，不能适应国际经济一体化发展的要求。总之，作为一种归纳教学法，案例教学作为未来教学改革方式的趋势已不可避免，尽管它不可能完全取代传统的演绎式的教学模式。推广案例教学除了需要教育理念的更新以外，一个更重要的、基础性的工作就是案例库的建设，在这方面我们可以立足本土，并借鉴外来经验。

2.2.4 哈佛案例教学模式借鉴

1. 哈佛案例教学的理念和流程

关于发展案例教学，哈佛大学有自己的理念。哈佛大学第 25 任校长德里克 • 博克认为："在大学，最明显的需要是停止对固定知识的强调，转而强调培养学生不断获取知识和理解知识的能力。这个转变意味着更加强调学术研究的基本方法，强调论述和演讲及掌握基本语言（可能包括外国语、计算机语言和定量分析）的方法，掌握这些方法是获得大量知识的途径。"他批评一些教师仍然依靠讲课来传授知识，他说："现在已到了认真考虑成倍地给学生增加机会，让他们考虑疑难问题的解决办法的时候了。这种教学方法需要更加积极的课堂讨论，需要培养教师用苏格拉底教学法进行教学，并要多给学生布置启发其思维发展的写作作业，考试题目也要注意启发思维。"正是基于这样的教学理念，哈佛的案例教学法才发展起来。

哈佛大学商学院的培养目标是造就工商管理企业"未来的掌门人"，而不是造就理论型的"学术人才"。作为未来的企业"职业老板"，其创新能力和危机处理能力不仅仅是知识的表象，更是智慧的体现。而哈佛大学认为"知识是可以传授的，但智慧是不可言喻的"。

哈佛大学的 B.W.Mery 认为："案例方法的主要作用在于它极好地发展（学生）不同的思想，加深（学生）对涉及管理问题的各种因素的理解，培养他们的分析、思考和决策技能……"案例教学让学生透过个案情境来学习特定的管理理念、理论与架构，培养学生的创新能力和危机处理能力，是把管理知识转化成管理智慧的很好教学方式。

案例是管理情境的描写，管理案例往往呈现给读者一个现实的企业事件，包括有一个或多个疑难问题，同时也可能包含解决这些问题的某些初步设想。大部分案例的主体和图表长度为 5～25 页，图表常常提供数据资料。所谓 Field Case，大部分是基于案例所在的组织提供的数据。图书馆的案例是由公共领域出版材料写成的，一个案例不能写成阐述正确或不正确处理的管理情境，也不是一个暗示特殊结论的偏见评论。国外一些知名的案例问题专家，如 C.I.Gragg 认为："一个典型的案例是一个被企业决策人实际面临的企业问题（同时还有决策所需要的环境情况、各种不同意见等信息）的记录，这些真实、特殊的案例提供给学生认真分析、公开讨论和对应该采取何种行动做最后的决策。"P.R.Lawrence 补充说："一个好的案例是一种媒介，通过它，某些现实情况或问题被带进教室供学生和教师研究，让大家对一些实际生活中必须面对的棘手问题进行讨论。它是某些综合、复杂的情况或问题的记录，在这些情况或问题能被理解之前，它们肯定是完全分散的，之后将其组合在一起，目的是将表达各种不同态度或方式的思想带进教室。"

哈佛案例教学的流程如图 2-1 所示。

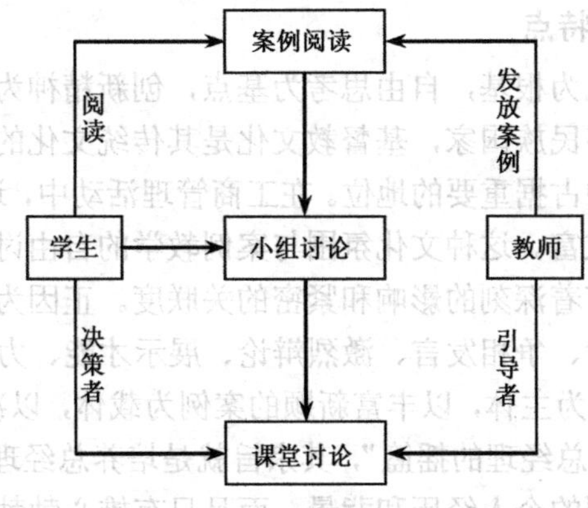

图 2-1　哈佛案例教学的流程

（1）案例阅读。在正式上课之前，教师把案例提前分发给学生，学生拿到案例以后，要用 5～6 小时认真研读案例。在这个阶段，学生要把自己当成决策者看待。因个案讨论中数据与推论的过程很重要，必须对细节、计算过程有充分的理解，学生要记住案例中的关键数字和关键问题，进行详细的分析，检查问题的原因所在，提出一系列策略性的建议和准备好解决问题的各种行动方案等。

（2）小组讨论。在案例阅读的基础上要进行小组讨论，小组讨论中学生共同启发、互相切磋，进行思维撞击，加深对案例的理解。不纠缠于无关紧要的细节问题，而是找出问题的症结所在，谋求最佳的解决对策。小组讨论有助于培养团队意识、合作精神和沟通能力、说服他人的能力和学会倾听的能力等。小组讨论还可以确定撰写报告的执笔人和课堂讨论的发言人，以全面完成教师布置的案例研读任务。

（3）课堂讨论。在课堂上，教师不是直接授课，而是介绍分析框架或理论工具，提示重要的理念，不是给出正确答案，而是指导学生重点分析事实背后的问题及解决方案。在单位时间内，让尽量多的学生发言，利用学校开发的独特的分析技巧，辨析发生问题的根本原因，权衡各种互相制约因素，比较各种不同的方案。在课堂讨论结束前，教师要归类和梳理学生的不同观点，就讨论过程的难点、重点做必要的总结和点评，以便不断提高学生分析和解决问题的能力。

在上述流程中，最关键的是第三步，即"课堂讨论"。它强调的是"案例的讨论过程"，在这个过程中，教师和学生的角色与传统的教育方式的角色产生区别：教师的角色为案例教学的"引导者"。教师在课堂上不是为了提供"答案"，而是要营造一种积极、浓厚的讨论气氛，推动课堂讨论，提出问题，引导学生进行分析并提出建议，教师的角色仅仅是一个引导者。教师主要的任务就是引导讨论争辩。为了达到这一目的，教师在教学过程中可能要扮演反面角色或挑战者、防卫者或领导者的角色，不给学生唯一的答案，也不对某个答案下结论。学生的角色为课堂的主角，采用案例教学的主要目的之一就是要充分激发学生的构思和提升学生的智慧。

为了给学生留下锻炼口才、展示自己、独立思考和创造性解决问题的机会，在哈佛大学的案例教学中，学生的发言占据了课堂发言 85%左右的时间，教师所做的点评和提出问题等的目的都在于引导讨论的顺利进行。

2．哈佛案例教学的特点

（1）以美国传统文化为根基，自由思考为基点，创新精神为动力。美国是由一个移民和移民的后代组成的多民族国家，基督教文化是其传统文化的主流，个人奋斗和冒险与创新精神在传统文化中占据重要的地位。在工商管理活动中，这种文化提倡自由竞争，鼓励个人凭才智和工作致富。这种文化氛围与案例教学的自由讨论、自主决策、鼓励充分展示个人才能的目的有着深刻的影响和紧密的关联度。正因为如此，哈佛的案例教学才能呈现出学生自由思考、争相发言、激烈辩论、展示才能、力求创新的场景。

（2）以高质量的学生为主体，以丰富新颖的案例为载体，以决策能力的培养为精髓。哈佛大学商学院被誉为“总经理的摇篮”，其宗旨就是培养总经理型的人才。哈佛大学的学生来自全球，具有不同的个人经历和背景，而且只有雄心勃勃的佼佼者才有资格汇集于哈佛大学。

哈佛大学的学生在学习中敢于思考、善于探索、主动学习。有这种高质量学生在课堂上的互动，最容易碰撞出智慧火花，每一次案例教学的结果都会产生一批优秀的企业经营决策方案。哈佛大学的案例库典藏了大量的供教学使用的案例，而且哈佛大学每年更新 10%的案例，以充分体现时代特点，跟上社会发展的形势。哈佛大学的教师认为，案例教学不是要求学生记住案例本身的内容，而是通过对案例的学习与讨论，迫使学生开动脑筋。美国经济学家、诺贝尔奖获得者西蒙说：“管理就是决策”。通过对案例问题的分析与思考，提出一个个充满创意的行动方案，锻炼学生在不确定的条件下作出决策的能力，不断提高他们的决策水平，这才是哈佛大学商学院案例教学的本质特征和案例教学的精髓。

（3）以庞大的教授团队为主导，以课程评估为检验，以淘汰式管理制度为保障。学生是大学的主体，而教师则是大学的主导，他们承担着传道、授业、解惑的职责，核准着学校的基调。因此，一所学校教学水平的高低，在很大程度上取决于教师的主导水平。哈佛大学数百年的辉煌，不仅仅是因为其源的优秀，还在于它有着一支“明星教授群”。这些教授对教育有多元、完整的概念，对自己研究的领域具有满腔的热忱，并且不断追求相关的知识，对工商管理界领导人所需的“知识、技能、态度”有独到的体察与教学实践；尊重学生的特质，能倾听、有耐心，通过自己的能力、承诺、关怀与个性的自然流露，与学生建立起相互信任、相互尊重的学习契约关系，从而教育出一批批透过企业的创造或经营改变这个世界的精英。

哈佛大学的教学管理制度也颇有其独到之处。每学期在课程接近结束时，就有专人到教室发课程评估调查表，由学生填写，而任课教师则离开教室回避。学生的评价主要反映教师的教学效果，学校根据评估结果决定教师的去留。除了学校评价外，还有专家评价，其中非正式的有同事的舆论，正式的则有学校常设的课程评估委员会和提升及任期委员会的评价。课程评估委员会偏重于对课程设计的评价，而提升及任期委员会则对教师进行教学与科研的全面表现进行总衡量，并通过教师职称提升及任期的决定实行奖罚。为了充分发挥教师的作用，提高他们教学与科研的效率，哈佛大学有良好的支持系统，秘书制为每 34 位教师提供一个秘书，负责一切打字、复印、电话、约会等事务性工作。另外，学校还有一个强大的行政办公室，负责日常的行政管理工作。

哈佛大学对学生的学籍和教学管理非常严格。招生时坚持“宁缺毋滥”的原则，招生人数固定为 780 名。哈佛大学的入学申请表长达 21 页，别具一格的是，除了一般性问题之外，还要陈述入学动机、本人优缺点和嗜好，以及具体说明亲身经历的道德困境。经过严格挑选的学生进入哈佛大学校园之后，面临激烈得近乎残酷的竞争。商学院的学制只有两年，所有必修课几乎都必须在第一年修完，新生上课与否及课堂上的表现，占学习成绩的 25%～50%。如无充分的预习而不得不“pass”的话，成绩就会自动拉小一档；“pass”两次之后就可能拿不到学分；三次以上的不但拿不到学分，而且会受到校方“行为不良”的警告，严重的会被勒令退学。所以，严格的淘汰式学习制度也是哈佛大学案例教学成功的制度保证。

3．哈佛案例教学的评析与借鉴

哈佛案例教学之所以能执世界牛耳，是因为它有独特的优势。这种优势是传统教学法所不具备的。

（1）有利于提高学生分析问题和解决实际问题的能力。区别于传统的注入式教学方式，案例教学是一种动态的开放式教学方式。在案例教学中，学生被置身于特定的情境中，在不充分信息的条件下对复杂多变的形势独立作出判断和决策。课堂讨论不画框架，不设限制。但紧扣主题，提出多向性和发散性的思维。在这个过程中锻炼了学生综合运用各种理论知识和经验、分析和解决问题的能力。

（2）增强学生的“深度学习”能力。传统教学方式教给学生的是运用概念解决问题的现成答案，学生只是机械的背诵和记忆。而案例教学是“学习者为中心的参与式学习”，告诉学生“答案不止一个”，答案是开放的、发展的，在案例教学中教师通过有意识的引导，让学生对问题有深度的认识，自己去查资料，通过个体或群体合作的方式作出分析和判断，积极寻找多种答案，积极表达自己的观点和挑战其他人的观点，这样经过反复多次的碰撞和积淀后，就会增进学生“深度学习”的机会，延展、重组及更新学生既有的思维模式与发展其技能。整个重点在强调学生“会学”了多少，而非“学会”了多少。课堂讨论中教师及时化解讨论中出现的走题或冷场现象。重视的是得出结论的思考过程和解决问题的方法与技巧。人人发言，但又不是人人过关，也就是把工商管理的现实问题带进课堂，把教学双方带进矛盾的冲突中，把学生已有的理论素养、知识、文化转化成领导和管理智慧。

（3）促进沟通与合作。案例教学的过程，通常要经过小组、大组团队的有效合作，在合作中相互沟通，在沟通中增进合作。在这个过程中教会学生相互沟通、尊重他人，同时学会聆听和说服别人。从态度与世界观层面上，全面打造学生的沟通及说服能力、人际关系处理能力、团队效率提升能力。

然而，案例教学的作用在美国和其他国家的商学院中也是受到质疑的，这种质疑主要包括两点：

（1）案例与现实的差距。案例教学无法提供“现实世界”的真实图景。因为现实世界是一个动态的环境，所有事情的发生和发展、原因和结果都可能由于所处的环境和背景不同而产生根本的差异，而案例所提供的背景资料是“静态”的。正是因为这样，有许多学者申明，在案例教学中，“老师讲，学生听”的传统讲授方法才是最行之有效的方法。他们认为，传授学生必要的理论和要领，使他们将来进入工商管理的现实世界，面对千差万别的真实的动态环境时，才能够举一反三、融会贯通、应用自如。

（2）案例与管理理论的差距。案例虽然包含着一定的管理理论，但缺少系统性。来自工商管理界的学生需要提高管理理论素养。这些学生主要是以工作经验见长，他们学习的主要目的是能力的提高。在工作中，他们面临着解决实际问题的任务，只有很少的机会对理论和概念进行系统的了解和研究，如果过分强调案例教学更会使学生丧失了这种学习的机会。

其中，最有代表性的观点有亨利 • 明兹伯格（Henry Mintzberg）教授（他本身拥有麻省理工学院斯隆管理学院的博士学位）。他在《经理工作的性质》（*The Nature of Managerial Work*）一书中，对案例教学进行了明确的论述。他认为，案例教学并不能使经理们获得各种必要的技能。案例教学的最大功能是，促使教师把经理将来在岗位上要进行的学习加快一些速度。案例教学实际上是把教室变成了模拟实习的场所，仅此而已。至于案例教学的真正意图，芝加哥大学的著名教授彼德 • F. 德鲁认为，案例教学方法应该更主要地用于帮助学生从各个侧面掌握管理的基本原理和方法，以达到举一反三、触类旁通的目的，而不应该是简单地为了案例而案例。因为不论案例教学的目的是什么，每一个案例的编写和使用都是为了特定的教学目的而进行的。也就是说，通过编写案例，是为了说明某个原理或理论。在案例编写的时候，某个理念已经糅合在案例之中了。案例讨论更像是把这些糅合在案例中的理论再提取出来。只不过学生在这个提取过程中，可能会加深对相关内容的理解和认识罢了。这番评论其实是一针见血地指出案例教学的作用不应该被放大到迷信的地步。

哈佛案例教学给本科物流管理专业课程教学中应用物流案例教学法提供了可资借鉴的经验：

（1）营造物流案例教学的文化氛围。哈佛大学商学院的案例教学植根于美国文化的土壤。要学习和借鉴哈佛大学的案例教学，首先就要改造学生在物流管理专业课学习中的文化氛围。中国传统文化讲折中之道，不善于提出质疑性和富有挑战性的问题，习惯于教师讲授、学生听课和记录的模式，大多数学生不习惯互动式讨论的教学模式。今天，中国社会的变迁趋势与国际上的趋势出现了一致性的变化，中国社会日益加入经济全球化的格局之中。

在此背景下，一方面要发掘中国传统文化的精华，另一方面要在学校培养一种积极、开放的文化氛围，让学生大胆表达自己的不同见解。要在中国成功地运用案例教学，奠定这样的文化底蕴非常重要。

（2）加强物流案例库建设。案例教学的前提是拥有大量生动的案例。哈佛大学商学院案例库中的案例涉及各行各业，有钢铁、汽车、航空、海运、石油、电信、电器、计算机、烟草、食品、饮料、日用品等，内容几乎涵盖了工商管理实际情况中所能遇到的所有问题，包括战略管理、预测和决策管理、新产品开发、市场营销、生产运营管理、财会管理、人力资源管理等，而且许多案例都是精品。案例数量是基础，质量是生命。没有质量，数量就失去了生命。目前，我国案例研究的主要问题是本土化的案例数量少，高质量的精品更少。许多高校尽管重视案例教学的应用，但是在案例的收集、整理与分析等方面相对滞后。国内出版的一些“管理案例”，多是一些小故事、企业成功经验的总结报告，有些甚至直接采用报纸、杂志甚至传记文学的内容，缺乏对企业管理过程的专业性审视和洞察，从原始材料的选样开始就已经偏离了企业管理的视角。因此，也难以作出专业化的分析和评价，没有“研究”和“讨论”的价值。案例建设是一个不断积累的过程，我们应建立起案例库和保证数量、强化质量的评价标准和评价体系，快速改变案例数量少，精品不多的局面。

（3）不拘泥于哈佛案例教学的范式。在案例编写和案例教学中有一个误区，用哈佛大学已有的案例和案例教学法作为范式来僵化地规范案例编写和案例教学。不符合哈佛案例格式和案例教学方法的就认为是不规范的。其实，哈佛案例是一种模式，并不是一种定式，有它产生的社会背景和文化背景。不顾背景上的差异，套用一种模式或范式，不仅背离了案例研究的精神，也脱离了我国的客观实际。我国案例教学还处于开始和开拓阶段，由开始的不规范，形成一种突破和发展机制，达到发展的成熟程度，必然会形成与我国社会背景和文化背景高度契合的规范性案例研究。我国案例编写和案例教学总是徘徊在“形似”而“神不似”的怪圈中，究其原因，与这种拘泥“范式”和过分强调规范不无关系。哈佛大学商学院的案例教学虽然有八九十年的历史，但并不是一成不变的。哈佛商学院的第七任院长约翰·麦克阿瑟认为：“今天的管理问题日趋复杂，死抱住一种教学法无异于故步自封，每门课都有自身的特点，关键是找到最适于这门课的方法。”所以，汲取哈佛案例教学的方法与技巧，以本土化的案例为主，在不规范中提升规范，总结一套适合中国社会背景和文化背景及当前中国特殊历史发展阶段的案例教学法，并把案例教学与情景教学、互动式教学及体验式教学有机地融合在一起就会使案例教学更具特色和生命力。

（4）培养一支高素质的案例教学师资队伍。案例的教学效果主要取决于教师水平。案例教师必须具有广博的知识、丰富的实践经验，具有高度的逻辑分析、要点概括、课堂驾驭能力。光靠几个优秀的教师具备高素质还远远不够，必须有一批高素质的师资团队的优化组合才能取得案例教学的最佳效果。哈佛大学商学院正是有一支理论水平高，同时又与企业实际紧密联系的教师队伍，才保证了案例教学的成功。哈佛大学允许教师用 20%的时间在外兼职，许多教师是美国著名企业的顾问、董事或经理，他们都具有丰富的实践经验。

这一实践优势也帮助了案例教学的成功进行。在这些方面我们的差距很大，需要大力加强案例教学师资培育工程，造就出一支高素质的案例教学师资队伍。

（5）建立适宜配套的学习制度。哈佛大学商学院的案例教学法不仅仅是一种单纯的教学方法，而且已经形成一种教学制度或教学体系。如学生学习小组的组织和活动、学生考试制度和考试内容的确定、学生成绩的评分标准等都与案例教学法的进行紧密相连。它们互相配合保证了案例教学的成功。因此，当借鉴这一教学方法时，也有必要对相关的教学制度进行改革，如改革教材（使之更易于理论联系实际）、改革对学生的考试方法和考试内容、改革学生成绩的评分标准、改革对教师的评价标准等，使之与案例教学法互相配合、互相支持。

哈佛大学案例教学的先进理念和具体的实施方略为我们开展好物流案例教学提供了基本的思路，但是不能生搬硬套，要通过创新，适应需要。

2.3 物流案例教学模式

2.3.1 物流案例教学的特点

物流案例教学法是指为了培养和提高本科层次学生对物流管理专业课程所传达的理念、知识和能力进行理解、应用与创新，通过对已经在物流领域内发生或将来可能发生的问题作为个案形式让学生去分析和研究，并提出各种解决问题的方案，从而提高学生解决物流管理中实际问题的能力的一种教学方法。秉承案例教学法的思想，物流案例教学法具有如下特点：

（1）学生是物流案例教学过程的主体。在物流案例教学法中，学生是课堂的主体，教师的作用是组织课堂、引导讨论。事先向学生布置物流管理案例的题目，要求学生阅读案例，学生在辩论和教师指导中学到知识、增长才干。同时教师可以通过随机点名提问，发现问题、回答问题、总结提炼必要的物流管理理论知识和基本原理。

（2）布置任务、创造场景，调动学生的学习积极性。物流案例教学法实际上是强迫学生参与到课堂学习中去。要求学生真正从物流管理的实际运作这一角度来思考问题。使学生感到上课不是一件轻松的事，必须全力以赴。所以，学生除了积极参与课堂教学外，还必须组成学习小组，来缓解学习的巨大压力。这种教学法重视学生的参与过程，而不是单纯地进行理论讲授。其真谛在于把学生发言也作为全体学生学习的一个方面，从而最大限度地调动了学生学习的积极性。

（3）通过主动参与，提高学生的能力。物流案例教学法让学生在案例分析中充分表现自己，锻炼自己的思想方法、分析问题和解决问题的能力，提高学生的独立思考能力、语言表达能力，以及胆量、快速反应的能力等。

（4）立体透视案例，体现因材施教。在物流案例教学法中，看待问题和处理问题的方法应当是因人而异。培养的学生不一定是“知识分子”但却必须是“能力分子”。在这种教学法中，教师也能够充分发挥作用，实际上这是对教师的要求更高了。教师可以因材施教，根据不同学生的特点，运用不同的方法来发挥各种类型学生的优势、挖掘他们的潜能。

（5）重在讨论过程，寓原理于讨论之中。在物流案例教学法的课堂上，不单纯地去追求一种正确答案，而是重视得出结论的思考过程。每个教学案例所涉及的问题都必须由学生自己进行分析、解释和讨论。这种教学法的成功取决于学生参与的程度，而能否参与，又与学生是否为每个案例做了充分的准备有关。为了准备参与，学生得一头扎进图书馆查找资料，自觉学习。有时为使学生对问题讨论得更加深入，故意出难题，在所展示的案例中把必要的条件去掉，让学生提出假设，使课堂非常活跃。只要能说得有道理，能把自己的观点阐述清楚，表达明白，就是有能力的表现。

（6）所学知识可操作性强。这种教学法能够密切联系社会实践，有利于学以致用，有利于理论与实际的结合，实用性可操作性非常突出，培养出来的学生是物流领域的实用型人才。

可见，物流案例教学法是以培养物流管理专业学生的能力为核心的教学法，这与传统教学中一味突出教师单一主体地位、强调单向交流、教材多年一贯的固定化等有很大不同。物流案例教学法体现了教学论的人本化思想和现代心理学的建构主义认识论思想，适应了学生建构知识、接受知识的内在认识秩序，符合人在社会化进程中不断增强和发挥自身主体性的客观规律，这也是案例教学法具有生命力的奥妙所在。

2.3.2 物流案例库的建立

1. 物流案例的类型设计

物流案例类型设计是建立案例库、收集、加工、整理案例的指南。根据物流案例与教学环节的联系，可分为课堂引导案例、课堂讨论案例、课外思考案例；根据物流案例与讲授知识的联系可分为描述性案例、问题型案例和混合型案例；根据师生在教学中扮演角色的地位不同，可以分为插入型案例、讨论型案例、模拟型案例；根据国外案例教学看，案例分为一般个案、导入个案、哈佛式个案、事件过程法、行动个案。

2. 物流案例的来源

（1）现成的物流案例，从公开出版的案例集或教材中撷取。

（2）在报刊资料中收集，这一种物流案例多是描述型的，学习性较强。

（3）根据相关资源，创设一定的情景，亲自动手进行编辑组合成一个新的物流案例。

美国哈佛大学商学院工商管理案例的来源主要是它的案例中心——Intercollegiate Case Clearing House 提供的，这个中心每年都要派人前往美国各地收集案例、选编案例，已储备了数十万的教学案例。哈佛大学法学院的案例库中有 5 万多个案例供校内外教师使用。

3. 物流案例的选择

要在课堂上成功地使用物流案例教学法，课前对案例的选择非常重要。

（1）物流案例要根据教学目的有针对性地收集，物流案例的内容必须适应具体教学环节的需要。案例的主题有多种多样式，情节有长有短，所涉及的范围或大或小，在案例中必须把事件发生的背景、案情反映的问题、矛盾和冲突提示清楚。案例的收集过程是个不断筛选、积累的过程，收集的案例要有针对性与典型性。

（2）注意物流案例的时效性。如果选用时间跨度长的案例，内容可能会陈旧过时，缺少时代特色，这会降低学生参与案例的积极性。教师要加强对案例的研究，课堂教学应不断更换并补充新鲜的物流案例，确保案例的时效性。

（3）把握好物流案例的难易程度。案例太难，学生因知识储备不够无从下手，只有消极等待课堂上的灌输，丧失参与的兴趣。相反，案例过易，结果一猜便知，这不仅降低了教学要求，也会降低学生对案例的参与度。根据学生的接受能力在单位时间内完成一定的教学量，提高学习效率。

（4）物流案例材料需要进行组织编排。一个好案例不是简单而机械的课堂陈述，它应能给读者提供一个充满目的性的需要深入思考的复杂环境，使读者在一定的研究框架内就现实问题作出判断。为了达到教学目的，教师要对物流案例材料进行组织编排，如尽量融合几节课的重点，或加强一节课的主要线索，或围绕一个主题对案例进行剪裁加工，将单个的案例串联起来，组合数个案例，使案例发挥最大的价值。

（5）适当选用视听型物流案例开展多媒体教学。心理学实验证明，在视觉、听觉、触觉三种信息接收方式中，常人通过视觉接收的信息量最大，比例约占85%；听觉接收的信息量约为11%；其余身体各部位如鼻、舌、肢体等接收的信息量约为4%。采用多媒体教学，学生在教学过程中主要是通过视、听来接受教师所传递的信息，从而保证信息传输的有效性。

4．物流案例的格式

物流案例的格式指案例的结构和式样。基本由标题、编号、制作者及其基本情况、版权声明等几部分组成。

2.3.3 物流案例库的使用

1．使用条件

（1）教师条件。物流案例教学法不是列出几个物流案例让学生回答几个问题，然后教师再将正确答案评析一番。物流案例教学对教师的素质要求很高，教师必须正确选题，所选物流案例适合教学目的和学生水平层次；必须具有从理论知识到实践知识的综合运用能力，具有较强的课堂驾驭能力，能够始终把握住案例讨论的主题，以免主题过于分散；教师要更新教育观念，有投入教学方法改革的自觉性和热情；教师要熟悉学生，能记住学生的名字，了解学生的一些信息。

（2）有较齐全的专业图书馆便于学生查阅资料。

（3）学生条件。适合对象一般是大学高年级（大二下学期至大四上学期）的学生或研究生；人数要求方面，哈佛大学法学院一般在20人左右，哈佛大学管理学院认为15人最为恰当。就我国高校的实际情况看，在100～200人的大班规模下开展案例教学很困难，不会产生应有的效果，所以实施案例教学必须实行小班授课制。

（4）要有一定的电教仪器设备，如采用多媒体和设计合理的教室会有更好的效果。

2．使用模式

对物流管理专业的本科学生来说，我国高校目前一般采用课堂讨论模式、观摩模式、模拟模式、媒体教学模式。

3．制度保证

（1）教学计划。必须保证物流案例教学的学时一般不得少于总学时的1/3，案例教学要纳入教学课时。

（2）教材。应包括教科书和案例。

（3）考试制度。考试内容变知识性考试为实战性考试，考试方式变书面答题为分析讨论案例，评分可实行强制扣分法，即凡参加讨论不发言的一律扣除应得分数。

4．成绩评价和考核

要构建以思维状况的考查为主体的成绩评判与考核机制，改变以往那种以知识积累的考查为主体的机制。在物流案例教学过程中，如无必要，一般对学生案例分析、讨论的表现不宜做优劣评价，而应以鼓励、表扬为主，要避免学生由于回答的优劣而影响对思维过程的关注。评判时，教师要克服主观随意性和自己对案例理解分析的局限性，应着重考量学生分析的步骤是否恰当（思路是否清晰）、思维要点的选择是否科学、能否抓住重要问题和是否抓住了问题的实质和关键，运用了哪些思维方法及从什么角度看问题等。由于案例讨论的发言并不是人人机会均等，正确打分更难，一般给予合格与否即可。

2.4　物流案例教学的课堂实施

2.4.1　分析物流教学案例的结构

1．基本知识点

介绍每个案例时，先叙述一下有关基本理论。

2．背景介绍

应尽量用多媒体的形式来介绍案情，因为传播学的调查表明，人通过视觉器官接受的信息高达 65%。多媒体可使学习者尽快获得案情的信息，通过音像也可拉近人与案例的距离，容易引起学习者的关注。还要注意控制案例表述时间，避免时间过长影响学习者的注意力，使课堂时间得到充分利用。

3．提出问题

提出与教学内容、教学目的及案例内容一致的具有启发性的问题。巧设疑团，造成悬念，使学习者处于暂时的困惑状态，激发其解决疑问的兴趣。

4．解决方案

针对学习者对问题的回答，适时引导他们，或让他们回答后再提问，或间接提示，或故意唱反调，环环相扣，鼓励学习者多思考、多提问，以形成“百家争鸣”的氛围。

5．总结或评析结果

针对学习者的讨论进行科学的评析，教师应将重点放在分析上而不是结论上。

2.4.2　形成物流案例教学的策略

（1）选择适当的案例，主要着重于原理概念等基础性知识的掌握，应当选取简单的既能说明问题又具有典型意义的案例。选择适合教学所需的案例，该案例要有在实践中进行的加工改造使之适合课堂教学。要求作为教学对象的学生，不仅要认真听讲，还要动脑。教师要启发学生发现问题、分析问题、解决问题的方式、方法、思路、途径，想方设法提高学生这方面的能力。一方面，从各种类型的案例中看到世界各国现代物流的发展状况和实际运作情况；另一方面，要积极思考，对相关的实际问题进行分析、鉴别，并尽可能找出解决问题的方法。在案例教学法的运用过程中，学生不但掌握了相关知识和基本理论，还学会了如何解决实践中的问题，提高了实际操作能力，这是传统的讲授法所无法企及的。教师通过案例教学法可以达到教学目的，还能取得比传统的讲授法更好、更全面的效果。

（2）教学中应遵循循序渐进的原则，逐步放手，逐步提高。案例教学法成功的因素之一是充分调动学生的学习兴趣，要解决这一问题，就必须注重教学中的循序渐进，根据教学内容和学生一起分析案例，逐步训练学生发现问题、分析问题、解决问题的能力。经过反复训练，待学生的能力逐步提高后，教师便可渐渐放手。切不可因为对学生的能力缺乏信心，而将案例教学只是停留在教师自己进行案例分析的层面上，忽视了学生自主学习的主动性，如此，则违背了案例教学法的真正内涵。

（3）教学形式应灵活多样。案例教学法有多种教学方式可供选择，具体采用哪种形式，一定要根据教学目标、学生已有的经验和学习任务的不同来确定，切不可从始至终采用单一形式，从而影响其教学效果。例如，要突出学生社会能力的培养，就应较多地采用小组讨论形式，使学生交流更加频繁，让他们学会如何与他人打交道、如何合作、如何解决矛盾。采用实际模拟法，激发学生兴趣，提高学生的操作能力。

2.4.3 物流案例教学课前的准备

物流案例教学课前的准备始于课程设计，在课程设计中选择并确定物流案例展示的序列。在完成课程设计后，开始进行教学过程的安排。一般来说，物流案例教学过程的安排涉及以下几个方面：

（1）仔细地通读物流案例，分析物流案例材料，找出案例中的关键性问题或者说独一无二的问题。

（2）判断展示的物流案例是否只存在一种分析序列，是否可以认同其他的序列。如果只有一种序列，那么就可以依此组织教学；如果不止一种，接下来面临的问题就是：如何帮助学生形成对物流案例严密的逻辑分析序列。

（3）评估一下在课堂讨论中是否会出现一种观点占上风的现象，或是否会展开真正的讨论。如果是一边倒，就要想办法扭转，扮演起与学生的观点相对立的角色；如果在一些重要问题上不能引发起讨论，就要从物流案例中的某些材料出发激发起学生的思维。

（4）从对学生已有技能及背景等的了解中，思考他们在这个特定物流案例上到底能做些什么。如果物流案例对学生来说过于复杂，可能就要准备对他们予以引导；如果不是太复杂，可能就要更多地督促学生进行多种多样的参与。

（5）以上述准备为基础，写出简单的组织教学的教案。这类教案与一般的学科教学的教案不同，主要反映的是教师打算如何组织教学，设计了哪些问题引导学生讨论等。

具体来说，主要包含以下步骤：

① 从小的物流案例教学入手。

② 小物流案例教学可在每节课前 15～20 分钟进行。

③ 学生适应后再进行大的物流案例教学。

④ 把学生分成若干个组，在规定的时间让学生阅读材料。

⑤ 之后让学生互相提问题并解答。

⑥ 让学生对物流案例进行展示。

⑦ 把学生的答案进行归类。

⑧ 对学生的案例进行评价和总结。

物流案例教学课堂实施步骤如表 2-2 所示。

表 2-2 物流案例教学课堂实施步骤

序号	阶段	具体的行为步骤	方 法
1	介绍	介绍物流案例 分析物流案例情况 （有可能也讨论一下问题或方法）	描述问题 深入了解问题 确定目的和主导问题
2	信息	尝试让学生通过已有的知识、推断和意愿在有或没有必备材料的前提下提出答案	考虑和计划解决问题的方法
3	研讨	计划解决问题的方法 收集和整理材料	为解决问题有目的地使用材料
4	决定	选择决定并说明其理由	主观地、经过商议地和能说明理由地解决问题
5	辩论	报告和讨论所做的决定	在整个关系中，评估和整理问题答案
6	检查	结合实际比较答案，有可能的话提出新的问题	反思和转换

2.4.4 物流案例教学课堂实施过程

1. 物流案例的引入

物流案例从其来源上讲不外乎两类：一类是自己编写的案例；另一类是他人编写的案例。

对于第一类物流案例，教师可以介绍一些有关写作物流案例时的感受、趣闻、逸事，以引起学生的注意；对于第二类物流案例，教师可以运用其他一些手段来提醒学生仔细予以注意的必要性，例如，可以提示一下这个案例讨论的难度，也可以向学生讲解一下这个案例在整门课程中所占的位置，以及这个案例需要达到的目标；同样也可以介绍一下接下去如何进行讨论，大致的要求有哪些，花费多少时间等。

2. 物流案例的讨论

典型的物流案例讨论一般总是与下列八个问题的探讨联系在一起的：①物流案例中的疑难问题是什么？②哪些信息至关重要？③解决问题的方法有哪些？④作出决策的标准是什么？⑤什么样的决策是最适宜的？⑥应制订怎样的实施计划？⑦什么时候将计划付诸行动及如何付诸？⑧如何进行整体评价？

既然大多数重要信息已经包含在物流案例之中，因而问题②一般是与问题①、③、⑤和⑥联系起来考虑的。同时，许多学生喜欢在一开始就讲出自己的决定，所以课堂讨论并不一定总是按照从①到⑧的序列展开（如果学生做了充分的准备，就应该对①～⑥个问题都有了自己的答案）。此外，既然计划的实施要考虑到不同的备择方案，因此，在真正实施之前就要从中选择最好的方案。

在许多物流案例讨论中，居核心地位的是解决物流案例中所包含的疑难问题或作出具体的决定，所以案例讨论可分成四个不同的阶段：开始，讨论疑难问题，提供备择方案，讨论如何实施。

开始进行案例讨论，也就意味着教师向学生提出问题，并给学生一定的时间去思考。一般地说，要提问的问题无外乎这样两类：一类是引导性问题，另一类是非引导性问题。典型的引导性问题的提问方式是："你认为物流案例中的这个管理者（或其他人）下一步应该做些什么？"典型的非引导性问题的提问方式是："对于这个物流案例，你想说些什么？"或者"这个物流案例交给你了，你先来谈谈自己的看法。"

确定物流案例中的问题所在，也常放在案例讨论的前期，一般要花费一定的时间来甄别案例中疑难问题的特征或要作出的决定。如果没有对物流案例中的论题予以必要的分析，往往使后面所提供的解决问题的种种备择方案及事实变得毫无意义。在这个阶段到底要花费多少时间，随教师为教学确定的目标而有所不同。难度大一些的，花费的时间也就多一些；难度小一些的，几乎不用认真分析就可判断出的，花费的时间也就相应地少一些。

几乎任何案例教学中都有这样一个重要的组成部分，那就是对备择方案的讨论，有时甚至在问题还没有得到澄清之前，课堂上就有同学已经提出解决问题的备择方案或方法了。一般地说，在讨论一个物流案例时，至少要有两种不同的解决问题的备择方案出现，有时也会多至10余种。备择方案或方法的数目越大，在认真讨论最重要的或最适宜的方案的优越性前，就越需要削减其中的一些不适宜的方案。

至少有这样两个方式可以减少方案的数目：其一，要求学生分析不同方案间的区别，也就是判断不同方案具体运用到指定的情形时，哪一种或几种更易付诸实施；其二，教师可以促使学生分析哪一种方案成功的可能性较小，有时有些方案或方法听上去很动听，是一个很好的主意，但可能不太切合实际，成功的可能性较小。这种做法也会淘汰其中的一些方案或方法。

经过一番斟酌、思考之后，留下的备择方案可能就只有2～3个了。这时教师可以和学生一起逐一进行讨论，在黑板上写出每种方案的优点与缺点，然后进行对比分析，最后在此基础上确定出一个最佳的方案。

确定最佳方案后，讨论仍然没有结束，还要进而探讨如何实施这个方案。讨论：在实施中，会遇到哪些阻碍？如何才能克服这些阻碍？实施中应该注意一些什么样的问题？等等。有时教师也可以用角色扮演等方式来探讨实施的可能性等问题，并以此来调动学生的积极性，如"你来谈谈如果你是这位教师的话，该如何处理学生的过失，你会说些什么？你怎样既让学生意识到这种过失的危害，同时又不伤害其自尊呢？"

3．物流案例的概括与总结

就如同教学的起始阶段一样，这个阶段也属于过渡性阶段，它通过从物流案例讨论中引申出一定的结论，为后续的课堂教学提供准备。在这个阶段，可以让学生来做总结，也可以由教师自己来做总结，讲明物流案例中的关键点及该案例讨论中存在的不足和长处，当然也可以不做总结或评论，让学生自己课后进行思考。

在这个阶段，往往要揭示出物流案例中包含的理论，强化以前所讨论的内容，提示后续的物流案例，给参与者以鼓舞。在物流案例讨论即将结束的时候，没有作出任何结论就下课是不适宜的，此时教师可以帮助学生对物流案例产生进一步的认识和理解，增进他们的学习经历。

以上是物流案例教学的几个基本步骤。在这其中，教师并不是可有可无的，只不过他一改以前的说教者、管理者的角色，成为教学的组织者、引导者，他要完成的主要任务有：

（1）使讨论井然有序。在讨论继续开展之前，必须要明确每一个观点，黑板可以帮助学生注意并记住其他同学提出的观点。这些观点可以是他们赞同的，也可以得到他们的修正或反对。

（2）提出切中要害的和关键性的问题。这些问题可以促使学生对一问题进行更深入的思考，也可以使他们调整自己的视角，注意那些更重要的问题。

（3）把学生个体的讨论意见集结在一起。对学生认识的重新表述、鼓励或汇总，可以帮助他们继续思考和改进观点，也可以帮助他们更清晰地认识物流案例中的疑难问题，把有关解决问题的方案或想法更加具体化。

（4）要具有时间概念。小组讨论的时间至关重要，教师要注意运用这种形式有效地加以控制，要根据讨论问题的重要性来分配时间。

（5）要将自己置身于讨论之外。教师的任务是促成讨论，在讨论过程中，要尽可能让学生去发言、思考，作出决定。

（6）避免总是使用同样的物流案例。新奇和改进可以增加学生的学习经历，而千篇一律总是使参与者大失胃口。

（7）协助学生理清思路，使他们的观点更能站得住脚。如果学生的观点虽然有一定的形成逻辑但不甚明确，教师可以通过提问、总结，鼓励同伴对他给予支持的方式，帮助他将自己的观点建立在更为扎实的基础之上。

（8）不要批评不同的意见。如果学生的看法不合逻辑，可以要求其他学生谈谈他们的看法。认识上的不同是正常的，对一个复杂的物流管理的案例来说，极少出现只存在一种答案的现象。应该让所有学生都有展示自己观点的机会，并了解其他人的不同观点。

（9）当学生向教师提问时，教师不要隐藏自己对一些问题的认识。

（10）如果教师经常对讨论予以总结的话，会增进学生的学习过程，这样的总结如果放在讨论的最后效果会更明显。

（11）要完全掌握物流案例中所展示的全部事实。教师应该对物流案例一读再读，并作出笔记，以便把握物流案例的重点内容，只有这个时候，他才对如何引导讨论做好准备。

（12）对物流案例的教学目标、物流案例中的难点和重点及教学技巧等进行分析。

（13）监督检查学生的课堂学习情况。教师要在教学进程中对学生的学习情况进行监控，分析学生在课堂讨论过程中是否解决了物流案例中所反映的所有问题，是否学会了相互信赖，从彼此的发言中互相学习，取长补短。

学习资源

[1] 学习时报（www.studytimes.com.cn）

[2] 中国行业研究网（www.chinairn.com）

[3] 中国物流与采购网（www.chinawuliu.com.cn）

[4] MBA智库百科网（wiki.mbalib.com）

课后练习

案例2-1 《物流管理》课程案例教学

《物流管理》是物流管理专业开设的专业课，主要研究第三方物流企业的仓储配送、成本管理、项目管理和发展战略等。《物流管理》课程的案例教学法按以下几个步骤进行。

1．案例的选择

精心收集和挑选物流管理方面的案例，是运用案例教学法的基础和前提条件。在案例的收集、选择过程中，应使案例具备以下几方面的内容：

（1）具有现实性。案例是现实问题的缩影，它描述的是完全真实的特定业务状况或具体业务运作流程，有时为了某种需要，在案例叙述中允许虚拟一些情节。也就是说，案例应该是对一个比较复杂的情境的记录。通常，一个好的案例首先必须是一篇好报道，是一种把部分真实生活引入课堂从而可使教师和全班学生对之进行分析和学习的工具，它可使课堂讨论围绕真实生活中才存在的棘手问题来进行。

（2）具有典型性。它所描述的业务事件是包含业务企业或部门的典型行为和观念在内的材料。案例中所出现的问题或反映出的经验应该具有一定的代表性和适用性，案例中出现的企业在所处行业内应当占有一定的市场份额、有一定的知名度。

（3）具有启发性。一个好的案例应当蕴含一定量的疑难性问题，可以让学生了解到现实生活的丰富和复杂性，给学生留下一定的思考空间，有助于开阔和提升学生的思考广度和深度，培养学生全面的思维能力。

（4）具有生动性。这是案例教学法区别于一般课堂教学的一个表现形式，案例的生动性和趣味性不仅能激发学生的学习兴趣，以便对此进行深入的讨论，还能够活跃课堂的气氛。

2．案例的分析

案例分析通常包括准备阶段和课堂讨论两个阶段。

（1）准备阶段。选择好案例后，将学生分成若干小组，如每5个学生一个小组，最好是不同的小组用不同的案例。提前1~2周将案例发给学生，要求学生准备案例分析报告，在准备阶段，学生需要完成的工作通常包括：

① 充分阅读案例，对案例有一个比较深刻的理解。

② 每个成员都要提出自己的观点，表达自己对每个问题的看法。

③ 小组内部讨论，每个组员的观点肯定会存在一些差异，但作为一个小组，最终所

表达的观点应该是唯一的。这意味着小组中有些学生要努力说服其他成员接受自己的观点，有些学生要学会放弃自己的个人观点以服从小组的共同利益。

④ 形成本小组的统一观点，通过讨论后，小组所有成员作出对问题的最终决策。撰写案例分析报告，以书面的形式归纳本小组的意见。

⑤ 为课堂演讲进行准备，指定演讲的人员，以及确定在有限的时间内应表达的核心点。

（2）课堂讨论阶段。案例的课堂讨论是由各小组将准备好的案例分析过程和结果展现给教师和同学，并相互讨论，教师归纳，使案例教学得到进一步升华。

① 学生演讲。给予每个小组一定的时间，如 10 分钟，用于表述本组成员的观点，由一位小组成员主讲，其他成员可以进行补充或说明，并在演讲结束后接受教师和同学的提问。在学生进行演讲时，要对学生适当进行有关演讲技巧的培训，如表达观点要注意时间，突出重点，改变照本念稿的方式，注意与听众的视线接触，适当运用肢体动作，音量适中，仪态大方等。

② 课堂讨论。在小组演讲结束后，鼓励其他小组的同学对演讲中所表达的观点或出现的问题进行提问，如果存在对同一观点的相反意见，允许学生适当进行辩论。

③ 教师归纳。教师在课堂讨论后，要对本案例的讨论进行小结，对同学们表现比较好的地方和提出的正确或有独到之处的观点加以肯定和鼓励，对有客观答案的问题要给出正确的答案，或者对某些主观题提出教师个人的看法，以达到师生间相互沟通的目的。

3．案例分析的考核

在《物流管理》课程的考核中，学生的平时成绩一般占总成绩的 40%左右，而其案例分析成绩可以占平时成绩的 70%左右，从而引起学生的重视。

案例分析的成绩考核主要包括案例分析报告的考核和课堂演讲效果。在第三方物流的案例分析报告评分中，主要由教师根据报告的质量给出小组报告成绩，并依据分工所表现的报告质量为小组成员打分。而课堂演讲效果的评分则可以采用轮流由各组成员组成的评判团，以学生评分为主、教师评分为辅的办法，同时权衡组员对报告的贡献程度，对负责主笔或演讲的学生适当增加分数。但针对不同的案例难易程度应有所调整。

4．结论

作者经过多年的《物流管理》课程教学实践，深感运用案例教学法教学效果显著，主要体现在：能加深学生对理论的理解，真正达到理论与实践相结合；能提高学生的综合素质；能促进师生间的互动交流，从而达到良好的教学效果。

（资料来源：中国知网. www.cnki.net/）

思考：

1．物流案例教学有何特点？

2．物流案例教学需要哪些步骤？

第 2 篇　物流案例分析

第3章

“互联网+物流”案例分析

【学习要点】

- “互联网+物流”发展的现状及特点；
- “互联网+物流”运作模式比较；
- “互联网+物流”案例分析方法。

【话题导入】

电商在我国已经逐渐发展成一个成熟的市场，并在各行各业起着越来越重要的作用。伴随着经济的增长，物流业在推动电商发展、拉动产业升级和行业发展方面的优势更加明显。据商务部初步测算，2016年商贸流通业实现增加值9.6万亿元，增长6.8%。现代物流技术和流通方式加快普及，降低了流通成本，提高了流通效率。全年社会物流总费用占GDP的14.8%，同比下降1.2个百分点。网上零售额5.2万亿元，增长26.2%。

1. 发展粗放，急待升级

十几年来，我国物流虽然看起来欣欣向荣，但由于没有行业标准约束，发展方式相对粗放，大部分物流公司还是处在传统水平，形成的物流形态也面临着增加值比重走低的困境。当然也有部分物流企业开展物流一体化服务，也有少量物流企业开始供应链协同。同时新一代物联网技术与智能物流装备技术的蓬勃发展，正推动着我国智能物流的变革。

随着互联网、物联网的快速发展，物流将全面进入智能化、透明化、标准化、集约化阶段，在这样的大趋势下，所有的物流企业不管是否愿意都应该积极拥抱物流产业互联网，利用互联网实现升级。

2. 物流引入智能化，降本提效

目前，我国大多数物流企业还是处在附加服务匮乏、行业标准缺乏、市场份额分散的传统物流阶段，价格体系、服务水准和管理能力均较为混乱。因此在这样的背景下，大多数物流企业都面临着诸多问题，其中最突出的表现就是过高的物流成本。

智慧物流可以将正确的产品、以正确的成本、在正确的时间、送达正确的地点，大大降低了制造业和物流业等各行业的成本，提高了企业利润。因此，智慧物流的建设将加速当地物流产业的发展，集仓储、运输、配送、信息服务等多功能于一体，打破行业限制，协调部门利益，实现集约化高效经营，优化社会物流资源配置。

智慧物流除了可以降低成本外，还能够提高效率。智能化和信息化技术在生产与物流中快速普及应用，所有核心环节都将变得更加“智能”。而智能物流能使整个物流系统具有思维、感知、学习、推理判断和自行解决物流中某些问题的能力，成为未来发展的方向。

智能化就是利用各种智能装备和网络，更好地连接各种物流要素和环节节点，实现更好的协同和增值。物流智能化就是要实现自动化操作、零距离实时衔接、路径选择和优化及预警和自动报警四个方面的价值。

随着物联网、云计算、大数据、智能物流装备、“互联网+物流”等新一代物联网技术与智能物流装备技术的蓬勃发展，为物流驶入发展快车道仿佛插上了翅膀，快速推动着我国智能物流的变革。

作为物流的高级版本，智能物流将物联网、传感网与现有的互联网整合起来，通过以精细、动态、科学的管理，实现物流的自动化、可视化、可控化、智能化、网络化，从而提高资源利用率和生产力水平。

3. 智慧物流重塑行业结构

一提到智慧物流，人们首先想到的就是机器人分拣，无人机、无人车等无人设备的配送。殊不知，这些前沿的应用都要耗费巨大的人力、物力和财力。对目前的物流企业来说，若没有强大的资金支持，就只能在其他环节下功夫，如利用互联网更大范围进行车货匹配，会大幅降低等待时间和空驶率，提高满载率，也能达到不错效果。

2016 年，从国家层面为智慧物流创造了良好的政策环境。智慧物流兴起激发了商业模式创新和市场新进入者的参与，催生出“互联网+车货匹配”“互联网+合同物流”“互联网+货运经纪”“互联网+库存管理”等物流新模式。现在无论是顺丰速递、京东还是苏宁都在加速对智慧物流的探索。

从整个物流发展轨迹来看，物流行业必将经历从传统配送到集中配送、协同配送、共同配送，最后到智能配送，最终用互联网技术改进传统的运作模式。对于整个行业和个别企业而言，这借用了智能手段满足客户更多需求，并从整个供应链条的高度解决问题。

线上的快速发展，已经成为拉动经济增长的必然因素。因此新一代物流应用解决方案对企业立于不败之地有着重要作用。例如，京东在 43 座城市运营了 143 个大型仓库，覆盖全国范围内的 1 961 个区县；苏宁物流在 300 个城市建立了分拨中心……。

3.1 “互联网+物流”发展现状

从“互联网+物流”的定义来看，基于传统物流业的“痛点”，“互联网+物流”的首要目的在于改变原有的物流运作模式，利用移动互联网、大数据及物联网等的优势，在管理监控、运营作业、金融支付等方方面面实现物流供应链信息化。从“互联网+物流”的价值内涵和理论内涵来看，在交易成本理论、市场均衡理论等理论下，“互联网+物流”通过对物流资源整合及去中介化形成物流平台模式；在委托代理理论、长尾理论、消费主权理论等理论下，“互联网+物流”通过高效集聚闲散的物流资源而形成物流众包模式；在资源基础/依赖理论、价值链理论等理论下，“互联网+物流”通过物流价值链的重构而形成物流跨界模式。

3.1.1 “互联网+物流”平台模式

1．供应链平台——怡亚通模式

“互联网+物流”的供应链平台模式以怡亚通为代表。深圳市怡亚通供应链股份有限公司（以下简称怡亚通）从传统的委托采购、分销式“广度供应链管理”，转向帮助客户扁平渠道、让产品直供门店的“深度供应链平台”。怡亚通为客户提供一站式的供应链服务，包括采购、深度物流、销售、收款的全方位服务。与传统的委托采购、分销相比较，怡亚通供应链管理平台集合了企业的非核心业务外包，提供更多的专业性增值服务，而且供应链管理服务的费用率和综合毛利率水平更高。怡亚通依据客户的需求，对供应链各环节进行计划、协调、控制和优化，并通过建立快速响应机制、灵活的服务产品组合，实现商流、物流、资金流、信息流四流合一，同时结合 JIT 运作管理，形成怡亚通特有的一站式供应链解决方案及服务组合，为企业提供专业、全方位的供应链服务。

2．物流平台——菜鸟网络模式

“互联网+物流”的物流平台模式以菜鸟网络为代表。基于中国智能物流骨干网项目而组建的菜鸟网络科技有限公司（以下简称菜鸟网络），应用物联网、云计算、网络金融等新技术，为各类 B2B、B2C 和 C2C 企业提供开放的物流服务平台。菜鸟网络利用互联网技术，建立开放、透明、共享的数据应用平台，为电子商务企业、物流公司、仓储企业、第三方物流服务商、供应链服务商等各类企业提供服务，支持物流行业向高附加值领域发展和升级，目的是促使建立社会化资源高效协同机制，提升社会化物流服务品质。

3．运输平台——卡行天下模式

“互联网+物流”的运输平台模式以卡行天下为代表。卡行天下供应链管理有限公司（以下简称卡行天下）本质上是一个运输平台，这个平台通过不赚取双方交易差价的利他性促进交易。卡行天下的大平台战略以成员互为交易、服务质量记录和信用与金融支持为主要组成部分，集中专线成员、加盟网点、第三方物流公司、互联网交易客户，建设基于内置服务网络的大平台。卡行天下通过线下和线上两张网，线下建立流通网络，线上建立平台标准化模式，对接各种各样的第三方企业，满足各方的服务需求。

3.1.2 “互联网+物流”众包模式

“互联网+物流”的众包模式以快递兔为代表。上海随迅信息科技有限公司下的快递平台——快递兔，在配送过程中采用的是社会化众包方式，其快递能力通过调动社会闲散资源而得到极大的提高。快递兔的快递员是普通的社会人员，通过对其进行严格的审核和规范化培训，采用中央调度模式，距离最近的配送员领到任务，在 1 个小时内完成取件。从盈利模式上看，快递兔整合了散件寄件的长尾需求，打包后给各大快递公司，相当于是一个手里拿着大单的大客户。而除了个人用户，快递兔的用户还包括近千家中小企业，借此可整合公司内部的散件。快递兔减少甚至取代快递公司的线下网点，直接发到各物流公司总站，从而提高了整个物流效率。

3.1.3 “互联网+物流”跨界模式

1．功能跨界——德邦快递模式与顺丰物流模式

“互联网+物流”的功能跨界模式以德邦和顺丰为代表。德邦物流股份有限公司（以下简称德邦）主营国内公路零担运输和空运代理服务，2013 年 11 月德邦快递业务开通，从运输领域跨界进入配送领域。就行业而言，快递和零担运输是两个相似度很高的细分物流功能，都有网络化特征、提供标准化的服务、具备可复制性。服务标准化的结果是能够批量、快速复制，因而，德邦通过对快递业务的清晰定位，成功地跨界进军快递业。而与此相对，顺丰速运集团有限公司（以下简称顺丰）的主营业务为快递，2014 年 4 月顺丰组建公路运输车队，推出一站式“门到门”的陆运物流产品“物流普运”，直面竞争德邦、天地华宇、佳吉等国内公路运输物流企业。顺丰从配送领域跨界进入运输领域，借此满足客户需求，占领市场。而作为战略层面，顺丰更是自恃有更为成熟和先进的运作模式和管理经验，想在格局未定的物流市场（尤其是零担货运市场）占得先机，主导市场。

2．行业融合——顺丰电商模式与京东物流模式

“互联网+物流”的行业融合模式以顺丰和京东为代表。2012 年，顺丰速运旗下电商食品商城“顺丰优选”上线，依托于顺丰覆盖全国的快递配送网，从原产地到住宅进行全程冷链保鲜，定位于中高端食品 B2C。“顺丰优选”的本质是快递物流业与电子商务行业的融合。与此相对，京东商城在其不断占领市场的过程中独立构建以“亚洲一号”为枢纽的电商物流体系，并申请快递牌照，实现电商业与物流业的相互促进和深度融合。

3．行业联动——日日顺模式

“互联网+物流”的行业联动模式以日日顺为代表。2013 年 12 月，海尔电器旗下日日顺物流有限公司（以下简称日日顺）成立，海尔与日日顺共同建立端到端大件物流服务标准，共同开发、提供创新的供应链管理解决方案及产品。日日顺模式促进了家电制造业与物流服务业之间的协作与联动。

4．行业跨界——传化物流模式

“互联网+物流”的行业跨界模式以传化物流为代表。传化集团投资的传化物流是一家定位于“公路港”物流平台整合的运营商，已建成浙江、苏州、成都和富阳公路港物流园区。从宏观的角度看，物流运作是一个复杂的网络体系，其中，节点就是各种货物集散的物流中心、物流园区等地产概念，因此，传化物流模式其实质为物流业跨界到地产业的模式。

3.1.4 “互联网+物流”发展趋势

显然，“互联网+物流”并非只有上述三种模式，在互联网思维和“互联网+”理念的不断发展下，“互联网+物流”模式将逐步向细分化、个性化、多样化演进，形成百花齐放的局面。具体而言，基于对“互联网+物流”内涵的分析，“互联网+物流”有如下五种发展趋势。

1．物流平台互联网化趋势

基于互联网思维构建物流平台：

（1）“互联网+物流”的阿里巴巴生态模式，主要盈利点为从物流平台角度延伸出数据、金融、流量、营销等商业价值，并带动和帮助更多的中小物流企业来实现创业。

（2）“互联网+物流”的小米模式，物流平台是上游下游整合的模式，主要盈利点不在基础物流服务上，而在延伸服务和增值服务上。

（3）“互联网+物流”的 360 模式，即物流平台的免费模式，通过吸收大量的用户从而带来另一种商业升级。

2．物流运营大数据化趋势

基于互联网进行物流大数据运营：

（1）“互联网+物流”整合物流客户资源，利用良好的客户体验汇集大量的客户人群，应用客户信息进行精准营销。

（2）“互联网+物流”催生新营销，物流末端数据通过物流延伸整个供应链，催生出新的营销功能。

（3）“互联网+物流”平台辅助决策，通过整合客户的需求和关注点，打造一个为客户企业高层服务的有价值的平台，进而带来更高的客户黏度。

3．物流信息扁平化趋势

基于互联网进行物流信息高效共享：“互联网+物流”将物流行业的供求信息进行高效共享，从而实现物流服务供需双方的交易扁平化，物流运营监控管理的可视化，物流园区、配送中心平台化的整合，以及物流人才供求信息的透明。

4．物流资源众筹化趋势

基于互联网的物流资源众筹：“互联网+物流”为物流运营资本和物流设施设备的众筹提供基础平台，通过整合资本来整合物流资源进而整合物流运营能力，形成高效的物流运营环境和物流运营模式。

5．物流生态立体化趋势

基于互联网的物流价值链网络：“互联网+物流”使得物流企业可以将作业层面的配送、仓储、信息平台、数据、金融等服务，延伸到商贸、生产制造等领域，形成庞大的价值链网络体系，构成物流的立体生态经济模式。

3.2 天地华宇物流案例分析

3.2.1 案例背景

“华宇物流”创立于 1995 年，2007 年被荷兰的国际快递物流巨头 TNT 全资收购，更名为“天地华宇”。2012 年，天地华宇宣布与腾讯网签约，成为其首家公路快运服务供应商，为腾讯旗下的 QQ 速递、QQ 商城等电商运营商的客户提供以“定日达”为主的公路快运服务。2013 年，TNT 宣布出售天地华宇给中信产业基金。天地华宇的定日达、公路零担、整车服务及遍布全国的运输网络，能承接中信板块下的部分物流相关业务；

而中信的品牌优势、专业的运作经验、全面的产业布局及强大的金融实力，更可助推天地华宇的发展。2014 年，天地华宇在中信产业基金的支持下收购了“如风达”，加速了向综合型物流平台的迈进。同时，稳步和“互联网+”的战略融合，推出了“易到家”等一系列针对行业互联网化变革的物流服务。目前，天地华宇拥有中国最大的公路运输自有网络之一，在全国约 600 个大中城市拥有超过 50 个货物转运中心、2 000 多家营业网点和 3000 多条线路，构建了一个能迅速响应电商物流需求的服务网络。

3.2.2 案例分析

1. 问题分析

（1）市场需求的转变导致现有的业务模式难以适应。电子商务猛烈、迅速的兴起颠覆了传统的多级分销层层代理模式，其大大简化了销售环节，由厂家（一级经销商）直接面向客户销售，最大限度地降低了销售环节的成本，最终实现买家的采购成本最优。网购模式催生的客户消费习惯的转变，进一步衍生出了电商客户对物流需求的改变。业务模式的拓展，让运输管理由链条式转向网络结构，单个独立系统已难以满足其管理需求。

（2）高度依赖于终端销售商导致缺乏对全流程的掌控。传统分销模式中物流商的业务多是仓仓运输，即物流企业仅承运厂家（上级经销商）向下级分销商的大宗货物仓库到仓库的运输，末端客户的最后一公里环节的服务由终端销售商提供。在整个传统分销体系中，由于终端销售商掌控着面向终端客户的销售、运输派送（送货到门、送货上楼、部分安装售后服务）及其他面对面服务等渠道，厂家（上级经销商）高度依赖于终端销售商。

2. 问题解决

（1）基于“互联网+物流”资源整合。天地华宇在中信产业基金的支持下收购了“如风达”快递，通过信息技术平台的整合，“快递+快运”能更好地融合，实现货运线上业务的所有闭环，解决物流“最后一公里”问题；而在运力小微化的应用中，借鉴打车软件模式，天地华宇推出 App，实现货车司机与货源实时、高效的直接对接，货车司机打开 App 就能看到货源地理位置、货物类型、重量、发货时间、车辆需求，从而竞价，车主可根据要求对接发货方，该种物流模式的明显优势是整合线下运力与线上发货需求，打破了传统物流信息的不对称性，提高了物流运行效率。包括嘟嘟货运在内的模式创新都是针对货运安全与信誉的问题，天地华宇搭建的这个平台，能提供良好的信用评价体系，通过信用数据共享，方便平台用户进行相应的认证监督及大数据跟踪。

（2）基于“互联网+物流”价值链重构。“易到家”迎合电商 B2C 销售模式的需求，不仅完整地承接了传统分销模式中由终端销售商提供的最后一公里送货到门、送货上楼、货物的安装等末端服务，还整合了原物流运输中的干线运输、上门提货等环节，提供从厂家出仓到客户收货的一条龙服务，承接了物流、安装等业务，使得卖家更容易关注销售和服务。而对买家而言，由物流仓自提到送货上门、上楼、安装等一揽子服务的改变，更带来了安心、舒心。这不仅仅是让卖家、买家更容易，更是让物流更容易。众所周知，现在整个大物流行业里面，快递是相对较早能提供送货到客户家中的服务，快递员因为骑车单兵作战，重货及大件货物无法运输及上楼。传统的零担物流行业，提供自提业务的多，鲜有能提供送货上门、上楼服务的。天地华宇解决了这个问题，以车辆进行运输，由司机配合专车业务员进行送货。基于内部的配送线路规划系统，实现成本和时效的最优化。同时通过对第三方资源的整合，根据客户的需求提供安装、返修等增值服务。

（3）基于“互联网+物流”运营平台化。运用互联网新技术，公司建立了电子渠道交互平台，通过天地华宇物流的官网 App、微信公众号、手机支付宝和“开放平台”等，均能实现一键批量下单功能。其中，“开放平台”是天地华宇的订单系统接口，可对接企业客户的 ERP。系统对接后，客户系统便可以直接自动下单，随时反馈订单情况及货物走货轨迹。通过互联网下单的渠道，天地华宇收获的是“数据”。通过互联网，可以更好地保存客户下单记录，洞悉客户习惯，大数据的分析能提供更契合客户需求的服务。

3.3 传化物流案例分析

3.3.1 案例背景

伴随着电商模式的不断发展，物流业也随之火爆起来，而物流地产作为物流业衍生出来的产业，也正在快速崛起，在这片近乎空白的大市场中竞争尤为激烈，国内本土企业与国外外来企业争相分食“蛋糕”。

传化物流隶属于传化集团，创建于 1986 年。2003 年，传化物流首建公路港，创造了“公路港物流服务平台”模式，实现了“物流+信息化”的创新。2011 年，传化物流与普洛斯进行深度合作，普洛斯将持有浙江传化物流基地公司（合资公司）的 60%股份，通过合资公司持有 3 个公路港项目出租给传化公路港的经营者，传化物流已在全国 12 座城市建立了公路港，辐射区域覆盖了 80 多座城市，在全国 17 个省会城市，50 余个枢纽级地市，合计初步签约或接洽了 70 个左右的项目。传化物流为解决中国公路物流短板问题，提升公路物流效率，降低公路物流成本，率先构建了“中国公路物流网络运营系统”，是国内领先的公路物流行业平台运营商。2014 年年末，传化集团实行重组，寻求更好的发展机会，经过长达 10 个月的时间，在 2015 年 9 月 18 日传化集团的重组方案得到证监会有条件地通过。此次重组之后，传化集团新增公路物流平台运营业务，形成专用化学品研发、生产和销售及公路物流平台运营双主业协同发展的业务格局。

3.3.2 案例分析

1. 问题分析

（1）传统物流业务的转变。第一个产品组合叫作公路港城市物流中心。公路港城市物流中心很简单，它的目的是什么？它的目的是未来让这个城市可以更便捷。我们联合各方的力量，包括公路港、园区、多市联运等，为这个城市的制造业、商贸群体去提供更多的服务。

（2）互联网物流业务的拓展。第二个场景组合是整个互联网物流。我们希望可以利用互联网一些深度的技术，让物流更高效。第一个方向是建立经纪人的联盟，把现在一些并不是太优秀的、一些有想法的很优秀的黄牛、小商批组织起来，可以提供更优秀的武器给他们；第二个方向是做运力的优化，在公路港里 90%以上都是零散的运力，货主通过经纪人可以找到更卓越的运力。

（3）物流金融领域的跨界。通过传化的金服，可以为整个制造业及物流行业注入更多的资金上的一些活力，让制造业、让物流行业更好。

2．问题解决

（1）打造系列开放的物流互联网产品。传化物流经过在公路港方面的深耕，在提升公路物流效率、降低公路物流成本方面已有成效，在围绕“物流价值链”与“增值服务价值链”的基础上，逐步构建公路港平台和信息服务系统的共享平台。传化物流打造的“陆鲸”“易货嘀”“运宝网”等开放的物流互联网产品，经过与市场的磨合，现已形成一个公司与货主共赢的物流平台。

随着传化物流实体公路港网络的快速铺开，实体公路港将连点成网，逐步形成全国化的公路港网络运营体系，传化物流将在继续拓展以实体公路港为核心的基础设施服务平台网络的基础上，加快打造“O2O人车商圈”与“O2O城市物流中心”等核心内容，推进“公路港”的信息化与智能化升级。

传化物流的全国化实体公路港网络聚集了区域的货源与车源，为三大网上平台业务开展积累了大量的客户资源，实体公路港平台的线下核心服务能力及线上平台交易的场景感，将帮助用户获得更好的平台体验，有效增强用户对网上平台的忠诚度及黏性。

（2）打造“物流+互联网+金融”跨界模式。公司准备打造的“物流+互联网+金融”模式在目前的公路物流行业内从未出现，其模式的独创性就已经决定了其未来的高度及无穷的想象空间。

此次传化股份重组期间，传化物流支付牌照申请已获央行受理。倘若获得通过，则意味着传化物流将实现“涵盖货主、物流企业、货运司机、商户等全覆盖、全场景、全流程的支付闭环”。凭借“物流+互联网+金融”的模式，由业务产生的巨大资金流，都将逐步在传化支付平台沉淀，这将是一个上万亿元的市场。特别是，随着基于支付闭环沉淀资金规模的逐步扩大，诸如理财、保险等互联网金融业务的想象空间也将顺势打开。

学习资源

[1] O2O前沿（http://www.itp8.com/）

[2] 中国电子商务研究中心（http://b2b.toocle.com/）

[3] 中国物流与采购网（www.chinawuliu.com.cn）

[4] 万联网物流资讯中心（info.10000link.com）

[5] 中国经济网（http://www.ce.cn/）

课后练习

案例3-1 菜鸟网络的“互联网+物流”

作为“菜鸟联盟”的盟主，阿里的愿景是织一张大网，一张能支撑日均300亿元网络零售额的中国智能物流骨干网，有着最广泛的仓储覆盖面积，最智能的仓储转运系统，以及最高效的快递配送服务。而从企业战略来看，在物流方面胜过竞争对手，抢回市场份额，支撑起阿里自身庞大的生态体系，阿里尽管拥有强大的数据信息系统，能够帮助“三通一达”这样的企业在快递配送的车辆、人员、路线等安排得到进一步优化，但是我们认为难以使它们获得明显超越以往的利润。而且这也需要建立在加盟制快递企业对自己的业务模式进行彻彻底底的大改造的基础之下。因此在当前的菜鸟体系下，快递企业仍然会保有自己的商业计划及发展路线。

1．借力银泰布局物流地产

要做成菜鸟网络，实现阿里中国智能物流骨干网的愿景，其中一个非常重要的字便是“快”。京东的“快”源于仓配一体化，直接仓库发货，省去了揽件再干路运输的步骤。因此菜鸟想要达到同样的速度，最终必然需要同样遍布全国的仓储网络。这就带来了仓储网络如何形成的问题。

首先，如果拉拢各方资源，让菜鸟联盟成员加盟，并借用盟友的仓储资源，最符合菜鸟“做网络，不做物流”的口号。但从之前“星辰急便”的失败和京东的成功中，阿里发现在物流运输行业，由于和实体操作的密切关联性，仅仅靠云端的数据服务器平台，远远不足以坚强到支撑住这个由钢筋、水泥、巨型货仓和卡车组成的行业。因此，即使在阿里的“大平台”思维下，对物流行业来说，遍布全国的仓库网络，才是等同于电商领域的淘宝、天猫平台，而且这些资源需要为菜鸟自己所掌控。

由于仓储网络的重要战略地位，加上这些已有的仓库难以按照天猫、淘宝货源的需求进行个性化设计。所以无论是盟友的加盟（如苏宁、富春物流等），或是向已有的仓储地产商租赁仓库（如普洛斯），对于菜鸟来说很可能只是暂时的选择。

在这个前提下，如何更快、更多的在全国范围拿到物流专用土地，是菜鸟建设的最基本问题，也是亟须考虑的问题。这是因为在中国，所有仓储网络是必须建设在专门的物流用土地之上的，而相比于房地产用地供应，政府出让的工矿仓储土地的比例正逐年持续下降。

这同时也是菜鸟引入银泰和复星作为大股东的用意所在，一个是零售百货地产界的大亨，同时其董事长沈国军也与马云私交甚厚，从银泰商业、云峰基金，到湖畔大学，沈国军都是马云和阿里的坚定同盟者。而复星同样也在地产界呼风唤雨、经验丰富。在物流地产配置方面有了这两位大佬的帮助，加上他们深厚的地产界及政治界资源，菜鸟如虎添翼，征战全国，四处举牌拿地。由于截至目前，菜鸟对外仍保持非常神秘的色彩，关于菜鸟具体的仓储面积仍是未知，但据网络媒体不完全统计，菜鸟已拿下 2 万亩物流用地，合面积 1 300 多万平方米，奠定了全国仓储网络布局的基础。

2．联姻苏宁布局线下门店

有了银泰和复星的协助，菜鸟四处圈地已有保障，然而从零开始建造自有仓库毕竟是一个漫长的过程。眼下京东凭着物流优势对家电市场步步蚕食，甚至包括其他垂直类电商也都凭自建物流对各自垂直领域展开市场的争夺，阿里必须立刻采取措施，急需一名强而有力的外援给予其仓储能力方面的支持。

而苏宁虽然是高调“拥抱互联网”的零售业巨头，并且握有布局全国的仓储物流百万雄兵和深入各个城市乡镇区域的线下站点，但是商品品类重合化使得苏宁在争夺电商市场的过程中难以超越京东。2015 年，苏宁的在线销售额仅为 502.75 亿元，和京东的 4 465

亿还存在很大差距。

从这一角度看，阿里与苏宁各自拥有优势，而这一优势正是对方需要弥补的短板。加上不久前腾讯京东联盟结成的消息作为催化剂，双雄选择取长补短，强强联手。2015年8月10日，阿里巴巴集团与苏宁云商集团股份有限公司宣布双方达成全面战略合作。根据协议，阿里巴巴集团将投资约283亿元人民币参与苏宁云商的非公开发行，占发行后总股本的19.99%，成为苏宁云商的第二大股东。与此同时，苏宁云商将以140亿元人民币认购不超过2 780万股的阿里巴巴新发行股份。

此次交易中，苏宁得到阿里导入的线上巨量消费者资源。苏宁高调入驻天猫，强势助力其在线销售业务，同时苏宁最强大的家电通讯产品也正好弥补了阿里品类分布的不足。另外，阿里不但实现了仓储物流设施面积上对京东的超越（苏宁约为450万平方米，京东约为400万平方米），更重要的是苏宁遍布全国的零售店都将可能作为阿里未来的线下入口。马云曾说过“互联网公司的机会未来30年一定在线下，而传统企业或线下企业的希望一定是在线上”，这句话目前看来，也正是这场并购合作最贴切的描述了。

3. 参股心怡布局智能仓储

仓储物流网络在物流行业属于战略性的重要资源。既然确定了自建仓储的必要性，那谁来搭建并进行管理变成了摆在眼前的下一个问题。菜鸟网络选定的是一家由阿里大比例持股的专业智能仓配一体化解决方案提供商——心怡科技。

心怡科技于2004年成立于广州，2012年正式进军电商物流，目前以电商仓储物流服务和电商仓储计算机技术服务为核心，已成为能够提供国内顶级的全方位供应链系统方案和供应链系统管理服务的综合电商企业。其业务合作伙伴不仅有阿里巴巴，还包括中石油、安利、雅芳、完美、达芙妮、李宁等大品牌企业。

2014年，阿里巴巴集团正式入股心怡科技，成为企业的第二大股东。随即两家公司即展开合作，目前心怡科技主要负责为菜鸟网络研发仓库管理系统（ALOGWMS, Warehouse Management System），又名仓易宝系统，负责仓库库存管理、分拣、装货等一套完备的仓储解决办法。另外，同时又为天猫的网上超市“天猫超商”相继建立了华北、华南、华中的天猫仓，为天猫超市提供仓储管理保障。

阿里选中心怡科技，并让其负责天猫超市开仓的核心管理，主要还是看中其在智能化仓储管理建设方面的能力。由于超市仓储管理是对仓储整体管理水平的极大考验，在动辄过万种商品、每天数万订单量的仓储基地，货品从上架、拣选、补货、盘点到移库，每一步操作都需要经过精密推算。随着物联网技术的不断进步，仓储管理已成为具有科技含量的领域。在心怡科技物流的仓储基地，自动化设施、智能眼镜、谷歌手表、智能机器人等高科技“装备”的掌握者——基层一线工作人员，超过50%具有大专以上学历。

未来的物流行业，由于土地资源有限，最终的比拼必将落实到单位面积仓储对于巨量SKU（Stock Keeping Unit，在物流中用于描述最小存货单位的个数）的消化能力，以及与上下游、供应链和信息系统的整合能力。只有前后端一体化的智能物流，才能将仓储、运输、配送、商品、订单、人这一整环串在一起，从而盘活整个物流配送链。我们认为，菜鸟真正起飞的未来，心怡科技将扮演着更为重要的角色。

思考：

1．菜鸟网络为何要在多个领域内进行布局？

2．菜鸟网络的“互联网+物流”模式有何特点？

案例 3-2　未名物流平台模式

如何实现车辆和货物的完美对接，一直是物流业存在的信息不对称问题。在嘉兴现代物流园内正式投入运行的信息交易中心，根据中心提供的“运吧”软件，配货司机可以快速找到货物，发货企业也能快速发出货物。负责信息交易中心平台正常运行的是浙江未名物流有限公司。

1．物流价值的共享

用互联网思维重塑物流业、在“互联网+”中寻找物流业新商机，正是未名物流生存和发展的基础。近两年，货运 App 掀起了新一轮车货匹配创业潮，但之所以很难打造出“货运版的滴滴打车”，是因为货物的流通与人的出行需求不同，货物的组织化程度要高得多，并且运价有明显的方向性、季节性、随机性。如何实现车货匹配，首先必须要考虑现实中普遍存在的运价的矢量性、波动性和随机性。想要让车、货快速成交，物流信息交易中心就必须要让它真正信息化，并且要标准化。作为嘉兴金鹏智慧公路港项目“物流 O2O”运营模式的重要线下载体——嘉兴现代物流信息交易中心总占地面积 2 000 平方米，配有 200 个交易席位，着力打造集诚信认证、信息交易、金融保险、汽配贸易、卖场超市、特色餐饮、停车住宿为一体的共享、共用、共通的动态信息服务和物流资源集成服务平台。

2．物流资源的整合

在平台经营方面，信息交易中心采取了严格的实名制和会员制，找货的司机会员与发货的入驻企业都必须遵循完整可行的规则进行交易。同时，信息平台也将发挥制造企业与物流企业、配货司机的桥梁与纽带作用，通过对社会资源进行有效整合，解决车辆回程空驶难题，从而降低物流成本；对转变物流运行方式，节约集约利用物流资源，发展低碳物流将起到重大的推动作用。

信息交易中心的运行，为嘉兴现代物流园打造智慧物流科技企业集聚基地奠定了坚实的基础。依托浙江物流科技产业园建设，嘉兴现代物流园引入大数据、云计算、互联网、智慧物流等新的信息技术，发展物流科技服务、物流信息服务产业，着力构建现代物流科技服务体系。同时，通过引进各类物流专业人才和技术，鼓励和支持创业创新，利用政策和资金杠杆加快物流高科技和现代物流技术的广泛应用，由此催生一大批有核心技术优势的小微企业。嘉兴金鹏智慧公路港的“物流信息交易中心”模式和“物流园区交易与服务系统”的运行，为推动嘉兴现代物流园发展成为产值超千亿的现代商贸物流园区提供了“新经济基础设施”。

思考：

1．未名物流的信息平台如何实现物流价值的共享？

2．未名物流的资源整合方式有何特点？

第 4 章

家电物流案例分析

【学习要点】

- 家电物流发展的现状及特点；
- 家电物流运作模式比较；
- 家电物流案例分析方法。

【话题导入】

一台小小的电视机，如今却成为谷歌、乐视网、小米、百度、爱奇艺、阿里巴巴等一大批新兴互联网企业，与海信、长虹、TCL、创维等传统消费电子企业，两大阵营正面交锋的主战场。互联网对于传统消费电子产业的冲击无处不在。不过，不要只看到互联网对传统产业的改变和定义能力，还要看到消费电子企业全面拥有互联网的决心和实力，特别是在后移动互联网时代，传统家电企业留有后手。

1. 家电企业开始反扑

其实，在超级电视发布前的两年间，乐视网一直在与海信、TCL 等电视机制造商接洽，将乐视 TV 系统与客户端嵌入。一方面受到政策制约，另一方面则是电视机企业对此并不热情，更不愿意让乐视网搭轿子。最终，乐视网决定自造电视终端，跻身客厅与海信这些当年寻求的合作者展开正面竞争。其实，面对互联网浪潮的冲击，传统消费电子企业的警惕性并不低。就在今年 8 月初，阿里巴巴发布阿里智能 TV 系统，并宣布与长虹、创维等企业合作推出基于这一系列的智能盒子和智能电视。

创维、长虹显然没有给阿里巴巴任何“面子”，当即否认会使用阿里巴巴的智能 TV 系统，更不甘心最终沦落为这些互联网企业的硬件制造商配角。早在 2012 年，长虹电视便发布了自主研发的轩辕智能操作系统，海信则发布 Vision 和极简两大智能电视操作系统，创维电视则推出了天赐操作系统。长虹集团在过去 8 年间已经完成了从商业模式、产业价值和产业形态三个维度的转型。

2. 拥抱互联网的底气

进军电视机，这个至今仍是由硬件决定产品生命周期的产业，让包括乐视网、阿里巴巴这类的“轻资产”互联网企业不得不建立服务网络，储备产品库存等“重资产”包袱。这绝非孤例。在家电零售市场上，京东、天猫正在开始改写传统的家电零售渠道格局，在让苏宁、国美等传统渠道巨头纷纷触网转型“由重变轻”过程中，自身在面对苏宁、国美线下渠道的商品仓储、物流配送、安装服务等优势，也在不断追求“由轻变重”转型，建立全国性的综合物流配送网络和仓储中心，建立由第三方加盟的售后服务体系，甚至开辟线下的地铁、便利店等提货店。

目前，苏宁在全国拥有 1 700 多家线下零售网络，这些一度被认为是面对京东、天猫较量的“包袱”。不过，在面对家电大件产品的网上销售时，苏宁的线下优势一旦与线上优势进行融合对接，那么给京东、天猫带来的冲击也将是前所未有的。过去很长时间，低价是京东等线上企业的最大竞争筹码，而线上线下的价格差是双方都不愿意触及的利益底线。对于京东来说，最担心的就是苏宁完成线上线下同价，这种传统企业的自我革命性转型会让线上渠道商的价格优势迅速消失。

3．互联网时代的分水岭

当乐视网、阿里巴巴在短短一年多时间便凭借“游戏娱乐”“购买体验”等消费需求驱动下的生态链优势，开始整合海信、长虹、苏宁等企业经过 30 多年甚至更长时间建立的产业链优势，让这些企业成为互联网企业生态链上的一个制造商配角，并开始遭遇强烈的反弹时，一个关于后移动互联网时代的方向之争，在互联网和消费电子产业的跨界整合过程中全面打响。

从 PC 互联网时代，凭借计算机对办公室等商业场所的商业模式重新定义，到移动互联网时代凭借智能手机、PAD 等移动终端，对地铁公交等移动场所零碎时间的商业定义，在张彦斌看来，“两大势力围绕客厅的争夺，表面上看是市场份额的抢夺，实质则是关于移动互联网未来升级方向的话语权争夺，作为家庭娱乐的主角，智能电视既承载了多屏融合的职责，又扮演着智能家居控制中心的角色。”

以客厅为主角的家庭正在成为互联网的商业新战场，而这正是传统消费电子企业的主战场。在互联网企业由轻变重的过程中，传统家电企业也在由重变轻，而互联网的本质精神是免费、开放、共享，这让传统企业拥抱互联网没有了门槛。但另一方面，传统企业身上所拥有的产品研发、技术研发、客户服务等资源优势，却是互联网企业难以凭借创新就能突破的门槛。

4.1 家电物流发展现状

4.1.1 家电销售模式

总体上看，目前家电业主要采用区域分销模式（中小城市及农村市场）和连锁分销模式（大中城市市场）进行产品分销。具体而言，家电销售渠道构成比例为：电器专营店占 46.2%，百货商场占 20.1%，家电专业连锁店占 17.8%，品牌专卖店占 11.6%，综合性连锁店占 0.3%，其他占 4%。不同的销售业态要求具有不同的物流服务，多元化的流通渠道导致产品流量、流向的复杂性，进而使物流规划和运作的难度增加。

1. 传统区域代理分销模式

传统区域代理分销模式是我国家电企业使用较早又较长时期的营销渠道分销模式，它指家电制造商在特定区域内选定代理商，被选定代理商则承担该区域的销售推广工作，不同区域代理商各异。同时，家电制造商在该区域内只设立办事处，不介入销售工作。在这种模式下，商家作为既定流通领域内的商业资本的代表，与家电制造商关系基本稳定，从而真正开始执行其商业资本的一些职能：开拓市场，促进销售，加快产品和资金周转等。此模式较以往那种经销数量不定、经营区域不定、交易对象不定的“流寇式”零批模式自然是一种质的飞跃。它促进了生产资本和商业资本职能的分离，从而使家电市场容量在商家的主导下快速扩容，并使家电制造商可以在不断膨胀的市场中加速生产能力的扩张。

传统区域代理分销模式又分为区域多家代理分销模式和区域总代理分销模式。

（1）区域多家代理分销模式。所谓区域多家代理分销模式就是家电企业在一定的市场范围内，选择多家批发商代理分销自己的产品。其具体做法就是在省级市场分为多个区域，除了一级市场的大商场从省级分公司进货外，每个区域设两家或者两家以上的一级批发商。二级市场设两家或者两家以上的二级批发商，除二级市场的大商场可以直接从一级批发商进货外，二级市场的二级批发商分别负责二级市场的部分小零售商和各自的三级市场。区域多家代理分销模式如图4-1所示。

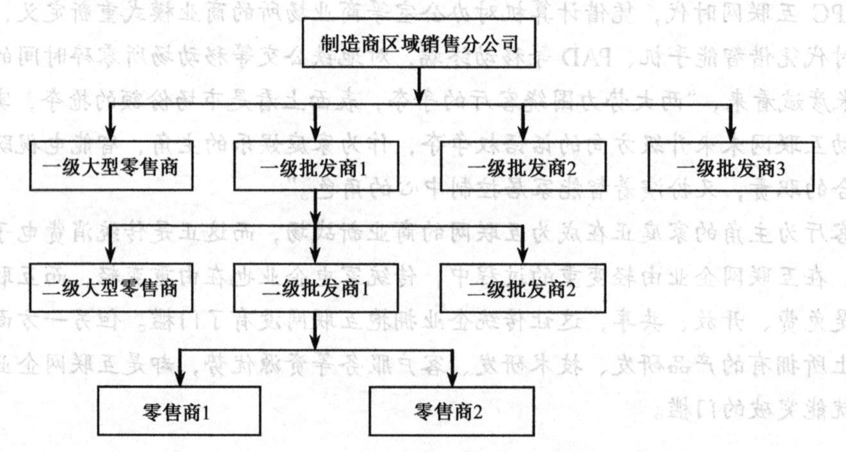

图4-1 区域多家代理分销模式

区域多家代理分销模式由于一个区域市场同时设有两个或者两个以上的同级批发商，有的家电企业严格划分每个批发商的销售区域，有的家电企业则任其自然延伸。区域多家代理分销模式由于是多家批发商同时代理，在价格上不可能进行垄断，只能靠拓展自己的销售网络，在产品配送、终端销售等方面都会尽力而为。但是，多家批发商之间的竞争也会导致市场价格混乱，网络错综复杂，重叠现象严重，不利于企业的长期发展。渠道运营效率的降低最终会挫伤批发商的积极性。特别是代理商代理的品牌较多时，对自己产品的重视程度会相对减弱，从而产生“移情别恋”的后果。

（2）区域总代理分销模式。区域总代理分销模式是指在每个销售分公司所管辖的区域内只分为一个区域，除一级市场的大零售商从分公司进货外，每个区域设立一个独家代理的一级批发商（该区域内所有的小零售商全部从一级批发商进货）。一级批发商在每个二级市场指定唯一的二级批发商，二级市场所有零售商全部从该二级批发商进货。区域总代理分销模式如图4-2所示。

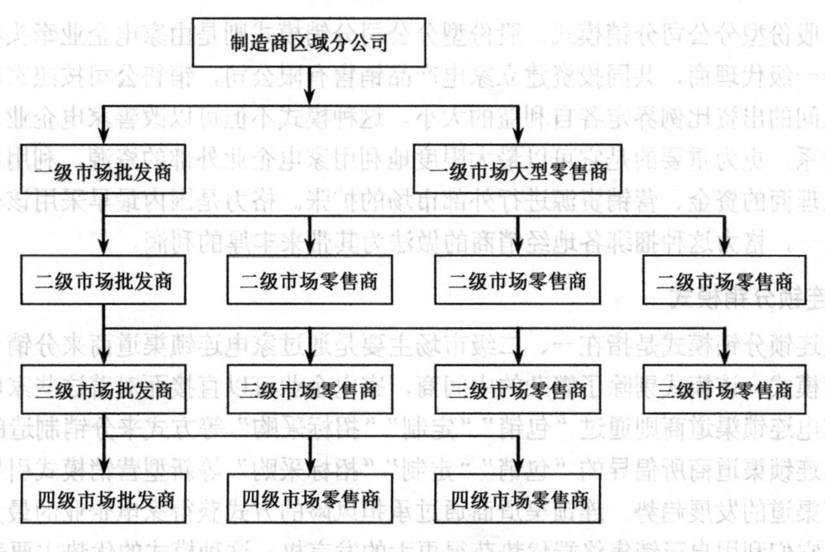

图 4-2　区域总代理分销模式

在区域总代理分销模式下，家电企业由于过分依赖批发商容易受到批发商的要挟，对销售渠道的控制力相对较弱；同时，相对于区域多家代理模式，总代理商缺乏竞争压力，往往把营销目标从重视销售量转向重视利润，致力于获取最大的自身利益，从而会导致下级批发商的利益受损。对于家电企业来说，区域总代理模式使渠道长度太长，市场反应速度较慢，消费者的信息不能及时反馈。还有，由于各个环节都有独家的批发商，每个批发商都要攫取一定的利润，致使家电企业的营销渠道成本增加。

2. 区域分公司分销模式

家电企业在区域代理模式的基础上进行改造其出发点是家电企业涉足销售领域，开始重视对营销渠道的建设与管理。为了规避传统区域代理模式渠道长度太长和对销售渠道的控制不力的局面，家电企业都在区域代理模式基础上进行了扁平化改造。

具体做法是，在一级代理商位置之上建立自己的销售分公司，以利于监督价格、促销、服务及消费者信息的采集等，同时迫使分公司对二、三级中间商进行选择、整合、剔除等工作尽量压缩中间商的层级。而这里所讲的区域分公司分销模式则是在这种强化分公司职能的基础上，家电企业更进一步下放资金流、物流、信息流等方面的权利给分公司，而分公司自主制定使销售收入最大化的产品价格，并且分公司取代一级批发商。相对传统区域代理模式，区域分公司分销模式剔除了多级代理商，使家电企业的营销渠道更加扁平化，使营销网络的销售功能增强，对其的管理更有利于制造商，而且资金流、服务流和信息流反馈更加流畅，分销成本相对更低。

区域分公司分销模式按照家电企业对分公司的控制程度不同可以分为独资型分公司分销模式和股份型分公司分销模式。

（1）独资型分公司分销模式。独资型分公司分销模式完全由家电企业独立建立分公司，这种模式对家电企业的实力要求较高，分公司舍弃了各级市场的代理商，它们在一级、二级等市场设立全资分公司，直接面对零售商。目前海尔在全国各地设立工贸公司就是这种模式的典型代表。

（2）股份型分公司分销模式。股份型分公司分销模式则是由家电企业牵头在区域内整合几个一级代理商，共同投资建立家电产品销售有限公司，销售公司按照家电企业与代理商之间的出资比例界定各自利益的大小。这种模式不但可以改善家电企业与代理商之间的关系，更为重要的是它可以最大限度地利用家电企业外部的资源，利用原来的几个优势代理商的资金、营销资源进行外部市场的扩张。格力是国内最早采用该模式的家电企业之一，格力这种捆绑各地经销商的做法为其带来丰厚的利润。

3. 连锁分销模式

家电连锁分销模式是指在一、二级市场主要是通过家电连锁渠道商来分销自己的产品的营销模式。该模式剔除了繁杂的中间商，家电企业可以直接面对着这些家电连锁渠道商，家电连锁渠道商则通过“包销”“定制”“招标采购”等方式来分销制造的产品。

家电连锁渠道商所倡导的“包销”“定制”“招标采购”等新型营销模式引导了中国家电营销渠道的发展趋势。连锁渠道商通过承担风险的方式获得家电企业的最大让利，实际上是它们利用自己销售终端优势获得更大的发言权。这种模式的优势主要表现在：

（1）定制的产品综合了家电企业与零售商所获取的市场信息和市场判断，从而使其市场适应能力更强，销售速度更快。

（2）家电企业根据订单计划生产，零售商根据约定的供货情况组织销售，最大限度地缩短了商品的库存周期和周转时间，使家电企业的资金利用率得以提高。

（3）家电企业和零售商的各种资源（品牌、信誉、销售力量、网络渠道、广告、物流等）得以最大化地结合，节约了分销成本。当然，由于家电连锁渠道商通过“定制”等方式获取的商品，在定价方面往往拥有最终的定价权，从而引发家电企业和家电连锁渠道商之间的价格主导权之争。由于在北京、上海、广州等大城市家电连锁渠道商所销售的家电产品所占整个家电销售数量的比重甚至超过了 70%，家电企业在一级大城市市场不得不屈服于家电连锁渠道商。虽然这是商业资本在流通领域的本质功能的重要回归，但是过于强势的家电连锁渠道商对家电企业建立良性的营销渠道并没有多大的好处。

4.1.2 家电物流运作模式

1. 现有的物流模式

为了应对国内家电市场越来越激烈的竞争，国外一些先进的营销管理和运营模式开始被逐渐引入家电企业的运作中。家电企业像海尔、科龙、美的、伊莱克斯、小天鹅及 TCL 等都在尝试新的物流模式，在流通领域像国美、苏宁、大中及三联集团等也在积极探索有别于传统的物流新模式。通过这些先进的模式，可以帮助生产厂家加快资金周转，提高运作效率，可以让知名度不高的新产品迅速进入销售网络，降低渠道成本，还可以整合各种社会资源，因地制宜地策划营销方案，增强市场反应能力。目前国内存在三种比较先进的物流运作模式。

（1）海尔自营物流模式（Self-support Logistics）。海尔物流（现为青岛新日日顺公司）的起点是订单，把订单作为企业运行的驱动力，作为业务流程的源头，完全按订单组织采购、生产和销售等经营活动。从接到订单开始起，就开始了采购、配送和分拨物流的同步流程，现代物流过程也就同时开始。由于物流技术和计算机技术管理的支持，海尔物流通过“三个 JIT”，即 JIT 采购、JIT 配送、JIT 分拨物流来实现同步流程。这样的运行速度为海尔赢得源源不断的订单。由于所有的采购都基于订单，采购周期减到 3 天，所有的生产基于订单，生产过程降到一周以内；所有的配送基于订单，产品一下线，中心城市 8 小时以内，辐射区域在 24 小时以内，全国在 4 天之内就能送达。总体来说，海尔落实订单的全过程仅为 10 天左右，资金回笼一年 15 次（我国工业企业资本流动速度年均只有 1.2 次），呆滞物资降低 73.8%。

海尔物流明显是在向发达国家的中央物流化靠拢。在取得收益的同时，海尔努力想使物流运作在自己的掌控之中。但是由于中国国情、物流基础、实际运作等方面与海尔原来的设想出现了偏差，使海尔在运行两年后出现了成本、速度、收益等众多问题。但是，海尔在探索先进物流模式方面，走在了行业的前列，为海尔的整体战略的实施奠定了基础。

（2）完全社会物流模式（Logistics Outsourcing）。所谓完全社会物流模式，是指将企业的物流业务大部分外包给社会上的第三方物流，这样做主要有两大原因。第一，把资源集中在核心竞争力上，以便获取最大的投资回报，那些不属于核心能力的功能应该被弱化或者外包，而物流通畅不被大多数的制造企业视为核心能力。第二，企业单靠自己的力量降低物流费用存在很大困难。尽管近年来家电企业在提高物流销路方面已经取得了很大的进展，但是要更进一步发展是许多企业所不能承受的。因此，以伊莱克斯为代表的家电企业便采取了将大部分物流业务外包的方式。

第三方物流企业通常拥有市场知识、网络和信息技术，拥有规模经济，拥有第三方的灵活性，能够适应家电企业的物流环节的需要。但是第三方物流也存在一些缺陷，由于第三方物流的实际方案是为不同的客户量身定做的，多数方案不能复制，不具有广泛性和适应性。此外，企业把物流交给外部企业做，容易使自身受到牵制。再者，由于我国目前从事第三方物流的企业数量不多，第三方物流市场尚不成熟，不少家电企业对选择第三方物流企业进行合作仍然持谨慎态度。目前，国内完全采用第三方物流的家电企业并不多，从这个角度上说，片面强调第三方物流的优势对于我国家电企业目前并不适用。

（3）安得合作物流模式（Logistics Alliance）。所谓合作物流模式，即家电企业剥离物流业务，成立独立运营的物流子公司。这种模式的代表企业是以资本为纽带的“安得模式”。安得模式是跟原公司以资本为纽带的，比较接近海尔物流模式。它是以家电生产企业为先导，从美的集团的物流需要出发，通过控股成立了安得物流有限公司（简称安得物流）。把物流业务剥离出来。安得物流作为美的集团的一个独立的事业部，成为美的其他产品事业部的第三方物流公司，同时也作为第三方物流公司向外发展业务。美的可以用安得物流，也可以选择其他的物流公司。

安得物流全部实行信息化管理，实行“一票到底”的管理模式。管理遍布全国的 100 多个仓库，建立了顺德、南京、西安、北京、上海等 10 个物流中心。因为美的与安得物流是就整体物流费用签订的协议，所以安得物流必须对美的的仓库资源、运输资源、配送资源相当了解，这样才能取得利润。

2. 三种家电物流模式分析

我国家电业目前主要存在的三种物流模式，总体上来说基本符合企业自身发展状况。

例如，海尔自营物流是由于海尔的快速扩张，其本身又拥有强大的物流能力，为了配合海尔的国际化发展战略，海尔投入较大的精力，对海尔的发展也起到了较大的推动作用。但是，这种模式本身具有缺陷。首先，为了建立先进的物流网络，需要企业投入巨大的资源，这种资源的投入势必影响到产品的研发、生产和规模的扩张。海尔基于资源的限制，尽管在青岛投巨资建设了青岛立体仓库，但是对于遍布全国的租赁仓库却不可能进行大规模投资，因为海尔的战略目标是成为世界知名的家电生产商，而不是物流企业。其次，工商企业本身自营物流缺乏相关的物流人才和管理经验，造成物流成本的偏高。再次，尽管海尔自身建立了先进的物流系统，但是整个供应链却缺乏有效的衔接和整合。海尔物流没有社会化，还继续延续着"大而全""小而全"的生产模式和经营观念，使货运呈现货源封闭状态，增加了营运成本。

由于现代物流管理的系统性要求高，规模经济明显，技术性强，而大多数生产企业不具备高效率、低成本运作的自营能力，因此，构成了对社会化、专业化物流服务的巨大市场空间，从而推动了第三方物流业扩大生产规模、逐步走向产业化发展道路的动力。完全采用社会化物流的运营模式能够节约企业的资源，提高资源的利用效率，降低产品流通成本。当然，这种物流模式在目前国内的企业来说，还有很多的局限性。第一，我国第三方物流还处于发展的初级阶段，起步较晚，数量有限，规模偏小，实力较弱，第三方物流在市场上占的比重还比较小。由于第三方物流还没有建立起比较高的信用体系，许多生产厂家还处于等待观望阶段。第二，由于中国目前有关物流业的相关法律、法规还不够健全，对生产企业和物流企业之间产生的一些问题的处理尚缺乏足够的依据。第三，目前国内第三方物流服务内容有限，功能单一，难以形成网络或有网不畅，绝大多数企业还不能提供综合性、全程的物流服务。商品在流通过程中可靠性差，特别是流通费用所占比重同发达国家比起来还是居高不下。

安得物流的优势在于可以利用股东和集团的充足资源来建立现代物流的运营平台，利用先进的管理方法和信息技术，达到流程的优化，进而节省总体物流成本，提高物流服务水平。安得物流如果仅仅做相关企业的物流的话，那只能起到降低物流成本的作用，却赚不到利润。但是，它们还作为第三方物流来提供服务。出于竞争上的考虑，别的家电企业一般不把业务交给没有真正脱离母公司的物流企业。而做其他行业的物流优势又不明显。同时，他们面临的最大障碍是和客户之间信任关系的确立。

综合上述分析，自营物流为达到更节约成本，更有保障的目的，势必会继续在物流的可控性及低利润间付出更多努力。而像安得物流这样的物流企业，在发展的道路上引入战略合作者、寻找新的业务点是其所应该重点关注的。随着第三方物流的发展壮大、服务水平的不断提高，家电企业与第三方物流企业及零售经销商结成物流联盟成为发展的必然趋势。

4.1.3 家电物流发展趋势

1. 家电物流外包化

家电物流因家电产品本身的特性而具有如下特点：

（1）家电销售季节差异明显。如空调，其销售旺季在每年的4～7月，在高温季节的销售高峰日出库量比淡季多十余倍，形成鲜明的对比。家电产品的"假日经济"特点也很突出。以彩电为例，在“金九银十”（9月、10月）和春节前后，彩电的销售量会猛增，随之而来的是消费者对快速物流配送的需求。

（2）库存周转率低，影响企业现金流；信息滞后，造成牛鞭效应，增加库存。

（3）销售网络庞大，需要有健全的物流网络与之相适应。只要有产品的地方，就存在物流服务需求，而物流体系的搭建与维护，如区域配送中心的规划、仓库的选址建设、运输车队的管理、IT 系统的规划等，则需要投入大量的人力、物力和财力。

针对上述家电物流运作的特点和难点，越来越多的家电企业及家电销售企业逐步将物流业务外包给第三方物流企业。区域性的家电零售企业在各个地区都具有一定的规模、发达的营销网络和相当的市场影响力，将多家家电零售企业联合起来，形成一个覆盖许多大中城市的网络，增强了市场规模优势。零售业巨头不约而同地多采用了由销售商下订单，牵引企业生产的新型买断经营方式。流通方式正由传统的销售代理型向满足消费者需求的顾客代理型转变，买断经营表明商家不再仅仅是家电企业的销售部，而更多地考虑满足顾客的需求。

第三方物流公司在家电行业利润紧缩的今天日益成为销售终端关注的对象，要降低物流成本将物流业务外包是较为有效的方式，家电连锁行业尤为明显。经销商每到一个地方都会寻找一个可靠的物流服务商，这无疑给物流公司带来更多的机会和更多的经济效益。可是目前社会大部分的第三方物流公司的服务水平低、增值服务不完善。于是强大的企业开始自己着手扶持和培养专业的第三方物流公司。

供应链决定零售企业的生存状态。家电连锁企业如果自建物流，不但要具备相应资金的条件，还要具备相应的人才、车辆、仓库、信息系统，这是一笔不菲的支出。导致我国物流成本高居不下的原因之一是没有制定合理的物流解决方案，而能给出合理解决方案的正是专业的第三方物流公司。家电连锁的物流关联广泛，涉及货物运输、仓储、货物跟踪、顾客退货服务、代收货款服务、信息交换、单据流转等诸多环节。面对同业的冲击及价格大战，家电连锁业的利润下降，迫使企业不得不从各个环节降低费用，挖掘可能的利润空间。例如，国美作为家电连锁的巨头将自己不太擅长的物流配送外包出去，“加厚”连锁的链条，这是其发展的必然要求。

家电销售企业与生产制造企业一样面临着如何选择物流运作方式来降低成本、抢占市场、赢得客户的问题。解决的方案是从整个行业出发，家电企业与渠道商合作，缔造扁平化供应链体系，构筑一体化物流服务系统。一体化物流服务的要求是：一体化物流服务不是多个功能服务的简单组合，而是提供综合管理多个功能的解决方案；一体化物流服务的目标，不仅仅是降低客户物流成本，而是全面提升客户价值；一体化物流服务的客户关系，不是此消彼长的价格博弈关系，而是双赢的合作伙伴关系。

2. 家电物流集中化

目前在大家电配送方面，越来越多地采用了集中配送的一体化物流服务方式。集中配送是指销售者对已销售商品进行统一配送安排，将售出产品集中由配送中心发送到购买者指定的收货地点。主要特点是，在一定地区范围，连锁企业无论有多少销售点，其所有的实物库存均保存在配送中心，各销售点只有样机没有库存或仅有少量库存。销售时，各零售点将购买者和售出商品的信息传递到配送中心，配送中心根据购买者的地理信息和货物信息安排送货车辆，送货的同时完成检验、安装、调试、结算等服务。

以国美电器为例，建店初期采用的是“门店储存配送”的物流模式，那时国美电器的业务还仅限于北京地区。在北京郊区设立一个“大库”，所属的各门店设立相应的库房；厂商将大件商品直接送到“大库”，再由调货车配送到门店库房。顾客购买交款后，到门店库房提货、验机，并由顾客自己找车运回。为了提高服务水平，国美开始向顾客提供大件商品送货上门服务。当时各门店销售商品均在门店库房储存，顾客交款后直接到门店库房提货，开箱验机满意后，再由门店派车送货上门。这种送货方式，操作麻烦，每一个门店都要有一个仓库和自己的送货车辆，资源不能共享，造成很大的浪费。

国美电器设立物流部后，重新调整了未来物流的发展战略，实施了一系列改革措施。将各地区的“大库”逐步改造成集仓储管理、配送管理、信息处理和流通加工等功能于一身的现代化的物流配送中心，开始全面实施“集中配送”的物流模式。即将所有冰箱、洗衣机、空调、彩电等大件商品和一部分小件商品集中储存在配送中心，所售商品由配送中心集中配送到顾客家中。在一个地区，国美只设立一个配送中心，供该地区和与之相邻的地区共同使用。这样一来，在国美商店里摆放的除了小件商品外，其余商品只有样机。通过国美的案例不难看出，与传统“门店储存配送”方式相比，发展“集中配送”物流模式在以下方面还需调整：

（1）我国传统的商业模式是一手钱，一手货。在集中配送模式下顾客只能看到样机，不能当场试机，一些顾客不易接受。

（2）因为不能当场试机，一些残次商品会在送货中才能发现，造成二次送货费，并引起顾客投诉。

（3）只有利用先进的信息处理技术和网络通信技术才能充分发挥集中配送的效率，而企业建立高效的信息系统投入是可观的。

（4）集中配送对管理和服务提出了更高的要求。配送中心客户服务部、卖场的工作职能和工作内容均发生了巨大的变化。如何进行流程重组、职责分配十分重要。

（5）集中配送对配送中心的选址要求较高。除了保管条件等硬件设施，重点要满足道路、交通、通信等需要。

正是基于上述原因，国美电器在实施“集中配送”物流管理模式的同时，一方面努力改善其基础物流设施，现已拥有北京、上海、广州、大连、香港等25个具备成熟物流运营经验的物流中心，标准库房总面积23.2万平方米；另一方面积极建立稳定的物流团队，现在自有运输车辆186辆，签约运输车辆4 800辆，拥有物流服务专业从业人员2 000人，送货服务人员11 000多人；尤为重要的是国美电器还拥有完善的物流信息系统，国美电器总部与26个分公司、各分公司与门店、物流中心之间通过ERP系统连接，商品进、销、存数据可以时时在线查询。国美电器销售的商品通过ERP系统传送到配送中心，再由中心给顾客进行配送，在资源上实现了共享。

由于有了先进的物流设施、成熟的物流团队和现代化的管理信息系统，国美电器每年销售的大件商品中，空调约 300 万台、冰箱 200 多万台、洗衣机约 150 万台、彩电约 220 万台。面对如此庞大的商品数量和繁多的商品品种、型号，国美电器都能够按照顾客的需要一件一件地提供送货上门服务。集中配送后，国美电器每年减少调货车辆购置费用 360 万元，减少调货车辆使用费 135 万元，减少人工费用 290 万元，减少门店库房租金 1 600 万元。"集中配送"模式与传统"门店储存配送"方式相比，降低了冰箱、洗衣机、空调、彩电等大件商品的配送次数，大约减少配送商品总量的 60%。也相应地减少了装卸搬运次数，降低了商品残次率。

4.2　XB 公司物流案例分析

4.2.1　案例背景

XB 公司是华东地区的一家热水器制造企业。虽然该公司技术比较先进、产品质量好、品种系列比较全，但在进入市场初期的 1998 年，由于顾客对该品牌比较陌生，加之国内热水器市场竞争比较激烈，销售量比较小，各种型号总共年销售量不到 40 000 台。

XB 公司为了迅速扩大市场、提高销售量，采用了"广开渠道，大量铺货"的策略。在北京、上海、广州、武汉、成都五个城市设立了自己的区域销售分公司。在当时不适合或暂时没有设立销售分公司的其他 20 多个省会城市，都是采用在当地寻找代理商的形式来销售。在销售物流方面，采用分段负责、各自承担的方式：总部在接到各销售分公司和代理商的要货申请后，根据各自的销售情况或授信额度，直接从位于华东地区的工厂发货，主要以公路和铁路运输的方式，偶尔也会采用空运的方式，运输商由总部确定，费用由总部承担；各销售分公司和代理商都是分别独立，除了负责在当地的销售外，还负责当地的配送、安装和售后服务等。这些货物发到各销售分公司和代理商后，都归各销售分公司、代理商管理和支配，所以它们在当地都设有规模大小不等的仓库，保存和管理着包括正品机、样机、配件、辅料、赠品和不良品等在内的上百个品种。

两年以后，XB 公司热水器产品在国内的年销售量达到 90 000 台。并且，市场特点也发生很大的变化，客户除对产品质量的要求外，对服务质量的要求也很高，公司对满足这些服务要求感到难度越来越大。此外，公司总部对销售物流还发现很多问题，其中比较大的问题有以下几个：

（1）许多地区经常发生断货，并且补货速度慢、成本高。尤其是西部地区，距离该公司总部工厂比较远，虽然与断货地区相邻的分公司或代理商有相应的品种型号，但包括该公司总部在内相互之间却无权调用，所以只有从工厂直接发货。由于距离远而批量小，要货又比较急，就造成补货速度慢且成本高。

（2）退货率居高不下，与公司 3‰以内的退货率目标相去甚远。一个典型的例子是在某个地区，年销售 2 500 台左右，而退货率达到 12%左右。在这些退货当中，由于产品质量原因造成的比例极小，往往是因为对当地市场把握不准或积压过久而退货。大量退货给公司造成很大损失，公司管理层虽然很不情愿，但又缺乏控制的手段。尤其在销售比较好的地区，该公司总是因不愿或不敢得罪代理商而只好接受那些不应该接受的退货。

（3）物流相关成本太高。除了由于各分公司要购买配送车辆、租用仓库、招聘物流人员等这些显性的物流成本外，在各销售分公司和代理商的仓库中保有的大量库存是另一个惊人的隐性成本。并且公司总部对这些具体的库存量不能及时掌握。

（4）存在管理漏洞，使公司面临财务风险。有分公司经理就在当地以亲属的名义开了一家该品牌热水器的专卖店，专卖店没有支付任何的货款就可以拿到货，并且销售的货款可以长期占用，滞销或卖不出去的热水器又可以无条件退货。后来公司总部通过调查发现，不只是一个分公司有这种情况，使公司总部意识到问题很严重。

考虑到业务的发展和物流中存在的问题，XB 公司高层拟引入第三方物流公司，通过第三方物流公司提供“一体化”的全程物流服务重新构建销售物流体系。

4.2.2 案例分析

1. 问题分析

（1）渠道成本重，分销效率低。XB 公司以传统的区域分销模式为主，这种渠道模式环节多，每一级代理商、批发商需要产品售价 5%～8%的渠道成本；分销效率低，达不到家电企业在微利条件下靠提升销量获取利润的要求；家电企业对渠道的控制力弱，甚至受制于经销大户，在家电行业整体微利的形势下，厂商合作的稳定性差，经销商忠诚度低，经销商常为了自身利益而串货、砸价，渠道冲突难管理；家电企业与消费者之间的距离远，家电企业对市场一线信息缺乏了解，不能及时调整营销政策，对市场反应慢。虽然有一些家电企业已经开始绕过中间商，采取自建零售网络的模式［前面提到的连锁分销模式（主要应用于一线大中城市）］，即家电企业→零售商→消费者，由家电企业直接向零售商供货，渠道重心下移，家电企业直接掌控终端，对市场的反应加快，但是家电企业需要投入大量的资金和人力建立庞大的销售人员队伍，以自己的销售员（或业务经理）代替间接分销渠道中的批发商去开拓和管理零售商网络，而且家电企业自己承担向零售商直接供货的仓储和运输职能。在家电行业利润微薄的今天，自建营销网络的人海战术给各家电企业带来了沉重的物流成本负担。这种渠道模式要求有较强的营销执行力，且需要将现代电子信息技术和物流技术应用到渠道物流建设中去，否则不仅不会降低渠道成本，反而会因为自身庞大的销售人员队伍而增加渠道成本。

（2）渠道模式适应性差。XB 公司采取比较单一的渠道模式，不能很好地适应不同的市场。我国地区经济发展水平相差较大，导致地区间市场差异较大，东南沿海与中西部内陆地区，省会城市与县乡市场的市场需求、市场容量差异较大；省级市场与县、乡级市场的家电渠道成员差别也很大，省级市场以家电连锁店、百货商场家电部、经销大户为主，规模大、势力强，而县、乡级市场则以家电超市、品牌专卖店、夫妻店、三八店为主，规模小、数量多、分布散，而且各家电企业自身的规模、实力也不一样。因此，家电企业必须针对自身的条件，针对不同的市场，而采取不同的营销渠道模式。

（3）物流、信息管理水平低。XB 公司没有充分应用现代物流技术和电子信息技术，分销物流、营销信息管理水平低，因而家电企业、代理商、经销商、分公司均拥有较大的安全库存，库存周转率低，不仅仓储成本高，而且严重影响家电企业的现金流；如果是传统的多层次的营销渠道，则整个渠道内产品的重复运输现象十分严重，从家电厂家到代理商到批发商到零售商先后要经历多次搬运；没有利用物流信息系统和条形码反馈信息，准确地了解分销商、家电厂家库存量和在途运输情况，订货提前期比较长。许多家电企业营销管理信息化水平低，没有建立营销渠道信息系统。XB 公司总部与省级分公司、代理商、营销人员之间不能实现及时、快捷的信息沟通，总部营销政策不能迅速地传达下去，市场一线情况不能及时反馈给总部，给公司内部管理带来了难度，营销执行力降低；公司总部、分公司、仓库、代理商、批发商、零售商之间没有网上沟通平台，不能实现网上查询、网上订货，交易成本比较高；没有建立与客户在网上交流、互动的平台，没有建立客户数据库，售后服务水平低。

（4）物流资源配置没有得到优化。当前，我国家电流通企业的数量超过了 3.2 万家，而美国的家电流通企业才约 1 000 家，美国的前三大电器零售商的市场占有率已经达到 80%以上，我国家电流通企业除了新兴的国美、苏宁、永乐、大中、三联等家电连锁企业外，绝大部分流通企业规模小、管理水平差、分销能力弱，有待于进一步集中、整合。同时，我国家电企业纷纷自建渠道网络，市场地位和销售力得到提升，但也产生了高额的渠道成本。一些家电企业各自建立了渠道网络、物流系统，在各省建立了分公司，在分公司下建立了营销中心或办事处，形成了庞大的营销人员队伍，这都需要有足够的利润来支撑。家电厂家与厂家、家电厂家与商家之间很少在营销渠道、分销物流方面合作与联盟，很少共享、共用渠道资源。家电厂家与厂家、家电厂家与商家之间的这种物流联盟可以整合渠道资源、降低成本、减少浪费、提高效率，这是我国家电行业营销渠道及家电物流的未来发展方向。

2．问题解决

（1）引入第三方物流企业。第三物流指生产经营企业为集中精力搞好主业，把原来属于自己处理的物流活动，以合同的方式委托给专业物流服务企业，同时通过信息系统与物流服务企业保持密切的联系，已达到对物流全程的管理和控制的一种物流运作与管理方式。第三方物流又称为合同制物流（Contract Logistics）。随着家电逐渐成为微利行业，制造环节本身所能提供的降低成本的空间已经非常狭小。在竞争日益激烈的市场环境中，家电企业完全可以借助于第三方物流企业的优势打造自己的品牌，提升企业的竞争力。

① 帮助家电制造企业集中于核心竞争力。随着消费水平的提高，消费者的家电需求已从对单一功能的产品的需求演变至目前的适应型需求，人们对产品的质量、品牌知名度和服务越来越重视。将物流业外包第三方，家电制造业就可以集中自己的有效资源进行新产品的研发、管理的创新和新渠道的建设上，缩短产品进入市场的时间，加大自己的品牌竞争力，集中力量打造核心能力，为家电企业在国际市场的竞争增加筹码。

② 帮助家电制造业优化库存、降低成本。“牛鞭效应”是家电库存居高不下的一个重要的原因。在物流的实践运作中，一般来说，订货提前期越短，订货量越准确，因此，缩短订货的提前期是破解“牛鞭效应”的一个好方法。第三方物流可以帮助家电企业缩短提前期，借助第三方物流的良好信息反馈能力和物流配送能力，可跨越中间商直接向商场和零售终端配货，库存周转率通过快速的信息反馈，至少可由目前普遍的 6 次/年，

提高到 12 次/年。

③ 有效地支持家电产品的配送并降低成本。首先，第三方物流能协调家电产品配送季节的差异性，这就需要企业能够做到很好地共享库存资源和有效地调配车辆。第三方物流企业在营销过程中，一般会有意识地选择在季节上互补的客户，通过客户业务量在季节上的互补，合理调度资源和运输车辆，保证物流作业能力的充分利用，从而降低成本。其次，第三方物流在配送中能有效地进行货源搭配，均衡货流，降低配送成本。第三方物流可以运用其广泛的信息网络，整合客户的信息，将同路线上不同客户的轻重产品在不影响配载规定的情况下进行合理的搭配，达到货物的相对均衡，降低车辆的空载率，从而降低运输成本。

（2）现有物流模式转型。引入第三方物流企业对 XB 公司的销售物流流程进行重组，取消原有的销售分公司和代理商，用 RDC 来实现 XB 公司与客户之间的衔接，减少中间环节，及时对市场需求作出反应，从而有效地解决目前所存在的缺货和退货问题，并一举解决 XB 公司总部对各个分公司难以进行财务控制的问题。

XB 公司将自营物流转型为外包给第三方物流企业后，其家电物流流程如下：

① 产品下线后由第三方物流企业进行移库，使用条形码技术以控制窜货问题。

② 第三方物流企业将产品配送到 RDC，RDC 的设立与销售区域的划分紧密相连，其辐射半径一般为 600 公里。

③ RDC 对当地市场销售进行预测、控制和协调。

④ 根据客户的需求，利用信息化手段进行及时配送。

4.3 KA 公司物流案例分析

4.3.1 案例背景

KA 公司成立于 1980 年 5 月，坐落在风光秀丽的深圳湾畔。经过 20 多年的快速发展，KA 公司已成长为总资产 100 亿元、净资产 30 亿元、年销售收入 130 多亿元的大型电子信息产业集团，和境内外上市的公众股份制公司。KA 公司现有总股本 6.02 亿股，HQ 集团为第一大股东。公司主导业务涉及多媒体消费电子、移动通信、信息网络、汽车电子，以及上游元器件等多个产业领域。是中国彩电行业和手机行业骨干龙头企业，曾连续四年位居中国电子百强第四位，是国家 300 家重点企业和广东省、深圳市重点扶持发展的外向型高科技企业集团。

KA 公司生产彩电的工厂分别分布在深圳、重庆、咸阳和牡丹江，年产量超过 1 000 万台。销售商上万家，遍及全国各地，随着销售市场的扩张，客户群的分散，KA 公司原有的一对多的批发型销售模式已经让 KA 公司因为时效性等问题丧失了很多的销售量和客户。长距离的预订式物流模式因不能对市场需求作出及时的反应而满足不了终端客户的需求，为此 KA 公司彩电销售公司连同物流部决定对现有的物流模式进行改变，决定设立区域 RDC，分解工厂 CDC 的压力，将物流细化做到终端配送，满足客户的需求，争取订单，从而降低长途运输成本，提高货物的空间及时间效益。

KA 公司在全国共有 36 个仓库，仓库分散，面积大小不一。仓库货物的补给均由四大工厂进行补给，四大工厂的生产线各有侧重。各仓库的补货完全通过各地销售公司根据市场预测来向各大工厂要货，仓库主要是对大型经销商出货，出货批量大、批次小，单库单一产品库存比较大，不能满足客户多品种的要货需求。

4.3.2 案例分析

1. 问题分析

KA 公司的彩电生产工厂 CDC 分别分布在深圳、重庆、咸阳和牡丹江，除深圳 CDC 比较靠近销售市场以外，其他三个 CDC 均设在远离销售市场的东北、西北和西南。由于四大工厂生产线各有侧重，所以存在四个工厂 CDC 同时给一个市场供货的情况，甚至进行长距离供给。

（1）国内大型家电企业大多都组建了或者有能力组建一定规模和实力的物流企业以进军物流领域，寻求新的利润增长点，如海尔、安泰达、安得等。在这种情况下，能够成为 KA 公司的物流服务提供商，必定要具备专业优势和整合资源的能力，并能够与之进行长期战略合作，以谋求共同发展。

（2）目前我国家电业的一般销售模式是把所有的产品直接进入自己的仓库，接到客户订单后，再从自己的仓库出货，这种模式下物流成本较高。KA 公司若借助于第三方物流企业的力量，彩电出厂后进入物流企业设在销售市场中的各个 RDC 直接发到经销商，把所有的中间环节省去，既能节省的 KA 公司的物流成本，也能降低销售成本。

（3）家电产品的物流服务一般都是先服务后付款，随着 KA 公司业务的快速发展，容易造成物流公司应收和应付之间的差值越来越大，需要的流动资金越来越多，会造成物流企业的资金流压力增大。结合 KA 公司现有的仓库均采用租赁的方式，根据 RDC 的强辐射能力和库存准备等特点，以及国家土地政策和城市规划发展的实际，新设立的 RDC 也宜采取租赁的方式有效利用资金。

（4）四大工厂 CDC 由直接向各地仓库供货改为向 RDC 供货，再由 RDC 向其辐射范围内的仓库供货，能够降低运输成本，并且更重要的是能够及时地响应市场变化。

2. 问题解决

（1）KA 公司物流模式的转型。作为中国彩电行业和手机行业骨干龙头企业，KA 公司彩电分销模式采用的是目前国内家电行业的典型做法，即彩电产品下线后经过工厂 CDC、分公司仓库、经销商、终端门店仓库。在这种模式下，每个销售分公司所管辖的区域内分为多个区域，除某些大经销商从四大工厂 CDC 进货外，每个区域设一个独家经销的一级经销商（该区域内所有的小零售商全部从一级批发商进货），一级经销商在每个二级城市指定唯一的二级经销商，二级城市所有零售商全部从该市场二级经销商进货。三级市场没有经销商，其零售商全部从所属二级城市的二级经销商进货。以华南区域为例，KA 公司的分销流程如图 4-3 所示。

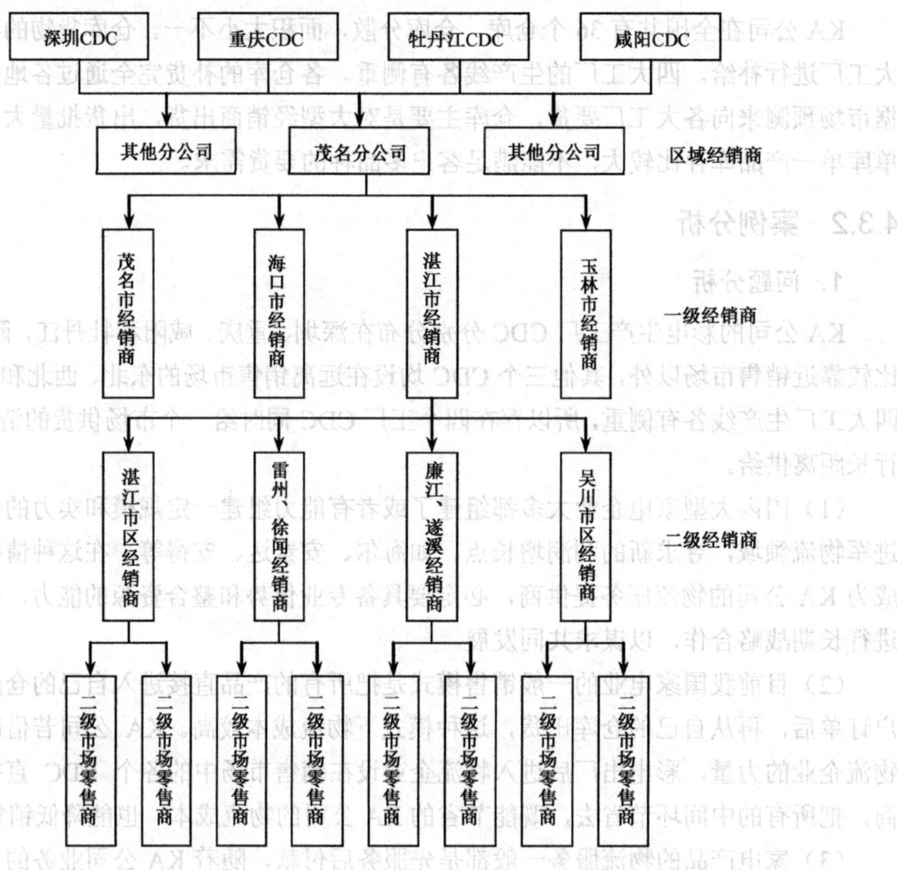

图4-3　KA公司的分销流程

这种方式的物流过程过于烦琐和复杂，再加上KA公司的一对多的批发型销售模式，从而因为时效性的问题丧失了很多销售量和客户。而且其生产彩电的工厂分别分布在深圳、重庆、咸阳和牡丹江，这种长距离的预订式物流模式不能对市场需求作出及时的响应，满足不了终端客户的需求。通过设立RDC，对KA公司的物流流程进行重组，仍以华南区域为例，KA公司重组后的RDC物流模式流程如图4-4所示。

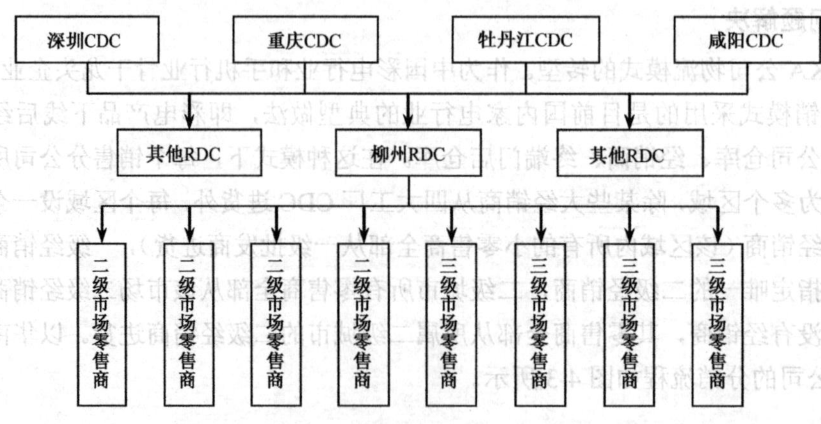

图4-4　KA公司重组后的RDC物流模式流程

RDC 物流模式类似于直供分销模式，这种模式下不通过中间批发环节，直接对零售商进行供货，这是家电销售渠道发展的一种趋势。目前采用这种模式的有海尔、西门子、伊莱克斯及科龙等品牌。其一般做法是：在一级市场设立分支机构，直接面对当地市场的零售商；在二级市场或设立分销机构或派驻业务员直接面对二、三级市场的零售商或三级市场的专卖店，所有零售商均直接从 RDC 进货。RDC 物流模式取消了中间流通环节，KA 公司能够控制自己的零售网络资源，拉近了与零售商的距离，更加贴近市场，市场灵敏度变高，有利于信息及时反馈，双方容易沟通和协调。

（2）KA 公司物流流程的重组。

① 精细化管理。原有相对粗放的物流服务改为由 RDC 向二级和三级市场零售商提供 B2B、B2C 的配送服务，部分地区的配送范围辐射农村和乡镇。

② 规范化管理。集中分散的物流业务，向多产品物流及整体供应链转变，在服务价格、服务质量和服务效率上形成三角平衡。目前物流服务提供商在市场竞争的过程中纷纷展开价格战从而形成恶性竞争，导致物流服务水平的普遍下降，这必然给客户企业带来风险。对于 KA 公司而言，在与物流公司合作的合同执行过程中，必然要通过对业务流程、管理规范等方面进行控制来降低风险。因而，第三方物流企业需要在充分了解和接受 KA 公司的管理文化的基础上形成规范化的管理，以期达成长期战略合作伙伴关系。

③ 物流信息化支持。先进的信息系统、准确的线路管理、科学的配载技术和配套的仓储作业设计，保障各个 RDC 每天大量的配送任务能够及时、高质地处理。RDC 物流模式下物流量急剧增加，流程大为复杂，对配送过程的控制尤其是对社会资源的控制显得较为困难。目前采用 GPS 进行车辆追踪定位存在容易损坏和随意拆卸的问题，不太适宜物流公司的社会车辆资源。可以结合采用手机短信定位的方式，费用低、实施难度小、操作方便，可以实现配送过程的可视化，避免采用 GPS 而产生的上述问题。

④ 业务流程对接。以第三方物流企业的信息系统为核心，与 KA 公司的 ERP 系统或 SAP 系统进行对接，采用条形码管理，力求信息的准确、完整和实时，同时为 KA 公司及其他客户提供高价值的信息服务。

⑤ 形成战略联盟。共同构建包括 KA 公司、经销商、物流公司和“RDC+旗舰店+社区店+网上商城+网络店”的立体化物流和销售体系，形成长期合作、共同发展的战略联盟。

学习资源

[1] 中国家电网（www.cheaa.com）

[2] 中国物流与采购网（www.chinawuliu.com.cn）

[3] 万维家电网（price.ea3w.com）

[4] 万联网物流资讯中心（info.10000link.com）

[5] 泛珠三角物流网（www.pprd56.com）

课后练习

案例 4-1 苏宁的“互联网+家电物流”

“O2O 快递时代来临了”，这是苏宁在 8 月 10 日“互联网+零售”紫金峰会上抛出的一个重磅宣言。苏宁的 O2O 家电物流模式又增加一个筹码——O2O 快递。

1. 家电物流 O2O 法则

互联网时代，一切都是线上线下的融合。传统的物流快递行业也在拥抱互联网，万物互联，息息共生。苏宁为 O2O 快递设定了一个“433 阵形”法则，四员、三懂、三度，分别从人、价值、服务的三大维度解读了 O2O 快递的内涵。四员即快递员的角色，既是送货员，又是宣传员、客服受理员、业务员，也就是在线下赋予快递员更多角色和职能。三懂即快递的核心价值和内涵，苏宁快递做到了三懂——懂供应链、懂商品、懂消费者。作为电商物流的行业引领者，苏宁有积淀 25 年的供应链管理优势、商品管理能力及对消费趋势的研判，这里体现了苏宁线上线下的融合价值。三度则是苏宁常说的有速度、有温度、有风度，是极致服务体验的呈现。

苏宁认为，“433 阵形”法则是互联网时代“O2O 快递”的核心标志。在强调场景连接的新消费环境里，去中心化、服务先行、即时响应将成为与用户产生黏性互动的基本原则。O2O 快递概念的提出，也是苏宁深度理解“互联网+”工具的一个战略性成果。

围绕 O2O 快递，苏宁“互联网+物流”的野心不止于此。苏宁物流希望能运用大数据、云计算等互联网工具对物流进行重新定义，“+产品”“+技术”“+网络”，彻底进入“+时代”。在产品上，苏宁把 2 小时急速达、送装一体、全境 24 小时达等服务全面推进；在技术上，则以“存储+流通”为核心内涵，全面融入 WMS 仓储管理系统、RIFD 射频、GPS 定位、地址解析等技术；在网络上，则致力于打造全球直达的智慧物流大流通网。与此同时，苏宁物流服务的企业和合作伙伴的数量在迅速增加，已有美的、志高、永辉、TCL 等超千家知名企业，最近更是与全美第二大零售商史泰博达成合作，帮助其开拓中国中西部市场。

2. 家电物流网络的全面打通

产品到网络的全面打通，是苏宁敢于打造 O2O 快递的底气和基石。

苏宁提供的一组数据显示，苏宁的仓储面积已经达到 452 万平方米，今年年底将在中国大陆（除新疆、西藏、青海地区）90%以上地区实现次日达。在网络下沉方面，全国 2 950 个区县，苏宁物流覆盖 2 651 个，覆盖率达到 90%。基础能力已经在电商物流行业遥遥领先。

目前，苏宁在海外市场的跨境物流布局也正在大提速。国内跨境口岸城市除了广州、杭州、苏州、宁波已经打通，年底天津、郑州、重庆、上海等口岸城市也会逐一打通。苏宁也在寻求更多盟友的加入，6 月与中外运空运发展也在跨境物流上达成了战略合作，共同打造全球直采、全球通达的跨境电商物流网络。

苏宁围绕 O2O 快递，构建的是一张远超“智能骨干”概念的“骨干+毛细”的全球智慧物流大流通网，它给消费者带来的不仅是速度，更是体验。O2O 融合是一个大趋势，但又不是“拿来主义”用之即成的。苏宁转型成功，不断把 O2O 做深做透，在其先天优势基因之外，更是其对互联网零售深刻理解的结果。

当然，一家融合不叫云，苏宁物流云平台今年四季度将上线，这将为行业带来一场信息无限畅通、行业共享增值的价值风暴。

（资料来源：人民网. homea.people.com.cn/）

思考：

1. 家电物流的 O2O 模式有何特点？
2. 苏宁发展家电物流 O2O 需要解决哪些问题？

案例 4-2 国美安讯物流平台战略

安迅物流有限公司是一家以现代物流理念运作，依托于国美集团强大资源网络构建的全国性第三方物流公司，从负责国美商品的仓储、调拨、配送业务逐步成长为拥有 28 年全国仓储、配送一体化服务经验的物流公司。其主要致力于打造电商购物、电视购物及连锁卖场的家电、家具、家装大中件及 3C 快销品等综合物流平台。利用全国物流网络与标准化服务优势，采取轻资产运作模式，根据客户需要配置相应物流资源，为客户提供仓、配、装一体化服务，尤其是大件同城在全国范围的共同配送服务。

1. 无所不在的物流服务网络

（1）安迅物流服务网络的广度

安迅物流在全国建立了 290 个操作中心，428 个物流仓储，配送网络覆盖 700 多个地/县级市，2 800 多个区/县，安迅目前在全国几乎覆盖了除西藏之外的全部省份，编织串联成了一张仓、配、送、装一体化的物流网。这张网在移动互联网的大背景下，无论客户身在经济发展、交通发达的华南、华东地区，还是身处经济欠发展、交通欠发达的西北、东北地区，无论购物方式是线上下单，还是实体店下单，安迅物流总能为你的客户提供专业、快捷、周到的物流配送服务。

（2）安迅物流服务网络的深度

服务网络覆盖 700 多个地/县级市，2 800 多个区/县，40 000 多个乡/镇。无论对繁华的一、二级市场，还是经济快速发展的三、四级市场，甚至偏远的农村，都如同一、二级市场一样的快速覆盖、无缝对接，真正做到了“覆盖到村，送货到门，服务到户”。凭借这一深度的物流网络布局，不管用户是一、二线的城市居民，还是劳作在田间地头的乡镇村民，安迅物流都能让其享受到大件商品配送到家的方便快捷。

（3）安迅物流配送的速度

借助遍布全国大件物流仓储与配送网络，通过大数据精准预测与分析，分仓库存共享的优化配置，安迅物流总能从距消费者最近的仓库处理订单，减少中间转运环节，从而达到最快的配送速度，及时响应消费者需求。目前，对库存点所在城市执行一日三达、精准配送，库存点周边城市执行次日达服务。据统计，目前半日达城市 178 个；次日达城市 428 个；隔日达、定期达城市 915 个。真正实现无论用户身处何地，都可享受到快速的一站式物流服务。

2．因需而变的服务能力

（1）多渠道的库存共享

多渠道背景下，安迅可以实现多渠道商品入同一仓库，系统内区分库存。当同一渠道顾客需求量增加，库存紧张时，其他渠道库存充足，可执行系统内调拨，实现物理地点不变的库存转移与共享。这样的库存共享，不仅减少资金占压，也降低了调拨时效，节省了调拨费用，同时又减少货物在移动中的残损率。

（2）全供应链的一体化服务

作为销售的末端服务，安迅物流提供的是全供应链仓、配、装一体化服务。货主可以专注于产品开发、市场营销与渠道推广等主业，安迅依托全国性大件网络与标准化服务队伍，可以一站式解决货主们的后顾之忧，实现物流供应链全部流程的无缝连接，效率高、成本低、质量可控。

（3）高效的运作模式

电商和电视购物的仓储、配送是安迅物流重点发展项目，安迅物流承担着最后一公里配送及优化商家到最终消费者间线路、整合配送网络覆盖率的重任。采用“一仓发全国/分仓配货+区域调拨+宅配+银联POS机代收货款”的运作模式，安迅物流通过遍布全国的网络，通过整合运输资源，高效的协调机制和信息集成，实现全国货品快速、高效的一体化运营和管理。

3．规范高效的管理体系

（1）先进的信息控制系统

强大、透明的信息系统是物流执行与服务体验的保障，安迅物流自主研发的专业的物流信息系统，通过标准化EDI接口，可与众多客户系统进行数据实时传输与交换。同时，帮助客户实现订单在途可视化及库存实时可视化，这些优势条件，都为安迅的多渠道物流发展打下了坚实的基础，也成为多渠道下物流做大做强的先决条件。设施完备的硬件基础设施和技术领先的信息化控制系统，保证了安迅物流每天上百万件商品的货物安全、及时、准确地送达，真正实现“安全迅捷，精准送达”。

（2）平台化的共同管理

多渠道库存共同仓储，多渠道订单共同配送，传统渠道与电商渠道销售高峰互补。安迅作为轻资产物流公司，人力、仓库和车辆可因客户需要而配置，固定成本少，充分利用社会闲置资源，降低物流成本。安迅在平台仓储、平台管理、共同配送的基础上分摊管理成本，获得边际收益，打造物流的共享经济。

（资料来源：www.chinawuliu.com.cn）

思考：

1．安讯物流的核心竞争力主要体现在哪些方面？

2．针对家电物流领域，安讯的物流平台战略有何功能和作用？

第5章 汽车物流案例分析

【学习要点】

- 汽车物流的发展现状及特点；
- 汽车物流的运作模式；
- 汽车物流案例分析方法。

【话题导入】

正如淘宝、天猫、京东等当前大热的网购平台要依靠其背后强大的物流网络，汽车销售市场的火热也同样离不开一直坚守“幕后”的汽车物流体系的支持，从零部件供应商到制造商的零部件采购物流、从制造商到经销商的整车物流和整车仓储，以及从经销商到消费者的销售物流等，汽车物流贯穿于汽车产业链的每一个环节之中。

也因此，伴随着中国汽车工业的稳步发展，加之“一带一路”国家战略的落地实施，汽车物流行业的机遇逐渐显现。随着小排量汽车购置税政策等利好因素的助推，汽车物流市场也将随之受益，加快了向万亿元规模迈进的步伐。

1. 近万亿元规模背后的成本隐忧

一方面，货运量的显著增长确实给物流运输带来了一定的难题，尽管中国当局采取了积极举措，如建设公路、物流和港口基础设施，改善各种运输方式之间的协调等，海运、陆运、铁路等联合运输模式不断发展。然而现在的情况是，国内运输基础设施的扩建尚未达到最理想规模，中国仍需要加大此方面的投资。

另一方面，中国物流市场相对较分散。目前，中国已经注册的物流运输企业约有 70 万家，并且与操作流程更加标准的欧洲国家相比，中国市场依然更多地采用手工作业，工资水平相对较低。

归结起来，无论是运输设施仍不能满足需求，还是相关操作流程的不完善，最终都将导致物流成本的增加，这也正是中国汽车物流行业目前所面临的最突出的问题。相关数据显示，欧美汽车制造企业的物流成本占销售额的比例约为 8%，日本汽车厂商可以达到 5%，而中国汽车生产企业的物流成本则普遍在 15%以上。

2. 优化物流成本的几种方式

汽车企业从物流环节降低成本仍有很大的空间，而这一重任自然要落到汽车物流企业的肩上。目前，国内的汽车物流企业可以分为三类：汽车厂商自己设立的下属物流子公司、第三方物流公司和中小型物流公司。而从行业整体来看，第三方物流供应商的需求正急剧上升，尤其是在国内经营的外资车企 90%以上选择了物流外包。

而通过对一些具有代表性的第三方物流供应商的了解发现，这些物流企业不仅拥有成熟的物流网络及设施，在物流成本优化方面也有一些共通之处，如多式联运的采用、铁路运输应用比例的加大及装载方式的优化等。

3．多式联运的积极布局

目前，我国汽车物流运输形式仍以公路为主。资料显示，我国的整车运输 90%以上都采取公路运输的形式，水路和铁路运输则相对较少。不过，近两年随着政策及车企运输需求上的变化，汽车物流运输形式也在由单一走向多元化，多式联运成为更受推崇的汽车物流运输模式。

而从国家层面来看，在“一带一路”的战略引导下，近几年政府先后发布的多项政策，尤其是国家发展改革委、外交部、商务部联合发布的《推动共建丝绸之路经济带和 21 世纪海上丝绸之路的愿景与行动》，都明确物流行业要大力推广多式联运模式，优化汽车产品供应链。

4．铁路运输的扩大应用

2017 年 7 月，GB1589—2016（《汽车、挂车及汽车列车外廓尺寸、轴荷及质量限值》强制性国家标准）正式公布实施，由于限重标准的下调，商品汽车的公路运输能力平均下降 50%，由此带来了商品汽车的公路运输成本大幅上升。也由此，在多式联运的模式之中，过去受忽视的铁路运输转而成为重要的运输方式之一。

例如，通过亚洲和欧洲之间开创全新的铁路运输服务，可以把进口车从欧洲腹地直接运达中国内陆，比传统的海运节约一半以上的时间，帮助整车进口商缩短现金流周期，快速回笼资金，同时降低库存和对西南地区分拨成本，灵活应对淡旺季对运输服务的不同需求。这种解决方案让制造商能够从中国境内庞大的铁路网络中受益，并在许多国家享受其提供的出入境货运服务，包括中国、哈萨克斯坦、俄罗斯、德国、匈牙利及其他亚洲国家。当然，这些铁路解决方案并不排斥海运和空运。客户会根据个性化需求，如运输时间、库存水平和财政影响、灵活性及成本等来选择供应链结构。

5．装载方式的优化及物流网络的建设

装载方案的创新也可以帮助物流企业达到优化成本的目的。例如，采用车架（rack）固定的装载方式，利用一个大柜成功装载三台高尔夫整车，在保证运输质量的基础上，进一步节省了运输成本。

可以看出，汽车市场竞争的加剧要求企业在效率及成本控制方面花更多的心思，而汽车物流作为汽车产业链中的重要一环也面临更多的考验。至少从目前来看，在优化物流网络的同时能否加速成本的下探，逐渐成为物流企业在争取汽车企业时所必须比拼的“硬指标”。

5.1 汽车物流发展现状

5.1.1 汽车物流发展概况

汽车物流包括生产计划制订、采购订单下放及跟踪、物料清单维护、供应商管理、运输管理、进出口、货物接收、仓储管理、发料及在制品的管理和生产线的物料管理、整车的发运等。供应链管理要求汽车生产企业对整个供应链流程进行整合，通过汽车物流的功能整合、过程整合和资源整合来全面整合汽车供应链物流。

汽车制造行业以其自身的复杂性、专业性、及时性等特点促使更多的供应厂商面向全球进行采购及销售。我国近几年汽车零部件出口数量以每年 15%的速度增长，为我国汽车产业的发展带来更大的舞台，同时也拉动了我国经济在后危机时代仍然保持持续、稳定的发展势头。汽车产业的高速发展为我国的初级物流水平带来更大的发展空间。但是，伴随着中国市场的对外开放，一大批知名的跨国物流企业纷纷来华投资，国外大型的物流企业利用自己先进的物流设施、管理理念、专业的物流人才来抢占我国的物流市场。现在我国几家大型的物流公司大多是从过去传统的仓储运输公司转变过来的，虽然在运输方面储备了一定的经验，但在专业化方面与国外企业差距甚远。具体而言，汽车物流在发展中，具有如下优势和劣势。

1. 优势

（1）汽车市场规模庞大。巨大的汽车消费市场需要更多具有现代化的物流企业来为其提供服务。现在与国内几家大型的汽车制造公司合作的物流企业经过长期的运作，已形成一定的规模和在位优势，并在市场中建立了良好的声誉。

（2）地区优势。国内的一些物流公司经过多年的经营对于本国的物流行业已经相当了解，懂得采取何种方式去服务于客户，供需双方之间更易沟通，当地政府同样也会采取有利政策去扶持本地的物流产业，这给国外大的物流公司进入内地市场设置了壁垒。

（3）资产优势。目前国内的大型物流公司都拥有相当大仓储面积及运输车辆，这些固定资产对于目前只处于物流初级阶段的中国来说是绝对优势的表现，它可以满足客户实质性的要求，然而国外的物流公司虽然拥有雄厚的软件设施，但仍然不能满足中国现在物流业的发展形势。

2. 劣势

（1）管理理念和方式落后。当前国内大部分物流公司信息化程度不高，管理理念落后，在提供物流服务的过程中采取的是陈旧的方式，信息跟踪程度不高，对待用户的需求也只是简单的表面处理。在竞争激烈的今天，仍然采取一切都靠自营的物流方式必将被同行取代，这种供产销一体化的自营物流模式将非核心业务也自揽其身，给企业增加了沉重的经济负担。

（2）物流成本高昂。各大物流企业之间运力资源共享与合作的太少，信息沟通方式落后，本位主义管理行为导致了物流服务市场出现了割裂，使得汽车空驶率达 39%，运输成本比欧美国家高 2～3 倍。就有关部门估计，汽车物流成本每下降 1%，每辆车的成本就可以下降 1 600 元，一个销量为 10 万辆汽车的公司，一年就能节约 1.6 亿元。

（3）信息化程度低。汽车物流对资源的整合程度要求高，因此，需要企业具备先进的网络技术为汽车物流行业提供一个快捷、方便、安全的操作平台去协调资源，然而据中国物流信息中心调查，我国目前商业企业运用计算机系统的比例不到50%，服务业、运输业的比例更低。汽车物流企业缺乏信息系统的支持，势必造成效率低下、成本过高。

5.1.2 汽车物流运作模式

1. 供产销一体化的自营物流模式

供产销一体化的自营物流模式即汽车原材料、零部件和辅材等的购进物流、汽车产品的制造物流与分销商的分销物流等物流活动全部由汽车制造企业负责完成。在这种模式下，制造商对供应物流、制造物流及分销物流拥有完全的控制权，能够掌握第一手客户信息，有利于改善客户服务和对整个物流进行协调与控制。

按照通常的划分方法，汽车制造企业自营物流主要有如下两种表现形式：

（1）物流功能设备完全自给自足。汽车制造企业自备仓库、自备车队等，拥有一个完备的自我服务体系。其中又分为两种组织形式：一是企业内部各职能部门彼此独立地完成各自的物流活动；二是企业内部设有物流运作的综合管理部门，通过资源和功能的整合，专设企业物流部或物流公司来统一管理企业的物流运作。我国的汽车制造业中还有部分企业属于第一种形式，但大部分还是属于第二种形式，设立了物流部。

（2）物流功能外包。自营物流也并不是所有的物流活动全由企业本身完成，也可以把因本身设备或能力不足的功能外包，借助社会力量完善自己的物流体系。自营的功能外包的表现形式主要有两种。一是利用外部丰富的物资资源，弥补自身资源的不足。随着生产规模的扩大，汽车制造企业的原有车队、仓储等硬件设备已不能满足自身的物流需求，企业可以将有关的物流服务委托给相关的物流企业去做，即从市场上购买有关的物流服务，如由专门的运输公司负责原料和产品的运输。二是物流服务的基础设施为企业所有，但委托有关的物流企业来运作，使硬件设备得到合理运用，提高物流运作效率。例如，仓储企业来管理仓库，或请运输企业来管理现有的企业车队。不管是功能还是管理外包，这两种形式的外包都只限于一次或一系列分散的物流活动，而且是临时性的纯市场交易的活动，物流的综合管理还是由汽车制造企业来完成。

从汽车制造企业的实际需求出发，一般来说，自营物流运作模式的优点大致可以概括为以下两个方面：

（1）对汽车供应链各个环节有很大程度的控制权，由于掌握第一手的客户信息、市场变化，因此，可以快速对客户的需求作出反应，改善客户服务，协调和控制整个供应链的物流活动。由于与其他业务环节密切配合，可以减少与其他企业的交易活动和交易费用，全力服务于本企业的经营管理，以保证本企业顺利发展，获得长期稳定的利润。汽车制造业采用自营的方式，有利于对供应和分销渠道的控制，如大多数汽车制造企业都拥有自己的汽车销售公司和营销服务网络系统。

（2）自营物流使整个物流体系隶属于汽车制造企业自身，信息沟通方便，指挥调动灵活，可以使原材料和零配件采购、配送及生产支持从战略上一体化，实现准时采购，增加批次，减少批量，调控库存，减少资金占用，成本降低，从而实现零库存、零距离和零营运资本。

2．第三方汽车物流运作模式

将汽车产业链上的物流业务外包，将汽车零部件的采购、运输、整车销售运输、召回、回收等环节外包给第三方，既可以保证自己的核心业务，又可以降低企业的物流成本，提高整条供应链的运作效率。

这种模式中的第三方物流服务企业需要从货主企业（买方或卖方企业）的利益与要求出发，代替货主从事物流作业和一定的物流管理工作。这种模式是一种效率和效益都较高的现代物流社会化服务的模式。

3．综合的物流模式

目前，我国核心汽车制造企业有很强的自主配套能力，但同时也存在企业信息化建设、信息共享涉及的安全及诚信等问题。因此，可行的汽车物流模式应该是综合两者的优点，将供、产、销一体化物流模式与第三方物流模式有机地结合：汽车企业内部物流由制造商负责，汽车制造商的原材料、零部件等供应物流主要由第三方专业物流公司负责，汽车产成品的分销物流一部分由第三方物流公司负责，另一部分由制造商自己完成，最后过渡到完全由第三方物流公司负责。

5.1.3 汽车整车配送模式

汽车物流的核心在于配送，要解决中国汽车厂商的困惑，必须发展适合我国国情的汽车物流配送业务。在我国汽车行业物流配送发展的过程中，汽车行业物流配送的主要模式有市场配送模式、合作配送模式和自营配送模式，其中市场配送模式是我国汽车行业的主流配送模式。

1．市场配送模式

所谓市场配送模式，是指专业化物流配送中心和社会化配送中心，通过为一定市场范围的企业提供物流配送服务而获取盈利和自我发展的物流配送组织模式。具体又有如下两种情况：

（1）公用配送，即面向所有企业。例如，上海国际汽车物流（码头）有限公司由上海汽车工业（集团）总公司、日本邮船株式会社（NYK）和上海港务局合资组建。该合资公司借助世界上最大的汽车船运企业之一——日本邮船丰富的汽车运输管理和码头运作经验及高新技术，加上上汽集团的雄厚实力及管理着世界上汽车物流四大集装箱港口的上海港务局的倾力支持，明确提出了要打造世界一流的现代化汽车物流企业，以满足飞速发展的中国汽车业的需要，为中国汽车业提供卓越的物流服务。

（2）合同配送，即通过签订合同，为一家或数家企业提供长期服务。这是中国汽车行业最广泛的一种物流配送模式。例如，上汽集团与荷兰 TPG 集团下属的 TNT（天地）物流公司合资组建了安吉天地汽车物流有限公司。这家汽车物流公司向上海大众、上海通用等国内汽车制造厂家提供物流服务，并为其在整车物流、零部件入厂及售后物流等方面提供一体化、网络化的物流管理方案。

2．合作配送模式

所谓合作配送模式，是指若干企业由于共同的物流需求，在充分挖掘利用各企业现有物流资源的基础上，联合创建配送组织模式。例如，美国总统轮船（APL）公司的姊妹公司美集物流（APLL）公司与中国三大企业集团——民生实业有限公司、西南兵工万友集团及长安汽车集团合资组建了重庆长安民生物流有限公司，在重庆经济开发区北部科技园区建造了占地 80 亩的现代化仓储配送中心，负责提供汽车及零件的物流配送服务和该区域内其他生产企业的物流配送服务，主要客户有长安、福特及铃木等公司。

3. 自营配送模式

所谓自营配送模式，是指生产企业和连锁经营企业创建完全是为本企业的生产经营提供配送服务的组织模式。选择自营配送模式的企业自身物流具有一定的规模，可以满足配送中心建设、发展的需要。例如，上汽集团自有的安吉物流也具有一定的规模，但随着电子商务的发展，这种模式将会向其他模式转化。

虽然中国汽车物流市场目前已具有一定的规模，各个层次的物流配送企业已得到不同程度的发展，具有区域配送和跨区域配送的能力。但中国汽车行业物流配送模式同其他行业的物流模式一样，也存在着不少缺陷，主要表现在以下两方面：

（1）技术支撑不够。我国目前许多物流企业的信息系统还很不完善，物流设施、设备的现代化水平较低，物流作业效率不高，整体技术水平落后，没有为配送发展构筑强大的技术支撑。

（2）存在管理瓶颈。我国物流配送业严重缺乏现代物流配送管理专业人才；在管理手段上，存在着手工操作、经验决策；在管理资源上，存在着不合理配置；在管理体制上，存在着行业分割、部门分割、市场分割。这些管理瓶颈将制约汽车物流配送中心的创新与发展。

5.2 江淮汽车物流案例分析

5.2.1 案例背景

安徽江淮汽车股份有限公司（以下简称江淮汽车）1999 年成立，前身为合肥江淮汽车制造厂，始建于 1964 年。主要由乘用车公司、商用车公司、国际公司、发动机公司、研发中心、多功能商用车公司组成。在国内属于一家集中型汽车研发制造、销售于一体的汽车公司。

江淮汽车没有开展自营物流，也没有将物流交由物流外包企业进行专业化的管理。江淮汽车物流总体现状是：配置了少量的物流设备和一个物流部门负责物流的事项。所以，从入厂物流到回收物流均是以自备的物流设备为主，当业务较多时，物流设施不能满足企业需求时，采取临时租用他人物流设备的方式来解决物流问题，由此构成江淮汽车的整个物流体系。

江淮汽车的汽车售后服务备件是由安徽江淮汽车物流有限公司负责配送的。物流公司内部设立物流 1 部、物流 2 部、市场部、储配部、客运部、综合部和财务部共七个职能部门。物流 1 部和物流 2 部分别与营销公司的各个事业部接口，接受它们下发的备件需求订单，如图 5-1 所示。

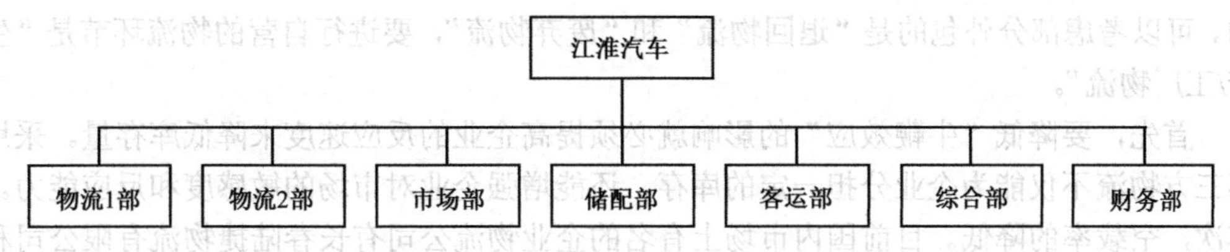

图 5-1　江淮汽车组织结构

5.2.2　案例分析

1. 问题分析

（1）物流资源分散。江淮汽车物流采用自设物流部的方式，物流部门配送效率低下，难以管理控制。物流部门只是公司的一个后勤部门，物流活动也并不为公司所擅长。在这种情况下，公司被迫从事不擅长的活动。公司的管理人员往往需要花费过多的时间、精力和资源去从事辅助性的工作，结果是辅助性的工作没有抓起来，关键性业务也无法发挥出核心作用。

（2）物流规模效应难以形成。江淮汽车物流部门规模有限，物流配送的专业化程度非常低，成本较高。在产品数量有限的前提下，没有规模效应。一方面，导致物流成本过高，竞争力下降；另一方面，物流配送专业化程度非常低，不能满足公司的需要。

由于江淮汽车成立之初，年整车销售量还不足 6 万辆，市场上保有量不过 30 万辆，全国 4S 店数量不过 100 多家，合肥一家备件仓库基本可以辐射全国，所以，没有在全国设立区域性备件中心库。随着江淮汽车销售网络的快速扩张和江淮汽车市场保有量的迅猛提高，这种物流配送模式日益显示出其弊端。由于合肥备件仓库到全国许多 4S 经销店的运输距离远，江淮汽车面对瞬息万变的市场很难作出快速反应，不仅不能有效地扩大在整个汽车市场的份额，还可能不能满足已有客户越来越高的服务要求。

（3）物流成本高且服务水平低。全国各地种类繁多的汽车售后服务备件都集中到合肥的备件车库发送，使运输成本居高不下，而且随着汽车售后服务备件市场需求的猛增，合肥备件车库处于超负荷运转状态，库存量过大，已不堪重负。

当业务较多时，江淮汽车的物流设施不能满足需求，只能采取临时租用他人物流设备的方式来解决物流问题，部分外包物流出现了货运商和供货商无法协调货物运输与配送的问题，直接造成了资金损失和客户的流失。

2. 问题解决

通过以上分析可知，江淮汽车物流的主要问题是物流战略定位问题。就目前国内外的形势再结合江淮汽车自身的特点来看，最适合江淮汽车的物流模式是采用物流外包中的第三方物流，对公司物流进行全程管理控制。在确立了物流外包的模式后必须就怎样进行物流外包进行进一步的分析与研究。物流外包最需要确定的问题首先是确定物流外包的内容，其次是确定物流外包供应商的选择，最后是进行物流外包风险的防范。

（1）物流外包方式的选择。出于保护江淮汽车核心竞争力的考虑，这些物流环节就必须进行一定的筛选。企业的核心业务是汽车的研发、生产和销售，所以经过一定的分析和决策得出“分销/销售物流”“采购/入厂物流”“备件物流”是可以考虑全部物流外包的。可以考虑部分外包的是“退回物流”和“废弃物流”，要进行自营的物流环节是“生产/工厂物流”。

首先，要降低“牛鞭效应”的影响就必须提高企业的反应速度来降低库存量。采用第三方物流不仅能为企业分担一定的库存，还能增强企业对市场的敏感度和反应能力。其次，空载率的降低。目前国内市场上有名的企业物流公司有长春陆捷物流有限公司和安吉天地物流公司。其中，长春陆捷物流有限公司是由一汽运输有限公司和一汽储运有限公司两家专业物流企业整合而成的。所以江淮汽车也应该考虑与国内大型汽车企业及汽车物流公司进行对流运输，以此来降低空载率，从而降低企业物流成本。

在确立物流外包的内容后就要选择第三方物流服务供应商了，第三方物流企业的选择和物流外包内容的选择同样重要，所以要慎重。应从以下几个维度做重点考察：第三方物流企业的信誉、服务商品主营业务、企业的历史成功案例、企业的适合程度、第三方物流企业的综合能力、第三方物流企业的长期服务能力。

总之，企业在选择3PL的时候一定要慎重。应该遵循的原则是：招标时不以价格为唯一的评判标准；订立合同时应建立互动协作的机制，对3PL企业进行考察时不应该只听3PL一方的介绍，应做事实的考察。在日后的合作中也要不断地改进与审查。

（2）完善汽车物流网络体系。将物流各个环节连成一个整体，加强对它的运营管理。降低空载率等不合理的运输方式，削减不必要的中间环节，降低损耗减少浪费，提高企业的核心竞争力。

这其中，应用现代先进的网络信息技术是关键。以零部件物流为例，JIT 生产方式下的汽车制造企业要保持零部件供应物流配送的畅通，在合适的时间将合适的物料以合适的数量送达合适的地点，离不开高效的网络信息管理系统的支持。

① 需要汽车制造商将不同时刻的生产需求单提前通过网络准确、及时地发送到零部件供应商，零部件供应商根据订单组织生产、备货和出库。

② 第三方物流服务商在接到零部件供应商发送的配送请求后，能够科学、合理地安排车辆装载，并规划行驶线路。将根据不同的供应商所需配送的零部件特性，把车辆到达各取货点的时间、装货型号、数量及排序等传送到供应商。供应商可以按照配送服务商的装车配送计划，合理安排人员装车，这样既能保障供应，又能降低库存量，合理调配人员，达到降低成本、提高竞争力水平的目的。

③ 能够完成各零部件供应商的物料配送，满足整车厂商的生产需求，配送准确、及时，减少由于物料延误而引起生产线停工。

④ 配送车辆通过 RFID 等技术进行取货、交货，通过 GPS、GIS、3G/GSM/GPRS/CDMA 等技术随时了解配送车辆的装卸及行驶状况，以便于调度中心统一安排、合理调配。

如今，越来越多的汽车制造商、零部件供应商和物流服务商等安装了先进的网络信息管理系统软件，通过互联网进行信息传递与共享。同时应用条形码技术、RFID 技术，甚至是物联网等，为顺利实施联合配送的汽车零部件供应物流方式提供了保障。目前，我国汽车制造企业在 JIT 生产方式下的零部件供应物流网络信息化建设，关键在于搭建一个开放的一体化网络信息平台，包含整车制造企业、零部件供应商、第三方物流服务商的多方共享、动态、标准化的平台。

首先，信息流是连接汽车零部件供应物流各环节的纽带，搭建一体化网络信息管理平台是 JIT 生产供应物流的发展趋势。利用网络信息技术，能够实现低成本、高速度、无时空限制的全天候信息流传递。汽车制造企业可以通过网络信息平台，实时地将零部件需求信息传递给零部件供应商和第三方物流商，供应商在获得需求计划后，可以动态查询库存、合理组织生产，第三方物流服务商按照整车厂商对零部件的需求计划和零部件供应商的地理信息，通过计算机制定车辆配载方案和路线行驶规划。同时，第三方物流服务商可以利用网络信息平台实时掌握配送车辆的流向和流量，并根据道路交通状况，合理调配车辆。利用一体化的网络信息平台，能够有效地减少由于信息不充分而造成的低效率和浪费。

其次，在汽车行业中，往往由于整车厂商和零部件供应商各自独立对零部件进行编码管理，造成标准不统一，加大了零部件供应商对物料采购的处理时间，甚至容易出现编码混乱、零部件配送错误等现象。利用一体化的网络信息平台，将零部件供应链的各环节形成一个有机的整体，统一编码、格式、数据标准等，消除了不同企业之间的信息沟通障碍，减少了浪费，加快了响应时间，提高了效率。

再次，一体化网络信息平台的应该包含如下功能模块：汽车生产计划管理系统、汽车总装车间生产线管理系统、订单管理系统、物料标准管理系统、仓库管理系统、零部件供应商管理系统、物流服务商管理系统、配送计划与路径规划管理系统、车辆调度管理系统、质量控制管理系统、绩效考核管理系统、客户服务管理系统、财务管理系统、人力资源管理系统、通信接口系统等。

（3）物流外包企业的监控。全球经济一体化和新兴市场的不断涌现，全面加速了供应链的形成，给中国汽车物流供应商带来了更多的商机，也带来了更高的要求。落实各种外包过程中的控制措施，建立供应商激励制度，防止外包过程中出现的客户满意度下降。面对更为复杂的物流需求和更高的服务质量要求，物流公司要彻底抛弃重业务轻质量的传统价值观，真正树立起质量至上、永远至上的全新物流服务价值意识。

5.3　东风日产物流案例分析

5.3.1　案例背景

东风日产乘用车公司（以下简称东风日产）成立于 2003 年，是东风汽车有限公司旗下重要的乘用车板块，从事乘用车的研发、采购、制造、销售、服务业务，是国内为数不多的具备全价值链的汽车生产企业。

东风日产本来拥有花都和襄樊（现更名为襄阳）两个工厂，年总生产能力达 46 万辆，产品品质和生产效率比肩国际先进水平。在后来的发展中，东风日产又投巨资建立了武汉和郑州基地，它们与花都基地、襄樊基地齐头并进，使东风日产形成了纵贯南北、各有侧重的“三地四厂”战略布局。“三地”指广州、湖北、河南三省，“四厂”指花都工厂、襄樊工厂、郑州工厂和武汉工厂。东风日产的国内布局如图 5-2 所示。

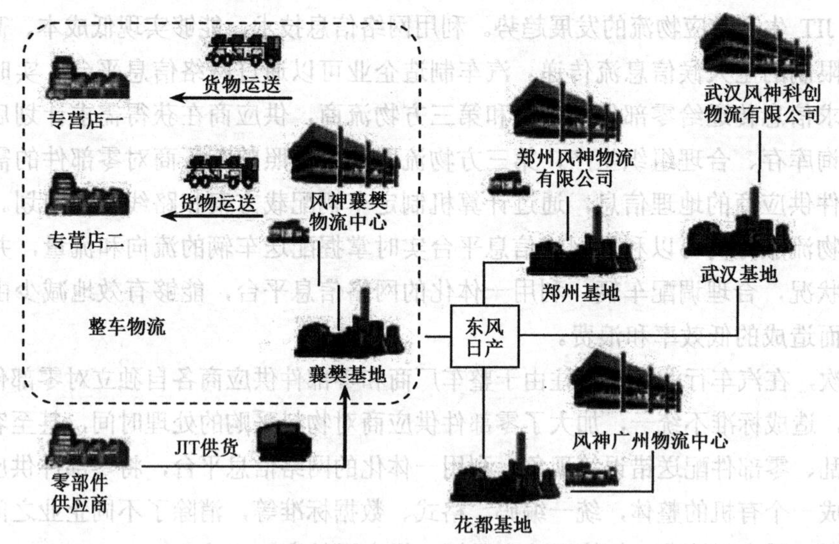

图 5-2　东风日产的国内布局

东风日产的整车物流主要是将供产销一体化模式与第三方物流模式有机结合起来，综合二者的优点。即汽车企业内部的汽车物流由东风日产制造商负责，汽车的原材料、零部件、供应物流主要由第三方物流公司（主要是东风捷富凯）负责，汽车产品的分销物流部分由专业的第三方物流公司（主要是广州风神物流有限公司）负责。

东风日产以这四个厂区为中心覆盖全国的业务服务。东风日产与风神物流建立长期的战略合作联盟关系，由风神物流作为其第三方物流服务提供商，全面负责商品整车从车间下线之后的物流过程。而且广州风神物流有限公司在广州、襄樊、郑州、武汉都拥有自己的物流中心，与东风日产形成很好的对接，可以说是为其提供定制型的服务。

以襄樊厂区的运作为例，捷富凯以拉动模式给东风日产提供零部件的供应，所需零部件均在襄樊工厂汇集、装配成形。东风汽车的销售点门店在通知东风日产的总部和生产商的同时委托风神物流上襄樊工厂取货，风神物流则根据需要完成商品车的运输、仓储保管、流通加工及配送业务，直至将所需商品送达指定的销售点。

5.3.2　案例分析

1. 问题分析

（1）公铁联运、水运受限。公路运输依然是最主要的运输方式，而轿运车是目前最主要的整车运输工具。铁路运输还没有被充分利用，这主要与我国运输管理体制有关，在公铁联运方面还存在问题。在水运方面，主要的原因是中国一部分高速公路的规划与长江、沿海的水运线路平行，另外，水运项目的分段收费价格倒挂，特别是两端短驳成本高，码头费高，扭曲了水运的成本优势，此外，航线设计、驳船运力不足等问题也制约了汽车物流船运的发展。

对于铁路，操作人员需要具备两大行业的复合性知识，目前的铁路人员参与汽车项目的运作能力弱。多年的垄断经济，认识不到位；管理粗放，不够精细。区域分拨的能力不足，末端客户的服务意识、短驳船能力不足。有的地区需要地跑送货，客户无法接受。铁路到发两端受铁路运转体制限制，不能快速反应，运行时间相对公路要长；运行时间不稳定，季节性冲击大。多次倒运，存在更多的质损风险。

（2）回程空驶率较高。较高的回程空驶率提高了其物流成本，造成了资源的浪费。

（3）质损率和事故率。质损率和事故率是汽车生产企业考核整车物流企业服务质量的主要指标之一。质损主要是指商品车有刮痕、轻微的凹凸等质量损坏，多在商品车的装卸过程中发生。事故主要是指商品车在物流过程中因为交通事故、恶劣气候等原因遭受严重破坏而无法使用或者无法正常使用。目前风神物流还没有一套完善的系统控制质损率和事故率。

（4）信息化程度较低。整车物流管理流程主要以人工操作、纸质单据和条形码为数据采集手段，存在数据采集和处理不及时、管理可视化和信息化程度低等不足。可以采用 RFID 技术作为自动识别和数据采集技术，具有可远距离识别运动物体、可同时读取多标签、数据量大、稳定性高、适应性强等特点，可以很好地克服以上不足，实现整车物流过程数据的实时采集与处理。

2．问题解决

（1）引入 RFID 系统。在整车下线后，通过引入的 RFID 系统进行整车业务流程再造。

① 出厂前的质量检查（Pre-Delivery Inspection，PDI）。实际应用中，主要是针对有关汽车外观的质量所做的检查，检查内容包括各种内饰、安全带、车内外后视镜、挡阳板、地毯内衬、收放机、灯具、外观等方面。当发现存在质量问题时，予以登记并在车间内解决质量问题。

② 人员与车辆在驳运过程中的“绑定”。为驳运员和车辆分别佩戴安放电子标签一枚，在总装车间出口处设置固定式读写器一部和指示灯一盏，读写距离小于 3 米（距离的选择需要参考出口处空间的大小）。通过电子标签随时掌握车辆的状态。

③ 入库处理。整车入库处理是整车在整个物流供应链上的短暂停留。入库管理员根据采购单的数据，在整车进入总厂库或中转库之前，进行入库汽车的资料核对和相关质检等。

④ 入库确认。入库确认主要包括两方面的内容，其中涉及库管员操作的是确认驳运员已经将符合订单要求的车辆驶入车库，统一收回驳运员上交的各种随车资料和钥匙，一系列确认工作完成后，通过系统对驳运员和车辆的绑定状态予以解除，如果人员与车辆的绑定状态没有解除，驳运员的后续驳运工作将无法完成。因为当驳运员下次前往总装车间驳运车辆时，由于绑定状态未被解除，系统将发出警报禁止驳运，提示驳运员是否相关手续钥匙没有上交。涉及驳运员的操作主要是向总厂库或中转库的车库管理人员提交所驾驶车辆的钥匙和相关随车资料单据等，待库管员收取确认后，安装在库管处的 RFID 读写器读取该驳运员的随身标签信息，系统根据先前绑定信息调出与该驳运员对应的车辆，驳运员向系统中录入车辆在库区具体的停放位置信息，系统也将根据录入的信息及时更新车位的状态。

⑤ 在库管理。在库管理是指为了能够安全、经济地保持在库物品原有的质量水平和使用价值而采取的各种措施。对整车的在库管理主要包括三个内容：在库车辆质量信

息的实时检测，短时期内入库车辆的盘点核对（包括数量核对和车辆所占车位的调整），一定时间间隔进行的盘库工作。对车辆质量的实时监测流程实际上可以归为PDI处理，即由于自然力的作用可能使车体在闲置状态产生外观问题等可以直接录入系统。

⑥ 盘库操作。盘库就是对库存存货进行盘点并与账面核对，以检查盈亏、明确责任。传统的盘库多是以人工操作方式进行，采用纸质单据的形式查找货物实际在库数量与账面应有数量的差距，当二者不一致时，应找明原因并进行相关的修正和处理。

在整车物流管理环节，对RFID的应用模式采用的是开环式资源型的模式，标签在整车下线之后便作为车的一部分，是汽车的身份凭证。因此，与当前有些工具性应用方式不同的是，在车辆运抵经销商处时，不存在标签的回收问题。

（2）返程配货。可以通过返程配货寻求合作伙伴进行资源整合或者健全网络覆盖范围。通过实现对流来降低回程空驶率。通过与其他物流企业建立战略联盟关系，实现长期而稳定的合作并可以通过联盟成员间的协作，实现优势互补，共同成长，达到联盟成员的共赢。

学习资源

[1] 中国汽车物流网（www.qichewuliu.com）
[2] 中国物流与采购网（www.chinawuliu.com.cn）
[3] 物流全搜索网（news.56qss.com）
[4] 中国汽车网（www.chinacar.com.cn）

课后练习

案例5-1 华通的“互联网+汽车物流”

华通物流成立于2009年，总部位于辽宁，并在北京、上海、成都、重庆、柳州等地设立了业务中心，运输服务网络覆盖全国。凭借广泛的运输网络覆盖和扎实的服务，华通物流通过了国家ISO9001认证，并且长期为包括华晨宝马、北京现代、华晨金杯等大型商品车企业提供整车物流运输服务，同时拓展包括汽车零部件运输等多元业务。目前，企业拥有运输车辆280余辆，年产值达到5亿元。

1. 传统汽车物流管理方式由上而下转变

汽车物流需要更高的专业度，不仅是对车辆装备的要求，而且货主在运输效率、成本和质量的考核越来越精细化，挑战的是承运企业的服务和管理能力。为此，华通物流进行了持续的软硬件投入，包括车辆采购、司机管理、仓储设备等，不断提升企业的服务能力。企业也定制化了一套运输管理软件，管理着上游货主的订单及下游的承运商和司机。

堪称史上最严的“九二一”公路治超行动所带来的后续影响陆续显现，物流企业最直观的感受是运力的暂时性短缺。但在华通物流看来，治超带来的影响毕竟是暂时的，他们更在意的是上游车企客户运输管理方式的转变。

在整机厂商客户中，调整已经在进行。企业将仓储或物流中心设置在沿海或铁路枢纽附近，进而采用公铁水联运的模式取代以往较为依赖公路运输的方式。对于第三方物流承运企业而言，这意味着市场的“蛋糕”被切走了，竞争也将随之加剧。

此外，汽车运输从长线转为偏短途化的趋势不仅意味着承运商投入车辆运力的增加，而且对其运输网络的运转效率和频繁装卸货物的破损风险压力等无形之中提出了更高要求，最终考验的是承运商的服务和管理能力。

在华通看来，货主的痛点同样是承运商所关注的。例如，不能随时查看运输状态，出现异常时需跨越多级人工追查，风险难控；货物签收单层层返回，周期长、易丢失，货款回流慢，对账难；订单和数据处理的自动化和标准化程度都很低，基本依靠传统人工方式，效率低且出错率高，等等。

2. 华通物流牵手 oTMS 互联网信息平台

华通物流在业务量较大且服务品质要求较高的宝马业务线率先部署了 oTMS 系统。在运行近半年的时间里，最令团队满意的是 oTMS 良好的开放与兼容性，强大的连接能力，以及全程透明化管理带来的服务体验的提升。

其一，开放接口及快速部署体现云计算模式的明显优势。oTMS 技术团队与华通物流密切合作，从立项采购到上线使用仅用了不到半年时间，并且将上游货主和下游承运商的连接通道全部打通。通过 oTMS 的 API 接口，企业将原有的 TMS 和 WMS 系统无缝连接，实现数据的贯通。卡卡 App 在司机的手机上也很快普及。这样的推广速度是传统软件难以做到的，企业也无须进行很高的 IT 设施投入。

其二，强大的连接性直击管理痛点。在采用 oTMS 系统后，华通物流将上游的宝马车企客户，以及下游承运商、司机和终端 4S 店在云平台连接起来，形成一个完整的作业链条。货主的运输订单被同步至各方。企业分派订单到司机端，司机通过卡卡 App 实时上传货物在途状态，甚至做到货物的电子化“握手交接”，各方均能及时获知运输进程。

其三，oTMS 全程透明的方式让企业体会到了与以往系统的明显不同。以往，虽然在华通的系统可以通过对车辆 GPS 信息的收集来判断车辆位置，但货主并不关心车辆，而是货物的在途状态。而这些信息的获取只能依靠人工方式收集。在 oTMS 平台上，这项工作被自动化地处理且同步实现了，极大地节省了人力，提高了效率。

3. 以“互联网+”的方式提升华通物流服务能力

在汽车运输这样复杂的链条的管理上，oTMS 不仅为承运企业提供了便捷有效的管理工具，更重要的是激发了企业的服务竞争力，尤其是对上游货主客户的吸引力。

对于 oTMS 的应用前景，华通希望未来在全公司其他的业务中心继续推广 oTMS 平台，从而让公司的整体业务管理能力跨上更高的阶梯。这样的考虑也是基于华通对未来行业竞争格局的判断。以往运输行业的环境并不理想，价格战等恶性竞争情况很普遍。但是，华通相信，当价格被压缩到接近极限时，承运商的服务能力将成为竞争加码的要素。在华通近期参与的多个整车厂的招投标项目中，已经强烈地感受到服务能力在货主的评价体系中的分量有了明显的增加。

oTMS 云平台上的在线招投标平台同样引起了华通物流的兴趣。华通在整车运输领域里积累了较多的业务优势，有真实且优质的历史数据沉淀在 oTMS 平台上，加上 oTMS

平台上聚集的优质货主资源，相信可以在此挖掘更多业务机会。

（资料来源：南方网. tech.southcn.com）

思考：

1．华通的“互联网+物流”模式与传统物流模式有什么不同？

2．华通的“互联网+物流”模式能够解决哪些问题？

案例5-2 长安民生汽车物流

1．汽车物流：一个正在快速成长的市场

随着人均GDP的提高和居民可支配收入的增加、城镇化步伐的加快和城市人口的增加、进一步的开放和高收入人群的增加及道路等级的提高和路网连通性的不断改善，旅游和其他形式的假日消费将日趋大众化，汽车消费观念将会随之形成，小轿车正在逐渐并将以更快的速度进入家庭，这将导致今后很长一段时期社会小轿车销售总量的大幅增加，汽车商品及其零配件配送物流无疑将是一个潜在的大市场。

事实上，《中国汽车产业发展研究报告之一》显示，2010年一季度，汽车制造业销售收入超过纺织业和电气机械及器材制造业，位居通信设备、计算机及其他电子设备制造业、电力行业、黑色冶金行业和化工行业之后，首次成为中国第五大支柱行业，汽车产业对经济增长的贡献明显提高。重庆是中国第三、西部第一汽车、摩托车生产基地，汽车、摩托车行业年产值480亿元左右，占重庆当年工业总产值的40%左右，是重庆第一大支柱行业，同时也是重庆社会经济发展规划中优先和重点发展的行业。另外，就单位体积产品的价格来说，汽车、摩托车行业属于高物流量行业。因此，在中国西南尤其是重庆，发展物流配送，把首选的行业定位在汽车行业是极为自然的。

2．长安集团：发展中的难题

长安汽车（集团）有限责任公司（以下简称长安集团）是中国汽车工业最大的微型汽车和发动机生产基地，是全国最大工业企业500强和国家重点扶持的五大轿车生产基地之一。

长安集团地处重庆北部新区。该区是重庆市重点规划发展的新区，其发展目标是开发建设成为重庆市进出口贸易生产基地和出口加工区。长安福特汽车有限公司就建在出口加工区内。另外，根据重庆市人民政府最新批准的《重庆航运中心发展规划》，江北寸滩将建成以集装箱和汽车滚装运输为主的外贸出口港。可以预见，随着区位优势的显现，北部新区作为重庆的进出口贸易中心将会很快形成。

过去几年来，中国的私人汽车消费市场逐渐形成，长安集团因此不断发展壮大，分公司和公司分支机构不断增多，目前长安集团拥有七大汽车制造企业：长安汽车股份有限公司、长安福特汽车有限公司、长安铃木汽车有限公司、南京长安汽车有限公司、河北长安胜利有限公司、河北长安汽车有限公司和长安跨越车辆有限公司。随着公司生产基地的增加，汽车产能和产销量迅速扩大，企业物流成本绝对量大幅增加，物流管理对产品质量、产品成本、订单满足率及客户服务的影响越来越大，物流管理因此被提到了集团领导层的议事日程。

长期以来，长安集团实行传统的购、销、储、运相分离的管理体制，物流资源比较

分散，难以进行整体或规模优化，资源利用效率低下，管理成本高，客户响应时间长，企业物流管理体制急待改革，物流资源动态配置方式急待整合。此外，巨大的自身需求、覆盖宽广的网点条件、重庆市相对滞后的第三方环境及集团多元化发展的需要，特别是建立长安福特汽车有限公司产品外销渠道的需要，促使长安集团有意通过内部物流资源整合和外部合作发展第三方物流。

3．民生集团：寻找突破

民生集团是国内最早进入商品车整车滚装运输领域的企业之一。早在 20 世纪 80 年代末，集团即利用甲板驳承运重庆长安厂各种类型的商品车到南京、上海等地。进入 90 年代，先后承运了昌和面包车、富康等汽车。1999 年，为了配合中国汽车工业尤其是西南地区的大型汽车企业对汽车物流服务的需求，在原有甲板驳的基础上改造了 6 艘汽车专用滚装驳。另外，集团有专业的商品车公路运输车队，现有牵引车、轿车专用运输车近 50 辆。同时，为了保证运输质量，为客户提供完善的物流服务，集团在湖北武汉、湖南岳阳、江苏南京建立了三个大型汽车中转库。形成了以重庆为中心，辐射西南、西北地区，以武汉、岳阳、南京、上海为中心，辐射华南、华中、华东、华北和东北各地的整车物流网络。

另外，民生集团领导层一直致力于稳定客户关系，特别是与大客户的关系。多年来，长安集团一直是民生集团的重要客户之一。民生集团主要为长安集团提供商品车的运输和配送服务，其中包括特种车辆运输长安商品车和商品车滚装运输服务。此外，随着民生集团多式联运和公路运输的发展，特别是近年来制造业和商业零售企业物流意识的觉醒，集团领导层认识到，在中国特别是在重庆，深度开发第三方物流市场尤其是物流配送市场已具备一定的条件，关键是需要寻找时机和突破口。

4．长安民生的诞生：双赢的选择

如前所述，汽车商品车及其零配件配送是未来最具发展潜力的物流市场，长安集团是重庆乃至中国西南最具影响力的汽车制造集团公司，民生集团具有提供汽车商品车及其零配件配送和运输服务的丰富经验和资源。共同的期望导致重庆长安民生物流有限公司（以下简称长安民生）的诞生。

对于民生集团来说，把汽车行业作为发展运输延伸服务、全面拓展第三方物流市场的核心业务有着充足的理由，而把与长安集团的合作作为深度开发的突破口则有着更深层次的考虑。首先，第三方物流是网基规模化物流，物流设施和信息系统的更新改造需要大规模的投资，企业运行需要规模化需求的支持，汽车商品及其零配件配送领域更是如此。所以，从风险控制的角度来说，与长安汽车进行合作，有利于降低投资风险。其次，长安集团是一家大型集团企业，是品牌企业，是一家在快速成长的行业中迅速成长的企业，在业界和重庆有着广泛的影响力，本身有着巨大的物流需求，但其经营管理体制和自身物流功能限制了它获得最大的物流份额，与长安集团合作，建立稳定的合作关系，民生集团可以稳定地分享汽车工业和长安集团迅速成长的利益。最后，与长安集团合作，对与重要客户建立多元关系是一个创新性的探索，为集团深度开拓汽车商品车及其零配件配送市场积累了经验。

对长安集团来说，与民生集团合作，借助建立长安民生，顺理成章地进行了内部物流资源的整合。与此同时，借助于民生集团的经验和资源，可以建立一个安全、稳定的物流系统，为减小企业零配件和产品物流的波动提供了保障，同时在开辟第三方物流市场、开拓新的业务领域方面，也获得了重要的支持。

（资料来源：物流全搜索网. news.56qss.com）

思考：

1．长安民生是在怎样的背景下产生的？

2．你认为长安民生会存在怎样的问题？

第6章

钢铁物流案例分析

【学习要点】

- 钢铁物流发展的现状及特点；
- 钢铁物流运作模式的比较；
- 钢铁物流案例分析方法。

【话题导入】

钢铁是工业的粮食，是工业化时代最重要的符号之一。互联网与钢铁产业的融合是大势所趋，并将深刻影响和改变产业结构。信息时代来临，钢铁产业将从矿粉资源消耗型走向废钢资源再生型，可重复利用的钢铁仍是一个重要且不可缺少的基础原料。一方面，钢铁工业是国民经济的重要支柱性产业，十万亿元的产业规模，占 GDP 总值的 5%以上的整体产业链，汇集了大量的人员、资本和设备，在整个经济布局中占有举足轻重的地位；另一方面，互联网正逐步从消费市场影响到产业市场，钢铁产业在信息化的过程中正呈现出百花齐放的融合性创新，如火如荼的 300 多家钢铁电商就是证明。

在“互联网+钢铁产业”的时代浪潮中，五大科技趋势“大智云物移”（大数据、人工智能、云计算、物联网、移动互联网）风起云涌，互联网驱动着钢铁产业在生产要素、组织模式、发展模式、价值传递方式四大方面产生了根本性变革。

1. 生产要素的变革

一般而言，生产要素包括人的要素、物的要素及其结合因素，因此长久以来土地、劳动、资本等生产要素的重要性广为人知。随着 ICT 的发展，信息逐渐成为人与人、人与物、物与物的连接工具，成了生产要素，钢铁行业从产品和资产运营走向知识和信息运营。正如习近平总书记所说：“世界正在进入以信息产业为主导的新经济发展时期。”

钢铁产业互联网化的过程中，通过信息流、资金流、物流形成大数据中心，构建以征信为基础的风控体系，实现数据闭环，在金融环节达到“良币驱逐劣币”的目的，使钢铁行业中的优质企业真正得到金融资源的支持，实现良性循环。

同时，钢铁行业各环节的数据通过互联网深入渗透，差价环节逐步消失，服务价值逐渐凸显，各类中间库存进一步优化，供应链条进一步扁平化，将极大提高钢铁行业整体效率。

另外，钢铁行业内部企业还可以通过数据分析提升管理效率，减少管理成本。

2．组织模式的变革

工业时代形成了企业和公司。在钢铁产业这种长流程的行业中，企业、公司的组织模式形成了庞大的层级制度体系，这对钢铁工业的发展发挥了巨大的作用。

随着互联网的渗透，工业时代所形成的稳定的供应链模式正在被逐步解构，许多“集中化、极大化”的大型组织因为无法及时适应外部商业社会的变化而轰然倒塌，越来越多的“被组织”的人和组织随着互联网的发展走向依托于平台的生态圈模式，形成了开放式、小微化、自组织的特征。

钢铁产业庞大的产业规模具备了形成生态圈的先天条件。单一业务形态的钢铁制造、流通、金融等企业将难以为继，都将依托钢铁互联网平台，成为网络化产业链上的基础设施，形成“平台+个人”（服务环节）、“平台+企业”（制造产品）的全流程系统级的生态模式。

3．发展模式的变革

这里的发展模式的变革，主要是指产业和服务的边界将会更加模糊，相互之间的关系向融合化发展，这重点体现在商业模式、盈利模式和营销模式上。

（1）商业模式的变革。互联网的本质在于连接，在钢铁产业中的表现就是跨界融合，产业与产业之间不再是简单的上下游或投入、产出的交付关系，而是你中有我、我中有你的跨界融合。钢铁产业将逐步从以产品为中心向服务端延伸，形成钢铁生产和增值服务的一体化，全面提升产品价值，构建生产、消费、服务和流通的商业闭环。制造业与服务业的边界逐渐模糊。

（2）盈利模式的变革。工业时代跨地区的交换导致信息不透明，从而形成价差，产生利润。以互联网为纽带的经济时代让信息越来越透明，让以时间差、空间差为基础形成的价差盈利越来越困难。另外，钢铁产业在跨界融合的过程中逐步产生了金融、物流、配送、财务等方面的增值服务，形成新的利润增长点，导致钢铁产业的盈利模式产生新的变革。

（3）营销模式的变革。市场需求的多样化产生了对应的产品供应，形成了以价格与产品的匹配关系为特征的“货架经济”。在互联网经济下，用户是商业价值的源泉，钢铁电商布局、抢占甚至试图垄断“入口”，就是争夺用户，提升商业价值。在这一过程中，钢铁产业不再是一分钱一分货的“货架经济”，而是极致的用户体验，体验即产品将深刻影响和改变钢铁产业。

钢铁产业通过互联网工具，绕过复杂的中间环节直接与用户沟通交流，避免信息失真，有效传达企业相关信息。在精准定位的基础上，依托现代信息技术手段建立个性化的顾客沟通服务体系，将用户转化为粉丝，以口碑营销、社群经济等方式形成个性化传播链，实现精准营销。

4. 价值传递方式的变革

首先，互联网将实现钢铁生产环节的柔性化的定制生产。随着互联网与钢铁产业的不断融合，钢铁产业互联网平台将发挥优化资源配置的重大作用，催生钢铁产业的共享经济，产生众包、众筹等创新型的业务模式，甚至共享剩余生产能力。同时，随着废钢的重复利用和电力成本的下降及产业大数据在钢铁行业的普及应用，短流程生产企业将会大量出现，低成本的智能钢铁制造企业将会出现。这将使得以用户为中心的钢铁产业互联网平台帮助钢铁制造企业实现柔性化的 B2F 定制生产，成为价值传递的最优方式。

其次，互联网将带来钢铁流通环节的变革，特别是钢铁物流方式的重大变化。钢铁产业互联网的出现，将导致以往以价差为盈利模式的流通环节产生重大变革，引导流通环节的中间商以服务为重心，这将形成聚合钢厂与终端的钢铁电商平台。钢铁电商平台将建立线下钢材配送体系，钢材通过专业钢铁物流师销售到终端，实现从钢厂到终端用户的最优化物流配送体系。

钢铁产业由于其业务场景的多样化，在线下配货、送货、票据等环节均需要专业人员的高度参与。钢铁电商平台作为一个“云端”，聚合了众多资源，吸引物流配送环节的专业人员技能共享，承接线下各类配货业务。这些物流配送专业服务人员将逐渐发展为与平台合作的专业钢铁物流师，成为钢铁产业服务的生力军。

6.1 钢铁物流的发展现状

6.1.1 钢铁销售模式分析

从目前国内钢铁产品销售代理商、各钢厂驻外分销机构的布局、直销及经销产品比例、流向等方面来看，大多数企业已初步建立了覆盖主要目标客户的全国性产品销售网络，特别是在新产品市场开拓、提高产品市场覆盖率、稳定用户等方面发挥了积极的作用，也为今后企业营销工作打下了良好的基础。但实际工作中也表现出某些不足之处，并且有些潜在问题对未来营销工作也存在一定的不利影响。

钢材营销属于工业品营销的组成部分，经过十几年的发展，逐步形成下列营销模式：

1. 钢材直销营销模式

在这种模式下，钢厂直接向产品的最终用户销售其产品，没有中间商和中间机构；生产和消费双方直接见面，双方沟通及时，信息传递准确；营销成本高，营销成功率不易控制，营销风险完全由生产企业承担；对营销人员的能力水平要求高，不但技术水平要高，更要求商务沟通能力强，这种复合型人才的成本一般也比较高。

钢材直供直销一直是钢厂追求的销售方式之一，只是从近几年才开始发展起来。这几年来，由于国家新开工的重点工程及一些房地产开发商对钢材的需求量大，为了降低工程造价，都迫切希望减少中间流通环节，降低采购成本，这就为钢厂开展直供直销提供了机会。

2．钢材代理及经销模式

在这种模式下，钢厂通过代理或经销商向最终用户销售产品，存在独立的中间机构。生产和消费双方一般不直接见面，产品和技术信息是否可以及时、准确地传递依赖代理或经销商的工作能力和工作效率。营销成本较低，但是存在对代理或经销商的价格折扣，对钢厂管理水平要求高。营销风险主要由代理或经销商承担。由于代理或经销商对产品的技术性能比较了解，营销人员可以专注于商务工作。

3．钢材混合营销模式

在这种模式下，根据钢材各品种消费对象不同，采取有针对性的营销模式，钢厂与关联公司和代理、经销商组成一个高效的营销网络；整个网络覆盖面大、灵活性较好，生产企业可以对整个销售网络进行准确的调整以适应客户的需求和特点；大多数钢铁企业采用2个以上营销渠道组合模式，即混合营销模式。

4．正在探索的钢材营销模式

（1）钢材配送营销模式。现代新兴的物流产业实际上是贸易的一个分支，贸易和物流从来是不可分割的，但是我们传统的观念是把物流看成依附于贸易业而存在的，没有发现物流的增值作用。加入WTO后，国外优秀的物流企业将给国内流通企业带来全新的观念，以电子商务、供应链管理和第三方物流为特征的跨国物流企业将对目前纯贸易流通企业带来革命性的冲击。面对进口产品的分销配送理念的引入，纯粹的钢材贸易难度加大，获利空间也十分有限。我国钢铁企业和流通企业只有在营销理念和服务质量方面迎头赶上，发展钢铁深加工贸易，应用流通加工手段，改变钢材几何形状，实行钢材配送，向需方提供钢材半成品，为需方逐步向“零库存”过渡，在拓展贸易品种的同时，提高产品的附加值，才能在未来的市场竞争中吸引更多的用户，开拓更加广泛的市场。国内个别大钢厂开始朝这个方向发展，像宝钢集团已经把钢材配送作为发展物流业的突破口。

宝钢集团凭借其钢材的物流配送网络，利用剪切中心的网络及信息优势，为国内主要的汽车、家电等企业实行原材料的无库存管理。首钢以核心市场为重点，加强现货市场的建设。对在2000年以前在各地建立的近20个现货市场进行了清理、整顿，压缩到9个。又根据需要在北京和西安新建两个三级螺纹钢现货市场。还准备在北京西部地区再建一个现货市场，使北京现货市场达到8个，从而完成对北京市场方位的全覆盖。涟钢将在200公里半径内建立一个快速、高效的分销配送网络，并结合国外建材连锁店的方式，为最终用户逐步向“零库存”过渡创造条件。马钢在芜湖建设加工配售中心，主要为马钢“两板”投产后配套销售服务，可年加工卷板10万吨，配套销售30万吨，通过钢材剪切加工配送，使卷板产品直销进入终端用户，既为最终用户方便用料、节约成本，也可以提高公司产品的附加值，增加效益。

（2）钢材网络销售模式。随着互联网技术和电子银行的不断发展，网上钢材营销成为钢铁企业未来发展的营销模式之一。首钢销售网站自开通以来，目前销售钢材的数量逐步提高，成为首钢了解市场的前沿、提供决策的参考、分销产品的助手。

6.1.2 钢铁物流发展的模式

国民经济的持续快速发展为我国钢铁物流的发展提供了强有力的保障，是钢铁物流发展的助跑器，从发展空间上看，由于钢铁物流属于资金、技术、信息密集型行业物流，故无论是资金的融合、技术的改进，还是信息的获取，都为钢铁物流的创新与拓展提供了广阔的空间。我国钢铁行业主要有以下几个物流模式：

（1）分销物流模式。从总体上看，在我国钢产业供应链中，钢铁生产企业处于核心主导地位，钢铁销售除小部分（20%～30%）以钢厂直供的形式实现外，其余大部分需要依靠代理商、批发商流通分销渠道才能实现，如图 6-1 所示。而钢流通产业的集中度低，全国从事钢材销售的商贸企业约为 15 万家，除少数代理商与钢厂保持长期合作关系外，大多数贸易商不具备钢厂直接采购的资格和实力，只是在二、三级市场从事着以“倒差价”为主要盈利模式的业务。钢铁产品的终端购买群体是下游行业的生产企业，主要涉及建筑、机械、轻工（包括五金、家电等）、汽车、煤炭、造船、石油、集装箱和铁道等行业，下游企业的产品多种多样，必然对钢材的厚薄、长短和技术指标等有不同的标准。我国现有供应链分销模式相对于原材料单一、有限供应源的上游供应链，中下游分销市场结构复杂、渠道环节冗长和物流管理矛盾众多：上游刚性推动模式与下游柔性需求的矛盾，有限的配送加工能力与顾客多种类、多层次加工需求的矛盾，信息传递的及时、准确性要求与流通渠道冗长、分级不清的矛盾、长距离、大批量的运输要求与有限运输资源的矛盾。

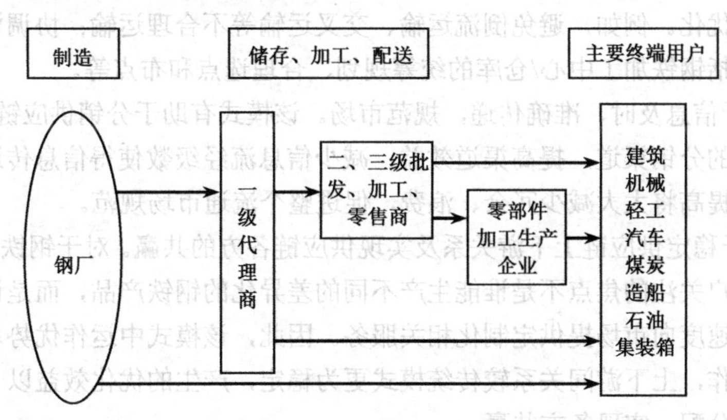

图 6-1 钢铁分销供应链

而基于物联网技术的供应链集成钢铁物流分销模式可以根据用户需求收集、配置和调运各种类型钢铁产品，特别是在满足客户跨区域的、少批量多品种的和专业化的需求时，组织实现多方资源的协调运作，如图 6-2 所示。

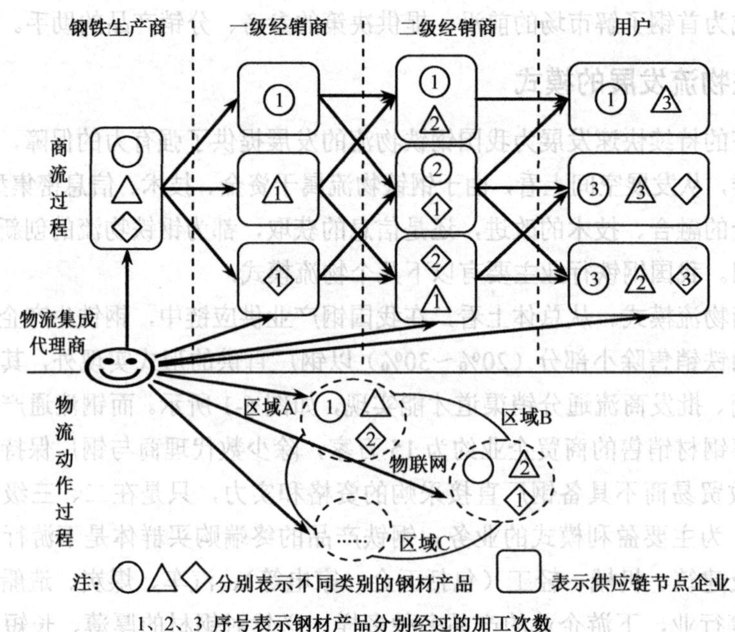

图 6-2 供应链集成的钢铁分销模式

① 有利于钢铁产品的商物分离。上述模式有助于商流与物流分开运，钢铁分销过程中各供应链成员可以专注于各自擅长的领域而将分销物流单元交给物流集成代理商统一管理，因而，进行物流运作是基于系统和全局考虑的，既有利于产生规模效应，又有利于从系统角度优化。例如，避免倒流运输、交叉运输等不合理运输；协调资源缓解资源分配不均，包括钢铁加工中心/仓库的统筹规划、合理选点和布点等。

② 有利于信息及时、准确传递，规范市场。该模式有助于分销供应链的优胜劣汰，缩减过于冗长的分销渠道，提高渠道效益，减少信息流经级数使得信息传递更为快速、准确，效率的提高将大大减少冗余、浪费，促进整个流通市场规范。

③ 有利于稳定供应链上下游关系及实现供应链各方的共赢。对于钢铁产品来说，其同质性强，客户关注的焦点不是谁能生产不同的差异化的钢铁产品，而是谁能以更低的成本、更快的速度向市场提供定制化相关服务。因此，该模式中运作优势基于伙伴间的相互信任与合作，上下游间关系较传统模式更为稳定，产生的优化效益以一定的机制在供应链成员间分配，实现各方共赢。

（2）供应物流模式。

① 首钢供应公司的统一采购模式。首钢供应公司是从首钢集团独立出来的一个下属子公司，由原来首钢各钢厂的共赢部门转型而来。成立专门的供应公司是为了集中采购权，由供应公司负责统一采购首钢集团的主要原燃料。这种统一采购模式不仅能通过大批量采购降低采购成本，还能消除原来各供应部门分别采购过程中的浪费现象和重复采购现象。首钢供应公司在首钢各钢厂附近建有供应分公司，为各钢厂提供煤、废钢、钛合金等的采购、运输、储存、配送等供应物流服务。但是作为下属子公司，

首钢供应公司只负责采购，并不承担原材料质量不合格、缺货或库存积压的风险，这些风险均由各钢厂承担。

② 中首物流有限公司的外包供应模式。中首物流有限公司是由中国首钢下属的国际贸易工程公司控股的专业物流公司，主要面向汽车行业和钢铁行业提供第三方物流服务。在与首钢集团的业务合作中，中首物流主要为首钢集团提供主要原料铁矿石的采购及采购环节的全套供应物流服务，双方企业采用了买断供应的合作模式。而缺货、库存积压、质量不合格的风险由中首物流有限公司承担。

③ 本地供应商的 JIT 供货模式。对于一些本地供应的原料，首钢集团则采用了另外一种供应模式——JIT 供货模式。例如，首钢集团秦皇岛分公司对于主要原料石灰石的采购就属于这种供货模式。首钢集团秦皇岛分公司于其直接供应商首秦石业有限公司建立了战略合作伙伴关系，由首秦石业有限公司负责生产并提供石灰石的库存管理、配送等供应物流服务，原料质量不合格、缺货、库存积压的风险都由首秦石业有限公司承担。

（3）与第三方物流合作模式。供应链管理在马钢物流特别是外部铁路物流管理中的具体运用就是“路企联合办公”模式的建立及成功运行。

企业与铁路间的“联合办公”模式在国内许多钢铁企业与铁路间都有，而且有些企业包括马钢在内很久以前都已实施过了。但马钢与铁路目前进行的“路企联合办公”模式不是原有模式的简单重复，而是立足于目前管理与技术进步开展的全新管理模式，其中技术及管理进步主要体现在：铁路方面已在全路实行 TM，铁路运输管理信息系统借助该系统可以随时查询任何一辆货车、一台机车、一列列车、一个集装箱及所运货物的地点及设备的技术状态，并预见它们未来一定时间内的动态变化，随时提供车流的动态变化情况，为铁路系统运输指挥人员提供及时、准确、完整的动态信息和决策方案。马钢方面则是通过在内部铁路成功实施铁路运输调度指挥系统，实现了对进出马钢路局车号的自动扫描与读取，并可对厂内所有车辆车号、位置状态实时追踪反映，为马钢内部的调度指挥及相关管理部门提供基础物流信息。马钢与铁路间的“路企联合办公”的主要核心就是基于双方上述系统上的信息交流与反馈，通过建立相应的组织机构、制度来完成对马钢采购及销售供应链整体上的整合、优化及控制。

（4）企业内部逆向物流模式。

① 自营回收模式。自营回收模式是指钢铁生产企业建立独立的逆向物流体系，自己管理生产过程中产生的废料的回收处理业务，如图 6-3 所示。

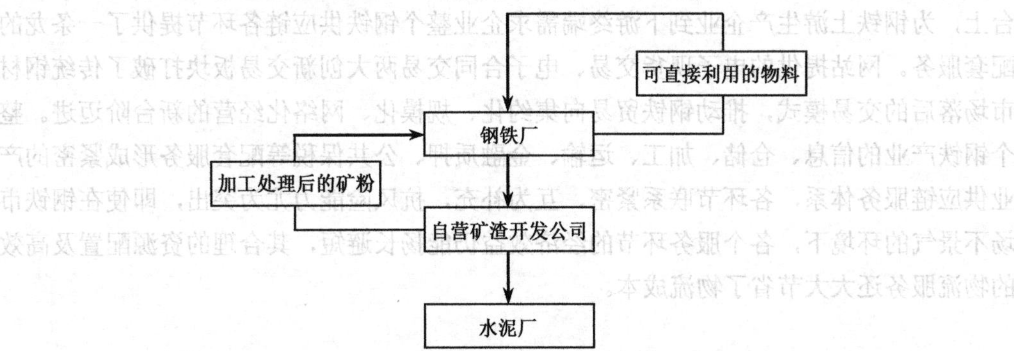

图 6-3 钢铁企业自营回收模式

对钢铁生产企业来讲，实施自营回收不仅仅是一种应对环境管制的策略，还是一种有利可图的业务和竞争武器。实施自营回收，可以充分利用生产过程中产生的各种废弃物。这样既可以塑造良好的企业形象，又能降低原材料成本，增强企业竞争优势。

② 第三方物流企业回收模式。第三方物流企业回收模式是指钢铁生产企业通过协议形式将其生产过程中产生的矿渣回收处理工作中的部分或者全部业务，以支付费用等凡是交由专门从事逆向物流服务的企业负责实施。钢铁企业第三方物流回收模式如图 6-4 所示。

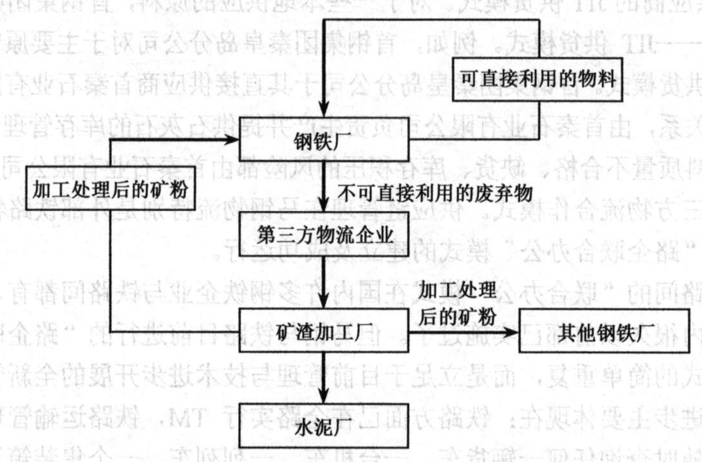

图 6-4 钢铁企业第三方物流回收模式

企业逆向物流外包可以减少企业在逆向物流设施和人力资源方面的投资，将巨大的固定成本转变为可变成本，降低逆向物流管理的成本；逆向物流外包之后，企业可以集中精力在核心业务上，更有利于提高企业的竞争实力。

（5）钢铁电子商务物流。在物流信息平台上，基于互联网，通过电子商务平台的建设，实现了供应商、企业和顾客之间的系统对接，实现了真正意义上的物流信息和物流功能上的共享，物流资源的配置效率得到大大提高。钢铁电子商务物流模式如图 6-5 所示。

通过现代物流电子商务平台，为供应链条上的会员企业提供与银行、供应商、分销商等多家合作伙伴的系统接口，将商品流、信息流和资金流统一集成到现代物流信息平台上，为钢铁上游生产企业到下游终端需求企业整个钢铁供应链各环节提供了一条龙的配套服务。网站提供的电子现货交易、电子合同交易两大创新交易板块打破了传统钢材市场落后的交易模式，推动钢铁贸易向集约化、规模化、网络化经营的新台阶迈进。整个钢铁产业的信息、仓储、加工、运输、金融质押、公共保税等配套服务形成紧密的产业供应链服务体系，各环节联系紧密、互为补充，抗风险能力尤为突出，即使在钢铁市场不景气的环境下，各个服务环节的经济效益仍能扬长避短，其合理的资源配置及高效的物流服务还大大节省了物流成本。

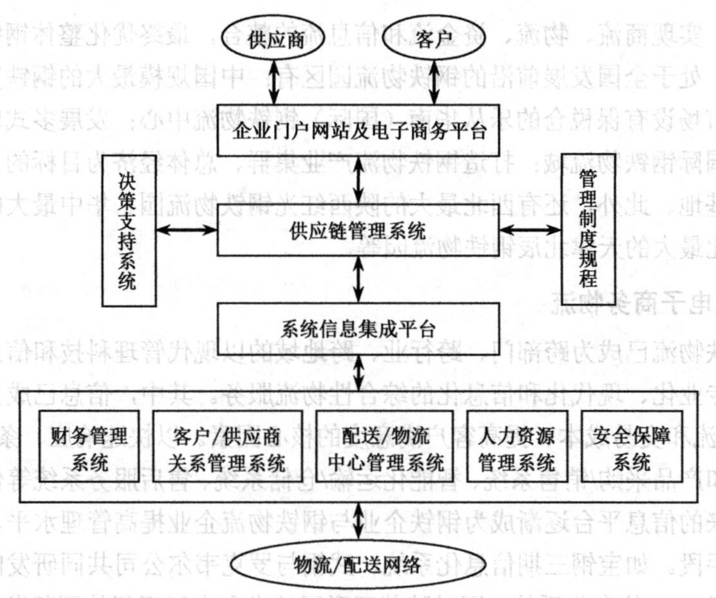

图 6-5　钢铁电子商务物流模式

6.1.3　钢铁物流的发展趋势

1．双企联动发展

越来越多的钢铁生产企业选择与专业化第三方物流 服务提供商结成战略联盟，实施双企联动的发展模式。如宝钢集团分别与中远集团签订战略合作协定、与中国远洋运输集团公司签订“战略合作伙伴关系”盟约。河北钢铁集团与河北物流集团、马鞍山钢铁股份有限公司与中国铁路物资总公司也分别签订了战略协议或战略合作协议。利用专业化第三方物流服务，如利用综合物流集成商提供的网络资源、专业化技术设备和标准化业务操作流程等一体化的物流服务。功能性物流服务提供商提供的专业化服务和个性化解决方案等专而精的物流服务，更好地实现钢铁流通链条的集散功能，满足终端用户对不同品种、不同材质、不同规格的用钢需求。通过双企联动发展模式，可以使钢铁生产企业集中精力专注于自身的核心业务，提高钢铁产成品的技术含量，更好地保持竞争优势，同时降低钢铁生产企业的物流成本、减少资金占用。而第三方钢铁销售物流企业通过与钢铁生产企业的合作也可扩大自身的市场占有率，拓展自身营业空间，创造新的利润增长点。

2．钢铁物流园区

由于传统钢材市场依靠差价的低端竞争模式，市场机制不完善；与进出场客户无隶属关系，个别交易商“坑蒙拐骗”的行为等原因，新一代供需双方交易平台——钢铁物流园区应运而生，成为现代钢铁销售物流产业发展的一个新趋势。现代化钢铁物流园区汇集订单与分销、综合运输、仓储、加工配送、分拨、信息处理、物流金融、保税物流八大功能，通过对区域内整体钢铁销售物流资源的统一规划和多元化服务手段等优势，降低钢材运输仓储成本、剪切加工成本和中间交易成本，从而拓展钢铁销售环节中的物流增值服务，实现商流、物流、资金流和信息流的整合，最终优化整体钢铁销售物流产业链。目前，处于全国发展前沿的钢铁物流园区有：中国规模最大的钢铁贸易集散地，唯一在专业市场设有保税仓的乐从华南（国际）钢铁物流中心；发展多式联运为特色的青岛澳龙港国际钢铁物流城；打造钢铁物流产业集群、总体经济为目标的上海国际化钢铁物流总部基地。此外，还有西北最大的陕西红光钢铁物流园、华中最大的华中钢铁交易中心、华北最大的天津北辰钢铁物流园等。

3．钢铁电子商务物流

现代钢铁物流已成为跨部门、跨行业、跨地域的以现代管理科技和信息技术为支持的社会化、专业化、现代化和信息化的综合性物流服务。其中，信息已成为提高营运效率、降低 物流和交易成本、提高客户满意度的核心因素。以快速响应、条形码和 RFID 等信息技术和产品采购/销售系统、智能化运输/仓储系统、售后服务系统等信息系统为支持，搭建起来的信息平台逐渐成为钢铁企业与钢铁物流企业提高管理水平、增加市场竞争力的重要手段。如宝钢三期信息化系统、武钢与罗克韦尔公司共同研发的整体产销咨询系统、马钢 SAP 信息化系统。同时随着互联网技术和电子银行的不断发展，电子商务等新的钢材营销模式也逐渐得到推广和普及。其中，电子商务在促进钢铁大物流的形成、活跃钢材流通市场、增加信息透明度等方面发挥着巨大的作用。

4．钢铁物流延伸服务

随着全球市场由“卖方市场”向“买方市场”的过渡，激烈的市场竞争使企业之间的竞争逐渐演变为企业所在供应链之间的竞争。钢铁行业作为汽车、造船、石化、家电等下游产业的供应商，下游企业基于“零库存”的准时制（JIT）等先进生产模式客观上导致新型的物流服务模式——钢材加工配送等延伸服务需求的逐渐上升。其中，功能体现为加工配送中心按照最终用户的要求，通过对型材的锯切、弯曲、焊接等；板材的矫正、剪切等或零部件成型等工序，把钢材加工成终端用户所需的半成品或零部件，并通过仓储和运输系统配送给终端用户，不仅可以为终端用户方便用料、提高成材率、减少钢材库存和节约成本，而且可以提高钢铁流通和物流企业产品附加值、增加效益和优化资源配置。如通过加工配送中心提供准确的剪切、加工、配送服务，上海汽车行业仅冷板流通资金占用一项就下降了 1 亿多元；洗衣机行业钢板用材利用率比用户自行剪切提高了 30%，高达 95%。在钢铁产品通过深加工等延伸服务附加值不断提升的同时，我国钢铁产品流通也日趋国际化，总体上我国作为世界钢铁出口大国已既成事实。

6.2 昆钢物流案例分析

6.2.1 案例背景

昆明钢铁控股有限公司（以下简称“昆钢”）始建于 1939 年，随着不断深化内部改革，提升企业竞争能力，昆钢于 2006 年成立昆钢物流中心，把生产物流、采购物流、销售物流、回收物流等业务全部集中到物流中心。为拓展外部物流业务，于 2008 年成立了云南昆钢物流有限公司，营业范围涵盖组织货物承运及代办、仓储服务、物流信息服务、国内贸易、物资供销、货物及技术进出口、设备租赁、资本运营、项目投资、保洁服务及停车等多种业务。目前，物流公司在省内外都建立、健全了物流网络及基地。

通过近几年来的运作，昆钢基本实现了产业与物流业的联动。通过持续推进产业结构调整，着力培育矿产、煤焦化工、装备制造、水泥建材、物流运输等产业集群，注重产业发展与区域布局调整齐头并进，谋求新的发展。

当前，昆钢物流公司抓住机遇，在全省多个枢纽城市建设物流基地。物流基地建设紧紧围绕昆钢钢材产品的延伸加工、配送来进行，通过物流业务功能的集聚，为园区客户提供多功能的综合一体化服务。目前，昆钢与州、市政府签订《推进新型工业化合作协议》，积极推进昆明、曲靖、红河、大理地区的物流产业项目（包括边贸为主的国际物流项目），以期为制造业提供优质的物流服务，实现物流业与制造业的联动发展。

但是，钢铁业需要的原材料主要是铁矿石和能源，这就要耗费企业大量的采购、运输成本。每年从国外进口大量的铁矿石通过海运的方式运回生产基地。具体操作上，是由大型海运巨轮将矿石运回国内港口，然后在港口进行分拨，再通过内河运回企业的生产基地。为了预防意外因素，还会囤积大量的原材料，仅这一环节就需要耗费企业高昂的采购、运输、库存成本。在国际矿石和海运价格普遍上涨的背景下，昆钢该如何降低采购、运输成本？

6.2.2 案例分析

1. 问题分析

（1）采购与运输成本高。钢铁产能的激增使我国钢铁价格持续走低。同时，出口和进口铁矿石的增加，不但为我国钢铁业引来了更多的国际贸易争端，也使我国的交通运输不堪重负。中国钢铁业的上游矿石采购遍布世界各地，下游成品的出口也已走向世界，整条供应链有很大的降低物流成本的潜力。但是，由于中国钢铁企业整体上没有很好的市场信息把握能力，对世界上主要的矿石供应商和钢材进口国缺乏足够的影响能力，在采购和销售环节上付出了太多的成本。另外，由于近年来中国钢铁的出口额不断增加，欧美已经对我国钢铁的出口挥起“反倾销”的“大棒”。

我国铁矿资源探明量达 475 亿吨，仅次于俄罗斯和巴西，排在世界第三位，但富矿少、贫矿多，大于 50%的铁矿石只占 5.7%，造成国内铁矿资源供应严重不足。为保证企业的正常生产，钢铁企业大量从国外进口富矿粉和精矿。

钢铁企业一般拥有下属矿山，但其品种、数量远不能满足企业生产的需要，必须采购大量的原燃料才能保证正常生产。原燃料的使用并不是简单地采购就能直接投入到钢铁企业的生产，必须经过长途运输、必要仓储后才能到达钢铁生产一线。

（2）钢铁库存积压较多。从钢铁需求方面分析，经济增速趋缓导致下游用钢需求增长乏力。2012 年前三季度，全国规模以上工业增加值同比增长 10.0%，增速比上半年回落 0.5 个百分点。其中，1～8 月，金属制品业、通用设备制造业、专用设备制造业、电气机械及器材制造业的增加值同比增速分别为 11.6%、8.2%、9.6%和 9.4%，分别较去年同期下降 7.0 个、10.8 个、11.6 个和 6.2 个百分点。另外，受“限购、限贷”住房政策的作用，全国房地产开发投资同比增长 15.4%，比上半年回落 1.2 个百分点，建筑钢材占整个钢材需求量的一半左右，房地产开发投资增速下滑使得建筑钢材需求削弱。前三季度，我国钢材累计出口量为 4 094 万吨，同比增长 10.2%，仅 9 月出现大幅回升，但从主要经济体的经济指标分析，这些国家的经济复苏的动力不足。因此，国际钢材需求也不容乐观。

2012 年上半年昆钢盈利 5 000 多万元，进入 7 月陷入亏损，钢铁主业亏损 7 600 万元，1～7 月钢铁产业加非钢产业合计亏损 2 470 万元。1～8 月，纳入该机构统计的重点大中型钢铁企业累计销售收入 23 686.09 亿元，比去年同期下滑 6.21%；利税 431.22 亿元，比去年同期下滑 66.8%；利润总额–31.84 亿元，同比下滑 104.22%。昆钢也无法一枝独秀，受钢铁产业严重亏损的影响，昆钢 7 月、8 月进入亏损状况。进入 9 月，钢市触底反弹，钢市小幅回暖，昆钢开始盈利。由于市场需求波动大，如果没有做好物料需求预测，很容易造成库存积压或供不应求。

2．问题解决

（1）基于成本—效益的成本控制。杜绝浪费现象，减少原材料、废料、次品以及燃料、动力等的消耗。规模效益原理主要是对企业各部门所需使用的原材料、物料和燃料等，通过集中订货获得因扩大规模而产生的单位成本降低所带来的经济效益。协助运作效应原理阐述了只有当众多运作部门与相关企业鼎力协作，实现按共同资源规划进行物流操作，减少浪费并提高物流的运作效率，以达到低成本。

① 改善物流运输管理。在钢铁企业中，运输成本和原燃料采购成本相差不大。在特定时期，运输成本还大于采购成本。怎样降低运输成本同样是降低物流成本的重要内容。运输成本由运输费用、装卸费用等组成。由于物流运输过程大部分不是由钢铁企业自己承担，而由专业的运输公司执行，因此方法之一是与运输公司合作。

首先，可以与运输企业签订长期合约，有利于在运输价格上给予优惠，从总体上降低运价。如宝钢与中远结盟成为“战略合作伙伴关系”，与日本三井商船签订 3～5 年的中长期合同，均有效地降低了运输费用。其次，考虑规模运输。达到一定规模后，可采取大吨位的运输工具，从整体上降低运输费用。如在国外采购矿石后，若采购数量增大，可租用 10 万吨级以上运矿船，使海运费比 5 万吨级运矿船每吨单程运费节省 4 美元以上。当企业一次不需如此吨位时，可几家企业协作运输。再次，尽量减少原燃料的周转次数。因为原料每周转一次，将增加装卸费用和相关的仓储管理费用。目前，新建钢铁企业选择海边城市就有这方面的考虑。对于老的钢铁企业，可采取江海联运的方式，将原燃料运到离企业最近的堆场后再转运到厂内，如武钢大量用江海直达型运输船只运送矿石。

② 加强原料管理。对于钢铁企业来说，原料从采购到生产一线，经过长途运输，存在一定的途耗。少数运输企业利用它来弄虚作假。采取的对策有：首先，采取必要的检验手段，特别应检测运矿船、火车皮、货车的中下部，因为原燃料造假主要采取“装底卖面”行为；其次，加强计量方面的管理，对运输造成的途耗需进行分析，超过合理范围的应给予惩处；再次，加强钢铁企业职员的技能及思想教育，也是原材料数量和品质的保障。

③ 物流信息化建设。由于钢铁企业涉及面广，原燃料的采购、运输、仓储、配比使

用环环相扣，如果不能准确地掌握物流信息，就不能很好地进行决策，不能有效、低成本地运用相关资源，造成整个企业生产成本的增加。因此，开发钢铁企业信息网、实现信息化管理势在必行。

如韩国浦项自行研制开发了世界上第一套船舶运输管理系统。这套系统可以将生产计划、原材料需求计划、船只安排计划通过网络联系在一起，通过生产计划确定原材料需求并及时通知供应商，同时还能随时监测运输船只所在地及装卸货情况和未来的运输方向，从而快速安排装卸货物。宝钢的信息化走在国内钢铁企业的前列，武钢投资 2 亿元兴建的整体产销资信系统也已投入运营。

（2）基于 MRP 的原料库存管理。准确的需求预测计划是满足生产使用的基本前提，同时也避免采购原料无使用方向，形成呆滞物料。需求计划准确性的提高，可以扭转长期形成的为采购而采购的混乱和被动局面，也为油画原料库存管理打下了良好的基础。MRP 依据最终产品的总生产进度计划，并按照产品结构确定所需原材料的总需求量，根据已有的库存资源及各种原材料的前置时间与最终产品的交货期限展开为原材料的生产进度日程和材料与外购件的订购时间和订购数量。在情况发生变化后，MRP 根据新的情况调整生产的优先次序，重新排产，保证在需要的时间供应所需的物料，并同时使库存保持在最低水平。具体如图 6-6 所示。

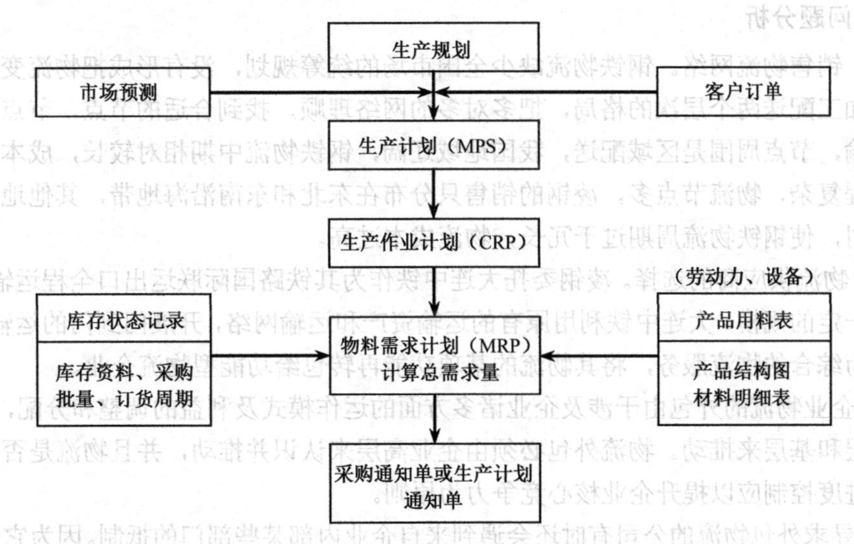

图 6-6 昆钢钢铁物流 MRP 系统流程

6.3 凌钢集团物流案例分析

6.3.1 案例背景

凌源钢铁集团有限责任公司（以下简称凌钢）始建于 1966 年，是集采矿、选矿、冶炼、轧材为一体的钢铁联合企业。经 40 多年的成长，特别是改革开放 30 多年的建设和发展，凌钢从一个名不见经传的小钢厂，一跃发展成为中国工业企业的 500 强。

凌钢的销售渠道主要是东北、内蒙古、浙江和广东几个主要地区，销售网络地域性差距比较大，没有建立销售分公司或代理商等，容易造成运输成本高、送货不及时等困扰。

凌钢多次召开专门运输会议，决定委托外包大连中铁外服国际货运代理有限公司（简称“大连中铁”）作为其铁路国际联运出口全程运输代理，并落实装载、发货、代理价格、运输等物流程序。

大连中铁是铁道部直属企业，主要经营范围为承办进出口货物的国际运输代理业务。包括国际联运、报关报检、中转仓储、铁路公路运输等。公司在货代企业中拥有广泛的客户群体和合作伙伴，在国际化运输市场中具有很高的商业信誉，服务较好。

在凌钢为决定委托外包大连中铁作为其铁路国际联运出口全程运输代理而多次召开专门运输会议的过程中，遇到的主要问题如下：由于凌钢自身没有国际联运的铁路运输资质，长期依赖某一个第三方物流服务商虽对企业的资本投资、效率提高具有潜在的好处，但同时又会因某些第三方物流服务商的操作不透明性使得企业失去对一些产品或服务的控制，从而增加了企业正常生产的不确定性。因此，一旦第三方物流出现问题，凌钢若无法快速恢复运输，可能会由于丧失对外包的控制而影响整个业务的发展。

6.3.2 案例分析

1. 问题分析

（1）销售物流网络。钢铁物流缺少全国市场的统筹规划，没有形成把物流变成干线运输、加工配送两个层次的格局，把多对多的网络理顺，找到合适的节点，节点之间是干线运输，节点周围是区域配送，我国地域辽阔，钢铁物流中期相对较长，成本相对较高、流程复杂，物流节点多，凌钢的销售只分布在东北和东南沿海地带，其他地方没有分销公司，使钢铁物流周期过于冗长，物流成本过高。

（2）物流供应商的选择。凌钢委托大连中铁作为其铁路国际联运出口全程运输代理，其具备一定的规模，大连中铁利用原有的运输资产和运输网络，开展门到门的运输服务，提供更为综合的物流服务，将其物流的某项功能再转包给功能型物流企业。

① 企业物流的外包由于涉及企业诸多方面的运作模式及利益的调整和分配，一般很难由中层和基层来推动。物流外包必须由企业高层来认识并推动，并且物流是否外包、外包的进度控制应以提升企业核心竞争力为原则。

② 寻求外包物流的公司有时还会遇到来自企业内部某些部门的抵制。因为它们从事的工作很可能被第三方物流所取代，这对凌钢的领导人来说是一个很大的风险。

③ 供应链流程的部分功能需要与客户直接打交道，公司担心如果失去内部物流能力，会在客户交往和其他方面过度依赖第三方物流公司。

④ 缺乏合格、专业的物流顾问，企业在进行物流业务外包时，如果选择的第三方物流企业缺乏合格专业的物流顾问，物流外包也会遭到失败，物流服务供应商的运作与生产工厂类似，工厂生存的灵魂是拥有一批有专业技术才能的员工，核心技术一定是公司内部掌控，而不是依靠其他合作伙伴来提供支持。美国著名物流专家杰克·罗斯尔认为：在处理外包时，专业物流顾问与技术工人一样，他的作用比企业领导更重要，合格的顾问能够给项目带来许多领导所不知的东西，他需要管理维护公司项目设计规划的过程、

提供物流需求及项目数据，而这些事情常常与外包的成败相关联。

⑤ 工作范围不明确已经成为任何其他物流外包失败及黑洞出现的因素中的首要原因。如在物流合同中常出现的“在必要时供应商将采取加班作业以满足客户的需求”，合同双方虽然对此描述并不异议，单位提就出现在“必要”上，起因归结于合作双方没有相当的时间和精力明确、详细地制定工作范围。

⑥ 短期内在市场中选择一家价格及信誉都符合标准的物流公司作为物流运输代理的策略可行，但是从长期来考虑，只采用一家物流公司作为运输代理有很多弊端。例如，服务逐渐跟不上市场、价格偏高、获取企业内部机密更加容易等。所以，则需要引入物流服务商竞争机制。

2．问题解决

（1）基于供应链的钢铁分销物流模式。基于供应链集成钢铁物流分销模式可以根据用户需求收集、配置和调运各种类型的钢铁产品。特别是在满足客户跨区域的、少批量多品种的和专业化的需求时，组织实现多方资源的协调运作。

① 有利于钢铁产品的商物分离。有助于商流与物流分开运，钢铁分销过程中各供应链成员可以专注于各自擅长的领域而将分销物流单元交给物流集成代理商统一管理。因而进行物流运作是基于系统和全局考虑的，既有利于产生规模效应，又有利于从系统角度优化。例如，避免倒流运输、交叉运输等不合理运输；协调资源缓解资源分配不均，包括钢铁加工中心/仓库的统筹规划、合理选点和布点等。

② 有利于信息及时、准确地传递，规范市场。其模式有助于分销供应链的优胜劣汰，缩减过于冗长的分销渠道，提高渠道效益，减少信息流经级数使得信息传递更为快速、准确，效率的提高将大大减少冗余、浪费，促进整个流通市场规范。

③ 有利于稳定供应链上下游关系及实现供应链各方的共赢。对于钢铁产品来说，其同质性强，客户关注的焦点不是谁能生产不同的差异化的钢铁产品，而是谁能以更低的成本、更快的速度向市场提供定制化相关服务。因此，该模式中运作优势基于合作伙伴间的相互信任与合作，上下游间关系较传统模式更为稳定，产生的优化效益以一定的机制在供应链成员间分配，实现各方共赢。

（2）引入服务商竞争机制。

① 采用公开招标的策略，凌钢提出相应的招标条件，各供应商进行竞标，然后由凌钢决标，最后与提出最有利条件的供应商签订合同或协议。在招标的情况下，物流服务商竞争性强，凌钢能在更广泛的范围内选择适当的供应商。

② 建立第三方独立绩效评价体制，有了好的制度还必须有好的机制和方法流程才能够达到预期的效果。成立专门的 3～5 人的监管小组，专门对中铁各个运输环节进行关键绩效评估，并进行定期总结，定期开总结会。对于可能泄露商业机密的环节或相关人员要进行严密的监督和管理。建立有效的沟通和协调机制。通过周会、月度会议等形式保障项目实施通过阶段、会议审查阶段的成果，细化和调整下一阶段的计划和目标。

③ 与供应商签订必要的法律文件，讨论全部服务项目细节、拟定工作范围，才能保证物流外包的顺利进行。

学习资源

[1] 万联网物流资讯中心（info.10000link.com）

[2] 中国金属网矿产网（www.cnjskc.net）

[3] 中国物流与采购网（www.chinawuliu.com.cn）

课后练习

案例6-1　五矿的“互联网+钢铁物流”

中国钢铁工业长期未能摆脱行业集中度低、资源利用效率不高、抗风险能力偏弱等问题，且整体呈现出大而不强的状态。这种情况下，“互联网+钢铁”不仅是钢铁电商平台的建设，更多的是利用互联网进行全产业链的运营协调和整体优化，进而形成供应链协同，从而具有明显的优势。处于低迷时期的钢铁行业急待转型升级，期望通过“互联网+钢铁”的模式，为中国钢铁行业注入新的活力。借助“互联网+”战略，钢铁电子商务平台能够标准化行业数据、规范化业务流程，在实现信息资源共享的同时，提供实时的信息服务，有效消除产业链信息壁垒，优化资源配置，实现产销平衡，进而缓解产能过剩问题。

1．五矿进军“互联网+钢铁”领域

中国五矿集团旗下五矿发展股份有限公司（以下简称“五矿”）与阿里巴巴集团旗下杭州阿里创业投资有限公司（以下简称“阿里创投”）2日在北京举办合作签约仪式，双方将通过组建合资公司的方式，打造“互联网+钢铁”电商物流平台。

劳动密集型和资金密集型的钢铁行业一旦产能过剩就会遇上大麻烦，包括生产组织方式、贸易流通方式、供需匹配及定价方式都需要改革。目前，互联网已使众多传统行业发生巨变。对于如何助中国钢铁行业走出“寒冬”，还需进一步探讨。

最上游的产钢企业无法捕捉到最终端用钢企业即用户的最新需求，信息不对称、不流通导致整个行业的效率低下。互联网能够把市场机制带到钢铁行业，通过统一的平台连接产钢企业和用户。

当一笔笔交易发生在互联网平台上之后，沉淀下来的数据也将更好地指导产钢企业去服务客户，甚至可以根据数据为行业内的上下游企业提供包括金融在内的定制化服务。互联网产生的大数据也能重构服务体系，并为钢铁行业内的物流降低成本、提高效率，且空间巨大。

2．五矿的“互联网+钢铁物流”战略

钢铁等大宗商品搬到线上运营，仍然需要有效解决钢铁物流、供应链金融、线上线下整合等一系列难题。近两年来，“互联网+钢铁”的电商平台快速增长，已发展至两三百家，竞争激烈，而五矿具有强大的线下优势：拥有遍布全球的200多个营销和物流网点，以及符合钢铁行业特色的物流、加工体系。此次阿里、五矿携手打造的钢铁电商会面向整个钢铁市场的上下游，为仓储、加工、金融、货运在内的交易相关钢

铁物流服务提供支持，为行业上下游不同角色及周边服务企业提供包括在线交易、物流、金融等各种电商服务。

“互联网+钢铁物流”战略将钢铁产销链条深入渗透至产业各端，钢铁企业可以逐渐实现生产、仓储、加工和物流环节的智能化及与电商平台的数据交换，降本增收的同时，钢铁企业开始从钢铁制造企业向材料服务企业转变。钢铁电商平台解决了钢铁流通层级过多的问题，降低了流通成本，并促进钢铁产业链条的融合。此外，还有助于企业之间合理配置资源，在市场的驱动下结成产业联盟，进而提高产业集中度。

同时，互联网的融入也有助于钢铁产业定位个性化市场，促进智能化生产，打造动态供应链，提高产业运营效率。针对钢铁订单多品种、小批量的特点，钢铁企业可以充分利用互联网跟踪市场需求信息和产品使用信息，实时更新产品规范、质量规范、工艺规范，形成客户需求导向。

“互联网+钢铁物流”在不断融合发展的过程中，将产生海量的数据，利用云计算、大数据等技术，对这些数据进行深入挖掘，能够为钢铁行业提供丰富的行业资讯、科学的市场分析和严谨的决策支持。

（资料来源：新华网 news.xinhuanet.com）

思考：

1．“互联网+钢铁”有何作用与意义？

2．五矿的“互联网+钢铁物流”战略主要针对什么问题？

案例 6-2　宝钢供应物流管理方式

宝钢集团有限公司（以下简称“宝钢”）连续第九年进入美国《财富》杂志评选的世界 500 强榜单，以钢铁为主业，生产高技术含量、高附加值的钢铁精品，已形成普碳钢、不锈钢、特钢三大产品系列。围绕钢铁主业的发展需求，宝钢还着力发展相关多元产业，重点围绕钢铁供应链、技术链、资源利用链，加大内外部资源整合力度，提高综合竞争力及行业地位。宝钢在物资管理方面，借鉴国外先进的供应物流管理思想和经验，突破我国大型钢铁企业物资管理的模式，形成了宝钢特色的供应物流管理方式。

1．辅助材料集中一贯管理

宝钢在主体生产线和物流管理中均实行“集中一贯管理法”，这是宝钢现代化管理的一个重要特点。在管理中做到统一计划、统一订购、统一储存、统一配送、统一调度、统一回收、统一核算七个统一。表面上看有些计划经济的味道，但殊不知，市场经济环境下的企业经营活动，对外必须与市场高度衔接，对内必须有极为完整的内部生产经营计划。宝钢供应物流中的“七个统一”正是对市场经济内涵高度理解的表现。

为在辅助材料与铁合金管理上实行集中一贯制，同时完善主生产线的集中一贯管理，宝钢撤销了个别二级生产厂所设的供应科和仓库，全部撤销了二级厂、部普遍设置的物资管理岗位。于此相对应，原物资部连续三年推出一系列关键性的改革措施，主要包括坚持送料到现场、供应站制订计划、一级仓储体制、取消机旁备料，实行现场物资动态管理。

因此，宝钢能够做到各类物资的计划编制、采购、仓储、配送及应用于现场使用和回收等物资管理的主要环节上，真正实现了一贯到底的全过程管理。

2．强化物资部门的基层管理

管理重心下移是现代管理发展的必然，要使集中一贯管理深入到现场，确保实施用户满意的优质服务，必须使管理重心下移，加强对物资部门基层组织的管理。宝钢建立了以作业长为重心，实施标准化作业的直接面向市场、高效精简的基层管理体制。

实现从编制材料申请计划到组织材料进库、送料到现场、物资和废旧物资回收全过程标准化的跟踪管理。在各作业区普遍实行环境、礼仪的标准化、定置化管理。针对各作业区紧靠现场、布局分散的特点，建立起于重点抽检相结合的全部作业巡检制。全面推广为现场提供优质服务的作业法。

3．提供“双优”客户服务管理

双优服务活动，即物资供应为用户提供优质服务，机关为基层提供优质服务。宝钢实施了与一般意义客户服务不完全相同的、独具特色的客户服务战略：客户服务活动主体全员化，实施内容系统化，用户满意标准定量化。

仅就宝钢内部而言，客户服务就是上工序要使下工序满意，辅助要使主体满意，机关要使基层满意。宝钢内部“三满意”看似简单，做到极难。在企业改革过程中一些企业内部的沟通与协调不良，往往成为难以治愈的顽疾，宝钢成功的诸多经验中，良好的人际关系当是基本的一条。

4．发展第三方物流

“大而全”不是现代企业的发展方向，利用市场机制，发展社会协作是现代企业发展的必然。宝钢实现了物资供应向社会化专业协作方向发展，突破了计划定点订货的局限，逐步形成较为完备的社会供货保障体系，并积极探索利用社会仓库直接送料的国际通常做法。

（资料来源：www.baosteel.com）

思考：

1．宝钢的供应物流管理方式有什么特点？

2．宝钢发展第三方物流需要采用怎样的物流模式？

第 7 章

服装物流案例分析

【学习要点】

- 服装物流的发展现状及特点；
- 服装物流运作模式比较；
- 服装物流案例分析方法。

【话题导入】

顺丰与中国时尚运动品牌特步在厦门签署了战略合作协议，双方将在物流配送、仓储设施、品牌合作等方面达成全方位、深层次的战略合作，共同探索和推进“互联网+物流”在鞋服领域的应用，为产业转型寻找更多腾飞的风口。

在鞋服行业电商的“互联网+”时代，传统的物流供应链体系已经无法满足大批量产生的网络订单，特别是移动互联网下的个性化、多样化、时尚化消费需求。顺丰与特步的跨界合作，基于“互联网+物流”的理念，实现跨界整合，在保证了物流的时效性和安全性的基础上，开启特步电商极速购物体验时代。这不仅可以实现更好地服务买家、科学调拨库存、彻底解决大促期间爆仓问题等，而且提升了特步商品的终端流通能力和物流服务满意度。同时还将通过服务模式及数据的创新应用，围绕消费者体验创新和供应链模式的创新尝试，提高线上线下联动，为消费者提供更好的消费体验。

乘着“互联网+”的东风，顺丰在仓配物流领域做了一系列行业领先的大胆尝试。早在 2014 年顺丰仓配就启动了分仓备货服务，可以根据商家的销售进行预测、科学调拨商品至多个仓库，实现就近配送，规避单仓操作风险。90%订单可当日达或次日达，同时可节约 30%的订单配送成本，有利于解决传统单仓模式发货造成的跨省发件量大、快递成本高、发货及派送时间长、用户投诉等问题。

当今电子商务因为互联网的变化，朝着更加人性化和消费者交互方向去互动和连接。这就要求顺丰仓配在发展过程中必须具备更大的柔性和应变能力，从而帮助客户更好地面对市场波动。此次顺丰与特步携手，将在共同创造性价比、客户体验和品牌感知方面进行深层次的推进。

“互联网+物流”即传统物流行业顺应互联网发展模式，利用平台化发展优势，在智能匹配、运营监控、仓间调配等方面实现资源共享，实现整个物流生态圈的良好运作。基于顺丰仓配强大的全网云仓+快速物流网络，顺丰将与更多的鞋服电商企业实现多层面资源的整合，让开放共赢的生态圈帮助鞋服行业电商发展，越来越多的用户体验到高效、便捷的“互联网+物流”服务所带来的幸福感。

7.1 服装物流的发展现状

7.1.1 服装的销售模式

在销售模式中主要考虑服装销售终端及渠道终端，也就是面对消费者的环节。在销售渠道中直接面对消费者的卖场，属于企业营销渠道中最前线的一环。我国目前的服装销售终端主要包括以下几种。

1．服装批发销售模式

大型百货商场与服装批发市场是这种模式的两个代表。百货商场是我国传统的购物场所，其良好的购物环境、齐全的商品品种、优良的服务措施和商业信誉，使其依然占据了中国服装营销第一渠道的地位。服装批发市场作为重要的服装分销形式，在产业链条中也一直有着举足轻重的地位。服装批发市场不仅面对零售商也可以直接面对消费者销售，从而也成为服装销售终端的一部分。

根据中华全国商业信息中心统计，排行前 100 家的商场的服装月度销售额为 49.02 亿元，平均月销售额在 5 000 万元左右；其中前 20 名商场销售额为 21.57 亿元，占全部销售额的 44%，平均销售额在 1 亿元人民币，说明尽管各地服装批发市场发展速度很快，但大型百货商店仍是服装服饰类商品销售的主要渠道，特别是中高档服装和品牌服装的销售，仍然以百货业态为主要渠道。

批发市场辐射面广，很多大的批发商拥有覆盖全国的销售网点，利用他们的网络能很快将产品在市场上铺开，并且中间环节相当少，这是国内一些中低档服装常用的销售模式。中低档服装远比高档服装的利润空间小，很多时候，它的利润被层层瓜分之后，每个环节都显得无利可图，使得人们也开始向降低物流成本的路上出发。在物流方面，服装的批发模式能够形成一定的小规模效应，节约部分成本，适用于低利润的服装市场。

2．服装店面销售模式

服装专卖店与名牌折扣店是这种模式的代表。服装专卖店是由服装生产企业或其代理商在各个销售区域设立的专门经营其一条产品线或某个品牌的产品的专业卖场，专卖店的特点是统一品牌管理、统一装修形象、统一经营模式、统一产品配送。折扣店正成为服装销售市场上一道新的风景线，折扣店以实惠的价格和质量的保证来吸引消费者，因为折扣店是专卖店的后续收尾工作，同专卖店有着几乎相同的销售模式。

服装专卖店的流程相对于批发市场和大卖场，物流环节更加复杂，不仅可以扩大品牌的影响力又可以提高销售额。目前，专卖店往往是以连锁加盟的形式出现的，所以发展十分迅速。例如，真维斯 1993 年在上海开设了第一家“JEANSWEST 真维斯”专卖店以来，已在国内 20 多个省市开设了 1 300 多家专卖店，其中 70%以上为自营店；以纯则是从 2000 年开始发展加盟连锁经营模式的销售网络，已拥有超过 3 000 多家“YISHION 以纯”专卖店，遍布全国各地，并在 2004 年走出国门。

类似这种区域代理的模式，一层层的渠道环节，加重了服装销售的成本，但是在服务上有很大的突破。商家之所以愿意投入大笔资金在销售渠道的最后环节，是因为专卖店和折扣店便于品牌的建立，商誉是专卖店无形的资产。

3. 服装网络销售模式

电子商务的迅猛发展使得服装网络销售变得十分方便，并且受到消费者的认同。相比传统的服装营销模式有着不可比拟的优势，并且服装同其他商品不同的是，质地轻，适合第三方的物流配送，不会造成太大的物流成本。

服装网络销售减少销售环节，节约实际销售成本、信息采集及时、使得物流管理更加准确快捷。这种销售模式相当于从供应商直接到客户的 B2C 模式，较好地体现了品牌形象，容易实现垂直管理和精细化营销，市场计划执行力强，能够最准确地掌握市场信息。此外，与批发市场相比的优势在于，网络销售的更新更快，多种打折促销信息能够同时进行，并且不影响品牌形象。当然，这种依赖网络营销模式，第三方物流具有举足轻重的作用，服装的电子商务离不开健全的物流系统和网络安全。

严格意义上讲，前面说的几种销售模式只能是基本框架模式。在现代服装销售业实际销售模式的采选中，经常是你中有我、我中有你，几种销售模式混合使用。随着网络的普及，网络销售变得越来越普及，越来越受人青睐，像 VANCL、梦芭莎，以及美国 ZARA 这种流行时尚的标志，大型服装销售网站是未来服装销售的一种发展趋势。

7.1.2 服装物流的特点

1. 服装品自身的特点

服装品生产中，各种原材料（面料和辅料）的采购、运输、仓储，在生产过程中对各种物料的管理及半成品、成品的仓储、运输、配送等活动在企业中占有很重要的地位，是内涵丰富的集成系统。

服装品的库存，积压了公司的流动资金，一方面很容易造成资金链的断裂，另一方面也影响了服装的正常销售。

服装本身又具有季节性和多样性（款式、颜色、尺码）的特点，服装的分拣、配送也是一个复杂的过程，这都给物流管理带来了难度。

2. 服装物流的时效强

服装具有很强的时效性，因此服装物流讲究对需求的快速响应，从接受订单到发货的提前期应尽量缩短，物流信息的沟通更要及时、准确。像 ZARA 那样走在时尚前沿的服装企业更具有杀伤力，ZARA 差不多每个星期都会有新品上架，T 台秀的服装风格，能在极短的时间内上市，这与物流的及时性是分不开的。

7.1.3 服装物流模式分析

服装销售渠道扁平化已成为现代服装市场渠道变革的大趋势，高层渠道低效、长周期已经不能适应现代服装市场季节性和流行性的需要。服装企业面对的终端不再是一级批发商而是需要直接监控的零售商。20 世纪 90 年代以后的服装市场，开始大量出现专卖店，多品、多变、小量、短周期、扁平渠道模式使得传统的物流管理更加困难，服装物流管理现代化成为服装企业可持续发展的瓶颈。各种服装品牌都开始进行自己的革新之路，在物流这一块寻找利益的突破口，以应对市场的新时代要求。

1．自营物流模式

自营物流模式的优势，以有强大的资金后盾为前提，自动化程度为辅助，一般只有大型服装企业才能适应，当然，企业做大后，这种高投入的优势也是立竿见影的。

例如，森马的物流采用的就是自营的方式。森马自 1997 年在徐州开设第一家专卖店开始，经过不断发展，已在全国 31 个省市自治区开设 4 500 多家专卖店。森马公司的销售渠道 95%以上是加盟专卖店，只有极少数的直营店，所以公司在温州、上海建立两个大型自动化配发中心，走仓储式的物流配送模式。

目前，森马服饰通过温州和上海两个配送中心，实现了向全国销售网络的物流配发，其中上海配送中心主要服务长江以北约 2 000 家门店，温州配送中心覆盖江浙地区及沿海一带城市。森马的物流模式，满足了自身的服装物流需求，作为运动服装的一员，森马物流的自动化程度走在了服装产业的最前端，给森马创造了很大的价值。

2．第三方物流模式

第三方物流是指生产经营企业为集中精力搞好主业，把原来属于自己处理的物流活动，以合同方式委托给专业物流服务企业，同时通过信息系统与物流企业保持密切联系，以达到对物流全程管理控制的一种物流运作与管理方式。由于服装企业不愿将自己的产品和销售信息透露给第三方，并且市场上缺乏能为服装行业提供专业化服务的第三方物流公司，所以除了网络虚拟店外，目前很少有服装公司将物流业务整体外包。

大型卖场中丰富的服装款式增加了货品配送的难度与生产企业的生产难度，因此，需要企业方能够拥有快速的产品配送能力与信息反馈能力。雅戈尔的真正核心竞争力在于生产制造环节，而杉杉的核心竞争力则在于品牌的树立及服装文化理念的宣传与推广。在这种情况下，雅戈尔将凡是不涉及企业核心竞争力的环节尽量采取 OEM 或外包的方式，而对物流的重视与外包就是在这种状况下被迅速提到各服装企业的日程上来的。

3．混合式物流模式

混合式物流模式是指部分自营部分外包的一种物流模式。电子商务的飞速发展，也促进了这种物流模式的壮大。例如，凡客诚品像大多数 B2C 网站一样，成立初期都是依赖第三方物流公司，通过外包开展配送服务。直到 2009 年，凡客诚品决心在北京、上海自建物流公司，在网购人群集中的一线城市，依靠“自己人”送货。通过自建物流公司——如风达，实现对 28 个重要城市的全境覆盖，以北京、上海、广州、成都、武汉、西安等凡客物流中心城市为核心，辐射周围 300 千米半径范围内城市，300 千米内开通 24 小时配送服务。同时，将以北京、上海、广州、成都、武汉等凡客仓储中心城市为主，开通 8 小时极速服务，在城市核心区域试行推出“上午订下午达”配送服务，可至少保证核心城市 80%以上的终端客户享受此服务。

7.2 NIKE 服装物流案例分析

7.2.1 案例背景

地处江苏太仓的 NIKE 中国物流中心（CLC）是其全球第七个、第二大物流中心。NIKE 在中国的运输方式主要是公路运输，还有少部分涉及航空运输。境外生产的产品委托第三方物流公司通过航空运输直接运往设在中国主要城市的 NIKE 办事处的仓库，如北京、上海。在中国境内生产的产品也同样委托第三方物流公司以公路货运的方式运往设在中国主要城市的 NIKE 办事处的仓库。各个代理公司自备车辆，到 NIKE 当地的办事处仓库提货，运往自己的仓库，再运往代理公司的各个店铺。这部分运输、仓储是代理公司自行完成的，运输、仓储费用是代理公司承担的。NIKE 服装物流体系如图 7-1 所示。各个专卖店与代理公司的联系方式以电话传真方式为主。代理公司有自己的库存管理系统。仓库内人工搬运，代理公司自备运输车辆。这个巨型方盒的建筑面积达 20 万平方米，拥有超过 10 万个货品托盘，年吞吐能力超过 2.4 亿件次，同时可满足 79 个集装箱货车装卸货。更重要的是，NIKE 将借此缩短 15%的交货时间——一件货品从门店下单到发货只需要数小时。

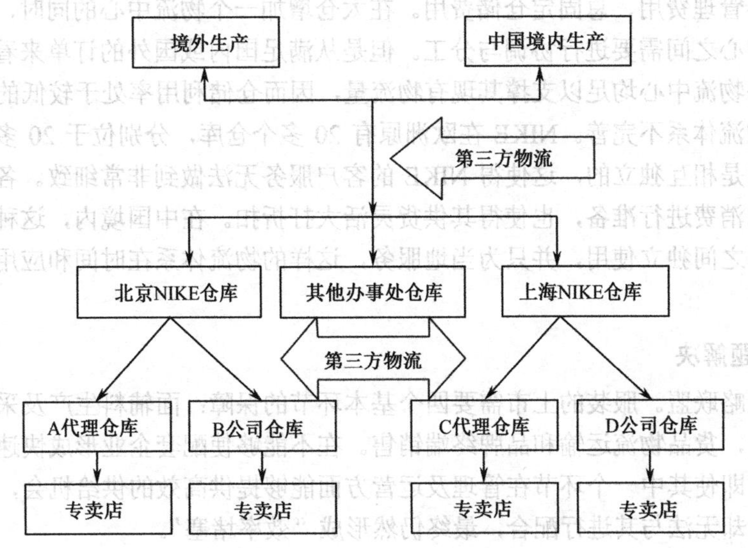

图 7-1　NIKE 服装物流体系

CLC 就像是一个巨型的中央处理器。所有商品分拣和管理的基础都依赖于强大的数字化采集和处理能力。所有货品都嵌入了电子标签并逐一扫描，工人们根据电子显示屏上的信息来分拣配送货品，其信息通过专门数据端口与 NIKE 全球连接，每天都会有完整的共享数据反馈给相关部门。海量信息如此之多，以至于计算机所需要的编码数量几乎与全球最大的购物网站亚马逊一样多。根据配送分拣需求，服装配送楼层被分割为三层：顶层是拥有 4.5 万个设置了独立编码的货架区，二层则是两套自动分拣系统，一层为打包和装车配送区。拥有 4.5 万个独立编码的顶层货架区的编码其实并无规律可言，这主要是为了避免操作员因频繁操作会熟记下编码，从而产生误操作。

CLC 配送货品的一般流程是：接到订单，区分订单大小，仓储区取货。仓储区整箱订单货品通过传送带运至二楼分拣区，操作员和传送带会进行两次核对分拣；订单货品的余额件数由三楼操作员人工补货，自动分拣机验货、装箱后，再运至一楼进行扫描核对、装车及发运。

NIKE 在建设太仓配送中心的同时，采用了包括自动化、高科技、环保高效、可扩展的设计原则，应用机器语音系统、自动配货传送系统、货架、取货拖车、料斗等包含各种科技成分和人体工学原理，以保证效率、降低出错率。NIKE 在中国的办事处总部在上海，并且在北京、广州、香港有分公司，因而在四个城市都有满足公司需求的仓库和仓库管理系统。在苏州增加一个配送中心的同时，与其邻近的上海仓库也增加了相应的仓储系统以满足扩大的物流需求。

7.2.2 案例分析

1．问题分析

（1）仓储利用率低。NIKE 新建的太仓物流中心自动化、高科技、环保高效、可扩展的设计原则使得其建设费用高昂，再加上其运作之后每月的运营维护费用，大幅度增加了其库存管理费用、总固定仓储费用。在太仓增加一个物流中心的同时，与其邻近的上海物流中心之间需要进行协调与分工。但是从满足国内或国外的订单来看，太仓物流中心或上海物流中心均足以支撑其现有物流量，因而仓储利用率处于较低的水平。

（2）物流体系不完善。NIKE 在欧洲原有 20 多个仓库，分别位于 20 多个国家。这些仓库之间是相互独立的，这使得 NIKE 的客户服务无法做到非常细致。各国家的仓库只为本国的消费进行准备，也使得其供货灵活大打折扣。在中国境内，这种问题同样存在，各仓库之间独立使用，并只为当地服务，这样的物流体系在时间和应用成本上都是一种浪费。

2．问题解决

（1）策略联盟。服装的上市需要四个基本环节的保障：面辅料生产及采购，制衣企业成品制造，货品物流运输和品牌终端销售。在不能够使配套企业形成快速互动式管理的环境下，即使其中一个环节在管理及运营方面能够提供高效的供给机会，而其他上下游合作企业却无法与其进行配合，最终仍然形成“效率堵塞”。

NIKE 服装在物流基础设施上投资大、功能全，但是仓储资源得不到有效利用，实际物流量只能达到计划物流量的 50%~70%。成品库存一般占库存总额的 20%~40%，仓库利用率低下是很大的浪费。对于这部分闲置的仓储资源，可以与其他企业进行资源整合，共担仓储费用，并将 NIKE 在供应链中相对薄弱的配送环节与外部其他企业合作，优势互补，提高物流资源利用效率，降低物流成本。

（2）集中物流模式。集中物流的特点是，第三方物流企业拥有一定的资产和范围较广的物流网络，在某个领域提供集成度较低的服务。由于不同领域客户的物流需求千差万别，当一个物流企业资源有限的前提下，可以考虑与拥有一定物流基础的制造企业合作。比如耐克，它拥有健全的仓储系统，而 EMS 拥有丰富的物流网络，并且这种资源的利用率低，他们之间就可以达成合作。NIKE 将有限的资源用于发展其核心业务，以及已经建立的相对完善的物流仓储，在工厂生产到 NIKE 办事处仓库的物流过程，建立完整的自营物流模式，发挥规模效益，提高对市场的反应速度，化企业的核心能力。

然而仅靠企业自身的力量难以满足顾客需求，企业将末端的物流部分，以及小批量多批次的物流交给 EMS。EMS 是一家发展较为成熟的第三方物流公司，并且物流网络已经相当普及，二者结合可以实现产品的快速交付，提高顾客满意度。利用 EMS 网点丰富、反应快速的特点，物流的节点网络和信息网络加快对物流订单的处理速度，保证企业为顾客提供稳定的、可靠的高水平服务，并且仓库之间可以互相调货、信息共享以节约相关成本，如图 7-2 所示。

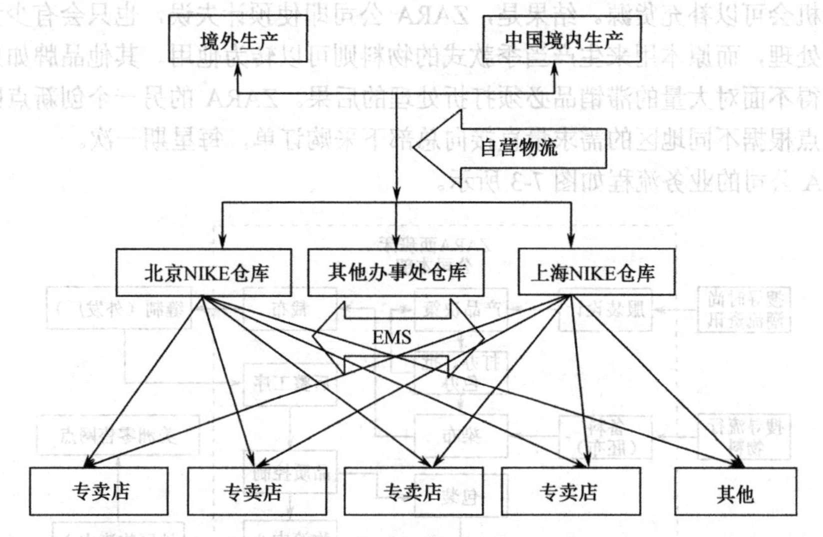

图 7-2　NIKE 服装物流体系转变

对于服装这个利益微薄，对物流又有过高要求的行业来说，进行物流整体外包，发展核心力量，应该是最好的出路。对于主要的服装物流依赖自营物流的规模效益，但是对于补货、货损、货差时的货物调换，这种小批量、多批次的服装物流可以完全依赖第三方。它们具有专业的技术、专业的人才队伍，以及专业的仓储、配送、分拣技术，它集合了物流的精华，在成本最小的前提下，服务最优化，减少公司的物流大材小用。

根据服装公司的物流要求，物流第三方会采用不同的交通工具和多级物流网络，确保产品高效、准确、及时及最低成本送达。服装的品种居多，样式各异，分拣难度是相当大的，在这个时候，引进自动化分拣线是有必要的。NIKE 的分拣复杂多样，采用自动化分拣，大大降低了人才的消耗和依赖，分拣合理，自然能够提高效率，同时缩短物流时间，减少服装的时间成本。

7.3　ZARA 服装物流案例分析

7.3.1　案例背景

ZARA 从供应链管理的角度理解“最短的时间提供顾客所需”，意思是：必须从完整的供应链去考虑，如何最大限度满足客户的需求，并实现合理的利润。服装行业是个高度时尚的行业，顾客对时尚的追求意味着服装企业必须能够快速把时尚概念转换为现实的产品，并快速向市场推出。满足顾客的需求必须付出成本，并确保能够盈利。“成本”发生在服装产业链上的每个节点，因此每个节点所发生的成本因子都需要考虑在内。为实现盈利，则必须把顾客需求分解。以服装行业为例：顾客对时尚的理解重款式多过物料，也就是同样的物料可以设计出具有不断更新变化的时尚因素的新款式。

ZARA 的重大流程创新之一就在于把款式设计与物料分开。初期只生产当前季节预计销售量的 20%，其他的销售量通过零售网点根据本地的实际需求，由总部汇总后，再利用已有的物料库存直接生产后配送。而其他品牌通常会生产预计销售量的 80%以上，且很少有机会可以补充货源。结果是，ZARA 公司即使预计失误，也只会有少量的成品需要打折处理，而原本用来生产当季款式的物料则可以转为他用。其他品牌如果预计失准，则不得不面对大量的滞销品必须打折处理的后果。ZARA 的另一个创新点则是直接由零售网点根据不同地区的需求量直接向总部下采购订单，每星期一次。

ZARA 公司的业务流程如图 7-3 所示。

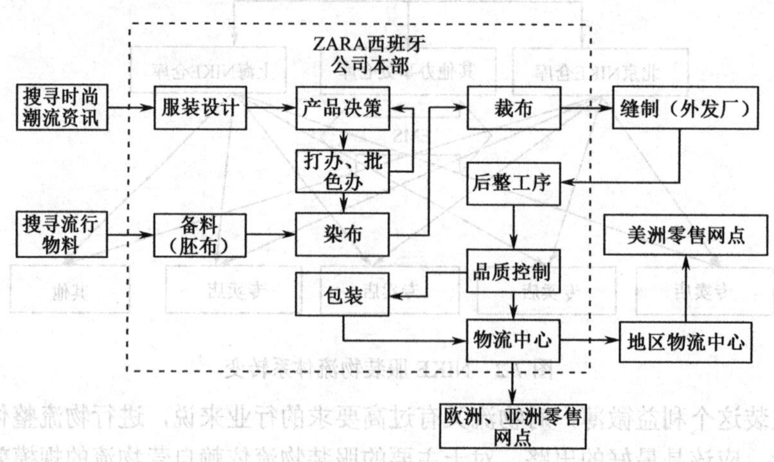

图 7-3　ZARA 公司的业务流程

服装设计环节后，公司有专门人员关注物流的发布与供应信息，分析后，采购一定数量的胚布（未染色的布料）备用。

ZARA 的业务流程的最显著特征：只有“缝制”环节在公司总部周边外协厂完成。其他生产环节及物流配送中心都在总部完成（方案 A）。这一点如果没细想，很难让人明白，特别是在全球化的今天。西班牙的加工成本约为中国的五倍，显然所有生产环节在中国生产会大大减少产品的加工成本。但产品的加工成本只是零售店里商品总成本的一部分。零售店里的商品总成本=产品的加工总成本+物流配送成本+零售店所归属成本。假设 ZARA 采用外包的方式在中国生产，然后直接由中国直接配送到世界各地的零售网点（方案 B），直观对比，方案 B 的总成本并不是方案 A 的 1/5。产品的“加工成本”中只有“人工”是 1/5，而其他的“物料成本”基本相同，而“制造费用”中也只是相关的人工成本会较低，而其他成本因子（如机器的折旧费）也是基本相同。发达国家的“物流成本”反而更低。因此，方案 A 的成本约是方案 B 的 2～3 倍。在总部生产重点是能够实现快速流程运作。较竞争对手更快推出时装，才能保证产品的畅销，减少滞销品所带来的潜在损失。在总体上，方案 A 带来的利润反而更多。

7.3.2　案例分析

1. 主要经验

（1）ZARA 实现了 10～14 天的反应型生产配送，而中国大多数企业从接单到产品上市需要 90 天（见图 7-4）。

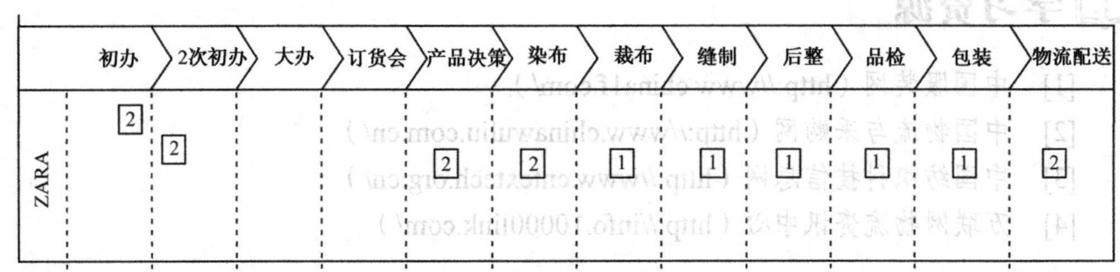

图 7-4 ZARA 各业务流程所需时

（2）ZARA 绝大多数的产品都在当季生产，季前生产比例只有 10%~15%，而中国服装企业的季前生产比例几乎是 100%。

（3）ZARA 每年推出 12 000 个新款，而中国服装企业只有 4 000 款左右，每个季度大约 1 000 款。

（4）ZARA 的库存周转率大约为每年 11 次，而中国服装企业只有大约 3 次。

2．借鉴之处

（1）供应链体系的一体化。对于以“时效性”著称的服装业界，“流行性”和“季节性”构成了服装商品的显著特征，作为服装企业更要做到“信息反馈高效、市场反应灵敏”，才能在日趋激烈的市场竞争中立稳脚跟。ZARA 突破传统经营模式的壁垒，将设计开发、面/辅料供应、生产制造、物流配送、销售等环节有机协调，建立起高效而完整的产品供应链体系、共享信息网络的有效资源，通过配合默契的高效物流来加速配送过程。通过及时、准确的销售信息反馈及调整来驱动供应链各环节的协同快速运作，从而大大提高整个供应链的反应速度。

（2）计划生产体系的完善。ZARA 的零售只设专卖店，专卖店每周根据销售情况下订单两次，这就减少了需要打折处理存货的概率，也降低了库存成本和运输成本。初期只生产当前季节预计销售量的 20%，其他的销售量通过零售网点根据本地的实际需求，由总部汇总后，再利用已有的物料库存直接生产后配送。温度、季节、流行趋势，任何一个因素的改变，ZARA 都能迅速适应市场，并生产出相应的服装，节约原材料和库存成本。

而对于供应链上游，虽然生产步骤无法减少，但是 ZARA 通过对上游（布料生产及印染）的控制使得整个供应能够快起来。

（3）物流信息系统的高效。ZARA 整条供应链中的 IT 应用实施是具有一定的侧重点的。在设计阶段，ZARA 大规模地投资，甚至自主设计整个数据库系统，保证每年大量设计款式的顺利推出；在生产和配送环节，为了确保设计出的服装能够快速上市，ZARA 也进行了大量的投资。但这里的投资针对 IT 的并不占太大的比例，而是大量投资用于生产、分拣和配送的机械设备；对于销售门店，ZARA 的 IT 投资就显得更加吝啬，他只是利用非常普遍的 POS 系统，但背后却与总部的数据库相连，另外，对门店的 IT 投资还有门店经理手提通信设备的配备。

学习资源

[1] 中国服装网（http://www.china1f.com/）

[2] 中国物流与采购网（http://www.chinawuliu.com.cn/）

[3] 中国纺织科技信息网（http://www.cntextech.org.cn/）

[4] 万联网物流资讯中心（http://info.10000link.com/）

课后练习

案例 7-1 报喜鸟“互联网+服装物流”

采用智能化生产系统，396 道西服上衣生产工序只需工人 117 名；采用智能化物流系统，一万多平方米的现代物流中心仅需工人 47 名……在工业 4.0 时代，曾经因为大手笔投资互联网金融而一度被外界调侃为“不务正业”的浙江报喜鸟服饰股份有限公司（以下简称“报喜鸟”）其实内有乾坤。

报喜鸟在其召开的“智能制造暨战略转型”新闻发布会上宣布该公司的智能化生产线正式完成，这也意味着报喜鸟从“制造”到“智造”的蜕变。未来报喜鸟将重归主业，打造以服装产业为主业，以互联网金融为副业的“一主一副”战略格局，并发展基于互联网技术的 C2B 私人定制产业链。未来 3 年内，报喜鸟将致力实现个性化定制产品占销售总额 50%，线上线下零售总额达到 100 亿元的目标。

1．拥抱互联网，服装产业仍是主业

目前，互联网金融各领域均处于风口，报喜鸟为不错过国家金融改革的大机遇，先后投资仁仁分期、永嘉恒升村镇银行、温州贷、口袋理财等互联网金融领域，相关投资已经超过 2 亿元，颇有“不务正业”之嫌。不过，报喜鸟不会舍本逐末，互联网金融是副业，服装产业仍旧还是第一大主业。报喜鸟投资互联网金融的最终目的，还是为了推动实体的发展。

对于报喜鸟来讲，自己的采购方、销售方的上下游就是一个供应链，现有的大的传统金融机构没有办法满足他们的经营需求。整合这些资源，借助互联网手段，就可以满足上下游的需求，推动主业的发展。

尽管报喜鸟敞开胸怀拥抱互联网金融，但“互联网+”时代却还是以残酷的姿态给报喜鸟的传统销售模式带来了巨大冲击。受电商及互联网的影响，今年上半年报喜鸟的成衣销售量出现了下滑现象。对此，报喜鸟亦做出了相应的战略调整。通过积极迎接新挑战，决定实施“‘一纵一横’战略”。报喜鸟在实体经营方面，要纵向做深全品类私人定制，横向做广做多品牌，以满足“互联网+”时代下消费者的个性化需求和对不同生活方式的体验需求。

2．实现个性化定制，产品最快三天到达

报喜鸟于 2014 年下半年开始布局工业 4.0 智能化生产，通过近一年的规划、实施、

试运行，目前已经可以实现个性化缝制不降低品质、单件流不降低效率的生产水平，确保一人一版、一衣一款、一单一流。这将支撑起公司在未来布局全品类个性化定制的产业链。其实，报喜鸟早在十多年前就开始为量体定制的全面推广做准备。经过数年的积累与沉淀，报喜鸟的后台工艺、技术标准、制作流程不断优化，定制工艺已接轨国际。2014年，报喜鸟在业内率先实现全品类私人定制，品类涵盖西装、衬衫、大衣、夹克、羊毛衫、T恤、皮鞋等。

消费者可以自主选择面料、工艺、款式、领型等，甚至连纱线颜色都可以自主选择，还可根据喜好自主DIY。在完成量体定制后一个多小时，嘉宾的订单便已到达定制车间的流水线。据了解，定制一般10～15天送达消费者手中，最快的订单三天便可到达。

报喜鸟一直在致力于打造全品类的个性化私人定制生态圈，通过私人定制实现公司线上线下的全渠道运营，实现 O2O+C2B 的经营模式。未来三年，报喜鸟将发展 1 000 家智能裁缝创业平台、1 000 家婚庆定制合作项目，通过上海宝鸟工厂对接 1 000 家全球私人定制店。到2018年定制占50%，生产规模实现120万套，线下渠道达到5 000家，零售总额100亿元，利润突破10个亿。

3．领衔温州服企，服装物流"机器换人"

在报喜鸟现代物流中心一层偌大的空间里，这个三层楼一万多平方米的物流中心只有47位员工，以前一人一天的工作量，现在全自动流水线1个小时就能完成。

报喜鸟是温州首家拥有现代化先进设备的服装企业，更是全国唯一一家拥有叠、挂两套现代化设备的服装企业。报喜鸟现代物流中心货品吞吐运作平台强大，共可容纳上百万件货品，在收货、上架、盘点、分拣、包装、出库等各个环节都实现了信息化管理，使仓储管理更简洁、更清晰，出入库更准确、更及时。

而在报喜鸟智能生产车间里，每个工人都有一张无线射频身份卡，等待加工的服装原料、辅料也都附着无线射频信号装置，工人和服装原辅料可以精确到个体进行识别和控制。周信忠介绍，智能化生产系统可以让工人的效率提升30%左右。由于效率更高，工人可以在单位时间里处理更多不同的款式，满足了服装个性化定制的需求。同时，顾客也可全程查看自己的订单生产情况，十分方便。

（资料来源：news.ifeng.com）

思考：

1．如何理解报喜鸟"拥抱互联网但服装是主业"？

2．报喜鸟的服装物流模式有何特点？

案例7-2 美邦服装物流案例

美特斯邦威集团公司（以下简称"美邦"）做的不是类似于网上购物找一家快递物流公司的方式将物流任务交予第三方，而是先外包于第三方物流，由"第三方物流企业"参与辅料及成衣的运输，乃至进一步的生产及销售层面，再建立一个监督及整合系统，使得这个第三方物流既是第三方，又能够建立自己的物流部门予以管理。现在的美邦，拥有“物流营运部”“物流计划部”“物流规划部”“物流管理部”等企业自身的专职部门，同时还有多个配送中心和各销售子公司，共同管理物流和仓储。美邦在成功“白手起家”之后，迅速在上海、沈阳和温州建立配送中心，并以此作为重要节点向全国辐射。

美邦现在的物流是在传统第三方物流形式上融入了现代物流，即将信息、运输、仓储、库存、装卸搬运及包装等物流活动综合成一种集成式管理，引入高科技手段，运用计算机进行信息联网，并对物流信息进行科学管理，从而使物流速度加快，准确率提高，库存减少，成本降低，提高质量，为顾客提供最好的服务。

服装换季快，很容易积压库存，造成损失，这是服装行业本身的局限性，对于美邦的物流和供应链来说也同样是极大的挑战。美邦从供应链着手，尽量缩短存货周转天数，控制在60天左右，甚至更短。美邦的外协工厂在全国各地有200多家，既包括原料也包括成品。美邦可以通过互联网直接登录美邦的内部商务系统，实时查看生产计划以调整物料需求，实时获悉物料分部以及时调整物流，及时得到物流进度以协调销售，实现了从设计、采购、生产、质检、入出库到销售、配送和财务对账等整个供应链的协同工作。

第三方物流的形式造就了美特斯邦威，这样的物流与供应链管理的确大大减少了运输环节上的冗余，但也不可避免地存在着一定的缺陷。一个很直观的情况就是，如货车发生交通事故，司机和货车都被扣下，司机不能及时联络到物流代理公司，内部系统中此批货物的情况显示的一直是“在途”，但对于收货店铺来说，这批货物是“不翼而飞”。诸如此类的事件虽然发生的概率比较小，可一旦发生便会造成货物运输的延迟和整个系统的迟滞。再如服装的销售，有时候同款服装在广州销量较好，在北京却未必能取得同样的效果，又或者是在江苏发生供不应求的情况，如果此时再将货物重新进行物流运输，势必造成不必要的运输成本浪费和时节的延迟所造成的机会成本的丧失。

这就要求企业采用更为先进的SCM。首先，企业可以在成品上打上特殊的能够在一定距离内均可识别的标签，减少内部通关时间，使得库存商品能够在货车到达的第一时间就进入运输阶段，避免货车的等待时间，现实中能够采用的如RFID吊牌，将数十件商品堆叠在一起，通过这个RFID标签，在几十米范围内可以在不开箱的情况下准确识别各箱货品的参数，从而可以直接将一个仓储内的货品分路线装箱而不需要分类堆放甚至是查看箱标，提高供应链的效率，其次，为每个汽车配备GPS定位系统，这样无论货车和货物性质都可以随时获得最新情况，变“在途”为“在哪里”，变互联网为移动互联网，这样就可以将物流延伸到三四线城市而不用因为意外造成失联现象。

提前计算最佳行车路线及预告到达时间，加快运输速度和入库准备。再者可以在配送中心的基础上，实现物流调换中心，为调整“现货产品”的销售比例提供支持，及时整理汇集各个地点的信息流，协调发货，大车发远，小车走近。同时，在调货中心建立数据库，对分销地的货运次数、货运类型、货运时间间隔等内容进行统计和分析，将原来单纯的物流中心变成物流销售调整中心。

（资料来源：http://corp.metersbonwe.com/）

思考：

1．美邦现代物流的优势和劣势分别体现在哪些方面？

2．试讨论美邦适宜于何种物流模式？

第 8 章

烟草物流案例分析

【学习要点】

- 烟草物流的发展现状及特点；
- 烟草物流运作模式的比较；
- 烟草物流案例分析方法。

【话题导入】

“互联网+”时代，零售客户订购卷烟后，能不能像电商购物那样，实时跟踪查询到自己购买货物的信息?近年来，重庆市烟草专卖局物流分公司（以下简称“重烟物流”）不断探索创新，积极运用互联网思维和技术打造智能化物流配送体系，不断提升客户体验，努力将实时查询卷烟物流信息变为现实。

走进重烟物流送货部的运维现场，首先映入眼帘的是一张“移动地图”——正在运行着的 GIS 系统。屏幕上，可见全市零售客户的分布情况和一个个移动的小圆点。移动的圆点表示处于配送作业状态的运输车辆。用鼠标选定车辆，可实时观测到车辆和装载卷烟的状态；通过选择车辆轨迹回放，还可查询到当日车辆的运行轨迹，并细化到车辆的停放位置、停放时间等。目前，GIS 系统的功能模块涵盖了配送环节所有业务流程，包括送货线路管理、送货监控管理、送货交接管理、订单追溯管理、物流数据分析等。

GIS 系统虽然在后台操作，但它集成了配送现场的所有实时数据，为后台进行资源管理、资源数据分析提供了依据，同时与营销系统互联互通，也为今后实施精准营销打下了基础。目前，烟草商业的业态模式主要由有线端信息和物流端递送构成，线上是有线端的订单，线下就是物流端的递送。作为烟草供应链的末端，要提高物流速度和优化用户体验，走向集约化、网络化、平台化发展是必然的。因此，借助 GIS 系统升级、综合展示平台开发等项目实施来推进物流配送智能化水平。

GIS 系统是物流配送的核心功能系统。为了解决地图更新难、功能繁杂、操作复杂等问题，重烟物流实施了系统升级项目，持续优化相关功能。在 GIS 系统升级项目一期推出了电子交接，解决了卷烟物品签收过程中时常发生的纸质代签、卷烟订单清点麻烦、签收过程烦琐而导致配送时间拉长等问题。为了使客户从“按键”中解放出来，同时加强远程管理，使管理员能通过客户两两到货的时间间隔来推断配送异常情况，对电子交接功能进行优化。

不久的将来，卷烟零售客户就可以享受到电商物流那样的配送服务了。重烟物流将利用信息化手段简化配送流程，围绕实时感知、智能分析来打造综合展示平台，努力实现对物流作业全流程的跟踪和记录，动态实时调整设备状态或送货路线，从而形成快速响应、高效运作、精准服务的物流配送链。

8.1 烟草物流的发展现状

8.1.1 烟草销售物流的模式

1. 三级分销物流模式

我国的烟草制品主要是卷烟，卷烟销售实行国家垄断经营，其分销渠道基于烟草行业供应链。现有的卷烟分销模式是一种专卖体制下行政主导的垄断分销模式，称为“三级分销”模式，如图8-1所示。

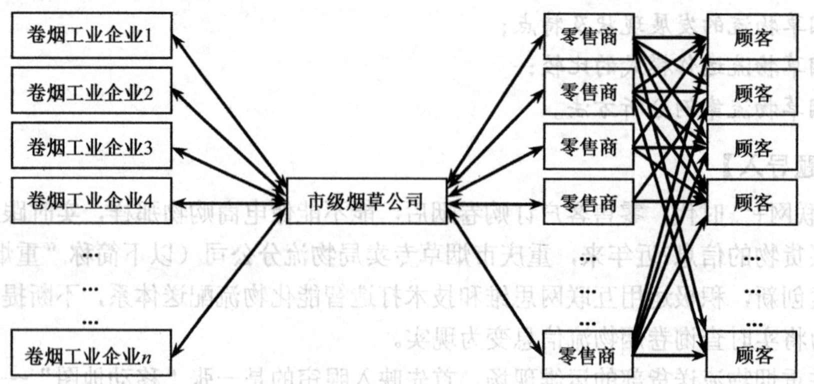

图8-1 烟草三级分销物流模式

卷烟产品从烟草企业生产出来之后，首先经过市级烟草公司，再到零售商，最终到消费者手中。

（1）优势。在这种销售模式下，工业企业与商业企业形成利润共同体，烟草专卖局（公司）通过烟草专卖法控制庞大的零售网络，包括货源组织、价格控制、促销宣传，充分解决了烟草工业企业的后顾之忧。

（2）弊端。

① 利益不对称。工业企业没有自主销售权和完全定价权（其出厂价，即调拨给烟草公司的价格需上报中国烟草专卖局批准），导致卷烟只有借助通过专卖体系由众多的烟草公司分散投放市场，这就容易产生“营销空白区”。

② 信息不对称。工业企业的市场敏感度不及烟草公司，造成对市场信息滞后。烟草工业企业只能对既有品牌下大力气搞“品牌营销”，而不能及时、有效地把握消费者信息并采取有效的营销策略。出于以上不对称的存在，导致烟草公司在销售活动中处于优势和主导地位，它在一定程度上控制着整个销售链，特别是对下游众多零售户有着很强的控制力。商业企业的绝对主导地位使得工业企业难以对市场信息进行正确的把握；优势垄断地位也容易造其自身受纯粹利益驱动而形成的“坐商”现象。

2．烟草订单物流模式

随着科学技术的进步，供应链管理的理念得到应用。烟草行业开始重视物流管理和缩减成本的建设，同时为了增加卷烟市场的流通程度，加强烟草行业的企业竞争力，国家烟草专卖局决定改变原有销售经营模式，引入"按客户订单组织货源"的思路，对烟草行业市场进行细分。主要分三类市场：烟草公司直属烟酒专卖店、大型连锁零售商（超市、卖场、便利店）、一般社会商店。"按订单组织货源"模式如图 8-2 所示。

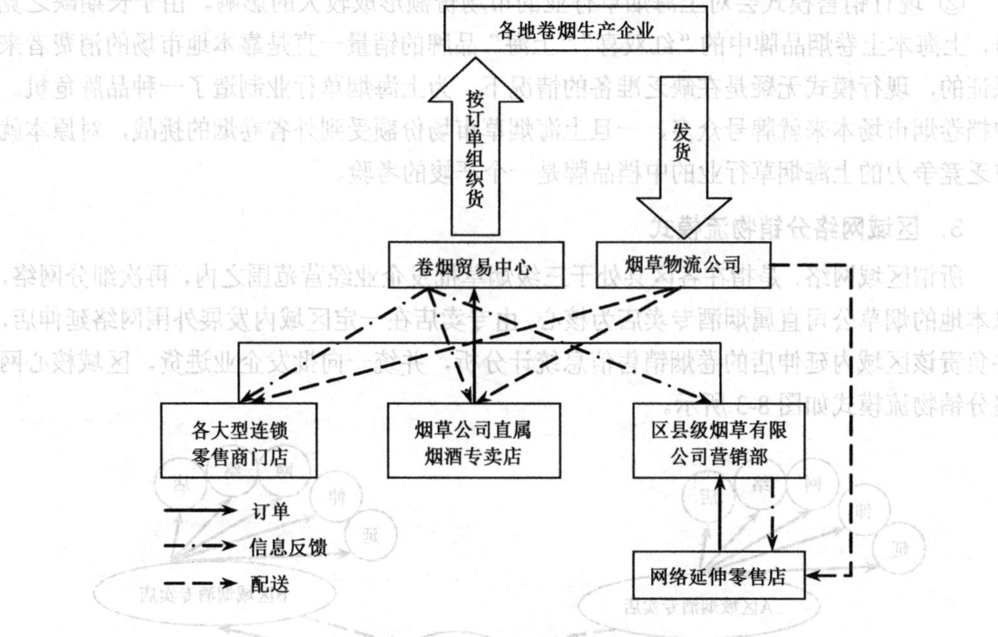

图 8-2　"按订单组织货源"模式

在这种模式下，订货方式改为按零售商订单组织货源的方法，大型连锁销零售商和烟草公司直属门店直接通过信息系统订货，而数量众多配置较差的网络延伸零售商则必须通过区县级烟草有限公司进行统一订货。卷烟贸易中心主要负责货源组织，烟草物流公司为卷烟配送提供硬件保障，而从前的市级批发部与区县级批发部被撤销，各区县有限公司成立卷烟营销部，主要职能是接受网络延伸零售商订单。

（1）优势。

① 这样的模式节省了很多不必要的送货环节，减少了大量的仓储、配送成本，零售商和消费者在卷烟产品的选择上也有了相对自由的空间。

② 完善了客户经理的职能。过去因为管理手段落后，光订货作业就占用了他们的大部分精力和时间，根本谈不上什么客户服务。现行销售模式减轻了作业量，使营销重心移向提高客户满意度、维护客户与供应商关系等方面。

③ 结算准确、简便。现在的全部通过银行结算的方式，大大保证了收款工作的准确率和安全性。

④ 提高了卷烟的流通性。在相同的时间内比从前多了一倍的周转次数，与从前相比，比较能满足零售商的需求，加上随时可以通过订货渠道补货，零售商对卷烟产品的选择

更加灵活。

（2）弊端。

① 网络延伸店有了更大的订货自由度，由于缺少市场分析能力，在订单上往往不经过仔细思考，随便订货，造成很多卷烟在部分店家滞销、积货，而某些真正需要这些卷烟的零售户却进不到货，必须通过客户经理和市场经理进行重新调配。这样不仅浪费了很大的人力、物力资源，还有可能对日常销售业务带来一些原本可以避免的机会成本。

② 现行销售模式会对上海烟草行业的市场份额形成较大的影响。由于长期缺乏竞争，上海本土卷烟品牌中的“红双喜”“上海”品牌的销量一直是靠本地市场的消费者来保证的，现行模式无疑是在缺乏准备的情况下，为上海烟草行业制造了一种品牌危机。中档卷烟市场本来就牌号众多，一旦上海烟草市场份额受到外省卷烟的挑战，对原本就缺乏竞争力的上海烟草行业的中档品牌是一个严峻的考验。

3．区域网络分销物流模式

所谓区域网络，是指在各区县处于三级烟草批发企业经营范围之内，再次细分网络，以本地的烟草公司直属烟酒专卖店为核心，由专卖店在一定区域内发展外围网络延伸店，并负责该区域内延伸店的卷烟销售信息统计分析，并统一向批发企业进货。区域核心网络分销物流模式如图 8-3 所示。

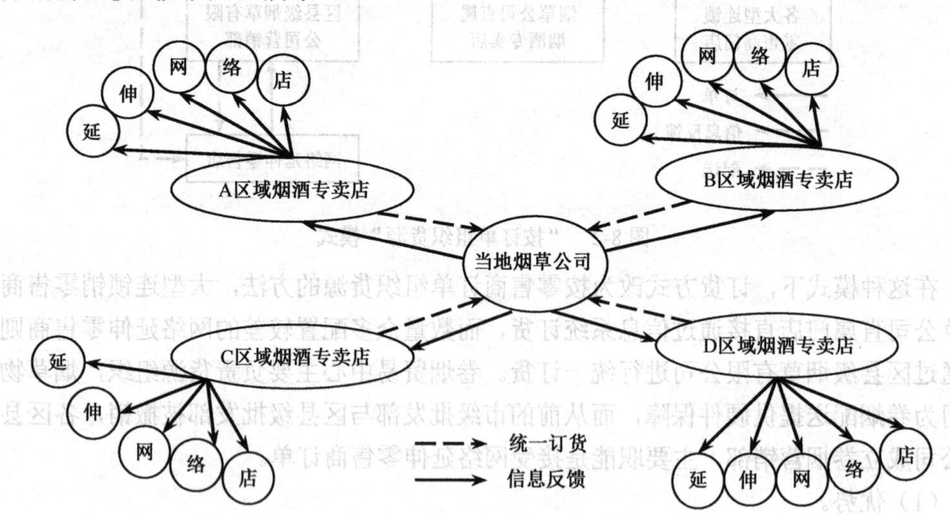

图 8-3　区域核心网络分销物流模式

这种模式下，专卖店不再使用“站柜台”式的传统营业方式，营业员的工作角色更加趋向于客户维护和品牌推广。便于管理、畅通的信息渠道及高速反应能力是这种模式的最大优势，但这种模式对专卖店的选址、硬件设施、店员的营销素质要求相对较高。

8.1.2　烟草物流的发展趋势

1．烟草物流外包化

烟草物流有如下难点。首先，受传统物流观念的影响，物流设备落后，导致整个卷烟物流配送的流转效率较低，从而影响了企业的现金流，信息滞后，增加了库存压力。

其次，我国大多数卷烟配送中心没有专业的物流管理人才，大部分靠企业自己培养，或者从其他岗位的员工中选拔，这些员工由于不具备专业的物流知识，物流过程中出现问题时，不能及时解决。再次，烟草行业销售网络庞大，需要有相应的物流网络与之相适应。烟草行业生产经营活动以服务零售客户和满足消费者需求为出发点和工作目标，因此，其物流网络必须覆盖所有的零售网点。

以上这些物流运作过程中的难点，让越来越多的烟草企业选择将物流外包。我国烟草行业各级公司遍布全国，尤其是近年来全行业实行大配送、大访销战略，初步建立起了具有一定规模的物流网络。以此为基础，可以建立起一个面向大批零售商，覆盖全国主要城市，并提供真正联网、高效、透明服务的“最后一公里配送公司”，而且很少有竞争对手，相对目前从业者的服务水平，可以提供更好的服务，进而获得略高的价格，不计其数的制造商和分销商将会欢迎这种服务。

基于以上因素，烟草行业已经具备了介入第三方物流的条件，完全可以利用自身的网络和企业较好的社会声誉，成立专业物流公司，分担主业困扰，承包主业物流任务，发展社会物流，使烟草企业更为健康、持续地发展。

2．烟草物流标准化

烟草行业已经制定的部分物流标准体系并未完全符合现代物流的要求，尽快完成“中国式”的烟草物流标准成为我国烟草现代物流建设的重要任务。物流标准体系不仅要把现有的标准集成、汇总，而且要从烟草物流系统的特点和现状出发，实现标准的完整化和系统化，并在此基础上形成一套符合我国烟草物流发展特征的标准。中烟电子商务公司在 2007 年年底发布了《烟草行业物流标准体系》并在全行业征求意见，就是期望形成一套“中国式”的烟草物流标准。《烟草行业物流标准体系》较好地反映了烟草行业物流标准体系的构成和研制现状，为编制烟草行业物流标准规划奠定了基础，为我国烟草行业实施大物流提供了基础性技术保证。

3．烟草物流配送规模化

整体化、规模化效应是现代物流的显著特征，烟草商业企业要想进一步提高物流效率、降低物流成本，必然要建设规模化的区域物流配送体系。要在一个大的区域内，利用现有的物流设施资源，综合考虑送货车的满载能力及送货能力，打破行政区域界限进行线路优化，合理选择物流节点，提高配送效率。具体来说，要在近期内进一步深入开展地市级区域内的线路优化，打破市、县及乡镇的行政区划，在满足送货能力的基础上逐步提高单车满载率；未来还要打破地市级行政区域界限，进行统一规划、综合协调、科学部署，真正发挥现代物流集中存储、集中分拣、统一配送的规模化效用。

8.2　上烟物流案例分析

8.2.1　案例背景

上海烟草（集团）公司（以下简称“上烟”）于 1993 年由原上海市烟草公司及所属企业改制组成，是上海烟草集团的核心企业，主要承担烟草制品生产、销售，烟草物资、烟资零配件及其相关的生产经营业务。通过跨地区合作，公司不仅在全国 16 个省区建立了10个优质原料基地和32个定点采购点，为上海卷烟工业持续发展提供原料保证，在本地市场，投资兴建了上海商业规模最大、技术最先进的第三方物流中心，卷烟和非卷烟商品集中采购、统一配送，建立了以“电话订货、网上配货、电子结算、现代物流”为主要特征的30 000余家卷烟销售网点，基本形成全市统一、受我控制、规范操作的销售网络体系，如图8-4所示。

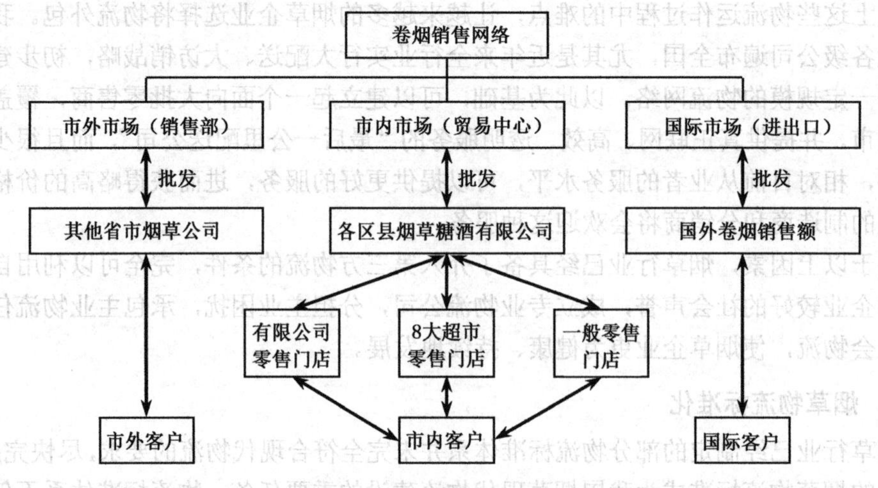

图8-4 上烟销售网络

隶属于上烟的上海烟草储运公司成立于1993年，主要负责烟叶原料、卷烟成品、烟用材料储存养护配送和烟草商品的运输等。根据资源特性，设五个基层部门：原料物流一部、原料物流二部、成品物流部、物流运输部、辅料物流部。从储运的物流关系图分析，储运的业务主要是企业的物流中转服务，烟草储运的物流服务对象主体是企业内部，属于企业物流。但其中转服务的功能同时具备物流企业的公司特点。为解决物流问题，海烟物流发展有限公司（以下简称“海烟物流”）成立于2002年，2005年建成投入运行的海烟物流中心占地100亩，建筑面积37 000平方米，库区共有托盘位3.3万个，其中自动立体库约2.6万个。主要配送卷烟和食品百货，卷烟配送范围包括崇明在内的上海所有区县约38 000家客户。海烟物流中心通过运用国际先进水平的物流系统，实现信息处理及时、配送流程优化、存取选拣自动化、物流管理智能化，从而在物流流程的各时间节点上达到无缝衔接，使整体系统先进、高效。物流中心采用无人自动高架库、自动存取机（双深位技术），有效提高商品的存取速度和仓库的空间利用率。通过采用SAP-ERP系统，负责企业的资源和财务管理；通过SWISSLOG-WMS仓库管理系统负责进、出、存操作管理。两个系统通过无缝对接，缩短了供应链的长度，能快速响应客户需求，提高物流效率和准确率。运输上配备了配送车辆170余辆，使用GIS、GPS对日常运输管理提供车辆实时监控、运营调度、信息服务，进行有效的监管。

海烟物流通过对上海烟草行业商业企业下属的众多零售点实施集约化经营，构建起覆盖全市的销售平台，并且与连锁商业企业加强沟通和协作，建立起战略合作的关系，共同打造供应链，实现双赢。同时，海烟物流积极地与众多知名企业合作，总经销、总代理诸如五粮液、茅台、剑南春、泸州、英联、荷氏等知名品牌，并以经验丰富的营销团队，帮助客户培育、推进品牌，打造顺畅的销售通路。现在，上海街头可以每天看到蔚蓝的海烟物流配送车穿梭在大街小巷，为卷烟零售户、糖酒零售户配送货物。海烟物流在成立之初的目标——立志成为中国烟草行业的样本，中国物流发展的样板——现在看来经过海烟人的不懈努力，已经在一定程度上得到了实现。

8.2.2 案例分析

1. 问题分析

（1）卷烟配送物流的流通成本较高。虽然上烟所属的物流配送中心都会制订年、月、周调拨计划，但在实际操作过程中，受卷烟市场供需变化及卷烟厂到货具体时间的影响，卷烟的运输是以订单运输为主，但是临时配送在卷烟配送物流中也占有一定的比例。由于地域的限制，市区以外的运输大多委托给第三方物流，导致卷烟运输的流通环节较多，流通半径小，成本开支增加，转运费也不断增加。

（2）烟草原料供应不稳定。烟叶是烟草生产最重要的原料，在许多国家烟叶供应并不是很稳定，而且有日益缩减的趋势。烟叶种植主要分布在经济不发达的省份，自然条件恶劣，烟农种植技术水平不高，烟叶生产很容易受到自然灾难、当地经济发展水平、农民外出务工收入、其他农作物效益等因素的影响。虽然在《烟草专卖法》授权下，烟叶种植实行计划种植与合同收购，但是保持烟叶生产的稳定始终是国家烟草专卖局宏观调控中的一件大事。我国烟叶生产也经历过大起大落，最终影响到烟农的种烟积极性、卷烟消费市场的稳定性，自然对现代烟草物流的发展产生不利的影响。因此，保障原料供应是上烟建设现代物流必须考虑的问题。

（3）终端客户服务质量不高。卷烟物流一般要经过烟草生产企业仓库、市卷烟公司物流中心、区县卷烟中转仓库等多层次。通过对末端商户节点的卷烟配送才能到客户手中。同时，中低档卷烟的消费量大部分集中在农村地区，这就使烟草零售户的分布比较分散。由于海烟物流对于郊县地区实行一级配二级送，由物流中心按户理货后，在当地以“过车方式”分送，数量少，客户分散。由于末端客户关系管理水平较低，经常会发生送错、送少的情况。同时，访销员对于偏远地区客户存在访销不到位的情况。不利于公司客户关系管理，也有损公司的形象。

2. 问题解决

（1）整合资源，优化物流流程。对配送半径、送货时间、送货成本、装卸次数进行测算，对现有配送模式进行再优化，整合送货线路，打破行政区域限制，实行跨区域送货，减少卷烟商品的不合理流动，提高烟草物流配送效率，实现规模化、专业化、最优化、效率最大化，有效地避免重复建设和重复投资。

（2）发展烟叶等原材供应物流。上烟面临“不产烟叶却需大量优质烟叶”这样的老问题，应该稳定现有规模，发展优质的烟叶基地，同时加大资金和技术投入力度，推动烟叶生产向大县、大乡、大村和种烟能手转移，积极发展专业生产合作社和种植专业户，实现烟叶种植的规模化和集约化。

（3）完善零售客户物流服务体系。首先，要树立“以客户为中心”的理念，定期和不定期地坚持开展员工培训工作，培养服务人员的业务能力和服务技能，优化客户服务流程，来提高客户服务质量和客户满意度。其次，建立完善的客户信息库，通过这个客户信息库，可以更好地服务于客户。信息库中详细记录客户的有关资料，根据这些记录来了解客户的经济情况和卷烟订购的数据，从而提供有针对性的服务，从而提高客户满意度和忠诚度。

3．成功因素分析

（1）烟草物流信息化建设。海烟物流所采用的 SAP 系统是世界上最好的 ERP 系统之一，其稳定性和强大能力早已得到检验，世界众多知名企业采用了 SAP 系统作为其供应链管理信息系统。其 WMS 和 TMS 系统更是具有强大的能力，使仓库和配送不再使用人工去安排货物的进出库和送货路线排程，极大地节约了海烟物流的人力、物力，并提高了作业效率。使海烟人可以有更多的时间去思考战略经营层面的事务。

（2）供应链物流方式革新。与客户签约开展集约经营是海烟物流获得成功的最关键因素。海烟物流与其零售商在签约的基础上达到了互相信任。海烟给零售点的进货价格比零售点自己单独采购的价格低，零售点也很愿意加入进来。再通过 POS 机和网络将物流中心和零售点的距离缩短，各零售点的销售信息直接会反映到物流中心的烟贸中心系统中，门店的订单直接给到海烟物流而不是源头供应商。首先从流程上理顺了供应商、物流配送商、零售商之间的关系，极大地改善了业务处理的效率。零售商的零散订货汇总到海烟物流，由海烟物流向上游供应商统一采购，采购完成后又由海烟物流统一向零售商配送。从根本上减少了供应链中的业务环节，节约了整个供应链的资源和时间，优化了供应链。海烟物流所实施的与客户签约开展集约经营的方式相当先进，是从改善供应链整体业绩的角度对旧有的供应链运作方式进行了革新。这样的一个由第三方物流服务提供商与供应链中的供应商、零售商通过契约方式明确各自的权利和义务，优化整个供应链的业务流程，进行集约经营的模式是值得我们进行深入研究和探讨的。

4．启示

海烟物流的实体物流配送体系结合众多供应商、零售商的集约经营所取得的成功将会为我国的烟草行业及其他急需物流配送体系支撑的行业，如医药流通业、食品零售流通业、连锁便利店、IT 分销业等对配送体系、对供应链管理提出了相似需求，对物流、供应链管理有较大依赖性的行业，提供参考和借鉴。这些行业都可以在一定程度上成为海烟物流成功模式的复制者和受益者。

8.3 中烟物流案例分析

8.3.1 案例背景

中国烟草进出口（集团）公司（以下简称“中烟”）的前身中国烟草进出口总公司成立于 1985 年，是中国唯一具有烟草进出口经营权的工贸（集团）公司。由于烟草制品和烟草行业的特殊性，中烟采用了自建内部物流的方式来发展物流。为此，中烟建立了内部物流公司——中烟国际货运代理有限责任公司（以下简称“中烟货代”）。中烟货代是中烟和中烟上海进出口公司共同投资组建的，于 1998 年注册登记，主要从事烟草制品在进出口中的租船、订舱、中转、集装箱拼装拆箱、仓储、报关、保险、运输等物流业务。

中烟货代作为中烟内部唯一的物流公司，主要为集团公司内部提供相应的物流服务。

虽然中烟货代是中烟唯一的货代公司，但是在市场竞争面前，中烟货代仍然感到巨大的压力。为了配合整个集团的发展战略，中烟货代需要更好地降低成本，提高服务，增加核心竞争力。同时，面临来自外国大型物流企业和国内物流企业在资金、市场、人才、管理和运作机制等方面的竞争。

烟草行业并非是一个“朝阳产业”。随着对烟草行业越来越严厉的限制政策的逐步出台，以及中国加入世贸组织以后，对烟草行业的逐步开放，中国烟草行业的未来面临着越来越严峻的挑战，相应的进出口业务也面临着更多的竞争和挑战。而对主营业务是烟草行业的物流操作的中烟货代而言，也将面临一个严峻的未来。

8.3.2 案例分析

1. 问题分析

（1）货代经营成本较高。受中烟货代业务模式的限制，中烟业务规模有限。除了少数综合性的大型货代企业外，货代企业普遍不具有实际的运输力量和仓储设施。如航运公司、航空公司、铁路局、卡车运输公司等实际承运人则拥有上述实际的运输能力。货代企业在受货主的委托后，代替货主向实际承运人采购运力，组织和安排货物进口或出口。一般来说，货代企业的本质是经纪人、中间商，处在货主和承运人之间。

中烟货代也是一个不拥有实际运输力量和仓储设备等大规模固定资产的货代企业，它采用租赁写字楼进行经营的模式，属于“轻资产”型企业。中烟货代的物流客户基本集中在烟草集团内部，而且所提供的物流服务无论从数量还是产生的营业收入来看，除进口烟叶项目外，规模都很有限。总体经营规模的限制使经营资源无法得到充分的利用，直接导致物流经营成本的上升，利润率下降。同时，近几年来，油价的不断上涨，成本增高，造成了航运运价上涨。除了油价等显性成本的上升外，货量不平衡也在一定程度上增加了航运企业的成本压力。航运企业由中国到国外的航线往往可以满载运营，但是回国的航线就出现了揽货困难。除了高涨的运价以外，船公司还增收了 THC（码头装卸费）、燃油附加费、原产地接货费等许多附加费。这就使留给货代企业的运费差价空间变得越来越少。

（2）物流服务项目单一。目前，我国大多数第三方物流企业只能提供单项或分段的物流服务，物流功能主要停留在储存、运输和城市配送上。相关的包装、加工和配货等增值服务不多，不能形成完整的物流供应链。就中烟货代而言，目前只能提供相应的进出口环节的物流服务，服务主要集中在进出口订舱、报关、运输、仓储等业务，对于其他的包装、加工和配货等增值服务基本没有涉及。因此，在整个烟草集团公司的物流供应链中，中烟货代也只能是其整个链条中的一环，而不是它的全部。

2. 问题解决

（1）物流服务多元化。

① 中烟货代应配合（集团）公司内部发展，进一步提高第三方物流提供者的能力。中烟货代作为中烟唯一的货代公司，中烟投入了大量的资金和支持，而中烟货代的未来

发展战略，也必将根据整体发展战略来规划。

② 可以通过客户细分与市场细分，在各个业务面选择最佳的企业战略联盟伙伴。由于物流服务运作的复杂性，单一的物流服务提供商往往难以实现物流运作整体的有效控制与管理，难以实现低成本、高质量的物流服务，也无法给客户带来较高的满意度。通过与相关物流企业进行战略联盟，可使物流企业在未进行大规模资本投资的情况下，利用伙伴企业的物流服务资源，增加物流服务品种、扩大物流服务的地理覆盖面，为客户提供“一站式”服务，提供市场份额和竞争能力，进而从联合营销和销售活动中获益。特别是在进口烟叶的操作上，可以和国外大型的船公司签订长期的航运协议，一方面，可以降低航运成本不断变化带来的利润风险；另一方面，可以凭借长期、大量的进口获得出口价格和服务上的优惠，更好地发挥中烟物流的窗口作用，为提升整个中烟的核心竞争力发挥自身的优势。

③ 积极利用国际资源。外国物流企业大多规模大、实力强，有着先进的技术和管理经验。中烟货代可以积极利用国际资源，利用国外船公司的代理机构和分支机构，沟通和了解始发地和目的地的航运市场情况，掌握进出口集装箱的动态；了解进口国和出口国的相关航运政策和信息；更好地解决信息不畅和不真实的情况，更好地进行物流方面的服务。

④ 烟草行业内部企业的业务拓展。虽然中烟统一组织烟草类货物进出口贸易，烟草行业企业只能购进由中烟组织进口的烟草类货物，只能通过中烟出口烟草类货物。但是烟草行业内部企业还是有自主选择物流企业的权力的。同时，烟草行业内部还是有巨大的业务潜力和潜在物流市场的。因此，需要挖掘物流业务的潜力，发挥自身的优势，进一步拓展和合作开发新的业务范围。

（2）物流流程再造。中烟货代主要的业务中有一个重要的业务内容是进口烟叶的物流操作。中烟货代必须在进出口企业签订合同以后，从事一系列的海洋运输、报检报关、仓储、检验、配送全过程的物流服务。因此，可以将整个业务看成一个项目，进行部门设置改革，打破原来的部门设置，采用项目管理。把相关业务部门的人员临时抽调到同一个组织中，形成作业团队，目标一致，直接面向客户开展工作，有效地克服传统作业模式的不足。这样可以解决原来效率低下、信息不畅和反馈较慢的问题。实施项目管理还有利于中烟货代企业的组织结构重构和业务流程再造，为今后企业组织结构向扁平化、团队化、精干化发展打下基础。

学习资源

[1] 中国烟草资讯网（www.tobacco.gov.cn）
[2] 中国物流与采购网（www.chinawuliu.com.cn）
[3] 上海烟草网（www.sh-tobacco.com.cn）
[4] 东方烟草网（www.eastobacco.com）
[5] 中烟商务物流网（www.tobt.com.cn）

课后练习

案例 8-1　北烟的“互联网+烟草物流”

“互联网+烟草物流”，意味着什么?意味着应用互联网思维整合各类物流信息，达到不断提高物流资源配置效率、降低整体运行成本、快速响应市场需求的目的。北京烟草物流中心（以下简称“北烟”）给出了这样的答案。

北京烟草物流中心将互联网思维与烟草物流深度融合，实施了基于物联网部分应用的卷烟物流体系建设项目。互联网就像一张网，可以将物流中心的全部管理流程和功能囊括其中，大大提升物流管理水平。

1．内部流程完成“加载”

在北京烟草物流中心的仓库门口有一台大屏幕格外引人注目，上面有绿色、黄色两部分。绿色部分是正在卸货的工业送货车的信息，包括月台号、车牌号、进度、工业公司等;黄色部分为下一辆车的信息。

据介绍，这是物流中心“到货车辆到货排号”系统自动生成的信息。当工业送货车到达物流中心园区时，根据车辆进入园区的先后时间，系统自动排号，秉承“先来后到”的原则，安排送货车卸货入库。

北京烟草物流中心通过对接国家局工商企业在途监控系统，北京烟草物流中心打通了工商信息通道，第一时间掌握了工业企业的发货、在途信息，预测到货时间，有效提高了入库效率。例如，在工商企业在途监控系统中看到装载卷烟的车辆到达石家庄，就可以预测到货时间，业务部门据此合理安排入库工作。

卷烟入库时，由于浙江中烟、湖南中烟和上烟集团北京卷烟厂与北京烟草物流中心开展了托盘联运工作，它们的卷烟可以直接从送货车上整托盘卸下。当电动叉车经过地埋 RFID 设备时自动扫码，完成卷烟数量、规格的入库登记工作。扫码后的卷烟，可以直接进入分拣线，也可以存入卷烟暂存区。

卷烟通过扫码入库之后，系统又将入库信息更新至仓库管理系统，通过立库系统对库存情况、储位情况进行可视化监控管理。

零售客户的订单通过营销系统传至物联网管控一体化平台后，经过线路优化、处理单据、分拣优化等工作，卷烟开始出库。

在卷烟分拣环节，北京烟草物流中心的特别之处在于每个周转箱上都有一个电子标签。这是每个周转箱的“身份证”，上面写着订单的卷烟品种、数量、规格和零售客户的信息，只要手持 PDA 终端，即可查询详细信息。

正是这些电子标签的存在，在出库时，送货员拉着一个个装满周转箱的托盘穿过笼门（感应装置）时，周转箱信息、卷烟数量可实时显示在笼门上方的屏幕上，避免了人为清点可能出现的错误，提升了效率。也正是有了这些电子标签，一改过去周转箱箱体“牛皮癣”式的标签粘贴方式，每年大概节约 450 万个纸质标签、42 万元的标签印刷费用，降低了成本。

不仅如此，车辆上安装的全球定位系统更能实时监控送货车辆，准确掌握车辆的位置，实现了送货路线的有迹可循。同时，系统利用地理位置系统和无线通信技术预测到货时间，提前半小时自动向零售客户发送送货提示短信，方便零售客户按时接货。

2．外部资源正在“触网”

目前，北京烟草物流中心已建成了较为完整的信息化体系。根据卷烟仓储、分拣、配送的主营业务，形成了包括“工业到货、入库、存储、出库、分拣、装车、配送”七大环节的闭环信息，为提升企业管理水平奠定了技术基础。

利用互联网实现了内部资源的基本整合，但是外部资源只是加载了一部分，就像一个‘枣核’。随着提升服务、提高效率的现实需求，需要做好互联网时代的‘+’法，不断促进物流管理实现从 1.0 到 2.0 的‘换代升级’，利用互联网实现对外部资源的整合。那么，做互联网时代的“+”法，需要加什么呢?这是北京烟草物流中心一直在思考的问题。北京烟草物流中心需要“+”的内容还有很多，如优化整合工商之间的资源，把不必要的环节削减掉，进一步提升零售客户满意度，进一步准确及时地掌握社会库存状态等，产生“1+1>2”的效果。

对此，北京烟草物流中心在配合上烟集团北京卷烟厂做好同城联运工作的同时，深入研究工商一体化模式。例如，在工商企业同城仓库资源的共建、共享、共用方面，以上烟集团北京卷烟厂为试点，努力实现同址同库，构建具有北京烟草特色的工商一体化信息平台，做到对北京卷烟市场信息的同步获取、一体反映、协同应对、实时调运，进一步提高服务零售客户的水平和快速响应市场的能力，争取早日实现“构建、工、商零共同面向消费者的敏捷卷烟供应链流通体系”，探索“卷烟商业零库存”的新模式。

北京烟草物流中心的互联网触角也正在尽可能向下游伸展，努力将零售客户囊括在“互联网+烟草物流”的“内核”中。据该物流中心工程技术部主任陆涛介绍，他们将继续推进零售客户到货确认 RFID 身份卡的推广工作。通过 RFID、无线网络及后台大数据等先进手段，为专卖、营销、配送的一体化管理提供有效的数据支撑，实现三员管理及零售客户信息的互联互通。

（资料来源：中国贸易全融网. www.sinotf.com）

思考：

1．北京烟草物流中心的物流流程有哪些变化?

2．北京烟草物流中心的“互联网+物流”有何特点?

案例 8-2　南平先益烟草物流

福建省南平先益物流有限公司（后更名为南平烟草物流有限公司，为便于区分，以下简称“先益物流”）是在加强现代物流建设战略举措下应运而生的，集卷烟、烟叶、烟用物资的仓储、拣选、运输、信息等于一体运行，建立遍及上海、山东、河北、河南等 12 个省（市）的经营网络。为福建、川渝、浙江等数十家省内外烟草公司提供烟叶仓储、运输业务。目前，服务全市卷烟零售客户 12 612 户，年分拣配送卷烟 11 万余箱；服务烟草公司烟叶收购站 77 个，年储运烟叶 100 万担；服务全市烟农 21 575 户，年储运烟叶生产用麻片、绳、地膜、肥料等物资计 5 万余吨。南平烟草在 2008 年前实行“城乡一体，多元配送”和“市县一体，跨县配送”的基础上，以建设规范、富有效率、充满活力的南平烟草为目标，坚持“全面规划、优化资源，统一标准、规范流程，优质管理、提高效率”的思路，打破内部壁垒，整合物流资源，创建了“三烟一体，优质配送”的“三烟合一”新体系，实现南平烟草物流配送的新跨越。

1．优化资源配置，实现规模效应

南平系“两烟”地区，涵盖卷烟、烟叶、烟用物资“三烟”物流的运营管理。2008 年以前的状况是 1.26 万户的卷烟零售户年销 11 万箱卷烟，由市烟草公司物流中心负责；2.16 万户的烟农年产 87 万担烟叶由武夷烟叶有限公司物流部管理；与烟叶相配套且年经营 5.2 万吨的麻片、麻绳、地膜等烟用物资由金叶贸易公司业务部运作。即“三烟”物流由三个法人主体分治下的三个物流部门分别运作和管理，形成“1+1+1<3”的后进局面。

为此，南平烟草大力建立集卷烟、烟叶、烟资的储配、拣选、运输、信息等于一体，突出主体决策与管理职能的先益物流，实行卷烟、烟叶、烟资物流在一条供应链之下的三流合一，进而达到三烟合一。物流建设的站位也从烟草“企业物流”升华为烟草专业“物流企业”，使“三烟”整合从战略层落实到管理层和操作层，最大限度地实现集约经营，实现整体规模效益。

2．重组组织架构，明确管理方式

先益物流的组织架构秉承体系性、协调性、联动性与适应性原则，采用职能式、功能型的组织模式，即在整合成立一个公司之后，不再分设体现原来各自业务的中层职能部门，仅设相应的配套岗。公司内设综合部、人力资源部、财务部、安全部、储配部、送货部和延瓯卷烟配送中心七个部门，下设八个县级中转站，以职能链串联将“三烟”物流各业务相连接，通过建立适应市场需求的新型管理方式发挥整合协同效应，实行扁平化的科学管理。其中，一是实行分类管理。在人力资源方面，运用科学、有效的方法，细分三个法人主体的物流从业人员，结合实际制定人力资源配置、梯队建设方案等，激发员工的活力，适应主动的物流运作，为打造充满生机与活力的现代物流企业提供人力资源保障。二是实行垂直管理。根据现代企业管理制度产权清晰、权责明确、管理科学、高效运行的总体要求，物流公司必须在市公司指导下以独立法人的身份承担南平烟草的物流业务，对人、财、物实行垂直统一管理。

3．进行流程再造，落实职能定位

工作实践中，光益物流从创新物流管理机制角度出发，优化卷烟、烟叶、烟资的“三烟一体”物流体系，着力在三个方面对公司进行业务流程再造。一是以数据、信息系统平台为支撑，坚持组织机构与业务流程相结合，实施仓储与配货合而为一的并联管理；二是运用 RFID 与 EDI 技术，实施卷烟仓储数字化、智能化库位管理，提升现代物流企业运行水平；三是拓展配送业务模式，在税收政策支持下，充分利用社会物流资源，实施自运与委托外运相统一的“三烟”一体化多元配送方式。

在优化流程的基础上，明确相应的管控定位和关系定位。即市公司对物流公司的管控定位模式为“战略管理”型。市公司作为母公司，在宏观上指导物流公司的运营，制定物流公司的战略决策；物流公司负责落实企业战略、人力资源、财务、业务经营等管理；物流公司与分公司的关系定位为“协作管理”型。物流公司负责物流业务经营；分公司协同属地进行物流业务运营和信息沟通协调及安全、后勤保障工作。

几年来，先益物流一直不断探索和努力完善“三烟”一体化的物流体系建设，如上所述：一是深入探索“三烟”一体化的运行管理机制，认真分析“三烟”商品的差异性，深入进行业务融合；二是建立和完善卷烟、烟叶、烟资信息系统，不断提高科学管理水平，加强各作业流程细节管理，力求以精细铸就卓越物流；三是继续加强成本费用核算管理，做好费用分析，挖掘成本空间，实现企业高效、低成本的运行目标；四是积极探索第三方物流，从产业、区域等多方面稳步向前拓展，逐步强化自身的核心竞争力，做精、做强企业，实现企业又好、又快发展。但是，这项工作尚处在初级阶段，体制创新、机制完善还有待进一步科学指导和系统提升，特别是“三烟”商品差异性在完全一体运行时肯定有很多新问题。

（资料来源：中国烟草资讯网.www.tobacco.gov.cn）

思考：

1. 先益物流采用的是哪种烟草物流模式？
2. 先益物流的运作和管理过程有何特点？

第 9 章

物流金融案例分析

【学习要点】

- 金融物流的发展现状及特点；
- 金融物流运作模式比较；
- 金融物流案例分析方法。

【话题导入】

互联网经济时代，争夺支付牌照的“战火”已延烧到物流业。近日，国内公路物流龙头企业传化智联发布公告称，其下属公司传化支付此前向中国人民银行申请的互联网支付、移动电话支付、预付卡发行与受理业务(仅限于线上实名支付账户充值)三张第三方支付牌照已悉数获批。面对万亿级物流市场，谁先拿下支付牌照，谁将率先构筑起物流闭环，从而改变物流金融生态。而随着物流交易数据沉淀进一步完善，物流业有望在更充分的大数据应用中“降本增效”。

物流支付剑指四个万亿级市场

当前我国 3 000 万名卡车司机的生活消费、娱乐等市场规模超过 1.1 万亿元；2 000 万辆卡车等物流装备的升级、汽修汽配市场的规模超过 1.7 万亿元。此外，还有每年 200 万亿元的物资调度市场及 10 万亿元的物流运输、仓储市场。这意味着，如果能在物流业构筑起覆盖 B 端、C 端的交易闭环，将会在上述四个万亿级市场中占据有利地位。

以传化为例，其在国内多地布局的公路港城市物流中心，目前已有 14 个落地传化支付业务，并正在逐步实现公路港支付无现金场景的全覆盖。其中，在成都公路港，目前日人流量已达到 5 万人次。在这样的“物流小镇”，每天仅货车司机的吃、住就能产生近千万元的流水。

而在物流业 B 端，国内目前有 80 万家专线零担物流公司，其中 70%存在代收货款服务，有多达 1 万亿元的资金长期滞留在专线物流公司的账户上。在代收货款量最多的郑州、西安、上海、沈阳等地，传化支付已与 20 多家物流企业展开合作，如河南诚通物流和陕西富达物流等，通过传化支付的智能代收付业务，实现了代收货款的“当日达”。

除了遍布全国公路港城市物流中心的多类消费场景，传化旗下干线 O2O 平台“陆鲸”和城市物流无车承运人“易货嘀”两个互联网物流平台的线上数据和业务，还能不断衍生支付业务并将物流、金融数据串联起来，进一步扩大“物流+金融”的版图。

围绕物流行业的各类金融需求，将出现跨境支付、网络借贷、互联网基金销售、互联网保险和互联网消费金融等增值服务，形成全新的物流金融生态圈。

“物流+金融”助推物流业“降本增效”

物流业在加速互联网金融“渗透”的同时，也将加速完善大数据沉淀，亦能推动物流业沿着“信息高速公路”加快实现“降本增效”。

此前，为促进物流业“降本增效”，交通运输部曾出台了一系列政策措施，并表示要重点做好四方面工作。其中，明确提出要“积极推进‘互联网+’高效物流，强化信息技术支撑、鼓励新兴业态发展，促进物流业技术性‘降本增效’”。

物流支付数据的整合，将使物流业大数据更加完整，有利于呈现更精准的物流业务信息和客户需求画像，带动企业提供更为多元化的物流服务，同时自营支付渠道也将减少物流交易步骤，这既能提升客户体验，也将有效降低物流交易成本。

事实上，虽然当下物流业“互联网+”转型成果显著，但目前大多聚焦于车货匹配类应用领域，而很少发力物流消费等专业金融场景的应用开发。因此，获取支付牌照并率先抢占物流支付领域先机，将推动物流O2O全流程补上关键的支付环节，生成具有重要价值的消费数据沉淀，从而推动物流业基于更完整的大数据链条来不断实现自我进化。

未来的物流支付将实现数据资本化，不断完善物流支付体系和支付应用，为物流金融服务提供有力的数据支撑。未来物流业将是“物流+互联网+金融”的生态系统，能够进一步为宏观经济、区域经济、行业发展及个体企业的决策提供服务，物流业的发展也将展开更大想象空间。

9.1 物流金融的发展现状

9.1.1 物流金融的发展模式

1．现有物流金融模式

目前，我国开展的物流金融主要有融通仓、物流银行、保兑仓、贸易融资和仓单质押。业务模式主要分为两大类。一是基于存货的物流金融模式，包括仓单质押融资和存货质押融资两种业务形式。从我国的实际情况看，由于开展仓单质押融资业务的市场和制度基础环境还未完全成熟，完全意义上的基于仓单质押的物流金融业务在国内开展得较少，仓单更多的是以存货质押融资业务为主。二是基于贸易合同的物流金融业务模式，它主要是指企业为筹集到继续运营的短期资金，缓解资金紧张的局面，以贸易合同为支撑，通过特定的程序取得经营所需资金的行为，这种业务模式包括应收账款融资和订单融资两种业务形式。应该说，物流金融是一种服务创新，与发达国家相比，我国的物流金融并不成熟，尚处于起步阶段。

物流金融的运作模式如图9-1所示。

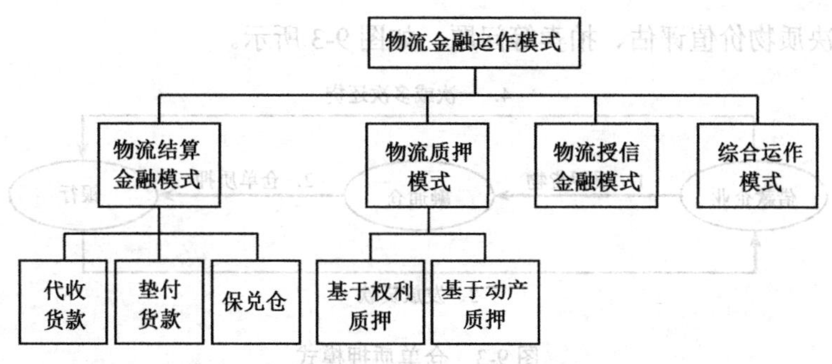

图9-1　物流金融的运作模式

（1）物流结算金融模式。物流结算金融是指运用各种结算方式为物流企业及客户融资的金融活动，主要方式有代收货款、垫付货款、保兑仓等。

① 代收货款。代收货款是物流金融管理的初级阶段。它是指第三方物流企业在为与之签订合同的中小企业提供送货服务时，代中小企业向收货人收取货款，中小企业再定期与第三方物流企业结清货款的金融模式。

② 垫付货款。垫付货款即银行质押贷款业务模式。它是指借款企业把货权转移给银行，银行根据市场情况按一定比例给借款企业提供融资。当提货人向银行偿还货款后，银行向第三方物流企业发出放货指示，将货权还给提货人。一旦提货人不能在规定期限向银行偿还货款，银行可以拍卖货物或要求中小企业承担回购义务。在这种模式下，借款企业获得融资，银行放贷收取利息，第三方物流企业因提供物流信息、物流监管等服务赢得利润，实现了三者的互利共赢。

③ 保兑仓。保兑仓即承兑汇票业务模式。它是在制造商、经销商、第三方物流供应商、银行四方签署"保兑仓"业务合作协议书的基础上，经销商根据与制造商签订的《购销合同》向银行交纳一定比率的保证金，申请开立专项用于向制造商支付货款的银行承兑汇票。同时，由第三方物流企业提供承兑担保，经销商以货物对第三方物流供应商进行反担保。银行给制造商开出承兑汇票后，制造商向保兑仓交货，第三方物流企业向银行开出仓单出质，最后银行给经销商仓单分提单，经销商向银行分批还贷，如图9-2所示。

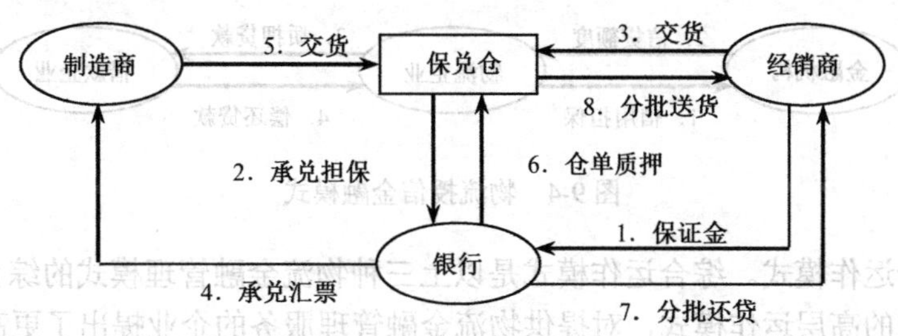

图9-2　保兑仓模式

（2）物流质押模式。

① 基于权利质押的物流金融模式，即仓单质押融资。它是指借款企业以第三方物流企业开出的仓单作为质押物向银行申请贷款的信贷模式，是物流企业参与下的权利质押业务。仓单质押融资在为银行提供了可信赖的质物监管的同时，还帮助质押贷款主体双

方良好地解决质物价值评估、拍卖等问题，如图9-3所示。

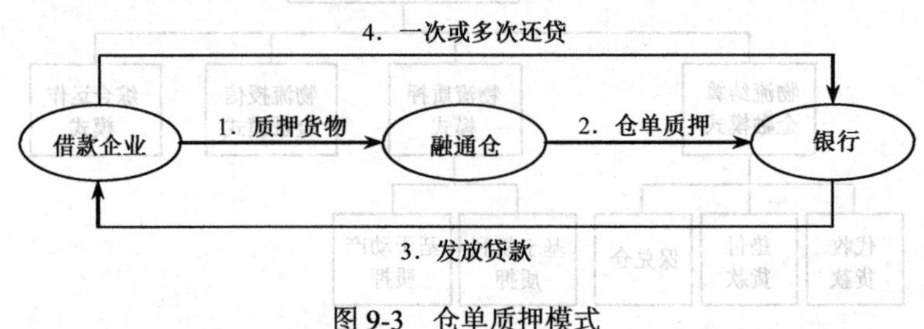

图9-3 仓单质押模式

② 基于动产质押的物流金融模式，即存货质押融资。它指借款企业以自己拥有的动产向银行出质作为担保，同时，将质物转交给具有合法保管动产资格的第三方物流企业托管，进而获得贷款的业务模式。这种模式是物流企业参与下的动产质押模式，更加体现了第三方物流企业在物流供应链中必不可少的作用。物流企业在提供物流和金融集成式服务的同时，协调均衡了供应链各方的收益。基于动产质押的物流金融模式可分为静态质押和滚动质押。静态质押是借款企业将商品质押给银行，并存放于物流公司监管下的仓库，物流公司代银行占有和监管质物，并向银行出具质押专用仓单或者质物清单，银行据此向借款企业提供融资。滚动质押的基本结构与静态质押类似，但滚动质押事先要确定质押商品的最低要求值，在质押期间超过最低要求值的部分可自由存入或提取。同时，允许质物按照约定方式置换流动，补新出旧。在实践中，静态质押商品入库后一般不得更换，而滚动质押模式较灵活，更加契合企业经营的需要。

（3）物流授信金融模式。物流授信金融模式的业务流程是物流公司按企业信用担保管理的有关规定和要求向金融机构提供信用担保，金融机构则根据物流企业的规模、经营业绩、运营现状、资产负债比例及信用程度，授予物流企业一定的信贷额度。然后，物流企业利用这些信贷额度向借款企业提供质押贷款业务。同时，还为借款企业寄存的质物提供仓储管理服务和监管服务。在这种模式下，物流企业直接监控质押贷款业务的全过程，而金融机构基本上不参与质押贷款项目的具体运作，从而优化质押贷款的业务流程和工作环节，有利于借款企业更加便捷地获得融资，如图9-4所示。

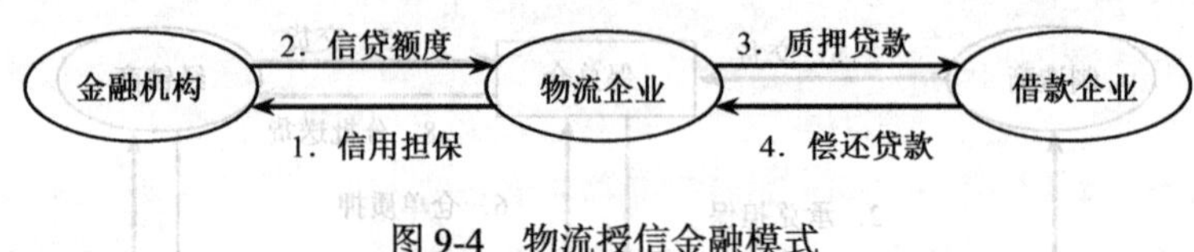

图9-4 物流授信金融模式

（4）综合运作模式。综合运作模式是以上三种物流金融管理模式的综合运用，属于物流金融管理的高层运作模式，对提供物流金融管理服务的企业提出了更高的要求。

2．物流金融模式分析

目前我国的这四种物流金融模式中，使用最普遍是的仓单质押。例如，中国物资储运总公司与中国工商银行、中国银行等十几家金融机构建立了合作关系，为客户提供质押监管融资等业务，其抵押产品涉及金属材料、建材、食品、家电、汽车、纸张、煤炭、化工等诸多种类。中外运长航集团与中国物资储运总公司在2009年通过质押获得的银行授信额度均达到 500 亿元的规模。上海中远物流以“海陆仓”和“融资中转仓”的形式开展物流金融业务，取得较好的效果。海陆仓业务是指在传统“仓单质押”融资模式的基础上，以“仓储质押监管、陆路运输监管、铁路运输监管、沿海运输监管、远洋运输监管”等任意组合的方式，提供供应链全程质押融资监管。它可以根据客户的具体业务需求，利用上海中远物流实施的物流、控货服务的渠道范围，结合银行的贸易融资产品，创造性地设计和组合，运用传统的和非传统的融资方式给予客户授信支持。

近年来，我国物流金融模式创新无论在金融品种、金融工具，还是在金融市场、管理制度等方面都取得了长足的进步。但由于受多种因素的制约，我国物流金融创新整体上仍处于较低水平，尚存在着一些突出问题。例如，金融市场基础的约束，金融机构微观主体的约束，金融监管体制的约束，金融技术条件的约束。

3．不同模式的选择分析

（1）垫付货款模式的选择。垫付货款模式实质是一种替代采购模式。第三方物流企业必须首先为提货人的采购活动垫付货款，然后再向提货人收款，这样既可以消除发货人资金积压的困扰，又减少了提货人通过各种途径付款的麻烦。但是在实际运作中，总是存在着货物不符或者顾客不完全满意的情况。此时需要发货人根据合同无条件回收货品，并且按照一定的比例支付运费。而且，对第三方物流企业而言，需要较强的资金实力以缓解垫付货款所带来的资金压力。

（2）代收货款模式的选择。在产品丰富、市场瞬息万变、竞争激烈的今天，大量小规模的采购商常常没有固定的进货渠道，甚至依托电子商务仅凭一个电话或者轻点鼠标即可商定商品型号与价格，完成商流的交易。但是对于“一手交钱，一手交货”的这一交易中的关键环节，供货方只能委托物流企业来完成。代收货款业务不仅消除了发货方害怕发完货后收货人不付款的担忧，也消除了收货方害怕付过款后发货人不发货的担忧，对于收发货双方来说简单、方便，节省了人力与费用。于是这种形式在全国各地的货运市场上盛行起来。第三方物流企业代收的资金在交付前有一个沉淀期，在资金的这个沉淀期内，第三方物流供应商等于获得了一笔不用付息的资金，物流企业可以将这笔资金进行资本运作，使其增值。这不仅加快了客户的流动资金周转，有助于改善客户的财务状况，而且为客户节约了存货的持有成本。所以，代收货款模式适合任何愿意为客户提供更好的服务的有信誉的物流企业。

（3）质押模式的选择。仓单是物流企业在与存货人签订仓储保管合同的基础上，对存货人所交付的仓储物进行验收之后出具的物权凭证。从业务发展的需要看，仓单应该是一种可流通、可背书转让的有价证券。但是，在我国现实法律中，关于仓单的规定还存在很多空白，在合同法中没有明确地规定仓单的法律地位，在我国（期货市场以外）真正的仓单流通管理体制还没有建立起来。在物流企业的实际运作中，关于仓单的格式和内容、提取货物时是否必须是存货人、如何识别仓单的合法持有者等，各物流企业没有统一的规定，关于仓单的合并和分割也没有明确的法律条文或者依据，所以第三方物流企业在提供权利质押业务时一定要依据相关的法律、法规规范仓单的管理，提高仓单的社会地位、适用范围和流通功能。在质押物的选择过程中，所选质押物最好为价值易确定且相对透明、稳定，市场需求量大，流动性好，变现性较好，质量稳定，容易储藏保管的大众化物品。可以通过控制贷款期限的长短、控制质押贷款的比例、设立风险保证金制度等方法尽量避免货物市场价值波动的风险。同时，关于质押物的监管尽量选择在货物保持一定总量的前提下。货物可以进行相对动态流动的质押模式，这样更有利于融资企业的经营活动，然而，此种模式也需要第三方物流企业具有更高的资信水平和实时监控的能力。

（4）保兑仓模式的选择。作为第三方物流企业，应当保兑仓模式实际操作中注意以下事项：

① 必须对经销商的资信进行核查，了解经销商背景情况；了解经销网点分布、销量基本情况；要进行市场预测及销售分析，了解经销商的财务状况及偿债能力；了解经销商的借款用途及还款资金来源，反担保情况，与金融机构往来及负债情况，综合分析风险程度；其他需要说明的情况；调查结论等。

② 要求货主进行反担保，其方式为抵押或质押。货主应提供以下材料：抵押物、质物清单；抵押物、质物权力凭证；抵押物、质物的评估资料；保险单；抵押物、质物为共有的，提供全体共有人同意的声明；抵押物、质物为海关监管的，提供海关同意抵押或质押的证明；抵押人、质押人为国有企业的，提供主管部门及国有资产管理部门同意抵押或质押的证明；董事会同意抵押、质押的决议；其他有关材料。

（5）物流保理模式的选择。从保理业务的服务内容来说，物流保理业务与银行保理业务并无本质上的区别，但是其经营的主体由银行变为了第三方物流企业，使物流和金融流的联系更为紧密。金融机构保理业务的主要风险来自买卖双方的合谋性欺骗，一旦金融机构在信用评估时出现失误，就很可能财货两空。而在物流保理业务中，由于货物尚在物流企业控制之下，这一风险显然已得到大大的降低，即使第三方物流企业因无法追讨货款而将货物滞留，由于对该货物市场有相当的了解，与该行业内部的供应商和销售商具有广泛的联系，在货物变现时能够享受到多的便利，使货物得到最大限度的保值。

4．物流金融的价值分析

（1）对中小企业的价值分析。首先，物流金融可以帮助融资的中小企业解决其融资困境，并使其信用等级得到有效提升。由于银行对融资企业的资金情况、生产经营状况、财政状况及市场前景有一定要求，同时中小企业的信用等级也在一定程度上影响到企业的融资能力，因此，中小企业的融资问题严重困扰到企业的生存。而物流金融中，第三方物流企业可以充当银行的委托方，对融资企业的物流状况有足够的了解，并能对融资企业的盈利能力有一个更准确的判断，从而保障银行给予融资企业贷款的安全性和最大的收益性。这样不仅可以避免金融机构遭受到逆向选择道德风险等问题，还可以解决融资企业融资困难的问题，并提高其贷款的积极性。其次，还可以使融资企业的资金利用率得到最大限度的提高。由于企业在整个供应链过程中产品在物流活动的各个环节中占用了大量的资金，从而给企业带来了流动资金不足的问题。而物流金融可以通过适当的方式，对融资企业处于物流活动中的产品进行质押并给予其相应的贷款，从而使沉淀的资金得到了有效的激活，并提高了资金的流转效率。再次，物流金融还可以通过融资企业物流成本的有效降低而最大化企业的综合竞争力。由于物流企业在物流活动中环节众多，因此，可以就此为企业实施有计划性的物流项目管理方案，提供多层次、全方位的第三方物流服务，从而最小化物流成本，集中核心业务的资金投放力度，促使企业综合竞争力的有效提高。

（2）对物流企业的价值分析。首先，物流金融可以通过开通新的服务领域，为物流企业形成一个新的利润增长点。物流企业在激烈的市场竞争中难以通过传统的物流服务获取可靠的利润增长值，而物流金融为物流企业寻找新的突破口开辟了道路。物流金融融入到物流企业的供应链中，可以借鉴马士基、UPS等国际大型物流公司在物流金融方面的成功经验。在利用仓储产品作为保障的前提之下创新出诸如信用担保、价值评估等增值产品，提高企业利润和综合竞争力。其次，物流金融可以让物流企业通过适当的方式与客户建立比较稳定的合作关系，为物流企业构筑长久的竞争力奠定可靠的客户关系网。物流企业可以通过物流与金融的有机融合对产品的供应链实现全程控制，并保障产品在运输过程中的质量，构建相关客户对物流企业的信心，从而稳定长久的客户关系。客户关系管理在供应链管理模式之下的重要性越来越凸显，物流管理也逐步开始重视物流管理附加值方案的研发，而物流金融的服务可以为客户提供全方位、多层次的物流金融相关方面的服务，如材料采购、生产、加工、销售等各个环节中对资金的需求，还可以为国际企业提供最低成本、最高效率的进出口贸易融资等。因此，物流金融可以为物流企业提供稳定的客户关系网、高效的金融服务等，从而对物流企业综合竞争力的提升有着不可忽视的作用。

（3）对金融机构的价值分析。首先，物流金融可以使银行的信贷风险向最小化发展，并提高银行的信贷控制能力。在物流金融服务中，银行给予物流企业贷款服务可以以物流企业可靠的产品库存信息及物流监管作为质押对象。其中，中介担保可以由第三方物流企业来承担，从而提高银行贷款资金的安全性并最小化融资风险。其次，物流金融可以根据物流企业的具体需求提高专业化的金融服务，使双方的信贷交易成本最小化。银行在传统的质押贷款业务中，由于融资企业的质押贷款数量小、次数多，从而造成了交易成本的高涨，而以第三方物流企业作为中介担保人则可以解决这些问题，为其提供专业的金融服务管理，从而降低信贷成本并提高资金的运作效率。最后，物流金融可以使服务对象的范围更加宽广、信贷规模日益扩大。一方面，物流金融可以充分争取到中小企业这一块的融资市场；另一方面，物流金融可以根据客户的需求开发新产品，以吸取更多的潜在客户群体，与不同的物流企业及其上下游企业构成长期稳定的合作关系。

5．物流金融的风险分析

作为一个金融物流信贷刚刚起步的国家，我国的法律法规、制度建设和市场建设仍然滞后，因此，金融物流的风险很大。具体表现在：

（1）风险承担主体之间风险收益不对等加大风险隐患。在金融物流的信贷业务中，涉及众多市场主体，由于在分担风险方面还没有建立互惠、互利、互相制约的计划，各主体只片面强调规避转嫁风险，造成风险与收益之间的不对等，在一定程度上放大了信贷风险。银行、制造商（销售商）、物流公司之间的风险划分关系不一致，贷款银行处于提供信贷服务的垄断地位，会采取各种方式规避转移风险，但最终却可能承担更大风险。比如，制造商（销售商）在信贷约束的背景下承担过多的风险，可能人为地加大违约可能性。

（2）流动资产评估体系尚未。建立传统的银行质押业务需要企业提供信用或者固定资产抵押，而我国目前企业的信用状况令人担忧。尤其是中小企业的固定资产规模偏小，这就使银行贷款业务处于一种“想贷而不敢贷”的状况。金融物流服务引入了第三方物流企业以存货作为质押，大大地拓宽了银行贷款业务的范围，同时期望降低贷款风险。但是由于流动资产的评估体系尚未建立，各种评估方法和标准的不统一使存货的价值也难以和信贷资金相一致，贷款回收的隐性风险非常大。

（3）金融物流信贷业务经验不足，风险管理方法、技术相对落后。由于银行开展物流金融信贷时间不长，在贷款工具设计、资金筹集、风险管理方法和内部监控方面经验积累不足，又受到各种制度、法律的瓶颈制约，操作疏漏和失误难以避免。主要问题有贷款资金渠道狭窄筹资方式少、贷款工具缺乏灵活性、银行风险管理手段受到外部环境限制、内部监控系统还不完善等。

（4）配套环境的制约使风险防范手段效果弱化。信用制度、质押制度、担保保险制度等本来是转移风险的手段，但是制度安排本身的缺陷和运行环境的问题，弱化了防范风险效果，甚至可能增大风险。例如，发挥信用制度作用的难点在于企业信用档案不健全，信用评估机制尚未健全。在我国现阶段，质押制度的功能十分有限，存在标准仓单设置难、质押登记制度不健全、质押物处置难等问题。担保制度存在很大的局限性和不规范性。保险业务实际运作中存在标准不统一、操作不规范、利益不均衡，物流保险理赔范围小、费率高，赔偿概率小，保险除外责任过多等问题。

（5）我国物流企业大部分规模比较小、自身信用不足。我国的物流企业大部分规模比较小，自身的信用显著不足。只有具备一定条件的专业物流企业才能作为公平、公正的第三方中介人，成为仓单质押融资监管业务的可靠保障，成为银行和工商企业间的安全、畅通的桥梁。

9.1.2 物流金融的发展趋势

我国物流金融模式创新可从提高金融市场运作效率层面展开。主要途径有：健全金融市场价格的形成机制，提高市场对信息的灵敏程度；采用多种物流金融业务组合，降低个别风险；通过现代设备的运用和组织创新，降低市场交易成本。

1. 物流金融机构创新

目前，我国物流金融机构主要是银行，比较单一。要发展物流金融业务，就需要引导各类主体加入物流银行业务市场，银行和非银行金融机构之间互相交叉，形成新的金融联合体，提供物流金融服务。各类金融机构应该在市场发展的战略分析上，根据面临的市场机会和挑战来比较分析自身发展物流金融业务的优、劣势，开展和发展各项物流金融业务。目前，物流银行业务已开创了良好的局面，有绝对优势和比较优势的金融机构在物流银行业务上可采用积极的市场扩张战略。许多金融创新工具在促进金融发展的同时，会带来新的金融风险并增加金融监管的难度，既会促进我国金融业向现代成熟金融业发展，成为促进经济增长的有利因素，也会对金融监管体制提出严峻挑战。在开展物流金融创新的前提下，更应注重对金融创新的引导和监管。金融监管要适应物流金融创新发展的要求，不断提高监管水平，保证创新能不断提高金融效率。我国国际金融创新的方向是金融管制不断放松和金融监管不断加强双重措施并举。物流金融的健康发展还需要相关的金融法规，如证券交易、投资基金等方面的法规进一步完善，使物流金融业务能够在法律、法规的约束和指导下健康、有序地发展。

2. 物流金融技术的创新

物流金融技术的创新可以从金融电子技术创新和物流金融信息共享模式创新两方面来着手。首先，要加快金融电子化，提高支付结算系统的现代化，建设国家金融网络主干网和全国一体化资金清算系统，推进金融业务电子化。其次，逐步建成全国性的主干网和分区网相互配套、应用软件系统和卫星通信系统有机结合的自动网络系统。实现自动化系统、管理信息系统等重点应用系统的开发。

3. 物流金融信息共享模式创新

根据信息共享的传递模型原理，物流金融的信息共享的传递模式分为点对点和以物流企业信息系统为中心的信息共享传递模式。在点对点模式中，各主体一方面把自身产生和收集的信息存在自身信息系统中，根据合约把其中一些信息发给他方或者允许他方进入信息系统查询；另一方面据合约权限登录到他方信息系统获取信息。信息集中模式是将共享信息集中在一个公共数据库中，各业务主体根据权限对其进行操作，完成与多个业务主体的信息交流。要积极发展信息集中模式，达到物流金融信息高效共享。

4. 银行质押财产险方面

我国现有的普通财产险在投保主体、保险财产范围、保险责任、保险金额、保险期限、保费缴纳等诸多环节都无法满足质押财产风险保障需求。物流金融质押财产险可由银行对质押财产进行投保并支付保险费用，作为被保险人享有的保险保障。保险费作为银行质押业务费用之一，最终由申请质押的客户承担。对应的保险条款的设计也应满足银行和企业双方的利益保障，并且考虑到可操作性。

5. 质押监管责任险方面

我国目前尚未有专门保障质押监管责任风险保险产品。在这方面，物流企业可为本保险的投保人和被保险人支付保险费并享有保险保障。保险费作为物流企业向银行收取的监管费用之一，由申请质押的客户承担。同样相应保险条款的设计也要符合多方共赢的要求。

9.2 UPS 物流金融案例分析

9.2.1 案例背景

美国联合包裹运送服务公司（UPS）是世界上最大的包裹快递公司和专业化运输及物流服务的全球顶尖供应商。自20世纪90年代以来，UPS的发展动向在业界备受瞩目，主要原因是独具匠心的供应链解决方案（Supply Chain Solutions）。供应链解决方案是一个流线型组织，能够提供货物配送、全球货运、金融服务、邮件包裹服务和业务拓展咨询等一揽子服务方案，从而真正实现货物流、信息流和资金流的“三流合一”。在该方案的形成过程中，物流金融模式的引入堪称典范。就目前发展情况看，UPS和其他国际型物流公司（如全球最大的船运公司马士基）的第一位利润来源均为物流金融服务。

1. UPS物流金融的引入准备

UPS的物流金融在世界各地受到了广泛的赞誉。但是，物流金融的引入并非一蹴而就，UPS花了10余年的时间，分两个阶段才真正把金融资本融入物流产业资本。

（1）第一阶段：货物流的扩张带动信息技术的创新。UPS每天为100万个固定客户传递1 150万件包裹和公文。如此繁重的工作量迫使UPS不得不发明新技术以提高效率，保持价格竞争性和提供新的产品搭配。可以这么说，UPS的技术创新几乎无孔不入，从手持传递信息获取设备（DIAD），到专业化设计的包裹快递设备，再到全球计算机互联网系统和专用卫星。以DIAD为例，它由每个UPS的驾驶员使用，能够立即记录和向UPS网络系统上传货物传递的动态信息。DIAD存储的信息甚至包括收货人签字的数字照片，以便向发货人提供货物运输的最鲜活信息。这种专用设备也允许驾驶员远程联系总部，与变更后的送货计划、交通路况及其他重要信息保持实时一致。通过技术创新和信息化建设，UPS的综合吞吐能力激增，客户需求得到进一步满足，实现了货物流与信息流的结合。总体上看，这一阶段至关重要，为后来物流金融模式的引入打下了坚实的物质基础。

（2）第二阶段：货物流和信息流的成熟催生物流金融模式。尽管核心业务是货物和信息配送，并且独占鳌头，但UPS高层认为，企业的可持续发展必须摆脱这种结构单一的物流运作模式。基于广泛的市场调研，UPS发现，未来商业社会最重要的力量是“全程供应链管理”，成为“全程供应链主”才是UPS未来发展的原动力。并且公司在货物流和信息流方面的领先技术能比较容易地匹配金融流，从而形成完整的供应链解决方案。所以，UPS开始调集核心资源向这一新领域迈进，战略性地重组公司。为此，UPS资本公司成立，其宗旨是提供综合性金融产品服务。该公司是UPS供应链解决方案的“金融臂膀”。之后，UPS并购了美国第一国际银行（First International Bank，FIB），并将其融入UPS资本公司。进而美国康涅狄格银行委员会通过一项由第一国际银行集团提出的申请，把它的名称变更为UPS资本商业信贷（UPS Capital Business Credit）。UPS资本商业信贷成为UPS资本公司的组成部分，专门为中小企业提供信贷、贸易和金融解决方案。

2. UPS物流金融的引入

UPS物流金融模式的引入主要是通过把“金融机构内部化”实现的。通过已并购的银行在中小工商企业方面富有经验的信贷销售能力，UPS资本公司获得了丰富的客户资源。同时UPS的客户受惠于其并购银行提供的多种金融产品，从而增加UPS的资金周转率和存货周转率，增加销售业绩。这样的金融机构内部化也就实现了物流金融的一个成功的引进。

9.2.2　案例分析

1．成功经验

通过了解客户的目标、运作策略和供应链结构，UPS 资本公司开创性地重新定义了金融服务提供商的职能。UPS 资本公司的新型服务体系包括传统和非传统的金融产品，主要集中于四个关键区域：

（1）加强现金流。COD（Cash On Delivery，为客户提供代理收取到付货款）增值服务，基于资产的贷款，设备租赁，UPS 资本 Visa 白金商务卡，商人服务计划。

（2）管理贸易风险。货物保险，COD 安全，信贷保险，弹性包裹保险。

（3）国际贸易。应收账款管理服务，出口运作资本，出口信贷代理金融，商务信用证。

（4）小额商业信贷。SBA7（A）计划，SBA504 计划，SBA 专业贷款，特许权融资，商务购置，商业建设贷款，商业抵押贷款，商业期贷款，循环贷款。

这里以典型的增值服务和垫资服务为例来具体说明。

（1）增值服务。UPS 资本公司作为中间商在大型采购企业和数以万计的中小出口商之间周旋，在两周内把货款先打给出口商。前提条件是揽下其出口清关、货运等业务和得到一笔可观的手续费。这样，小型出口商们得到及时的现金流，而拥有自己银行的 UPS 在与大型采购企业进行一对一结算。同时，UPS 资本公司还为中小出口商提供为期五年的循环信用额度，并确保该公司规避客户赖账的风险。

（2）垫资服务。在 UPS 的物流业务流程中，当 UPS 为发货人承运一批货物时，UPS 首先代提货人预付一半货款；当提货人取货时则交付给 UPS 全部货款。UPS 将另一半货款交付给发货人之前，产生了一个资金运动的时间差，即这部分资金在交付前有一个沉淀期。在资金的这个沉淀期内，UPS 等于获得了一笔不用付息的资金。UPS 用这一不用付息的资金从事贷款，而贷款对象仍为 UPS 的客户或者限于与快递业务相关的主体。在这里，这笔资金不仅充当交换的支付功能，还具有了资本与资本运动的含义，而且这种资本的运动是紧密服务于业务链的运动的。

从本质上看，UPS 资本公司提供的物流金融（以产业资本为主导）比一般意义上的物流银行（以金融资本为主导）更具优势。

首先，可以降低银行风险。从目前物流的发展趋势来看，物流企业越来越多地介入到客户的供应链管理当中，因而对于买卖双方的经营状况和资信程度都有相当深入的了解。因此，在进行信用评估时不仅手续较银行更为简捷、方便，而且其风险也能够得到有效的降低。此外，物流银行业务的主要风险来自买卖双方对银行的合谋性欺骗，一旦银行在信用评估时出现失误，就很可能陷入财货两空的境地。而在物流金融中，由于货物一直在物流企业手中，这一风险显然已经得到大大降低。

其次，融资快速方便。物流客户通常在其产品装（柜）箱的同时就能凭提单获得物流企业预付的货款，物流运输和融资业务的办理是同时并行的。而物流银行一般必须在货物装运完毕后再凭相应单据向银行要求预付货款。比较而言，显然前者更为简捷、方便。

最后，货物易于变现。在物流银行业务中，有时为了实现债权需要处理货物的是金融机构，而在物流金融中则为物流企业。金融机构一般都没有从事商品贸易的工作经验，与商品市场也缺乏必要的沟通和联系，因此，在货物变现时常常会遇到很多困难。而物流企业，尤其是一些专业化程度很高的物流企业，对于所运输的货物市场却会有相当深入的了解，而且由于长期合作的关系，与该行业内部的供应商和销售商往往有着千丝万缕的联系。因此，在货物的变现时能够享受到诸多的便利。

2．借鉴启示

（1）物流企业的综合化、网络化服务能力是物流金融的重要基础。UPS是物流综合服务提供者的典型代表，它既是货代亦是承运人。一方面，UPS为得到更多的承运控制权，积极组建自己的喷气机货运机队，现已拥有超过250架飞机。另一方面积极收购货代公司，UPS能够提供全程式一条龙服务，客户只需把货物单独委托给UPS一家，就可以直达目的地，这样大大简化了程序和手续，也降低了管理成本。

从我国情况看，多数物流企业是在传统体制下物资流通企业基础上发展而来的。企业服务内容多数停留在仓储、运输、搬运等基础服务上，仅仅承担和完成某一项或几项物流功能。很少有物流企业能够做到提供综合性的物流服务，企业规模小，实力弱，功能相对单一，服务质量和效率难以满足社会化、综合物流的需要。企业必须多选几家物流公司才能做好物流业务，多家物流企业的参与，这无疑会加大客户与物流企业的沟通成本，很难对货物进行有效、统一的监管，容易造成融资的安全隐患。

UPS业务网点遍布世界200多个国家和地区，物流网络覆盖面广泛，国际性强。无论在世界任何地方，只要货物进入UPS网络，UPS就可以对其进行端到端的全程控制，从而让UPS资本公司可以放心地为在途货物提供融资。

我国物流市场资源分散、物流企业规模偏小、市场集中度低。根据有关部门对我国第三方物流市场的调查表明，极少有企业拥有超过2%的市场份额，物流网络覆盖面较窄，没有形成由大型物流公司所主导的一体化、全方位的物流网络。这在一定程度上会降低物流企业对货物的控制能力，降低了物流的整体效率，加大了货物融资的风险。

（2）银行与物流企业利益价值共享是物流金融成功的关键。物流金融是物流产业资本发展到一定程度以后对金融资本的迫切需求，是产业资本和金融资本相结合的产物。物流金融既不是物流企业的优势业务，也不是银行的核心竞争力所在，只有两者密切合作，发挥各自优势，才能实现双赢。UPS之所以成为物流金融成功的典范，就是因为它把金融业务融合到供应链解决方案中，物流金融比传统的贸易融资模式的风险更大。传统贸易的对象主要是原材料和产成品，其产品价值比较容易通过市场价格得以体现，一旦出现信贷风险也容易通过担保物品的销售来收回贷款。但是物流融资涉及的存货绝大部分是中间产品，具有很强的专业性，不易通过市场机制来评估其价值，也难以变现。作为专业化物流企业，可以充分发挥在货物运输、仓储、货物监管等方面的长处，银行基于物流企业控制货权，物流与资金流封闭运作，而给予核心企业的上下游授信的支持。物流企业作为第三方监管人，对于质押的货物进行了严格的监管，在一定程度上降低银行可能遇到的风险。如果在贷款未能如期返还的情况下，物流企业可以协助银行将质押物变现还贷，便可最大限度地降低银行提供物流金融服务可能产生的损失。由于物流企业涉及多行业、多企业，因此，对于市场上的价格定位有了一个具体的了解。这就能帮助银行更好地了解市场情况，提供更为安全的融资服务。

通过与银行的合作，物流企业参与到银行的物流金融中去，充当银行代理人的角色，监管信贷的支持性资产，并就企业的经营活动向银行提供预警，使自己的客户不仅得到了物流上的支持，也获得了融资。作为供应链中的重要一员，不仅找到了新的利润增长点，也扩大了客户群。对于银行来讲，通过与物流企业合作，拓展了金融业务，把服务对象主要以大企业为主扩展到供应链核心企业上下游的广大中小企业。在目标客户上与物流企业高度重叠，在利益价值上与物流企业高度共享。

（3）供应链透明化是降低物流金融风险的基本前提。传统贸易融资往往只强调特定交易环节供需双方的信用状况，但对于物流融资来讲，重点是要对整个供应链中各环节的风险进行识别和防范，风险控制的难度更大，这就需要供应链各成员及时、准确地掌握与自身决策密切相关的关键信息，联手行动，控制风险。

随着供应链不断延长，系统变得更加复杂，面对瞬息万变的决策环境，一些关键信息容易被忽视。供应链透明化就是要把一些分散的、模糊的信息收集起来，辨别其重要性，把关键信息呈现出来。在此基础上对相关事件进行监控，进而可以主动调控，使整个供应链中的节点进行分工协作。

物流企业对供应链的透明化管理，既增强了客户企业对物流控制的信心，也有效地降低了银行的放贷风险。货物一旦进入物流企业系统，相关各方对货物运输等信息非常透明，物流企业确保货物送达到买家。并且，货物的运送过程都以报告形式及时、准确进行反馈。货物在供应链上移动的时候，物流企业的客户能够看得到。物流企业把物流信息转化为银行可以看得懂、能把握的信息，为银行提供资信和管理，保证货物监督管理和实际控制，物流状态信息服务，让银行放心放贷。对合作银行来说，通过物流企业提供的相关信息，银行就可以判断货物活动状态和安全性。保证质押物始终处于银行的有效控制之中，从而从整体上降低了物流金融的风险。

UPS 与国内物流金融的异同点如表 9-1 所示。

表 9-1 UPS 与国内物流金融的异同点

项目		UPS 金融	国内物流金融
不同点	经营理念	供应链解决方案	不同主体理念不同
	体系	物流资本与金融资本融合	金融与物流分业经营
	组织结构	物流公司、资本公司、零售与资本公司相结合	银行贷押中心、物流质押监管部的松散结合
	业务模式	物流增值服务、垫资服务、融资服务	质（抵）押监管、保兑仓、提单监管、供应链监管等
	物流信息技术	强大	薄弱
	全球物流能力	强大	薄弱，局部很强
	借款人	主要是进出口企业	主要针对国内生产企业、贸易企业
相同点	业务基础	全球物流业务	各物流公司的局部物流业务
	金融风险	一揽子控制，风险低	银行、物流公司分别控制，银行不良率低于其他担保形式融资
	服务对象	中小企业	中小企业为主
	担保形式	质押	质（抵）押
	收入	物流增值收入可观	主要是监管费收入，收入较高

9.3 中储物流金融案例分析

9.3.1 案例背景

中国储运无锡物流有限公司（以下简称“中储物流”）是中国诚通集团现代物流试点企业。中储物流主办的无锡金属材料现货市场自开办以来已发展成为苏南地区最大的“前厅后库”式金属材料现货交易市场之一。之后，中储物流和中信银行签订了合作协议，开展针对经销客户的金属材料质押贷款业务。

在这一业务中，中储物流通过发挥自身业务的优势，为银行提供质押物有关规格、型号、质量、原值与净值、经销商等一系列信息，并接受银行指令控制质押物的进出库。因而有效地控制了由于信息不对称给银行造成的放贷风险，解决了客户经营融资问题，对入驻现货市场的客户起到了稳定作用，并使自己增加了大量储运资源。由于这一业务实现了“三赢效果”，和中储物流合作的银行越来越多，业务越做越大。根据经验，中储物流还总结出了一套操作流程，分为如下五个阶段：

（1）申请签约。经销公司在充分了解质押业务规定的基础上，向银行提出书面申请。由银行对经销公司的资信进行调查和审核，参考中储物流的意见，决定同意经销公司成为质押贷款的客户，在银行开立账户。银行、经销公司与中储物流三方在《金属材料质押贷款章程》上签字盖章。

（2）验收评估。经银行审批同意，经销公司将质物发运至中储物流仓库，中储物流原则上在三天内组织验收入库，同时提出参考意见。验收入库后出具《入库单》，提供质押物的实际品种、规格、数量及其他相关验收材料。每笔质押贷款的实物可分批到货，仓库分批验收，分批提供资料。

（3）批准贷款。银行综合审核所有相关资料，提供入库质物建议价格的 50%～70% 贷款额（一般比例，不排除有适当调整的可能）。贷款直接给经销公司，按银行规定，在三个工作日内资金到达经销公司在银行开设的账户上。

（4）销售发货。经销公司从银行得到的贷款用于支付进货货款。银行委托经销公司自主销售质物，销售中不赊销。每笔销售货款由经销公司直接注入看管账户，银行向中储物流出具收款证明。提货人员持发货单到仓库要求提货，银行在发货单上盖章同意发货。与此同时，银行出具《业务通知单》内部传递给中储物流，中储物流将发货单、业务通知书核对后，审验货款证明，办理与该款金额相对应的质物出库手续。

（5）结算清算。每笔质押贷款业务终了，银行负责清算，扣除本息余额、储运费用、手续费后全额返还给经销公司。若经销公司在质押期内没有销售完毕，将按照超期处理。经销公司可在到期后的七天，以现款回购，即向银行支付贷款余额及利息、向中储物流支付储运费用后，由银行将质押物返还给经销公司。到期七天后，则银行定出销售价，由经销公司负责销售，将销售款存放指定账户，销售完成后，银行负责清算。

9.3.2 案例分析

1. 问题分析

（1）物流金融制度体系不完善。在制度环境上，对于银行来说，金属材料质押贷款是一项新业务，银行对经销公司资信情况的掌握并不充分。而中储物流因与其有着较长的业务合作关系，对这些厂商有比较深入的了解，理所当然地成为银行资信调查的重点“访谈对象”。中储物流的意见和所应承担的法律责任因此也成为协议关注的焦点。此外，和业务相关的其他法律还需要完善，例如，银行对质押物留置权和优先受偿权的实现过程就存在很多待解决的问题。目前，我国只有《合同法》和《担保法》中的某些条款能够作为法律上的依据来判定相关业务纠纷的法律属性，相关的物权登记制度混乱低效，缺乏统一、公开的物权公示性备案系统。而且处理业务纠纷多采取法庭程序，执行过程低效、高成本，存在许多不可预见因素，使债务人违约时造成的债权人损失很大。如执行环节缺少衔接性，当债务人恶意隐匿财产或拒不履行判决时，常常使执行陷于停顿和无奈。再如，执行措施的不合理限制，由法院指定评估拍卖机构、确定偏高的评估拍卖收费标准等。

（2）物流金融行业环境缺乏规范。在行业环境上，缺乏社会化程度的仓单规范，缺乏银行、物流仓储企业和客户联网的信息网络，各大银行间的信息共享也缺乏。

（3）质押物品种少、业务模式单一。在业务基本要素上，融资主体单一，商业银行的参与力度还有待加强，中储物流还不能单独从事存货质押融资业务，所以不能充分发挥物流企业在物流金融上的独特优势，实现物流和资金流的有机结合。此外，质押品种还有待进一步扩展，融资对象选择也过于严格。这些都削弱了对中小经销企业的资金支持力度。

（4）物流金融经营风险难以控制。在业务控制上，虽然中储物流在业务流程上形成了一定规范，但对一些重要指标的确定，如利率、贷款价值比率、贷款期限和平仓率等，主要是凭经验，缺乏科学性，对质押过程中存货价格风险、变现风险的控制还有待进一步探索。

2．问题解决

（1）物流金融信息化平台。随着物流金融的快速发展，金融机构要利用现代信息技术，加快金融电子化步伐，进行金融服务创新、建立适应物流业务发展的结算系统，推进票据清算自动化系统、管理信息系统、外汇业务系统等重点应用系统的开发，实现金融业务处理电子化、资金汇划电子化，从而提高支付结算系统的现代化程度，满足物流企业对资金流的要求。物流金融管理的特点之一是具有“远程化”，即物流金融业务的整个交易过程几乎可以全部在网上完成，物流金融交易呈现虚拟化。但随着信息技术的突飞猛进，网络安全成为物流金融业务发展的重要问题。所以，金融机构加强信息化建设的同时，要提高网络金融业务的安全，增强网络金融风险控制能力，最大限度地保障物流金融业务的安全。

（2）物流金融综合业务模式。通过对 UPS 的经验分析，现代经济下的供应链强调以市场为导向，以客户需求为中心。而不仅仅是由供应商到客户，再到消费者这样一条简单的供应链。基于中储物流动产质押监管的模式，可以向深度供应链方向发展，拓宽业务范围，在开展动产质押的同时，可以向 UPS 学习，开展垫资服务和增值服务。

（3）物流金融风险防范与控制。第三方物流企业需评估合作企业的经营能力和信用状况，可以通过了解存货人的历史业务情况信用情况，全面了解客户的资信信息。具体包括三个方面：首先，应调查客户偿还债务的历史情况；其次，分析客户在以往的履约中所表现的履约能力；最后，凡有不良信用纪录的客户，应避免与其合作。对于长期合作的客户来说，避免风险的重点在于对货物合法性（如是否为走私物品）的鉴别，即融资企业是否具有相应的物权。可以要求融资企业提供与货物相关的单据（例如购销合同、发票运单等），通过检查相关单据的真实性确认货物的合法性。

质押品种的选取存在市场风险，因此，在质押物的选择过程中，所选质押物最好为价值易确定且相对透明稳定、市场需求量大、流动性好、变现性较好、质量稳定、容易储藏保管的大众化物品。可以通过控制贷款期限的长短、质押贷款的比例，设立风险保证金制度等方法尽量避免货物的市场价值波动风险。当市场价格下跌到预警线时，按协议规定通知融资企业增加质物和保证金。第三方物流企业可以收集市场信息，了解市场容量、价格变动趋势、产业产品的升级等情况，通过调查行业内人士，征求专家意见，利用统计资料参考现行成本价和销售价等方法来准确评估质押货物的价值。面对复杂多变的市场价格波动，需针对不同抵押商品进行细化管理。第三方物流企业掌握着大量行业的交易信息，如该项货物每天的到货数量、库存数量销售数量等，可以对不同情况的商品进行区别管理。

学习资源

[1] 中国物流金融网（www.chinalfn.com）
[2] 中国金融界网（www.zgjrjw.com）
[3] 中国金融网（news.zgjrw.com）
[4] 万联网物流资讯中心（info.10000link.com）

课后练习

案例 9-1 和诚智达“互联网+物流金融”

基于供应链背景下，行业细分领域的互联网金融模式开启了破解小微融资难的新途径，“运盈 e 贷”就是在大电商、大物流的背景下应运而生的。

1. 新金融模式促进物流行业变革

“运盈 e 贷”致力于打造安全、公开、透明、低成本的 P2B 平台，背靠母公司福建和诚智达的运输车辆精细化管理系统和先进的管理手段，凭借“大数据+云平台”的技术，构建起物流金融“生态链”。自 2014 年 7 月 25 日上线至今，为中小物流车队累计融资突破 1 亿元。

作为全国唯一一家面向中小型物流车队的融资平台，和诚智达致力于物流行业中最需要帮助的群体“车队”，应用专业系统和大数据分析来解决车队的运营、管理问题，提供针对性的服务。同时，“运盈 e 贷”又以互联网金融为媒，将整个行业链贯通、联结起来，推动了物流行业的创新变革。

车队的资金周转时间长，而“运盈 e 贷”正解决了这个问题。并且降低了用油成本，两年来帮助车队实现了从 1 部车到 32 部车的规模增长。

2. 首创“按需金融”“透明金融”模式

从“运盈 e 贷”的运作模式上看，其在全国首创了“直接金融、按需金融”概念的平台，根据车队的实际需求，直接为车队提供燃油、保险、车辆等物资。其“透明金融”的风控管理新思路，通过专业律师审核、保险承保管控、引入第三方支付机构、运输数据实时反馈、专业车管经理定期跟踪等来确保融资项目的安全，为投资者保驾护航。

据统计，“运盈 e 贷”上线 148 天为 129 家中小型物流车队解决了融资难题，其中解决保险 127.7 万元、加油 5 051.1 万元、购车 4 340.6 万元、路桥费用 25 万元、轮胎 348.1 万元。目前，该平台的用户近 3 000 个，为投资人创造了近 320 万元的收益。

作为互联网金融千人会高级理事、厦门互联网金融协会(筹)副会长级单位、厦门市物流协会副会长级单位的“运盈 e 贷”，将于实现业务在广东、浙江、江苏和江西等其他四省的落地上线，并由此辐射全国。在未来的一年内，计划帮助超过 1 000 个中小微物流车队解决融资问题，实现平台交易量突破 5 亿元人民币。

（资料来源：新浪闽南 mn.sina.com.cn/）

思考：

1. 和诚智达的“互联网+物流金融”模式是怎样的？
2. “运盈 e 贷”主要解决了物流金融中的什么难题？

案例 9-2 托盘租赁案例

国内某知名零售企业在销售旺季，一个一万多平方米的全国性配送中心的 12 个码头正应对着其 700 多家供应商的同时供货，难免有点捉襟见肘。更让人懊恼的是，那辆 12.5 米长的装满纸巾的卡车已经在码头装卸了 3 个多小时，还不见完工。管理者在纠结，在现有配送中心仓储空间足够的情况下，是不是需要花大价钱再新建个配送中心来解决装卸效率问题？

其实，这个时候，企业真正需要的不过是使用了托盘的带板运输。通过带板运输，这样一卡车单价低但体积大的纸巾，只需要 20 分钟就可以完成装卸任务。而这仅仅是托盘租赁业务的一个缩影。

1. 买还是租

托盘是按一定规格形成的平板载货工具。零散的货物用托盘进行有效集装以后，货物在生产商、分销商和客户之间流通时，始终以托盘作为货物的装卸、搬运、物料处理、运输、存储和保管单元，实现物流托盘化作业。业界普遍认为，中国托盘共用系统建设投资大、耗时长，有很多需要解决的问题。托盘租赁的流程类似于击鼓传花，托盘在这个价值链中，可以从最初的供应商一家家往下流动，最终达到零售企业后再还给托盘租赁企业。托盘在谁手中，谁对托盘承担保管和交付租金的责任。

目前，在中国市场具有代表性的托盘租赁企业主要是招商路凯和集保两家。其实，对于零售企业而言，如果采用供应商直供门店的配送方式，不考虑配送效率，那么企业对于托盘的使用量非常小。但当零售企业开始集中采购和配送的时候，不可避免地需要大量使用托盘。不过即使使用了大量托盘，很多企业还是坚持以散货的方式运输货品，托盘只是作为便于装卸的工具，称之为静态托盘。数据显示，一个全国性的配送中心，至少需要1万多个静态托盘，而大规模的配送中心可能需要5万～6万个托盘。但目前中国客户对托盘租赁的认识有待提高。托盘租赁通过交易双方共享资源来降低社会交易成本，这一理念在国外已经很普遍，而国内企业一般认为自己购买托盘更为省事。这一观念如果不转变，托盘租赁的市场瓶颈将难以突破。

然而，如今的托盘租赁企业能够提供给零售企业的不仅仅是标准化的托盘。以招商路凯为例，除了针对不同的用户和使用环境提供包括木托盘、塑料托盘等在内的多种款式托盘外，作为托盘租赁方，在于客户的签约前，招商路凯的客服人员就会进入企业，对客户进行培训，指导员工如何使用托盘，并对托盘提供免费维修服务。

2. 带板运输的魅力

尽管静态托盘租赁也能让企业受益不少，但对于企业而言，托盘租赁更大的亮点还在于带板运输过程。这个过程中，主要价值体现在装卸的效率和货品不易损耗。近两年，随着人工成本的飙升，带板运输在装卸费用方面的价值也开始体现出来，不少国内零售企业萌生对带板运输的兴趣。据了解，零售企业在选择租赁的时候，实际使用托盘的成本可以节约20%～40%。一个年销售额在500亿元左右的零售商，一年平均使用托盘为15万个，使用托盘成本在300万～400万元，采用租赁托盘可以节约托盘成本超过100万元。

事实上，使用托盘的成本只占仓储成本的 5%左右，而仓储成本也不过是物流成本的20%，真正对物流成本产生影响的还是带板运输。当企业的配送中心到达一定规模之后，在同等规模条件下，带板运输和不带板运输，对于仓库的使用效率影响非常大。数据显示，通过带板运输，一托盘的货品可以节省10～20元的运输成本，其中一托盘货品全部的物流成本也不过200元左右。带板运输普遍可以节约4%～7%的物流成本。此外，带板运输也并非大型零售企业的专利。零售企业做带板运输，并不需要考虑是几线城市零售商的问题。有些全国性零售企业的购销模式就决定其目前还不太可能使用带板运输，反而一些地方性的零售企业，因为在某些区域的网点比较集中，大量使用托盘进行带板运输的配送效率反而更高。

3. 标准化魔咒

国内发展托盘共用租赁平台，对共享资源、提高装卸和搬运效率，快速响应供应链终端客户的需要具有积极的现实意义。但如何结合中国的流通环境找到合适的切入点、如何解决托盘使用中循环利用和流动管理的难题？其运作模式仍需仔细设计。只有真正在企业供应链上流通起来，托盘共用系统才有了发挥价值的平台。然而，想要实现托盘的流通，托盘的标准化成了重头戏。

托盘租赁行业目前发展制约因素在于标准化，同时这个行业不断发展的使命和目标也是标准化。其实，这里强调的标准化，不只是托盘的标准化，还包括货架、货车、叉车、配送中心和装卸区间设计等众多因素的标准化。

值得注意的是，对托盘租赁兴趣日增的零售企业，如今也开始盘算着自己插足托盘租赁的可能性。可惜，有业内专家指出，零售企业独立做托盘租赁在实际操作上并不可行。零售企业面对很多家供应商，的确可以要求供应商都使用企业提供的托盘，但这个市场上，有很多家零售商共存，供应商也同时服务着多家零售商，所以当该零售商的托盘转移到供应商之后，这个托盘很可能被运往另外一家零售企业。另外，这家零售商会接受其他零售企业提供的托盘吗？

4．慢工出细活

有调查显示，托盘运输已成为全球公认的与集装箱运输、驼背运输并驾齐驱的三种联运方式之一。美国的托盘拥有总量为 15 亿～20 亿个，日本的托盘拥有总量已接近 10 亿个，而中国的托盘只有 1 亿多个。目前，美国 80%的商品贸易由托盘运载，欧盟商品贸易由托盘运载的比例超过 80%，日本已经达到 77%，而中国还不到 10%。

对此，有业内人士直言不讳，现在整个托盘租赁行业的利润率都为负值。但有专家认为，这个行业从长远来看，利润率是正的，只是需要 5～10 年的培育期。做托盘租赁必须形成一定的规模，规模不够肯定不赚钱。托盘租赁的投入和码头的投入不一样，码头的投入更多的是一次性的基础设施投入，而托盘更多的是无形资产投入，人力资源的投入占成本投入的 50%以上。数据显示，一托盘货品人工装卸的成本在 20～30 元，随着人口红利的消退，中小零售企业对托盘租赁的观念也开始转变。目前我国托盘租赁市场的份额为 1%～2%，托盘总量增长率超过 10%，而租赁行业的增长率超过 60%。

中国的托盘租赁行业正面临从买到租的结构性转变。随着国内劳动力成本的不断上升、各行各业对低碳环保及供应链跨环节整合的关注度越来越高，托盘及各类物流包装工具的标准化和循环共用是大势所趋。

（资料来源：万联网. info.10000link.com）

思考：

1．托盘租赁属于物流金融中的哪一类型？

2．托盘租赁在实际应用中有哪些优势和障碍？

第 10 章

电子商务物流案例分析

【学习要点】

- 电子商务物流的发展现状及特点；
- 电子商务物流运作模式比较；
- 电子商务物流案例分析方法。

【话题导入】

新零售成为电子商务发展下的热词，而物流作为零售中关键的一环，在新零售时代下其作用越发重要。但我国的工业制造业和商业零售业在物流环节面临三大障碍：供应链成本居高不下、社会化物流不健全、旺季客户体验无法保证，在大量商家由零售业向“互联网+”转型过程中这三大障碍尤为突出。

在广州举办的京东物流供应链大会上，京东商城华南区域分公司宣布将对使用京东物流的第三方商家，针对不同行业特点，根据不同企业特点，提供仓储、物流、配送等物流全链条的定制化服务。

根据京东方面提供的数据显示，现阶段，京东物流全国仓库数量达 256 个，覆盖全国 2 655 个区县，85%的自营订单能够实现当日达和次日达。在华南地区，目前 99%的普通中小件订单都可以在 48 小时内完成履约。目前已经建设了超过 10 个冷链仓，全国有超过 3300 个配送站支持生鲜配送；华南区域同天天果园、风尚鲜花等企业展开了合作。

公开资料显示，京东物流 2016 年 11 月宣布全面对社会开放。发布会上，京东集团表示，京东物流继去年宣布以品牌化运营的方式对社会全面开放后，京东物流未来更会将 B2C 领域对终端消费者的服务能力延伸到整个商业领域，致力构建一个能够整合电商、金融、大数据、技术等各方资源的生态系统。

在国内快递行业三番五次上演激烈的价格竞争的情况下，京东物流高调宣布全面开放。同顺丰、圆通、申通等这些快递行业内的其他大佬相比，其核心竞争力表现在哪些方面呢？

京东物流本质上不是快递公司，而是提供专业供应链整合服务的公司，京东作为中国最大的独立 B2C 的电商，带来的物流价值不仅仅限于物流本身，还有京东商城前台的丰富的商流。京东在智能物流、智慧化供应链具备多年的积累，包括已经投入试用的无人机、无人车和无人仓等智能仓储设备，未来的发展肯定不是简简单单一两个仓库的发展，更多的是全面的、四流合一，加上智能化物流体系的一个竞争。

作为京东的深度合作伙伴，沃尔玛曾于去年起半年内三度增持京东，一跃成为后者第三大股东。沃尔玛的供应链经验闻名全球，而京东则是中国的电商巨头，沃尔玛和京东在物流供应链方面的合作一直备受瞩目。根据京东物流提供的数据显示，在和京东物流合作之前，沃尔玛的山姆网上商城只能服务 16 个城市的消费者。通过与京东物流覆盖全国的网络和京东商城这个领先的电商平台，现在全国绝大部分地区的消费者都可以享受到沃尔玛山姆店的商品。

10.1　电子商务物流发展现状

10.1.1　电子商务物流的一般模式

随着电子商务活动的快速发展，客户对物流服务的要求也越来越高。高水平的物流服务将会提高客户的满意度，塑造企业品牌的同时也培养了客户对企业的忠诚度。如何面向客户提供高水平的物流服务，已经成为众多电子商务企业经营者不得不思考的问题。一般来说，不同类型的电子商务对物流服务的需求会有所不同，其选择的物流模式也会有所差别（见图 10-1）。

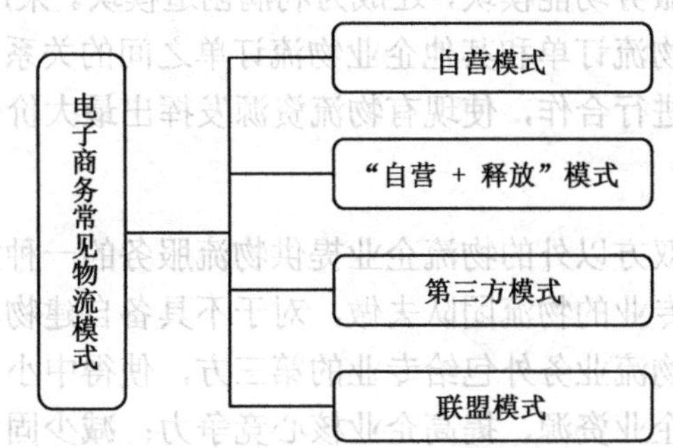

图 10-1　电子商务常见物流模式

1. 自营模式

自营物流是指企业借助于物流设施、设备和管理机构等自身物质条件而自行组织的物流活动。企业物流系统的组建一般有两种形式：企业只建设区域性配送中心，并负责配送中心内部的运作与管理，而面向客户的配送工作则外包给第三方物流完成；建设全能型的物流系统，从企业到客户的全部物流流程都由企业自身的物流系统负责完成。

电子商务企业采用自营模式的价值在于电子商务企业通过物流自营，整体上能够更好地协调各职能部门的工作。企业的物流相关活动由企业不同的职能部门完成，其涉及的管理与沟通活动都是在企业内部进行，这使各职能部门的沟通更容易。同时，企业采用自营物流模式还能够确保物流服务质量的稳定性，可以掌握对供应链的控制权；可以通过对物流的合理规划提高物流效率、减少物流费用；可以提高服务质量和获得信息反馈；可以有效控制货到付款的风险；可以有效控制商业机密；最终将提升企业的形象，创造良好的品牌价值。

然而，完全的物流自营是需要很强的物流管理能力和很大的成本优势的。如果运用不当，会导致主营业务受影响，还会增加运营费用，给企业带来不利的影响。因而，在考虑完全自营模式时，企业还应注意有以下几个特点：配送订单区域单一，送货方式单一；规模巨大，资金雄厚，供应链的控制权影响企业的成败；企业拥有覆盖面很广的分销渠道，而网上销售业务的配送区域刚好与分销渠道吻合，如海尔的物流配送。

选择自营物流的电子商务企业，应当注意用信息化、现代化的设备武装物流团队，使物流配送能够做到实时查询、实时反馈，从而降低成本、提高效率。

2．“自营+释放”模式

当电子商务企业物流管理能力强，但是成本优势小，也就是电子商务企业虽然有能力建立、管理自己的物流体系，但是维持物流团队运营的成本高，这时企业采用“自营+释放”的物流配送模式。

所谓“自营+释放”，就是电子商务企业借助于自身物质条件自行组织物流活动，但是建立起的物流体系不单单服务于本企业，还释放部分物流能力给其他企业提供服务，以提高物流模块的运营利用率，降低成本。

电子商务企业采用“自营+释放”的物流配送模式，可以保持物流自营的种种价值，还可有效降低物流自营成本，降低物流资源的闲置率，增加边际收益。从而使自营物流不仅是电子商务企业的服务功能模块，还成为利润创造模块。采用“自营+释放”物流模式，必须处理好本企业物流订单和其他企业物流订单之间的关系，尽量挑选与本企业物流配送需求相仿的企业进行合作，使现有物流资源发挥出最大价值。

3．第三方模式

第三方物流是供需双方以外的物流企业提供物流服务的一种业务模式。采用第三方物流模式，将物流交给专业的物流团队去做，对于不具备自建物流体系中小企业来说，具有很大的吸引力。将物流业务外包给专业的第三方，使得中小企业可以专注于自己的核心业务，有效地配置企业资源，提高企业核心竞争力；减少固定资本投资，加速资金周转；给客户更专业的物流服务体验。

目前的第三方物流市场上，提供电子商务第三方物流服务的企业鱼龙混杂，有价格昂贵但是质量优秀的著名外资物流企业，也有价格低廉但是服务质量欠缺的民营作坊，还有服务网点全面但收费较高的中国邮政等。选择得当，电子商务企业就能发挥第三方模式的优势，降低成本，提高核心竞争力；选择不当，有可能适得其反，不但节约不了成本，反而降低了物流服务质量。基于对我国电子商务物流现状的分析，我国电子商务企业大多数没有实力自建物流体系，因而第三方物流模式就成为我国大多数电子商务企业的首选。

4．联盟模式

物流联盟是指多个经济组织为实现特定的物流目标和达到共赢目的而采取长期联合与合作的一种模式，强调分工合作与相互依存，介于自营与外包之间。物流联盟模式具有鲜明的特点，如物流联盟企业之间签订长期合作协议；联盟体成员之间优势互补，共同维护整体利益；联盟是基于共同的利益而组建的，相互间建立了完善的利益共享机制，经营风险也由成员企业共同承担。物流联盟体的合作程度多种多样，最极端的情形即为各成员间形成一体化的运作模式，或者是具有最为松散的配合协作关系。联盟各方，可以是电子商务企业与传统企业之间的合作，也可以是电子商务企业与物流企业之间的合作，还可以是电子商务企业与电子商务企业之间的合作。如日本著名的“7-11”就是采用 B2C 企业与连锁门店之间的合作，有效地降低了物流成本，提高了企业运营效率。再如当当网上商店，是采用自建物流中心与第三方物流配送相结合，既保证了对物流的控制，又避免了大量建设配送网点。

采用物流联盟的模式，可以降低成本，增强企业对渠道的控制，提高利润率。通过采用物流联盟模式，大型物流企业可以最大限度地占领市场。同时，通过与相关企业签订合作协议来稳定现有的市场，最大限度地发挥物流合力和扩大网络覆盖面。但是这种模式价值的发挥是以联盟的稳定性为前提的，因而，要注重联盟伙伴的选择及联盟合同的签订，从而保证联盟各方实现共赢。

10.1.2　电子商务物流模式的选择

一般来说，不同类型的电子商务在物流模式的选择方面各不相同。国内的电子商务主要有 B2B、B2C 和 C2C 三种形式，下面重点分析这三种形式电子商务物流模式的选择。

1. B2B 电子商务物流模式

B2B 的电子商务是指企业对企业的交易活动，最典型的 B2B 平台是阿里巴巴。B2B 电子交易是电子商务的主流，占到整个电子商务额度的 80%以上，居于主导地位，而且其单笔交易额一般也较大。从交易流程来看，B2B 类电子商务从询价、谈判、签约到最后的合同实施有着一整套的交易流程与规范，交易手续非常严格。由于 B2B 类电子商务的交易金额较大，因而其对交易的信息安全要求特别高，尤其是网上支付等金融信息安全要求更高。

对于 B2B 类的电子商务，企业在选择物流模式时要充分地考虑各种因素。

（1）对于某些已经拥有一定规模的自有物流体系的大型制造企业而言，可以考虑采用自营物流模式，将原有的物流网络进行扩展，并完善各种物流设施与设备，最终以企业自身的物流系统提供运输配送等服务。这需要企业具有组建全国性或区域性物流网络的技术能力和资金实力，如具有广泛的销售网络的大型制造企业等在采用自营物流模式方面就具有天然的优势。

（2）对于大多数中小型的电子商务企业而言，在考察物流企业的网络覆盖面的基础上，直接与大型的第三物流企业合作是最为便捷的模式。这将确保为客户提供优质的物流服务的同时，也降低了中小型企业的经营成本。B2B 类电子商务很重要的目标是与客户建立良好的长期合作关系，这就需要保证物流服务质量的稳定性。而通过自己组建物流系统，企业将能够较好地控制整个物流运作流程，在确保物流配送系统稳定性的同时，提升客户服务的满意度，将有助于合作关系的稳定。

2. B2C 电子商务物流模式

B2C 电子商务是企业对个人的交易模式，最著名的 B2C 平台是当当网和卓越网。B2C 电子商务最大的特点是一对多，客户群体非常广泛且比较分散，客户的需求各种各样；每笔交易额度小，但总量规模较大。B2C 的特点决定了它的物流配送的目的地非常分散，配送需求随机化，配送的频次较高，这使得其对物流服务商的配送网络和服务能力提出了较高的要求。

对于 B2C 电子商务模式而言，物流模式的选择有多种途径。

（1）当 B2C 企业物流管理能力强，物流成本优势大，就意味着 B2C 企业有能力建立自己的物流体系，并且花费的成本小，利润高，这时的 B2C 企业一般采用自营的物流配送模式。

（2）对于大型已有一定销售流通网络的企业，也可以选择自有物流系统与第三方物流共赢的模式。部分大型企业在全国各地拥有自己的销售网络，只需要对其升级改造并扩宽其覆盖面，就可以形成自有物流配送网络，这样在企业与各地分销中心之间的物流由自有物流系统完成，对于分销中心与消费者之间的最后一公里的配送则由第三方物流企业完成。

（3）当 B2C 企业物流管理能力弱，成本优势也小，也就是这些 B2C 企业不具备自建物流的实力，而销售上如果加上物流费用就不再具有价格优势，这时，最好的选择是与各地的区域性物流企业建立物流联盟。大部分的物流企业的网络只限于某些地域，那么，企业可以有选择地与各地方的优势物流企业进行合作，签订长期合作协议，建立物流联盟，实现合作各方的互赢。通过与区域性物流企业合作组建物流联盟，面对随时快速变化的市场环境，联盟体成员可以共同承担市场风险，通过协作化的运作来管理，最大限度地降低单个企业的经营风险。

当然，B2C 电子商务企业也可以直接将物流配送外包给物流服务能力强、网络覆盖面广的大型著名第三方物流企业，确保为客户提供优质的物流服务。

3．C2C 电子商务物流模式

C2C 电子商务是个人对个人的交易模式，国内最主流的 C2C 电子商务平台是淘宝网。只需要支付少量的费用甚至免费，个人就可以在 C2C 电子商务平台上销售商品，每个人都可以成为卖家和买家。C2C 具有广泛的互动性、开放性和包容性，是涉及面最广泛、参与人数最多的交易模式，其整体的交易活动也具有较强的波动性。

C2C 模式的个性化和分散化的特性，使得其在物流模式的选择方面具有鲜明的特点。站在 C2C 交易的买方和卖方的角度而言，选择第三方物流是最经济和便捷的方式。作为专业化的物流公司，第三方物流拥有专业化的物流设施与设备、广泛覆盖的物流运输网络和丰富的运作经验，具有强大的物流运作能力，能够为客户提供个性化的物流服务，如提供门到门的运输和多式联运等各类服务，尤其擅长个性化和分散化的配送服务，非常适合 C2C 交易模式下的客户需求。

作为 C2C 平台而言，很少有 C2C 平台直接组建自己的物流体系的，大多是与第三方物流公司进行长期合作。它可以选择与国内某一家主流的物流服务提供商，如中国邮政等进行合作，这样将迫使借助该平台上进行的交易活动必须选择该平台确定的物流服务商。也可以像淘宝网一样选择与多家第三方物流合作，这样交易双方可以出于自身的考虑选择适合自己的物流服务商。总之，选择第三方物流模式非常适合 C2C 电子商务，以其专业化和流程化内部运作管理，整合社会资源，能够以最低的成本为客户提供最满意的服务，与客户一起共同打造最具竞争力的供应链，使得其对 C2C 双方非常有利。

10.1.3 电子商务物流的发展趋势

1．C2C 电子商务第四方物流

在现有的 C2C 物流模型下，受到 C2C 物流本身单量小而总量庞大及物流企业本身规模较小的限制，难以通过物流的规模效益降低物流费用的边际成本。由于各物流企业独立进行物流运作及配送查询等全套物流服务，难以降低物流服务成本，整个物流环节缺少有效的监督体系，物流服务质量难以充分保证。

由 C2C 网站和一些规模较大技术相对成熟的第三方企业合作建立纵向一体化的第四方物流服务平台，C2C 网站负责收集整理物流信息，第三方物流企业负责实际物流作业，由第四方物流服务平台整合物流资源，设计优化供应链，为客户提供完整的物流服务方案并提供整套物流服务。

第四方物流服务平台的组成部分和服务内容主要由以下几个方面构成：客户订单收集系统、运输路径优化系统、物流企业选择系统、客户方案选择系统、调度管理优化系统、物流指令下达、物流作业完成、客户信息反馈交互。其运作流程如图 0-2 所示。

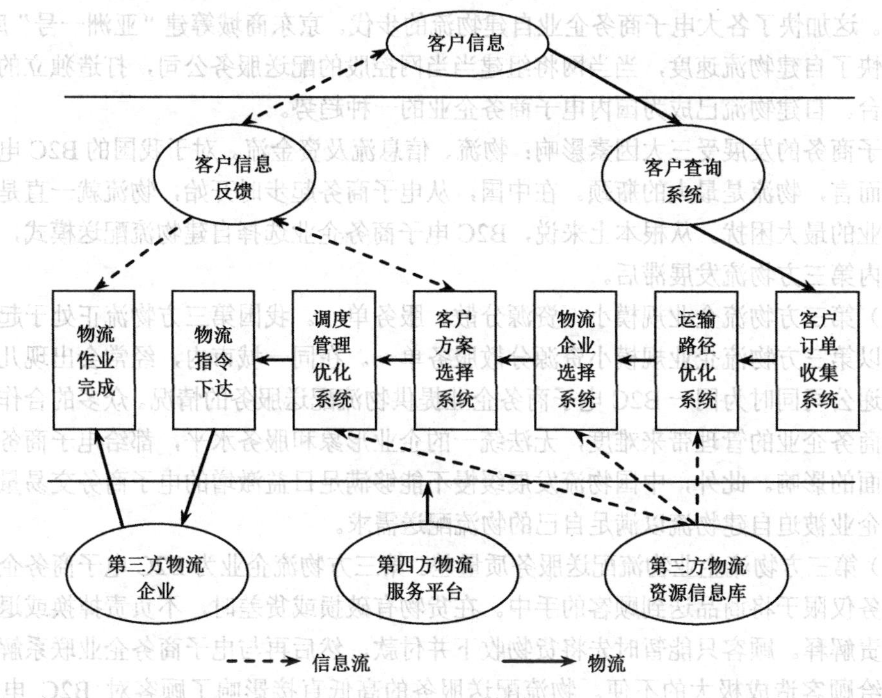

图 10-2　C2C 第四方物流模型

通过第四方物流服务平台，C2C 电子商务的物流体系可以得到很大的改善。

（1）降低物流成本。由于第四方物流服务平台面向多个第三方物流企业和绝大部分的 C2C 网站交易客户，做到了最大限度的物流资源整合，能够充分利用物流资源，实现规模效益，降低物流边际成本，从而降低物流成本。

（2）提高服务质量。第四方物流服务平台通过整合多个第三方物流企业资源，拥有最充分的物流资源，为客户提供快捷优质服务，服务覆盖面更广，覆盖密度更密集。整个物流服务过程都在第四方物流服务平台的控制下，一方面，可以通过客户查询系统向客户提供及时的商品物流信息；另一方面，一旦商品出现安全问题，可在第一时间发现并解决。

（3）能够实现整个服务平台参与者的多赢。由于第四方物流服务平台能够为客户提供低价、快捷、高服务水平的物流服务，必然会促进更多C2C交易的产生，从而使C2C网站获得更大的发展。第四方物流服务平台整合了第三方物流企业的物流资源，实现了物流服务资源的规模化利用，使第三方物流企业能够用较少的物流资源低成本地完成更多的物流作业，获取更多的利润；C2C买卖双方获得了更好的物流服务，第四方物流服务平台也获得了自身的服务费用，达到了真正多赢。

2. B2C电子商务企业自建物流

我国电子商务目前主要采用的是自营物流、物流联盟、第三方物流这三种模式。但是最近几年电子商务快速发展与第三方物流尤其是快递业发展滞后的矛盾逐渐凸显，2010年，全国各地“快递爆仓”现象频发，商品积压，用户收货期无限延迟。这一方面是由于油价上涨、成本增加所致，另一方面是网购市场的发展太快，快递企业业务量超过预期。这加快了各大电子商务企业自建物流的步伐。京东商城筹建“亚洲一号”库房，凡客加快了自建物流速度，当当网将组建当当网控股的配送服务公司，打造独立的物流开放平台。自建物流已成为国内电子商务企业的一种趋势。

电子商务的发展受三大因素影响：物流、信息流及资金流。对于我国的B2C电子商务企业而言，物流是最大的瓶颈。在中国，从电子商务起步时开始，物流就一直是电子商务企业的最大困扰。从根本上来说，B2C电子商务企业选择自建物流配送模式，主要由于国内第三方物流发展滞后。

（1）第三方物流企业规模小、资源分散、服务单一。我国第三方物流正处于起步阶段，所以第三方物流企业规模小资源分散服务单一。在同一城市内，经常会出现几家不同的快递公司同时为同一B2C电子商务企业提供物流配送服务的情况。众多的合作企业给电子商务企业的管理带来难度，无法统一的企业形象和服务水平，都给电子商务企业带来负面的影响。此外，中国物流发展缓慢不能够满足日益激增的电子商务交易量，电子商务企业被迫自建物流以满足自己的物流配送需求。

（2）第三方物流企业物流配送服务质量差。第三方物流企业为B2C电子商务企业提供的服务仅限于将商品送到顾客的手中。在货物有破损或货差时，不负责掉换或退货，也不负责解释。顾客只能暂时先将货物收下并付款，然后再与电子商务企业联系解决问题，这给顾客造成极大的不便。物流配送服务的高低直接影响了顾客对 B2C 电子商务企业的评价。

（3）第三方物流企业物流管理信息系统落后。目前国内第三方物流企业，有的未建立物流管理信息系统，有的虽已建立物流管理信息系统，但也只具有简单功能，不能实现对物流全过程的管理，造成第三方物流企业与客户之间信息沟通不畅。货物破损丢失、送货延迟等问题经常发生，致使B2C电子商务企业与顾客之间产生大量摩擦，客户投诉率高，严重影响了电子商务企业的形象。

而B2C电子商务企业自建物流关系到电子商务企业的未来发展，它为企业自身带来很多优势改变。

（1）提高仓库利用率。电子商务企业自建仓储，对于存放特种商品更为有利，可以极大地提高仓库的利用率。我国的电子商务企业在销售商品类别上区分度还是比较大的，尤其是一些大的 B2C 电子商务企业。比如，京东商城以电器为主，当当网以图书为主，凡客则以销售服饰类商品为主。未来随着专业市场的划分，这一趋势会更明显。这些电子商务企业的商品特点是小而多，并且出入库操作频繁，要求仓库层高小、平面面积大。我国目前提供租赁的仓库大都形式过于单一、单体面积过小，无法满足客户的个性化需求。而电子商务企业自建仓储则可以很好地解决这一问题。

（2）能够降低 B2C 电子商务企业的物流成本。由于目前国内第三方物流企业规模小、资源分散、服务单一，所以，B2C 电子商务企业被迫与不同地域及不同物流服务功能的第三方物流企业合作，这就不可避免地造成了较高的物流成本。相比之下，电子商务企业自建物流能够有效地降低物流成本，一旦电子商务企业物流配送体系建成，其所带来的成本节约效益立竿见影。

（3）加速了 B2C 电子商务企业的资金周转。在当前国内电子商务网络购物环境下，在结算方式上大多数消费者倾向于选择货到付款。因而，对于与第三方物流企业合作的电子商务企业来说，只能通过第三方物流企业的配送人员在配送货物的同时代为回收货款。但是，这种方式使得代收款的返还速度慢、时间长。然而，B2C 电子商务企业自建物流，可通过自己的配送人员，在上门配送货物的同时收取货款，这就实现了当天发出的货物，当天回款，大大地提高了资金周转效率，降低了资金周转压力。

（4）有利于提高 B2C 电子商务企业的服务质量。一方面，电子商务企业服务到家，拉近了与顾客的距离，能够更全面地了解其所属市场的情况与特点。根据顾客反馈的信息，更好地改进产品的性能，提高服务的质量，树立了良好的企业形象。另一方面，配送及时、配送时间灵活、送达商品完好、付款安全和方便等都有效地降低顾客的投诉率，这就为电子商务企业获得了更广阔的市场发展空间。

一方面，B2C 电子商务企业自建物流给自己未来的发展提供了很多有利条件；另一方面，自建物流也可能带来一些不能忽视的危机。企业自建物流就必须投入大量的人力、物力、财力进行物流配送，大量的资金投入到仓储设备、运输设备上，这就必然会减少对其他重要环节的资金投入，削弱了企业的市场竞争力。同时，企业所涉及的领域更多，有可能导致产业分工不明，销售业绩难以保证，这个时候自建的物流业务就会增加额外的成本。

综合以上分析来看，大型电子商务企业自建物流是利大于弊的。首先，资金有保证。大型电商企业经过多年累积已具备一定的资金实力，并且可以通过投融资吸纳社会资金。其次，市场有保证。大型电商企业通常已经拥有了固定的客户群。虽然销售业绩也会受宏观经济的影响，但起伏不会太大，能够有效地利用仓储设施和配送网络。最后，大型电子商务企业的适应能力强，在国家宏观政策出台后能够通过一系列的调整。而对于一些中小型电子商务企业来说，最好是通过物流联盟模式选取合适的物流公司来帮助其完成商品的调拨配送。

电子商务自建物流对于我国既有的物流市场是一个有利的刺激，它不仅会导致电子商务市场的一次大洗牌，不合格的电子商务企业将逐渐被淘汰出市场，还会促进物流市场的规范化，进而提升整个社会的物流服务水平。

10.2 京东物流案例分析

10.2.1 案例背景

京东商城是中国垂直 B2C 市场最大的 3C（计算机、通信和消费电子产品）网购专业平台，依托其庞大的物流配送体系，为消费者提供“足不出户”的便捷。

1. 自建物流配送体系

京东商城斥资在上海成立了圆迈快递公司，并且陆续在全国 23 个重点城市建立了配送站，覆盖全国 200 座城市，为客户提供物流配送、货到付款、上门取件等服务，全面提升了全国物流的配送速度和服务质量。此外，在北京、上海、广州三地的仓储面积达到了 8 万平方米。在华东物流仓储中心，投资上千万元的自动传送带投入使用。目前，京东商城在上海“亚洲一号”仓储基地约 20 万平方米，号称有“鸟巢”的 8 倍那么大；北京物流中心占地 30 万平方米。京东商城同时开工建设 7 个一级物流中心和 25 个二级物流中心，在上海嘉定建设的“亚洲一号仓储中心”面积达到 26 万平方米，未来 3 年计划投入 50 亿～60 亿元在全国范围建 20～40 个大家电仓储中心，5 年内还将投入 100 亿元扩展全国物流网。

京东商城自营配送区域表如表 10-1 所示。

表 10-1 京东商城自营配送区域表

物流中心	覆盖地区
华北（北京）物流中心	北京、天津、河北、山西、河南、辽宁、吉林、黑龙江、内蒙古、山东、湖北
华东（上海）物流中心	江苏、浙江、上海、安徽
华南（广州）物流中心	广东、广西、福建、湖南、江西、海南、台湾、香港、澳门
西南（成都）物流中心	四川、重庆、贵州、云南、西藏、陕西、甘肃、青海、宁夏、新疆

京东商城选择自建物流，主要是因为国内物流企业的发展步伐跟不上电子商务的快速发展，电子商务企业很难找到一家能在服务、速度、费用三者间取得平衡的物流公司。另外，在当前第三方物流还不是很发达的情况下，很难满足企业的多方面需求，企业不愿意由于物流和客服的滞后影响到业务的快速增长。所以选择自营配送使京东商城保证了物流服务的及时性和安全性，也保证了假期等特殊时期业务的稳定性。也正是有了京东商城自营配送模式的支持，京东商城在 2010 年 4 月正式推出了“211 限时达”服务，即指即每天 11 点前下订单，下午送达；23 点前下订单，次日上午送达。高效率的服务获得了更高的客户满意度，同时也使京东商城的订单量呈上升趋势。京东商城还开始出售“上门服务”业务，包括 DIY 上门装机、电脑故障上门诊断等增值服务，以期形成差异化的竞争。

京东商城自建物流体系的流程如图 10-3 所示。

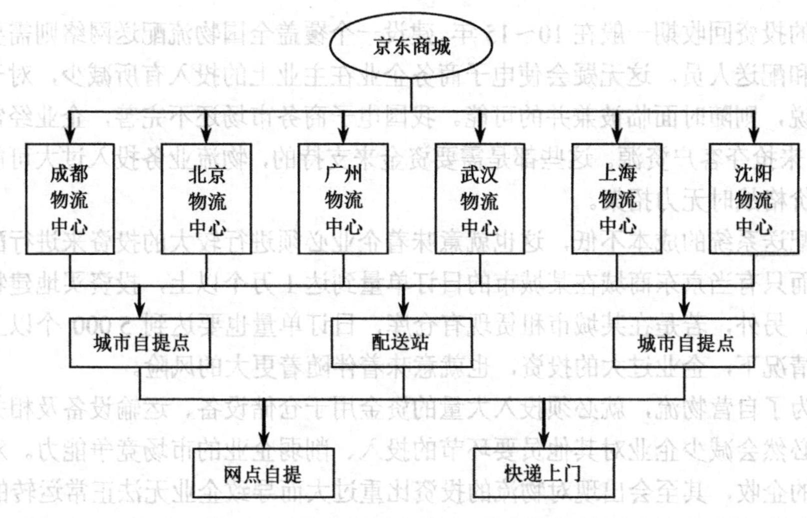

图 10-3　京东商城自建物流体系的流程

2．第三方物流配送体系

京东商城业务已经发展到了二、三级城市，如果在全国每个二级城市都建立自己的物流配送中心，投资巨大，而业务量不足以维持物流中心的运营。因此，京东商城采取与当地第三方物流公司合作来完成配送。其主要的第三方物流公司有中国邮政、宅急送等。

在配送大家电时，京东商城还选择与厂商进行合作，因为大家电的物流配送成本较高，假设京东商城自行运送，则成本将高于利润。而生产商在各个城市均有自己的售后服务网点，有自己的物流配送合作伙伴或者自己的物流配送中心。如京东商城和海尔合作，海尔有自己的物流中心。例如，从上海发到武汉的大家电，平均成本是每件 400 多元。但若与当地厂商合作，每件的配送成本只有 48 元，能节约成本 90%。而厂商拥有自己的合作伙伴，并都建有自己的服务网点。与厂商的合作不仅能够节约成本，也能够用厂商的知名度来替京东商城做宣传。

10.2.2　案例分析

1．问题分析

（1）物流成本难以控制。自建物流给京东商城的经营也带来了相当的压力。京东商城大量组建仓储配送中心，其物流成本率（包括仓储、配送等费用）在 16%～20%，即便如此，16%的物流成本率仍是一个非常大的费用比例，高于苏宁（11.95%）、国美（14.27%），因此，其成本控制程度低，各项物流成本没有细化。

一般而言，采用此模式的都是资金雄厚且业务量大的大型企业，因为配送达不到规模效应，就会造成物流设施闲置，成本自然提高，企业盈利能力降低，成本与盈利没有很好地平衡，控制程度低。

（2）物流设施投入风险大。物流基础设施建设及物流供应链的管理维护需要投入大量的人力、物力、财力。自营配送模式要求企业自建仓库，而自营仓库的投入较大，短时间内成本都收不回来，便会造成企业的资金缺乏灵活性。从一般的物流园区规划来看，仓储设施的投资回收期一般在10～15年。建设一个覆盖全国物流配送网络则需要大量的配送车辆和配送人员。这无疑会使电子商务企业在主业上的投入有所减少，对于一些中小企业来说，则随时面临被兼并的可能。我国电子商务市场还不完善，企业经常会通过“价格战”来抢夺客户资源。这些都是需要资金来支持的，物流业务投入过大可能导致企业在面临价格战时无力招架。

自建配送系统的成本不低，这也就意味着企业必须进行较大的投资来进行配送队伍的建成。而只有当京东商城在某城市的日订单量到达1万个以上，投资买地建物流中心才算合算。另外，若是在某城市租赁现有仓库，日订单量也要达到5 000个以上才算合算。这种情况下，企业过大的投资，也就意味着伴随着更大的风险。

企业为了自营物流，就必须投入大量的资金用于仓储设备、运输设备及相关的人力资本，这必然会减少企业对其他员要环节的投入、削弱企业的市场竞争能力。对于一些规模较小的企收，其至会出现对物流的投资比重过大而导致企业无法正常运转的情况。

虽然自营物流具有自身的优势．但由于物流体系涉及运输、仓储、包装等多个环节，建立物流系统的一次性投资较大，占用资金较多，对于资金有限的企业来说，物流系统建设投资是一个很大的负担。

（3）物流体系建设融资难。京东商城从多个投资人处募集数十亿美元的资金，几乎全部投入物流体系建设。虽然每次的融资都是在金融危机下的大数额，但是京东商城的营业收入却并不理想。

京东商城一直以来的规模扩张成为其持续性亏损的主要原因。从3C到百货，再到图书、母婴用品及奢侈品，京东商城的扩张步伐一直没有丝毫减慢。此外，京东商城还在IT基础设施、平台建设、物流建设、市场投入、人员扩张等方面进行了大规模的投入，同时开始大张旗鼓地投资建设物流中心和在各地组建配送团队。

尽管京东商城当前销售额增长迅速，但是主要的销售额还是来自3C产品和家电产品。其中，电脑和手机的毛利率只有3%，大家电的毛利只有7%左右。而百货增长非常有限，只占整个销售额的10%之内。

与毛利率相比，更严重的问题是运营成本。由于急于扩张规模，京东商城当前整个运营成本居高不下。同时，因为在全国大规模建立库房，物流成本亏损也很严重。此外，近年来京东商城也开始在央视等电视媒体频繁打广告，市场推广费用水涨船高，每年的市场推广费用接近2亿元。

所以，虽然京东商城每年的销售额翻倍增长，但是大比例的成本产出和大规模的投资扩张，让其面临更大的挑战。而京东商城只有不断地融资，才能扩大市场份额，而扩大市场份额，又需要更多资金的支持，这个时候，不断的新融资变成了京东商城必须解决的问题。

2．问题解决

京东商城的两种物流模式现在都不是最完善的。自建自营配送系统，因为国内物流行业的落后制约了B2C电子商务发展，使京东商城无法在国内找得到能满足其配送要求的第三方物流公司。而采用第三方物流配送是因为自营配送投资太大，许多区域自营配送无法达到。

对于京东商城来说，目前的物流配送模式较为合理。自营可以增加速度，节省仓储成本、采购成本等，促进其发展，符合其发展要求。第三方物流的存在是为了节省运输成本，部分商品和地区如果使用自营物流的话，无论人力还是物力资源都会增加物流亏损。

因此，在面对物流模式不完善而造成的一系列问题时，企业应该合理选择物流模式，灵活调整，在高效、高速、低成本之中权衡最优方案，使自己的配送与销售相配合，以达到长久、持续的发展。

（1）专业化控制物流成本。

① 提高仓库利用率。近年来，京东商城的商品品种有 30 余万种，销售 11 大类产品，但是这样的成效不高。京东商场试图扩大图书销售量，超越当当网。前期，低价图书扰乱了图书市场的秩序，现在京东上的图书量不多，图书的更新不快。如果不把图书这一领域专业化，只会占用仓储空间，增加仓储成本。广州、成都和武汉的图书仓库都在建设中，专业化发展也是必然趋势，能够很好地降低仓储成本。

② 提高车辆装载率。通过合理配置，包装多样化，对家电包装箱进行合理的尺寸优化，合理布局、合理设计，提倡满载，最大限度地提高车辆装载率，从而降低配送成本。

（2）第三方物流整合。为降低物流配送成本，可以使同城的若干物流公司在 B2C 业务方面组成专门的 B2C 业务部。同时，该城中的 B2C 电子商务企业也联合起来，与业务部达成战略联盟。这样，各网站在有订单的时候，就将所需配送商品的详细情况告知业务部，再由业务部通过对各物流公司线路及合理发送时间的查询，形成高效的物流配送网，确定最经济、最快捷的方案。这样就会产生规模效益，使得资源得到最合理的利用，降低物流配送费用。

（3）优化操作流程，提高服务水平。在对配送时间要求极其严格的环境下，物流公司也可以采取优化操作流程来缩短在途时间，从而提高服务质量，使得客户满意度上升。独特的处理流程，即提前制单准备——货物出货接收时专人配单、称重划价、叉车出库上车，在每批货物的出库时间差中再在系统中录入收寄信息，省去了装袋、铅封等处理环节，调整了作业顺序，采取邮件先上车后录入的方式和整车散件与集散交接的方式来优化处理流程，缩短了处理时限，提高了劳动效率。

（4）适时物流投资调整。在物流系统建设初期，因花费成本巨大，必须对成本精确核算并严格控制。在物流系统投入使用之后，可以将成本控制战略调整到物流服务水平效益的提高上。而效益的提高必然带来利润的增长，良好的集成化的物流系统可以大大降低额外成本的支出。在物流系统的效率实现跨越式增长之后，物流与电子商务融会贯通的时代是获利的最佳时机。此时，应该将重点放在物流系统维护和塑造企业持续核心竞争力上。同时，通过物流模式的创新提高效率也可以给企业带来外延的利润。

10.3　淘宝系物流案例分析

10.3.1　案例背景

经过不断地发展，淘宝网迅速成长为国内 C2C 交易市场的领头羊，超越 eBay，成功打造了亚太最大的网络零售商圈。物流实际业务需求量上升到 300 万单/日。其中 75%的交易商品需要通过实物递送，物流业务覆盖全国 90%以上市、县、区，达到 2 999 个。

1．“推荐物流”策略

尽管淘宝网上的不少卖家希望淘宝网建立自己的物流体系，然而目前难以实现。虽然没有自己的物流体系，但淘宝网也在探索着自己独特的物流策略——推荐物流，即淘宝网与物流公司签约。签约的物流公司进入淘宝的推荐物流企业行列，这些物流企业便可直接通过与淘宝网对接的信息平台上接受用户的订单。

一直以来，淘宝网便逐步完善自身的网上交易体系。淘宝网评价体系的建立，提高了交易的诚信；支付宝的推出，确保了交易安全；而“推荐物流”模式的实行则使得淘宝网的物流更加规范，博得了网购用户更大的好感。使用“推荐物流”加强了淘宝网对物流的控制力。因此，使用推荐物流后，淘宝网可以对相应物流公司的物流配送情况进行监督，推荐物流也可以为用户提供更好的服务和更优惠的价格。而且一旦出现差错，如发生破损等情况，淘宝网接到投诉后，便会监督物流公司的投诉和理赔情况，这样也会降低淘宝网用户索赔的难度。

物流公司要进入淘宝网的推荐物流行列，必须是网络成熟、排名靠前的企业，而且服务网络是全国范围内的。在进入淘宝网的“推荐物流”之时，也必须与淘宝网签订相关协议，约定服务价格、内容和方式，以及非常优惠的赔付条款，并规定由淘宝网监控和督促物流公司对于投诉和索赔的处理。

与淘宝网合作的物流公司多为民营快递公司，使用推荐物流规范了物流公司的服务，也使买家物流的选择更加方便、快捷，通过网上直连物流公司，真正实现网上操作。买家和卖家还可以从淘宝网直接链接到相关物流公司的跟踪运单信息页面，而无须查询订单号。

同时，淘宝网与推荐物流公司之间的信息平台对接已初步完成。用户在淘宝网上达成交易后，如果使用“推荐物流”，便可以直接在线发送订单，经确认后，物流公司就会上门取货，而且卖家和买家还可以随时跟踪订单。尽管淘宝网用户可以自由选择物流服务商，既可以使用推荐物流，也可以自由寻找其他物流服务商，但如今，淘宝网上使用推荐物流的用户已经达到了 70%。这一比例也初步证明了推荐物流模式的成功。

2．物流仍是“瓶颈”

对于淘宝网来说，“推荐物流”模式更好地规范了其他物流管理和服务，但来自物流的制约并没有消除，物流仍是其进一步发展的瓶颈之一。

相关专家分析，相对于 B2C 而言，物流企业在 C2C 中相对处于强势地位，在某些情况下，难免会出现服务不到位等情况。因为对于物流企业整个业务而言，淘宝网上单一卖家业务所占比例很小，不像 B2C 中的物流业务，会占其业务总额的很大比重。而用户在网上购物除了便捷以外，更多的是因为网上购物价格的低廉。所以网上购物的物流费用比（物流费用占费用的比例）就会成为关注的重点之一。如果网上购买物品的价格和物流费用之和高于在实体店购买的成本，那么用户多数情况下就不会选择去网上购物。因而，在淘宝网上，卖家更多的是考虑物流企业的配送价格，其次才是物流企业的服务质量。在这样的情况下，C2C 交易难免出现物流配送问题。

具体来讲，目前的物流企业在配送时间、物流质量、先验货再签收方面，都存在着较大的问题。而在其上游，它的结算周期、周转效率、抗风险能力也都或多或少地存在某些问题。对于来自物流的制约，淘宝网自身也有深刻的体会。现在的物流企业普遍存在专业化程度低、缺少社会服务、物流标准混乱、物流设备落后等问题，与淘宝网所需要的物流服务还有不小的差距。

10.3.2 案例分析

1．问题分析

（1）物流投诉率高。快递公司业务量大，遗失物品、货物破损的现象时有发生，货损、货差严重，快递公司不允许卖家收货时现场验货。对于淘宝网承诺客户的保质、保量、保真，不满意免费退换方面，一旦货物出现问题，买家需要再次送回卖家手中进行再次沟通，其中的时间与成本问题，给卖家与买家造成了不必要的困扰。

根据统计，发达国家配送的事故频率值基本分布在 0.5～1.0 次/百万吨公里范围内。我国 C2C 电子商务配送的事故频率远远高于这一水平。通过对近百名常常网购的用户进行调查发现，在最近半年内购买的商品中有 87%的客户收到过包装破损的货物，大部分客户提出投诉、要求退换。另据淘宝网社区的一项调查结果显示，货物的安全性没有保障，经常出现货物丢失和破损的情况，占所有投诉问题的 16.1%。

（2）物流商监管力度不够。

① 配送及时性差。快捷的配送指从消费者按下“订购”键，确定订单发出到商品送至指定的地点为止，这一过程周期应尽可能短。发达国家 C2C 配送速度标准为：食品 2 小时，部分日用品 12 小时，其他日用品 24 小时，生产企业直销产品 2 天。

我国 C2C 电子商务配送在快捷与及时方面存在严重问题。快递公司一般承诺是 3～5 天到货，平时大多能遵守，但业务高峰及业务低潮时，物流公司考虑送货地及货物方数、件数等问题，很难保证时限，配送延时有的长达几周。网店评价中不难发现很多买家评价都包含对于货物到达时间太慢之类的抱怨。根据网上披露的资料，在配送不及时方面的投诉最多，三四天内可以送达的货物，配送延时有的长达几周甚至几个月。据淘宝社区的一项调查显示，物流公司上门取货不及时，派送延误占所投诉问题的 16.6%。

而当遇到物流公司延迟发货，或者配送不及时的情况时，淘宝卖家往往除了口头催的方式，就别无他法了。而这种配送不及时产生的盈利损失往往还是由淘宝卖家承担，这个时候，物流商的监管力度就显得不够了。

② 配送便利性不足。配送网点覆盖面不够，限制了配送的服务质量，降低了配送的便利性。淘宝网的各大网点的配送指南中，都对配送地点进行了规定：市内只能配送到一定区域，其余由买家上门自提，买家评价中也可以看到买家提到快递不送到家花了很多路费取货的情况，这样对买家造成了不便，也降低了淘宝网配送的服务质量。在这种情况下，淘宝网平台则对配送网点不能进行控制，完全按照物流公司的规定来进行地点选择。

便利性表现在对买卖双方提供的便利上。国内的民营快递一般能够做到上门取件，卖家可以和快递约定取件的时间，但是很多卖家是晚上包装包裹发货的，很多快递公司都已经下班。对于消费者而言，获得方便是消费者采用网络购物方式的前提条件。我国现有大多数 C2C 电子商务企业都是在指定地点交货或者只配送到一定区域范围。在各大网络商店配送指南中，都对配送地点进行了规定，这大大限制了网络购物的发展。

（3）物流服务质量缺乏评价标准。目前，与淘宝网合作的物流公司参差不齐，对物流服务提供商的服务质量缺少评价手段和标准。物流公司的服务评价构成店铺的评分，不能单独对物流公司作出评价。如使用推荐物流，然而对方却在发货近10天后才收到。对方因快递时间过长，使卖家得到差评，损害卖家的信誉。如果用户在物流这一环节受到挫折，那么势必会影响到淘宝网的交易量。由于这些物流公司是淘宝网指定的，那么这些物流公司服务的不完善，也会使淘宝网的形象受到损害。

2. 问题解决

（1）选择淘宝网物流联盟配送模式。深究淘宝网物流配送中买卖双方地位不平等的现状，其根源在于买方与物流配送企业之间信息不对称，众多学者认为解决此问题的方法就是打造一个物流信息平台，但是怎么打造各有观点。根据对淘宝公司状况的分析，建议淘宝选择物流联盟配送模式。

物流联盟是指物流配送需求企业或物流企业之间为了提高配送效率及实现配送合理化所建立的一种功能上互补的配送联合体。这种模式是两个或两个以上的企业为了各自的利益，以契约方式达成某种协议，开展联合配送，建立联合体或互用对方配送系统的配送模式。其目的是实现联盟参与方的“共赢”，具有相互依赖、核心专业化、强调合作的特点。

淘宝选择物流联盟配送模式，具体运行方式如下：淘宝以网站方式建立地区物流配送平台，和物流公司保持合作关系，消费者购买产品后，选择备选物流公司，淘宝配送平台再根据实际货运情况以最优化配置为基础向某个物流公司下订单。

（2）加强物流商监管力度。低价竞争无法保证高质量服务，只有提高了服务质量，才能有效地促进C2C的发展。对于淘宝网所使用的推荐物流，淘宝网平台必须加强物流商监管力度，使第三方物流在便利性、及时性、安全性、服务态度方面提高其作为网络购物者服务的质量。

① 配送准确性。首先是管理的信息化，通过计算机网络，及时收集、传递、处理淘宝网上的物流订单信息；其次是物流作业的自动化，采用条形码、RFID等自动识别技术，实现信息录入的自动化；提高配送中心分拣和装卸搬运设施的机械化和自动化程度；最后是客户服务的网络化，做到企业内部信息的及时更新，使消费者可以在第一时间，通过网络了解自己订单的状态。

② 配送安全性。卖家发货前首先应合理使用填充物，固化商品包装，以防止商品破损；填写运单时要保证送货信息的准确和清晰，以便快递公司准确辨认；针对不同的商品类别和配送需求，选择合适的快递企业。

③ 配送快捷性和便利性。针对不同客户的个性化需求选不同的快递企业，使商品能以最快的速度送到消费者手中，做到准时送货上门、协助顾客签收验货等。在便利性上，在不同地区适当分布其服务网点，扩大网络覆盖面。为卖家提供上门取件、灵活化取件的时间，提供送货到家的门到门服务。在及时性上，能够做到当天货物当天发出，保证高效率的物流，途中不耽误，能够在保证时间送到消费者手中，增加限时物流服务的提供。在安全性上，避免粗暴搬运，有一定的仓储、物流保护措施，保证货物包装完好地

到达消费者手中，货物损坏有一定的理赔机制。在服务态度上，能做到热情周到，取得消费者的信赖。

（3）提高物流信息化水平。国内的第三方物流公司的网络化经营平台不足，给买卖双方造成了不便。从中国物流业整体来看，大多数企业仍处在信息化建设初级阶段，基础硬件系统建设是这一阶段的主要内容，硬件投入占整体 IT 投入的 68.8%。

目前，从整体上看，我国信息服务产品的投资要远低于硬软件投资。为满足 C2C 业务的要求，第三方物流企业应重视行业应用软件的开发和信息服务水平的提高。信息化水平的提高不仅能够提供查询、跟踪功能，而且先进技术水平的引进，还可以提高服务质量，如增加投递的准确率、加快货物的流转、减少在途时间、提高货物的安全到达率。

（4）完善制度、法规，专业标准化经营。物流公司应该细化其服务项目，从提供交易平台、计算运输费用，取货、包装、送货到确认理赔等提供一系列的网络化、专业化、标准化服务，真正做到为专业的网络卖家服务。目前物流行业，还亟须规范。应该由一些大的物流企业逐渐收购一些中小型的物流企业，将那些服务不到位的物流企业逐渐淘汰掉，建立标准化、规模化、专业化的第三方物流。

而对于政府来说，应当在政策、法规上加强支持力度。物流行业必须在政府的主导下建立统一管理和协调有序的全国性或跨区域性的物流协调机构，由其承担组织协调职能，为统一管理物流行业创造条件。在加强外部管理的同时，完善内部的监管，建立、健全物流配送体制，相互制约促进其发展。

学习资源

[1] 电子商务网（eb.mofcom.gov.cn）

[2] 中国电子商务与物流网（www.56ec.org.cn）

[3] 京东商城官网（www.360buy.com）

[4] 阿里巴巴物流网（56.china.alibaba.com）

课后练习

案例 10-1 亚马逊“互联网+仓储物流”

总部位于西雅图的亚马逊公司创建于 1995 年，其所创造的网上零售帝国是无数中国电子商务创业者模仿的对象。目前，亚马逊全球有约 50 个运营中心，其中凤凰城运营中心是亚马逊位于北美的最大运营中心，占地面积约为 56 206 平方米，相当于 10 个足球场大小，其中传送带总长达 9.6 千米，该运营中心每天可运送几十万个订单。

1. 互联网下的亚马逊仓储物流运营

（1）首先是亚马逊的采购人员下订单。当这个订单被系统接收后，供应商可以在终端经由一个特定网站进行送货预约，系统会给予以往客户订单的分布及仓库的存储空间做出计算，最后决定供应商送到哪个库房。接收货品的地方就是亚马逊的“库房码头”。

（2）库房码头是 24 小时收货，员工在库房码头收货时会打开货品的箱子对货品条码进行扫描，于是这些货品进入到了亚马逊的系统里面，不过此时这些货品并未对外出售，而是等待着上架。每个收货工作台上都有一个小按钮，员工有任何收货疑问都可以按这个按钮，库房里会响起短促的铃声，10秒钟之内会有一位助理过来，给员工解决问题。

（3）经过扫描后的货品，随后被摆在蓝色的架子上等待上架，有专门负责上架的员工会把这些货品推走，进行第二次扫描并放在工作车上，随后这些货品会在数小时之内摆放在货架上，而从货品上架那一刻起，用户就能够在amazon.com上看见并且进行购买。

（4）独有的上货特点是：随意摆放、人动货不动。负责上架的员工，会根据行走的路线，以及货架上是否有空间，随意摆放并扫描至系统里。这样做的好处是，缩短捡货的距离。

（5）能够根据随意摆放记录的位置及订单所需求的货物，进行最短捡货路径的计算。系统会将几张订单分配给一个员工，并优化出最佳路径，员工甚至是无纸化进行操作，每捡完并扫描一件货品后，手持终端会自动告诉他下一个要去的货架。

（6）在捡货的时候，系统会将订单分为两类，一类是单件货品订单，另一类是多个货品订单，由两条不同的流水线进行包装，这样做的好处是更加节省时间。

（7）捡货员根据系统给的订单和计算出的路线，装满捡货车后，会送到包装流水线上。包装台上的员工对货品进行扫描后，系统会根据商品录入时的大小、重量，自动挑选合适的包装盒，员工进行包装、贴条、贴订单信息，然后将货品放在一旁滚动的传送带上。

（8）不同的货品无序摆放在一辆捡货车上，这些货品的主人并不是一个人，如何进行分辨？系统会告诉包装员。在包装员的面前有可以调节容量大小的不同货架，每扫描一个商品，系统会自动辨识放在哪个货架上，这样一张订单的货品就能够统一在一起。然后系统同样根据所有物品的长度和宽度，给出最合适的包装建议，贴上订单后的物品同样进入传送带。

（9）这些上了传送带的包裹，开始向订单的主人们靠近。但在此之前，亚马逊还有一道特殊的测重程序，来衡量包裹是否和订单内容一致。在传送带的中间，会有一台仪器对包裹上的订单信息进行扫描，并且在传送带上对重量进行评估，系统会对这些订单信息上的货品收货时的重量进行累加，计算出是否和测量的重量一致，以根据此推算内容是否有误。如果误差很大，则会在传送带的一个分叉口被自动踢出，等待员工的核查。

（10）那些没有问题的货品，则在滚动的传送带上浩浩荡荡地来到快递区，这里有分拣人员，根据订单上不同的物流信息，将货品分类至不同的传送带上，传送带的尽头，不同的快递公司的货车在等待着这些货品的到来，并在订单期望时间送到用户手中。

（11）在仓库里还有两块区域，一块区域封存了许多机器设备，这些机器在新年、圣诞等节日高峰会启用。还有一块区域则有秩序地堆放了一些畅销产品，这些产品出货量大，周转速度快，因此被单独放出来，如亚马逊推出的Kindle。

2. 亚马逊的智能仓储系统

很多人认为亚马逊是一个互联网公司，但是在互联网的背后，有着非常庞大复杂的系统。这些智能系统让亚马逊的购物体验更为便利和贴心，也是亚马逊不断创新、优化升级的成果。

2012 年亚马逊以 7.75 亿美元的价格收购了机器人公司 Kiva Systems，Kiva 的机器人可以在大型仓库自动分拣货物，从而帮助亚马逊提高效率。这些机器人高 16 英寸，重约 145 千克，移动速度可达 5 英里/小时，最多可承载 317 千克的货物。

Kiva 机器人目前所做的只是将相应的货架移到仓库员工面前，减少他们在仓库中的走动距离，产品的分拣、包装还是要靠人来实现。

亚马逊的 20 个物流中心现在总共配备了 4.5 万台机器人，包括能够搬动大件商品的大型机械臂。除了仓库之外，亚马逊还打算将其业务的其他方面也实现自动化。亚马逊在去年 12 月宣布，公司在英国首次实现无人机送货。它还提出了一项专利申请，未来可能会利用自动化无人机将包裹从大型飞艇送至用户手中。

（资料来源：www.cifnews.com）

思考：

1．结合案例，谈谈你对亚马逊仓储物流的看法。

2．亚马逊的仓储物流对我国的电子商务物流业有何借鉴？

案例 10-2 当当电子商务物流

从成立至今，当当网用改变了人们图书馆消费习惯的事实来证明自己的成绩。不过，事情的发展总不会一帆风顺，当当网虽然已成为 B2B 领域的领军者，但一样会遇到各种难题。

1．自行车快递

从 2004 年起，当当网开始进行业务拓展，除了先前经营的图书音像业务外，兼营家具百货等业务。2007 年 5 月，当当网搬进了位于北京南五环的新物流中心，自身运转能力得到进一步提升。按照当当网的数据，目前当当网经营近百万图书、音像、家具、化妆品、数据产品、饰品、箱包、户外休闲品等商品，是中国经营商品种类最多的网上零售店。虽然业务越来越大，但熟悉当当网的人知道，当当网的业务是由一支自行车队闯出来的。这个点子出自当当网总裁李国庆。他发现，既要控制同城的物流成本，又要在短时间内将品牌送到，单车物流是个不错的选择。于是，当当网便在同一个城市，找到几家自行车快递公司进行合作。在北京，当当网靠着单车物流实现了 4 小时送货到家的服务。供应链竞争将成为网上零售的核心问题，管理好供应链，对于当当网这样的网上零售企业来说是非常重要的，单车物流给当当网供应链下游的管理提供了方便。

2．竞“快”卓越网

提起当当网的供应链管理，不可避免地要谈到卓越网。如何使一本书从供应商手里最快到达网站系统，让消费者很快看到，并快速送到他们手中，这是网上零售企业面临的真正挑战。被亚马逊收购之后，卓越网变得更有活力，在经营商重新焕发生机，将更多的资金投入到后台建设，为优化自身供应链管理，与美国亚马逊实现更好的对接。2006 年 10 月，卓越网开始了大规模改版，推出一系列新功能。在物流方面，卓越网通过巨大的投资和努力，构建了 308 个城市货到付款的体系。B2C 网站一旦规模做大，其管理、物流、人员成本增加，进一步加重了运营成本。

3. 快递是“短腿”

当当网是中国最早学习亚马逊的网上零售企业。但当当网并没有因为有先例在前，很难在经营之路上走得轻松。尤其是亚马逊实现了零库存之后，当当网的跟进步伐显得更加困难。近年来，当当网致力于打造自身的物流中心，提高了运转能力。但国内目前的零售环境尚不能支持当当网实现零库存。因为，我国当前的B2C还属于市场培育阶段，从供应链管理角度来说，网上零售企业很难控制上游的供应链，所以它只能用库存保证经营。如果当当网想实现零库存，需要经过长时间的市场积累。

市场环境并未给当当网的大步发展提供舞台，基础性服务业的不完善，反而为其制造了难题。任何一家网上零售企业都不可避免地会遇到配送时间延误的事情，这可以理解为它们在供应链的上下游协同上出现了问题。当当网等网上零售企业出现之前，很多人对同城快递等的概念还比较模糊，而当当网等网上零售企业的出现推动了快递行业的发展。近几年，随着像当当网等网上零售企业的发展壮大，一些快递行业逐渐跟不上步伐，给其发展造成了一定的障碍。

（资料来源：tech.163.com）

思考：

1. 请结合案例，说明网络营销和传统营销有哪些不同。
2. 你认为网上零售电子商务发展存在的主要问题是什么？

第 3 篇　方案设计概述

第 11 章

物流方案设计概述

【学习要点】

- 熟悉方案与整体解决方案的概念；
- 熟悉系统分析的内容；
- 熟悉定量与定性技术。

11.1 方案与整体解决方案

11.1.1 方案的基本概念

方案（Plan，Scheme，Program）指进行工作的具体计划或对某一问题制定的规划。具体而言，方案有两个方面的意思：工作或行动的计划；制定的法式、条例等，如教学方案。

方案是计划中内容最为复杂的一种。由于一些具有某种职能的具体工作比较复杂，不做全面部署不足以说明问题，因而，公文内容构成势必要烦琐一些，一般有指导思想、主要目标、工作重点、实施步骤、政策措施、具体要求等项目。

方案的内容多是上级对下级或涉及面比较大的工作，一般都用带“文件头”的形式下发，所以不用落款，只有标题、成文时间和正文三部分内容。方案的标题有两种写法：一个是“三要素”写法，即由发文机关、计划内容和文种三部分组成，如《武汉纺织大学五年发展规划总体方案》；另一个是“两要素”写法，即省略发文机关，但这个发文机关必须在领头的“批示性通知”（文件头）的标题中体现出来，如《治理纺织工业危机，实现良性循环方案》。郑重起见，方案的成文时间一般不省略，而且要注在标题下。方案的正文一般有两种写法：一是常规写法，即按“指导方针”“主要目标（重点）”“实施步骤”“政策措施”及“要求”几个部分来写，这个较固定的程序适合于一般常规性单项工作；二是变项写法，即根据实际需要加项或减项的写法，适合于特殊性的单项工作。但不管哪种写法，“主要目标”“实施步骤”“政策措施”这三项必不可少，实际写作时的称呼可以不同，如把“主要目标”称为“目标和任务”或“目标和对策”等，把“政策措施”称为“实施办法”或“组织措施”等。在“主要目标”一项中，一般还要分总体目标和具体目标；“实施步骤”一般还要分基本步骤或阶段和关键步骤，关键步骤里还有重点工作项目；“政策措施”的内容里一般还要分“政策保证”“组织保证”和“具体措施”等。

方案也可以是下级或具体责任人为落实和实施某项具体工作而形成的文件，然后报上级或主管领导批准实施。写法要求同上。

11.1.2 整体解决方案

整体解决方案是以客户的消费需求为中心，为客户提供“一站式”服务。整体解决方案是现代商业服务的必然产物，在不同的行业中，整体解决方案的形式不一样，但其宗旨都是一样的——以消费需求为中心。

在产品或服务高度同质化的今天，“整体解决方案”（也称“一站式服务”或“系统解决方案”）似乎成了企业的“救命稻草”：创造提供品差异，改变利润增长点，创造新的盈利模式。

那么，什么是整体解决方案？整体解决方案不仅提供产品或服务的销售，还提供相关的技术服务、维修保养服务、使用培训服务、金融保险服务等系列服务。目的是扩大销售和从服务上增值。整体解决方案的基础构成是产品或服务，并且加入了某些附加的元素——由用户使用基础产品而派生出来的需求所创造出的待满足的衍生产品。所以，要使一个产品或服务升级为“整体解决方案”，其关键在于厂商所添加的“衍生产品或服务”（或“附加值”）是否能构成一个“整体”。

如何系统地思考，来分析、构造这些衍生产品或服务，从而打造一套属于本企业的“整体解决方案”呢？产品或服务一般分为三个层次：核心利益层次，是指产品或服务能够提供给消费者的基本效用或益处，是消费者真正想要购买的基本效用或益处；形式产品或服务层次，是产品或服务在市场上出现时的具体物质形态，主要表现在品质、特征、式样、商标、包装等方面，是核心利益的物质载体；附加产品或服务层次，是指由产品或服务的生产者或经营者提供的购买者有需求的产品或服务层次，主要是帮助用户更好地使用核心利益和服务。处于产品或服务核心层次的是产品或服务的使用价值，从顾客角度考虑就是“需要”。形式产品或服务就是一个企业所生产的基础产品或服务，即企业通过生产什么来满足顾客的需要。附加产品或服务则解决了顾客在购买、使用形式产品或服务时所产生的“困惑”。其实，整体解决方案正是针对产品或服务层次中的附加产品而言的，所以一个整体解决方案的构成除了包括形式产品或服务外，还包括解决用户在购买与使用形式产品或服务时的困难。

一般而言，购买阶段可以细分为支付、运输、安装三个子阶段；使用阶段可以分为使用培训、维护和升级这三个子阶段。支付阶段的矛盾集中于企业货币要求与顾客货币现状在条件、形式上的差异。企业完全可以借助银行等金融机构的服务为顾客解惑，如商业票据贴现、抵押贷款融资。现有的一些应用举例，如贵重物品的刷卡消费——解决携带大量现金的不便，购买房子时的分期付款——解决现阶段手头现金持有的不足。运输阶段企业最主要的任务除了减少客户的额外成本支出（除了费用等可见成本外还包括体力、精力等不可见成本）外，重要的是让产品在客户要求的时间、地点（有时可以完全超出客户的预期）到达其指定的地点。安装阶段通常与运输紧密联系，对于一些技术性要求较高，或是专业性较强（安装效果能够影响到产品功能的发挥或是不正确的安装将导致用户后期的成本支出）的产品，企业可以在产品推广时告诉其安装的利弊，在派服务人员为其工作的同时也可以为客户介绍相关的产品知识。培训、产品维护（保养）及产品升级这三个阶段构成了服务利润的很大来源。企业要想使自己的整体解决方案确实能打动客户，那么构建一个良好的客户数据资料库就是必不可少的。通过技术手段而不是以服务热线的方式主动地查找可能的需求客户，即便是每半年一句轻微的短信提示也能够让客户在产品发生问题时第一次想到你。整体解决方案从产品到服务项目都是依托核心产品构建的，其多见于工程类项目。

一个好的整体解决方案带来的利益是多方面的。对方案的提供来说，整合了资源，简化了客户流程，提高了效率，带来更好的客户满意度与忠诚度，更重要的是建立了一种区隔性的竞争优势。而对于方案的接受者来说，一站式的解决方案节约了自己的时间，把所有的问题一次性解决，更便捷、更高效也更省钱。

11.2　物流方案与系统分析

系统分析（Systems Analysis）是政策研究尤其是政策分析的最基本的方法。政策科学的形成与发展在很大程度上要归功于现代科学方法，尤其是系统分析的成熟。系统分析的发展为政策科学的产生奠定了方法论的基础。本章介绍系统分析的概念、内容和技术。

11.2.1　系统分析概述

系统分析构成政策科学的主要方法论基础。尽管系统分析与政策科学或政策分析几乎是同时产生的，但是，政策科学是在运筹学和系统分析的基础上形成和发展起来的。因而，系统分析事实上成为政策科学的一个重要组成部分。

1. 系统分析的形成与发展

20 世纪 40 年代末，由于出现了大量不确定性、竞争性的复杂系统，如军事对抗、经济竞争等系统，一般预测方法越来越不能适应事物发展的需要，于是产生了采用系统思维和技巧的分析方法——系统分析。

系统分析是主要在美国发展出来的重要政策研究方法之一，最早是由美国兰德公司在第二次世界大战结束前提出并加以使用的。1945 年，美国的道格拉斯飞机公司组织了各个学科领域的科技专家为美国空军研究“洲际战争”问题，目的是为空军提供关于技术和设备方面的建议，当时称为“研究与开发”（Research and Development，R&D）计划。1948 年 5 月，执行该计划的部门从道格拉斯公司独立出来，成立了兰德公司，“兰德”是英文“RAND”（研究与开发）的音译。

20 世纪 40 年代末到 70 年代的 30 年中，系统分析沿着两条明显不同的路线发展。一条路线是运用数学工具和经济学原理分析和研究军事系统、社会系统和经济系统等。60 年代初期，美国国防部部长麦克纳马拉把这套方法应用于整个军事领域，并很快在各政府部门推广，形成了 PPBS 系统方法（计划—项目—预算系统，Planning，Programming，Budget System）。PPBS 系统方法主要有长期预算、监督有关项目及其开支情况的管理信息系统和系统分析三个部分。在军事和政府部门的带动下，美国民间企业也开始应用系统分析方法来改善交通、通信、计算机、公共卫生设施的效率和效能；在消防、医疗、电网、导航等领域，系统分析方法也得到了广泛的应用。

系统分析的另一条路线体现在与大学相互联系的研究和教学活动之中。在这一方面，存在着一种把众多的学科加以系统理论化的倾向：开始是在生物学和数学领域，特别是控制论方面；其后扩展到了工程学、通信理论、一般系统论、政治结构、国际关系、管理系统、生态系统、心理和精神分析及教育系统等研究领域，并在这些领域中提出了不少有关系统的理论和方法，系统分析开始成为一种普遍的研究方法。由于系统分析在实际应用和理论研究方面取得了一系列成果，到了20世纪70年代，人们开始认识到采取系统的研究方法，对于改进和提高公共政策系统的功能和有效性是极其有益的，将系统分析与决策相联系，用来解决层次较高、难度较大的大系统问题。系统分析从作为分析经济合理性的应用和作为研究对象的理论体系这种相互分离的状态，逐步走向相互结合、相互补充，发展成为一种有效的方法体系。

系统分析是20世纪40年代为解决人类活动和社会系统中不断涌现出的复杂、庞大和多层次的大系统问题而发展起来的一种以人为中心的并与决策紧密相连的科学。目前，系统分析作为一种一般的科学方法论，已被各国所认可和采用，运用于广泛的研究领域之中，特别是在有风险和不确定性的经济社会政策的制定及公共政策系统的改进上。随着应用数学和运筹学的进一步发展及高容量、多功能电子计算机的出现，系统方法自身及应用范围不断深化扩展，构成了政策研究及政策分析的主导性或基础性的方法。

2．系统分析、运筹学与政策科学的关系

广义的管理科学（包括公共行政学在内）努力确立和应用一般的“管理原则”。这些原则都是建立在对一系列大规模组织内的管理过程、管理动态和管理活动进行分析的基础上的。管理科学的理论核心是改进管理决策。狭义的管理科学是运用科学方法尤其是从管理者的角度对组织的效用进行估算的学问或方法论。这个领域的另外三个名称是“运筹学”、“作业分析”和“决策学”。系统分析则是由定性、定量或两者相结合的方法组成的一个集合，它源于科学方法论尤其是系统论及为数众多的涉及选择现象的科学分支。应用系统分析的目的是要改进人类社会的组织系统。德洛尔认为，（广义）管理科学对政策分析的最大贡献就是它对待问题所偏爱的“系统方法”。可以说，政策科学或政策分析借鉴了管理科学的经验，将系统分析方法及运筹学方法直接运用于政策研究，将之视为自己的方法论基础或组成部分。

美国政策科学家爱德华·S. 奎德对系统分析、运筹学和政策分析的关系做了如下的论述：“运筹学要帮助人们把事情办得更好；系统分析也试图做到这一点。另外，它要把事情办得更好而且更便宜。政策分析试图做到系统分析所要求的一切，此外，它还要求把事情办得更公道。因此，系统分析可以看成包括了运筹学再加上经济的考虑及对目标及其与手段的相互作用的研究。政策分析可以被视为包括了系统分析，但加上政策的分配性影响。政策分析更加重视执行及对政治和组织方面的考虑。”奎德还说：“政策分析在很大程度上是作为系统分析的扩充而发展起来的，而系统分析又是运筹学的扩展。因此，可以将系统分析看成政策分析的一种不完全的或专门的形式。”

当然，系统分析及运筹学并不是政策科学或政策分析的全部。甚至有人对这些方法是否可以从管理决策上有效地运用到政策上持怀疑态度。这些方法存在着一些明显的局限性，例如，他们在提出最优政策问题上忽略了所研究的问题和政策制定、实施过程中的制度背景，他们无法处理某些政治要求，不能处理非理性现象（如意识形态、宗教信仰、高风险投入、自我牺牲及非常规生活方式），不能处理基本的价值观念或价值前提。

3．系统分析的概念

（1）系统的概念。系统（Systems）是系统分析的最基础的概念。美国韦氏词典（Webster' s Dictionary）把系统定义为："系统是有组织的或被组织化了的总体；由构成总体的各种概念、原理有规则地相互作用和相互依赖的形式组成的诸要素集合。"《一般系统论》（*General Systems Theory*）的创始人贝塔朗菲（L. V. Bertalanffy）认为："系统可以定义为相互关系诸要素的集合"，"处于相互关系中并与环境有相互关系的诸要素的集合。"美国学者阿可夫（R. L. Ackoff）则说，系统是由两个或两个以上相互联系的任何种类的要素构成的集合。我国著名科学家钱学森则主张把"极其复杂的研究对象称为系统，即相互作用和相互依赖的若干组成部分合成的具有特定功能的有机整体，而且这个系统本身又是它所从属的一个更大系统的组成部分。"上述学者关于系统的界定不尽相同，但他们都指出了系统的三个基本特征：第一，系统是由要素组成的；第二，各要素间存在着相互联系、相互作用的关系；第三，由要素及要素间关系构成的整体具有特定的功能。因此，可以一般地将系统界定为是由若干处于相互联系之中并与环境发生相互作用的要素或部分所构成的具有特定功能的整体。

系统几乎无处不在，世界上的一切事物都是作为系统而存在的，是若干要素按一定的结构和层次组成的，并且具有特定的功能。它是由要素所构成的整体，离开要素就无所谓系统，因而要素是系统存在的基础；任何一个要素都不能离开整体去研究，要素间联系和作用也不能脱离整体的协调去考虑；系统的性质一般是由要素决定的，有什么样的要素，就具有什么样的系统功能，但系统又具有各要素所没有的新功能；各种要素在构成系统时，具有一定的结构与层次，没有结构层次的要素的胡乱堆积构不成系统；系统的性质取决于要素的结构，而在一个动态结构的系统中，结构的好坏直接由要素之间的协调体现出来；系统与环境之间也存在密切的联系，每个系统都是在一定的环境中存在与发展的，它与环境发生物质、能量和信息的交换。系统的各要素之间、要素与整体之间、整体与环境之间存在着一定的有机联系，从而在系统内外形成一定的结构与秩序，使得系统呈现出整体性、有机关联性、结构层次性、环境开放性和有序性等特征，这些特征就是所谓的系统的同构性。

（2）系统分析的概念。系统分析是一门新兴的边缘学科，至今，对于什么是系统分析还没有统一的定义。随着系统分析在各个领域和各类型问题的应用不断扩展，对系统分析一词的解释出现了多种不同的版本，各派所强调的或研究的重点也不尽一致。先来看看一些国内外学者对系统分析所定义的概念。

政策科学家克朗（R. M. Krone）认为："系统分析可以被视为由定性、定量或两者相结合的方法组成的一个集合，其方法论源于科学方法论、系统论及为数众多的涉及选择对象的科学分支。应用系统分析的目的在于改进公共的和私营的人类组织系统。系统分析既是一种解释性的，又是一种规定性的方法论。"贝塔朗菲（L.V.Bertalanffy）认为："系统分析提出一定的目标，为寻找实现目标的方法和手段就要求系统专家或专家组在极其复杂的相互关系网中按最大效益和最小费用的标准去考虑不同的解决方案并选出可能的最优方案。”菲茨杰拉德（P. Fitzgerald）认为：系统分析方法是分析和评价系统中各个决策点就系统的效果所产生的各种影响和制约。所谓决策点，是指系统中那些能对输入数据作出反应和能作出决策的点（可以是人或自动装置）。因此，在系统分析中，一个系统的设计是以各种决策点为依据的。切克兰德（P. Checklard）认为：系统分析是系统观念在管理功能上的一种应用。它是一种科学的作业程序或方法，考虑所有不确定的因素，找出能够实现目标的各种可行方案。然后，比较每个方案的费用效益化，通过决策者对问题的直觉与判断，以决定最有利的可行方案。美国学者奎德（E. S. Quade）在1987年出版的《系统分析手册》一书中认为，系统分析是通过一系列步骤，帮助领导者选择最优方案的一种系统方法，这些步骤归纳起来主要是：研究领导者提出的整个问题，确定目标，建立方案，并且根据各个方案的可能结果，使用适当的方法比较各个方案，以便能依靠专家的判断能力和经验处理问题。宋健认为：系统分析是研究系统结构和状态的变化或演化规律，即研究系统行为的理论和方法。汪应洛认为：系统分析是一种程序，它针对系统的目的、功能、费用、效益等问题，运用科学的分析工具和方法，进行充分调查研究，在收集、分析处理所获得的信息基础上，提出各种备选方案，通过模型仿真实验和优化分析，并对各种方案进行综合研究，从而为系统设计、系统决策、系统实施提出可靠的依据。顾培亮认为：系统分析是一种决策辅助技术。它应用系统方法对所研究的问题提出各种可行方案或策略，进行定性和定量分析、评价和协调，帮助决策者提高对所研究的问题认识的清晰程度，以便决策选择行动方案。此外，美国兰德公司认为，系统分析与运筹学的关系犹如战略与战术的关系。

综上所述，系统分析是一种系统研究的方法，它运用现代科学的方法和技术对构成事物的系统的各个要素及其相互关系进行分析，比较、评价和优化可行方案，从而为决策者提供可靠的依据。因此，可以将系统分析定义为：一种根据客观事物所具有的系统特征，从事物的整体出发，着眼于整体与部分、整体与结构及层次、结构与功能、系统与环境等方面的相互联系和相互作用，以求得优化的整体目标的现代科学方法以及政策分析方法。

4. 系统分析的特征

系统分析是以系统观点明确所要达到的整体效益为目标，以寻求解决特定问题的满意方案为重点，通过计算工具找出系统中各要素的定量关系。同时，它还要依靠分析人员的价值判断，运用经验的定性分析，从而借助这种互相结合的分析方法，从许多备选方案中寻求满意的方案。作为一种辅助决策的工具，系统分析有以下四个特征。

（1）以整体为目标。系统分析首先把所研究的事物、现象和过程看成一个整体系统，确定给定系统的边界范围，把它从周围的系统中划分出来。同时，鉴定该系统的组成部分，逐级划分，确定各子系统，而各子系统都各具有特定的功能及目标。只有彼此分工协作，才能实现系统的整体目标。如果只研究改善某些局部问题，而其他子系统被忽略，系统整体的效益将受到不利的影响。因此，在对任何系统进行分析时，都必须考虑发挥系统整体的最大效益，不能只限于个别子系统，以免顾此失彼。

（2）以特定问题为重点。系统分析是一种处理问题的方法，其目的在于寻求解决特定问题的满意方案。政策活动涉及大量、复杂和多变的相关因素，许多问题都存在不确定因素。系统分析就是针对这种不确定的情况，研究解决问题的各种备选方案及其可能产生的结果。不同的系统分析所解决的问题当然不同，但针对相同的系统所要求解决的问题，也必须进行不同的分析，制定不同的解决方案。因此，系统分析必须以能求得特定问题的满意方案为重点。

（3）运用定量分析方法。解决问题，不能单凭主观想象、经验或直觉，在许多复杂情况下必须要有精确、可靠的数字资料为分析的依据，在资料的整理方面，又必须运用各种科学的定量方法。系统分析的每一步骤都力求运用一切计量因素，这是区别于传统分析方法的一大特点。系统分析的价值在于，它能先行解决问题中较容易的可计量因素的部分，这些主要由系统分析人员处理，然后决策者可以集中精力来解决问题中较难的非计量因素的部分。

（4）凭借价值判断。进行系统分析时，必须从发展的观点，对某些事物作某种程度的预测，或者用过去发生的事实作为样本，以推断未来可能出现的趋势或倾向。在现代社会管理活动中，有许多因素（如思想品质、政治觉悟、工作态度等）是难于或无法计量的，需要系统分析人员深入细致地调查研究，尤其需要决策者运用丰富的社会经验和高超的判断能力加以衡量和估计。而且，由于系统分析所提供的资料有许多是不确定的变数，不可能完全合乎客观环境的变化。因此，在进行系统分析时，还要凭借价值判断，综合权衡，以便确定满意的方案。

5．系统分析的基本原则

系统是由诸多要素构成的，各要素间又存在着相互作用和相互依赖的关系。系统是不断发展变化的，且受系统内部与外部环境的影响。在对任何系统（特别是结构复杂的大系统）进行分析时，应遵循如下基本原则。

（1）内部条件和外部条件相结合的原则。系统的内部矛盾是决定事物性质的根本原因，但是这种内部矛盾不是孤立的，而是与环境因素相联系的、具体的内部矛盾，环境的变化对一个系统有着很大的影响。例如，一个企业的经营管理系统的发展变化不仅受到企业内部的各种因素如资金、物流和信息等相互作用的影响，而且还受到社会经济的运行及市场状况等外部条件的影响。因此，在分析一个系统时，必须看到各种备选方案的内外部条件的局限性，应将系统内外部的各种相关因素综合起来考虑，以实现方案的最优化。

（2）当前利益与长远利益相结合的原则。选择一个系统的最优方案时，不仅要从当前的利益出发，而且还考虑到长远的利益。只顾当前不考虑长远利益的方案，是不可取的；对当前不利但对长远有利的，也不理想。若所采用的方案对当前和长远都有利，那是最理想的方案。但是，往往出现的情况是对当前不利，而对长远有利，这样的方案从系统分析的观点来看也是合理的。

（3）局部效益和整体效益相结合的原则。一个系统是由许多子系统组成的，分析任何一个系统都必须从整体出发分析局部，而通过局部的分析加深对整体的分析。如果每个子系统的效益都是好的，而且整体效益也是好的，这当然是两全其美的。但是，在大多数情况下，有些子系统是有效益的，而从全局看是无效益甚至有损失的方案，这种方案是不可取的。反之，如果从局部子系统看是无效益的，但是从全局看整个系统是效益较好的，这种方案是可取的。在决策时，必须追求整体效益和最优化，局部效益要服从整体效益。

（4）定量分析与定性分析相结合的原则。定量分析侧重于用数字来描述、阐述及揭示事件、现象和问题；定性分析则侧重于用语言文字描述、阐述及探索事件、现象和问题。两者不是对立的，而是互为联系和互为补充的，有些研究项目既运用定性分析又运用定量分析，有的定性分析也有数据的佐证，而大多数定量分析中在提出理论假设、阐释事物间因果关系、提示现象的规律性等过程中也离不开定性分析的理性思维。系统分析不仅要进行定量分析，而且要进行定性分析，必须遵循"定性—定量—定性"这一循环往复的过程。定性和定量两者应结合起来分析，或者互相交错进行，最优的方案应是定量分析与定性分析的结合。

6．系统分析的作用与局限性

（1）系统分析的作用。系统分析在整个系统建立过程中处于非常重要的地位，它的任务首先是对系统目标进行分析和确定，然后通过分析比较各种备选方案的费用、效果，功能和可靠性等各项技术经济指标，根据分析结果来决定方案，最后进行详细设计。

系统分析是政策研究尤其是政策分析的最基本的方法。它的主要作用是：帮助人们理解政策系统及对不同的政策系统加以比较；鼓励人们对系统的不同部分同时进行研究；使人们注意系统中的结构和层次的特点；开拓新的研究领域，增加新的知识；突出对未知东西的探索，使人们在过去和现在的基础上了解未来；使人们转换视角，从不同的角度或侧面看问题；迫使人们在考虑目标和解决问题的要求时，同时注意考虑协调、控制、分析水平和贯彻执行的问题；诱导新的发现，注意进行从目的到手段的全面调查等。

（2）系统分析的局限性。系统分析方法在现代公共政策分析中得到了广泛的应用。但是，必须注意，系统分析仅仅是政策研究及政策分析方法的一部分，而非全部（顶多是后者的定量分析模型和技术的主要部分）。与其他事物一样，系统分析方法也有其现实条件下难以克服的局限性，主要表现在：

第一，系统分析的各个具体方法之间仍然难以协调。这是现实条件下系统方法论的一个难题。本来，把定量分析与定性分析有效地结合，是系统分析方法的重要优点。然而，由于认识方式和分析手段的局限，也由于实际问题的复杂性，人们还难以使定量分析和定性分析的指标、结果等形成一个可比较的完整体系，如对公共政策系统进行定量分析时，其指标和结果往往难以与政府在处理信仰、民族、政治、文化等问题中进行的定性分析结果进行比较，这势必会降低系统分析的整体效用。

第二，系统分析方法仍然会出现解决公共政策问题方面的无能。公共政策的系统分析法由于考虑到了理性的、超理性的、文化的、政治的及价值观的因素。因此，能够减少孤立地解决问题的方法所造成的对问题的歪曲。但是，系统分析法同孤立的分析方法一样，都有可能歪曲真实的问题。人们在为解决存在的复杂问题而制定的政策和采取的行动中，有可能导致产生同样的问题，或使原来的问题更加严重，从而陷入某种恶性循环。例如，为确保最低收入人群的生存条件，维护社会稳定，制订了在城市为低收入者建造住房的计划，然而，这又会引起更高的人口密度、较低的就业率和较低的收入。这些反过来又会刺激兴建更多的低收入者住宅，从而又加重了政府解决这类政策问题的负担，原有问题仍可能得不到有效解决。

当然，指出了系统分析的局限性，绝不是否定其在公共政策分析中的优越性。相反，恰恰因为系统分析方法的种种优越性，才必须警惕其局限性，以更大的可能提高公共政策系统分析法的有效性。

11.2.2 系统分析的内容

系统分析作为现代科学思维最一般的方法，是辩证思维方式在现代科学中的体现和发展。系统分析的内容十分丰富，涉及面广，本节仅从系统的整体分析、结构分析、逻辑分析、环境分析等几个方面加以讨论。

1. 整体分析

系统是由两个以上不相同的要素或单元相互联系相互作用形成的集合体。它是作为一个统一的整体而存在的，各部分的独立机能和相互关系只能统一和协调于系统的整体之中。整体性是系统的一个最基本属性。整体由部分构成，部分隶属于整体。任何系统都是由众多子系统构成的，子系统又是由不同要素或单元所构成的。

要对系统进行整体分析就应注意以下几点：

（1）系统的各个要素和单元对系统整体均有其独特作用，突出整体中的任何局部的作用都将影响整体效果的发挥，应按各守其位、各尽其责的观点来对待系统的各个组成部分，不能盲目夸大或缩小其中任何一部分的作用。

（2）系统的各个组成部分必须按照系统的整体目标进行有序化，偏离系统整体目标或分散目标都会增加系统的内耗，从而导致系统整体功能的无输出或少输出。

（3）必须不断调整和处理系统的各个要素和单元中不合理或相互矛盾的成分，以促进系统各组成部分的均衡发展，提高系统的整体效果。

（4）系统的整体功能大于部分功能之和。因此，必须采用整体联系的观点，从宏观上认识和把握系统的整体存在，而不能把系统看成孤立、静止、僵化的存在。认识到这一点，在政策研究中，就要求从全局出发，把握好系统、子系统、要素、单元之间及它们与环境之间的相互联系和相互作用。以此来探求系统的本质和规律，从而得以优化整体目标，保证整体效用的最大化。在面对一些较大的、复杂的系统时，可以先把系统分解为一组相关的子系统，并在整体的指导下，协调各个子系统的目标，以达到系统所要求的总目标。

系统的优化从整体与局部的关系来看，主要有以下三种情况：一是局部的每个子系统的效益都好，而且组合起来的系统的整体效益也最优；二是局部的每个子系统的效益都好，但组合起来的系统的整体效益没有达到最优；三是局部的每个子系统的效益并没有达到最优，但系统的整体效益较优。另外，从近期和长远的角度来看，系统的优化也表现为各种情况，如对近期与长远都有利；对近期有利而对长远无利甚至有害；对近期不利但对长远有利等。

因此，整体优化的原则是：根据已确定的目标，在整体利益最优的前提下，处理好整体与局部、近期与长远的关系。例如，在追求经济社会发展尤其是经济增长的政策目标时，不能只是一味追求经济的高增长率，而忽视了对环境和资源的保护，不能为了近期的和地方局部的利益而不惜牺牲长远的和国家整体的利益。

人们已经发明了一系列的定量分析方法或技术，用以作整体优化分析尤其是整体分析，这些方法或技术有线性规划、非线性规划、动态优化及排队论等。

2．结构分析

系统的结构指的是系统内部诸要素的排列组合方式。结构性是系统有机联系的反映，系统之所以成为有机整体，就是因为系统各要素和单元之间是按照一定的方式结合在一起的。系统的各要素虽然相同，但由于排列组合方式不同，就可能使系统具有完全不同的性质、特征和功能。

结构分析作为系统分析的一个重要组成部分，是寻求系统合理结构的途径和方法，其目的是找出系统结构上的层次性、相关性和协同性等特征，使系统的组成要素及其相互关联在分布上达到最优组合和输出。对于系统各要素和单元之间的结合方式，可以进行层次分析、相关分析和协同分析。

（1）层次分析。系统内部结构是分层次的，如表层结构和深层结构、横向结构和纵向结构、微观结构和宏观结构等，系统各层级既有相对独立性，又有相对关联性。这种层次性结构既有利于各层级子系统的独立活动，又有利于系统整体的存在和整体功能的发挥。

层次分析（Analytical Hierarchy Process，AHP）是美国著名运筹学家萨蒂教授（T. L. Saaty）于 20 世纪 70 年代提出的一种系统分析方法。层次分析法能将定性分析和定量分析有机地结合在一起，它是分析多目标、多准则等复杂公共管理问题的有力工具。它具有思路清晰、方法简单、适用范围广、系统性强、便于推广等特点，适用于解决那些难以完全用定量方法进行分析的公共决策问题。

运用层次分析法解决问题的思路如下。首先，明确问题中包含的各因素及其相互关系，把要解决的问题分层系列化。根据问题的性质和所要达到的目标，将问题分解为不同的组成因素。按照因素之间的相互影响和隶属关系将其分层组合，形成一个递阶、有序的层次结构模型。其次，对模型中的每一层次因素的相对重要性，依据人们对客观现实的判断给予定量表示，再利用数学方法确定每一层次全部因素相对重要性次序的权值。最后，通过综合计算各层因素相对重要性的权值，得到最低层相对于最高层的相对重要性次序的组合权值，以此作为评价和选择方案的依据。以上思路可分解为五个步骤：建立层次结构模型，构造判断矩阵，层次单排序，层次总排序，一致性检验。

可以说，层次分析法将人们的思维过程和主观判断数学化，不仅简化了系统分析与计算工作，而且有助于决策者保持其思维过程和决策原则的一致性，特别是对于那些难以全部量化处理的复杂的公共管理问题，能取得较令人满意的决策结果。

（2）相关分析。系统论认为，构成系统的各个子系统、要素、单元之间及它们与环境之间存在着相互联系、相互依存和相互制约的关系，它们通过特定的关系结合在一起，形成一个具有特定性能的系统。第一，系统的这种相关性体现在系统的要素或单元之间的不可分割的特定联系上，它们相互联系、相互依存、相互作用和相互制约，其中的某一要素或单元发生了变化，其他要素或单元也要相应地发生变化，以保持系统结构的优化状态。第二，相关性体现在要素或单元与系统整体的关系中。要素或单元与系统整体是互相适应的，一旦要素或单元改变，整体也必然随之发生改变。同样，当系统整体发生变化时，系统的各要素或单元也将发生变化。第三，相关性还表现在系统与环境的相互关系上。系统的变化可能引起环境的变化，反过来环境也会影响系统，环境对系统的发展具有很大的制约作用，二者具有不可分割的相关性。

相关分析的原理要求在政策研究的过程中尤其是在问题界定、目标确定和方案规划中，应充分注意到各种问题及问题的各个方面之间、各个目标之间、各个方案之间、子目标与总目标及子方案与总方案之间的关系，注意问题目标和方案与社会、经济和政治环境之间的相互联系和相互作用，考虑各种因素对政策执行效果可能产生的影响，从而设计出理想的或较优的政策方案。例如，在设计改革与发展战略时，用相关分析的方法，就是要紧密注意各个领域、各个方面的改革与发展措施的相关配套、同步进行。也就是说，在进行了某些领域的改革之后，应当及时进行另一些领域的改革，以免影响全面的改革和发展。

（3）协同分析。协同性是指系统发展变化中各部分发展变化的同步性，即系统的变化引起系统各要素或单元及环境的变化的必然性和规律性。只有保持系统各要素或单元之间的互相协作和相互一致，才能保持系统自身的稳定性。如果系统各要素或单元相互矛盾、相互对立，就必然会导致系统的解体。当然，在现实社会中，系统的各要素或单元之间、各层级之间不可能没有矛盾，关键在于要及时对矛盾进行处理，避免出现矛盾尖锐对立的局面，防止系统本身走向分裂解体。

3. 逻辑分析

系统逻辑分析方法是指对系统的实质内容进行逻辑的分析，以揭示系统逻辑结构的方法。

系统逻辑分析的主要范畴和过程如下：

（1）目标，即为解决公共问题所要达到的目的和指标。它是系统目的的具体化，具有针对性、可行性、系统性、规范性和具体性等特点。为了解决问题，要确定出具体的目标，它们通过某些指标来表达，而标准则是衡量目标达到的尺度。系统分析是针对所提出的具体目标而展开的，由于实现系统功能的目的是靠多方面因素来保证的，因此系统目标也必然有若干个。在多项目标条件下，要考虑各项目标的协调，以防止出现发生相互抵触或顾此失彼的情况。

（2）备选方案，即为实现目标而设计的具体措施和方案，并对此进行可行性论证。

（3）模型，即按照原有方案设想建构分析模型，以找出说明系统功能的主要因素及其相互关系，包括系统的输入、输出、转换关系，系统的目标和约束等。具体有图式模型、数学模型、仿真模型、实体模型等方式。通过模型的建立，可确认影响系统功能和目标的主要因素及其影响程度，确认这些因素的相关程度、目标的达成途径和约束条件等。

（4）费用，即政策方案实施过程中各种成本开支的总和。

（5）效果，即政策方案的实施在社会环境里产生的反应和结果。

（6）评价，即按照一定价值标准对政策方案进行的价值评估。就是在以上分析的基础上，再考虑各种定性因素，对比系统目标达到的程度，用标准来衡量。

（7）优化，即为实现最优效果而对政策方案进行的优化排序和选择决策。

逻辑分析过程如图 11-1 所示。

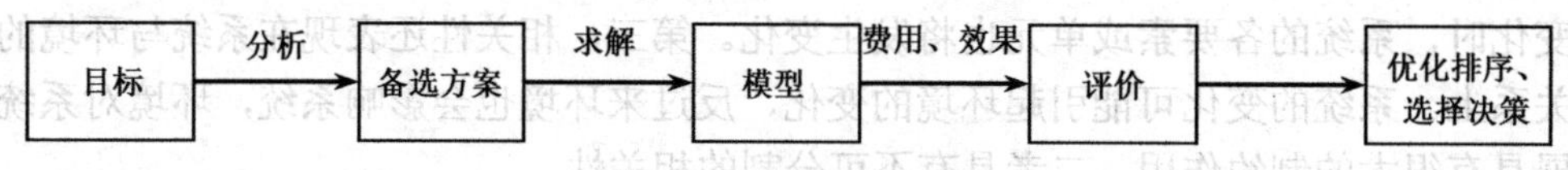

图 11-1 逻辑分析过程

4．环境分析

系统存在于环境之中，与环境相联系、相作用，又与环境相区别。环境是指系统之外的所有其他事物或存在，即系统发生、发展及运行的生态条件或背景。环境因素主要有：

（1）物理技术环境，即由于事物属性所产生的联系而构成的因素和处理问题中的方法性因素，包括现存系统、技术标准、自然环境和科技发展因素等。

（2）社会经济环境，即大范围的社会因素及影响系统经济过程和经营状态的因素，包括社会组织、政策、政府作用、产品价格结构、经营活动等。

（3）文化心理环境。

一个系统总是处于更大的系统之中，成为更大系统的子系统，而更大系统也就构成了该子系统的生态环境。系统与环境的相互联系和作用表现在：一方面，环境向系统输入各种资源和要求，环境是系统存在和发展的前提，环境影响、制约甚至决定着系统的性质和功能。另一方面，系统也向环境输出产品，系统的存在和发展同样影响着环境的变化。对于政策研究来说，可以将政策研究的对象视为一个系统，政策环境向政策系统的输入是政策系统维持自身功能的源泉，它要求政策系统必须满足政策环境的要求，政策环境产生了需求和支持这样的一些输入，而政策系统对政策环境的输入进行了加工处理转变为政策方案，再作用于政策环境。在这个输入和输出过程中，只有保持二者的动态平衡，才能保证这种相互运动过程的良性循环。因而，环境因素对政策的制定和执行是具有显著意义的，环境分析在政策研究过程中不容忽视。

由于系统环境因素范围广泛，系统分析人员要根据问题的性质进行具体分析，找出相关环境因素的总体，确定因素的影响范围和各因素的相关程度，并在方案设计和执行中予以考虑。对有些可以定量分析的环境因素，应以约束条件形式列入系统模型中，如那些有限的人力、物力、资源、时间等；对那些只能定性分析的因素则可采用估值评分的方法，尽量使之达到定量化的要求。

11.2.3 系统定量分析

至今，系统分析仍没有一套普遍适用的技术方法，随着分析对象和分析问题的不同，所使用的具体技术方法也可能不相同。一般来说，系统分析的各种技术方法可分为定量和定性两大类。按照美国政策科学家 R. M. 克朗的说法，系统分析可以被视为由定量、定性或两者相结合的方法组成的一个集合体。

系统分析中的定量分析，就是借助经济学、数学、计算机科学、统计学，概率论及帮助决策的决策理论来进行逻辑分析和推论。它适用于系统结构清晰、收集到的信息准确、可建立数学模型等情况。

1. 定量分析方法及技术的种类

从不同的角度或侧面对系统分析中的定量分析方法及技术加以分类。一种分类方法是克朗在《系统分析和政策科学》一书中提供的。他根据决策类型的不同将定量分析技术分为两类，即确定型的分析技术和随机分析技术。所谓的确定型，是指那些可用于只有一种势态，并在作出可接受的假定之后其变量、限制条件、不同的选择都是已知、确定的，按一定的统计置信度可以预见的方法或技术。克朗将线性规划、排队论、马尔柯夫分析等列入这类技术之中，如表 11-1 所示。

表 11-1 确定型的定量模型、方法和技术

模型、工具或技术	应　用	基础知识
线性规划	解决在商业、交通、库存、建筑、后勤及网络中的配置、分配和优化问题	计算机科学、敏感性分析、代数解法、单纯形表、经济学
排队论	人或事物或事件的等待服务问题	蒙特卡洛法、模拟、统计学
规划管理技术	生产和建设计划	PERT（成本或时间）、CANTT 图、网络分析（CPN）、决策树
马尔柯夫分析	销售经营、预测	矩阵代数、经济学
对抗分析	商业、心理学、国防研究	博弈论
质量保证	工业、国防	科学、技术
损益分析	资源分配	经济学、统计学

随机分析技术则是应用于不确定型或风险决策的分析方法及技术。当存在一个以上的态势，并且需要估计和确定每种可能的状态时，就要碰到随机模型问题。这时还要计算在每种态势下用每种决策选择所得的输出结果。因而可供选择方案的数量将很大，这时可以用数学、统计推论和概率论等学科的方法，在可以接受的假定条件下减少不确性。有时，随机的局面可以化为确定模型来加以处理，如选择一种最有可能发生的未来态势，或者只分析最坏的或最好的方面等。克朗将动态规划、计算机模拟、随机库存论、取样、回归、指数平滑、决策树、贝叶斯定理、损益分析等列入随机分析技术之中，如表 11-2 所示。

表 11-2 随机定量模型、方法和技术

模型、工具或技术	应　用	基础知识
动态规划	在生产、配置活动中的多阶段决策	计算机科学和概率论
计算机模拟	系统内部的相互作用	计算机科学和蒙特卡洛法
随机库存论	需求或提前时间是随机的情况	概率论和期望值统计量
随机模型	计算系统转换的概率	矩阵代数、微积分
取样、回归、指数平滑	大总体的问题解	统计学和概率论
贝叶斯定理	条件概率下的预测、相关和因果分析	代数、概率论及有关先验概率和知识
损益分析	资源分配	经济学和统计学
决策树	系统行为	代数和统计学

另一种分类方法是 S. S. 那格尔和 M. K. 米尔斯在《政策科学的职业化发展》一书中提供的。他们将政策分析及系统分析的方法分为五类，即数学最优化方法、计量经济学方法、准实验方法、行为过程方法、多元标准决策方法。尽管它们不局限于定量分析方法的范围，但主要也是从量化分析的角度来讨论问题。尤其是前两种方法纯粹就是量化分析方法，另外三种方法中也有部分量化分析方法。按照那格尔和米尔斯的说法，数学最优化以运筹学、管理科学和决策为基础，它既与数学和工程学有关，也与商业管理有关；数学优化有各种形式，常见的有报偿矩阵、决策树、最优化水平曲线、微分曲线和函数曲线等。这四种数学优化形式可以部分地根据其数学特征来加以刻画：报偿矩阵和决策树与有限数学和概率决策论有关，而最优化曲线、微分曲线和函数曲线与古典微积分和线性/非线性规划有关。计量经济学方法则以经济学和统计学为基础（计量经济学是现代经济学的基础，或者说是现代经济学中最成熟的部分），这种方法强调统计回归分析，常用来做预测。

还有一种更通俗的分类方法，即按照政策分析过程的不同阶段，将政策分析及系统分析的定量方法及定性方法划分为问题界定的方法、确立目标的方法、规划方案的方法、结果预测的方法、比较方案的方法、评估结果的方法等。例如，在邓恩的《公共政策分析导论》一书中就可以看到与每一个分析阶段相对应的方法。此外，从教学课程设计的角度可以将政策研究的定量及定性方法区分为：数理分析方法、经验分析方法、经济分析方法和组织（政治）分析方法等。

2. 确定型的分析技术

（1）线性规划。线性规划（Linear Programming）最早称为线性结构的相关活动的规划，是运筹学中研究较早、应用较广、比较成熟的一个重要分支。线性规划的思想起源于经济学家列昂捷夫（Lyanjef）在 1936 年提出的投入-产出分析方法。线性规划目前的形式是综合希契科克（F. L. Hitchock）、库普曼（Koopman）和史蒂哥勒（Stigler）等在 20 世纪 30 年代末 40 年代初研究生产组织、运输问题食物构成问题等工作时形成的。处理线性规划最有效的单纯形法是在 1947 年由丹齐克（D. B. Dantzig）创立的。

和其他学科一样，线性规划也是随着管理的需要而产生和发展的。它研究一定数量的人力和物力资源条件下，如何科学、恰当地运用这些资源以获得最大效益，或者在一定技术条件下，寻求最优化的设计。这种数量规划的方法，如用数学语言表达出来，就是在一定约束条件下，寻找目标函数的极值问题。现在线性规划已形成一套完整的计算方法，在应用这个方法解决具体问题时，首先要使被研究的问题满足以下五个基本条件，然后才能使用线性规划进行统一处理。

① 能够明确给出一个目标函数。

② 有可供选择的行动方向，从数学上讲就是能够明确对目标函数是求极大值还是求极小值。

③ 目标函数和约束条件能用线性等式和线性不等式表示。

④ 存在多种决策变量，变量的大小是人们要确定的，这些变量的变动不是任意的，它们之间存在着一定的联系，用约束方程来表示。

⑤ 决策变量的约束方程反映资源的消耗，资源供应必须是有限的，并能用数字表示。

所谓线性规划，是指约束条件为线性等式或线性不等式，且目标函数也为线性函数。用数学形式表达，即求一组变量 $x_1,x_2,\cdots,x_n$，在满足约束条件

$$\left.\begin{aligned}&a_{11}x_1+a_{12}x_2+\cdots+a_{1n}x_n\leqslant b_1\\&a_{21}x_1+a_{22}x_2+\cdots+a_{2n}x_n\leqslant b_2\\&\quad\vdots\qquad\quad\vdots\qquad\qquad\vdots\qquad\vdots\\&a_{m1}x_1+a_{m2}x_2+\cdots+a_{mn}x_n\leqslant b_m\\&x_1,x_2,\cdots,x_n\geqslant 0\end{aligned}\right\}\tag{11-1}$$

的情况下，使目标函数

$$f=c_1x_1+c_2x_2+\cdots+c_nx_n\tag{11-2}$$

达到最大值（最小值）。

其中，a_{ij}，b_i，c_j 均已知，$i=1,2,\cdots,m$；$j=1,2,\cdots,n$。

以上表达式还可简写成：求 x_j（$j=1,2,\cdots,n$），使之满足约束条件

$$\sum_{j=1}^{n}a_{ij}x_j\leqslant b_i(i=1,2,\cdots,m)$$

且

$$x_j\geqslant 0\ (j=1,2,\cdots,n)$$

使目标函数 $f=\sum\limits_{j=1}^{n}c_jx_j$ 达到最大值（或最小值）。

满足约束条件式（11-1）的所有解称为可行解。在可行解中，其中一个可行解能使目标函数达到极值，则该可行解称为最优解，也可称为线性规划的解。线性规划在经济建设、企业管理、技术设计和生产实践方面都有成功的应用。

（2）动态规划。动态规划（Dynamic Programming）是美国数学家贝尔曼（Richard Bellman）和丹齐格（George Dantzig）在20世纪50年代提出来的一种数学规划方法。它是在动态条件下，使用多重决定或多级问题的解实现最优弧化而采取的一种数学方法。动态规划处理的对象是含有时间因素的决策问题，即动态决策问题。对于静态决策问题（一次性决策问题）可以人为地引进“时间”因素，划分为阶段，作为多阶段决策过程用动态规划去处理。如果在多阶段决策的每个阶段中含有随机因素的影响，那么决策就不可能用一个确定的数值来表示，而需要用一些可能的值及相应的概率来描述。这就需要建立动态规划的随机模型来解决问题。在此，只介绍用确定性动态规划模型先解决确定性（每个阶段中决策取确定值）多阶段决策过程的问题。

一个多阶段决策过程可用方框图（见图 11-2）表示。

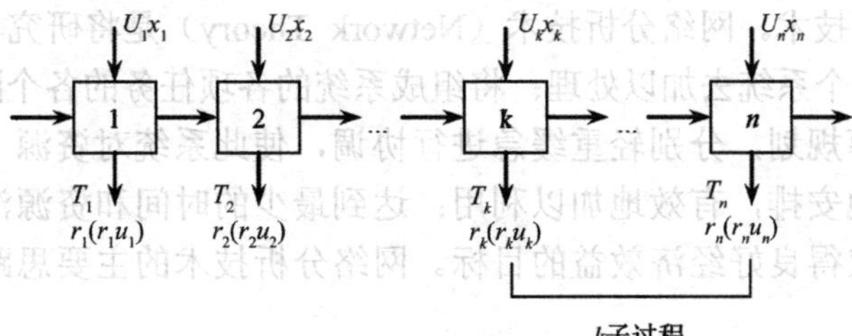

图 11-2 多阶段决策过程

其中，k 为阶段变量，图中一个方框就表示一个阶段，框中数字就是阶段变量 k 的取值。x_k 为状态变量，在一个阶段里要设两个状态变量，一个是初始的状态，用 x_k 表示；另一个是该阶段结束时的状态，用 x_{k+1} 表示。对第 $k+1$ 段而言，x_k 称为输入状态，x_{k+1} 称为输出状态。$U(x)$为决策（或控制）变量，$U_k(x_k)$表示第 k 段所采用的决策（或控制）。$r(x(k)u(k))$为阶段效应函数。这个效应函数能反映出在该阶段执行阶段决策是所带来的效应值增量。T_k 为变换（演化）规律，用来描述在一个阶段作出决策时，系统由 $x(k)$态变到 $x(k+1)$态的变换（演化）规律。

如果问题适合于用动态规划方法来求解，就可以对待研究问题建立动态规划模型（确定性）。建模的具体步骤是：

① 定义适当的目标函数，给出阶段变量、状态变量、控制变量的明确含义。

② 写出系统状态的演化过程。

③ 写出系统的边界条件，即一个多阶段决策过程结束是所产生的效应（称为终端效应）的表达式比较容易确定，而以它作为动态规划技术的起点是十分必要的，所以在建模阶段要明确它。

④ 要找到目标函数的递推关系式，这个关系式也叫动态规划的基本方程。

经过以上几步，就可以对适合用 DP 方法求解的问题建立如下的一般函数模型：

$$or\max_{\substack{\min \\ u_1\sim u_n}}\sum_{k=1}^{n} r_k(x_k,u_k)$$

s.t.

$$x_{k+1}=T_k(x_k u_k)$$

$$x_k \in X_k$$

$$u_k \in U_k$$

$$k=1,2,\cdots,n$$

$$f_k(x_k)=\max_{\substack{\min \\ u_k}}\{r_k(x_k,u_k)+f_k+1(x_{k+1})\}$$

其中

$$f_{k+1}(x_{k+1})\max_{\substack{\min \\ u_{k+1}\cdots u_n}}\sum_{i=k+1}^{n} r_i(x_i,u_i)$$

利用这个模型要求解的问题是：

① 最优决策序列：$\{u_1^*,u_2^*,\cdots,u_n^*\}$。

② 系统演化的最优化轨线：$\{x_1^*,x_2^*,\cdots,x_{n+1}^*\}$。

③ 求出最优化目标函数值：$R^*=\sum_{k=1}^{n} r_k(x_k^*,u_k^*)$。

（3）网络分析技术。网络分析技术（Network Theory）是将研究与开发的规划项目和控制过程作为一个系统去加以处理；将组成系统的各项任务的各个阶段和先后顺序，通过网络形式统筹规划，分别轻重缓急进行协调，使此系统对资源（人力、物力、财力等）进行合理地安排，有效地加以利用；达到最少的时间和资源消耗来完成整个系统的预期目标，取得良好经济效益的目标。网络分析技术的主要思路是统筹兼顾、求快、求好、求省。

从 20 世纪 50 年代起，国外就开始了这方面的研究工作。1957 年，美国杜邦公司的数学家、工程师和管理人员组成一个工作队，在兰德公司的配合下，提出了一个应用网络图解来制订计划的方法，这种计划方法不仅能够明确地表示出工序和时间，还表明了它们之间的相互关系，给这种方法取名为“关键线路法”（Critical Path Method，CPM）。1958 年，美国海军特种计划局在研制“北极星”导弹潜艇过程中也研究出一种以数理统计为基础、以网络分析为主要内容、以电子计算机为手段的新型计划管理方法，称为“计划审批法”（Program Evaluation and Review Technique，PERT）。用这种方法使研制任务提前两天完成。这两种方法后来在世界各国都得到推广和应用。

CPM 法使用网络图反映某项工程（任务）各道工序所需时间及它们之间的衔接关系，通过计算各工序有关时间参数和完成工程（任务）所需要的最少的时间，从而确定关键工序和关键路线，并在此基础上通过网络分析方法制订出时间、成本和资源优化的网络计划方案。该方法主要应用于有以往类似项目经验的工程上，而 PERT 法也同样应用了网络计划与网络分析的方法，但着重于对工程（任务）安排的评价与审查，主要应用于对研究与开发安定新项目上。

以 PERT 为例。在实现大系统过程中，往往要完成大量的任务，它们各自需要一定的时间而且互相有联系，有的任务必须在其他任务完成之后才能开始，而它的完成又是另外一些任务开始的前提。PERT 就是为了安排这种大量任务而采用的一种管理方法，它可使整个工程以最短的时间和最少的投资去完成。这种方法通常有三个步骤：第一，按规划画出现在开始到完成某一任务为止的流程图，叫作“PERT 网络”；第二，估算完成每一任务的工作时间；第三，分析计算任务的安排及可能回旋的余地。图 11-3 为一个简单的 PERT 网络。

图中，03、04……表示任务的编号，任务之间的箭头表示必须进行的作业顺序，旁边所注的数字为作业所需的天数。在考虑问题时，从 03 开始到 09 结束。03 边上的 T100 表示在此以前，工程已进行了 100 天，以此类推。计划评审技术就是通过对网络的分析计算来管理整个系统施工进程的一种方法。

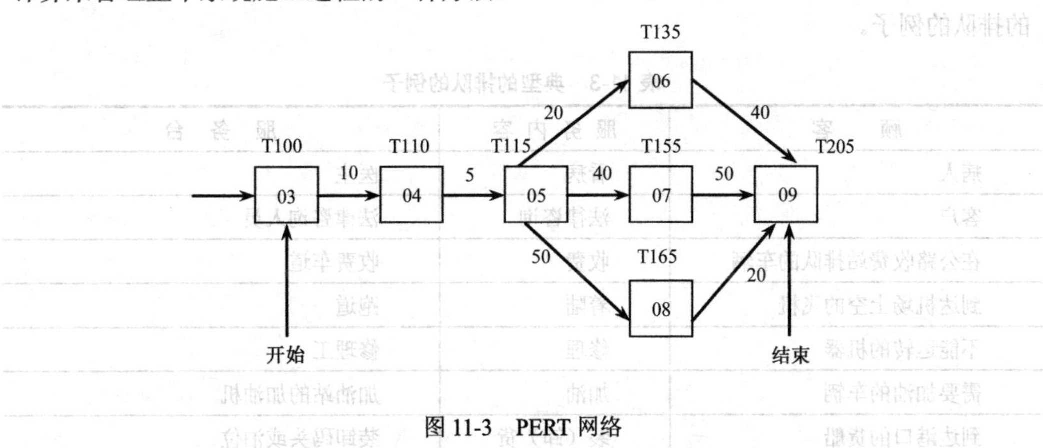

图 11-3 PERT 网络

在 PERT 网络中，从某个任务到另一个任务之间如果存在着几条平行路线，其中必须有一条路线最长。这条最长的路线叫作关键路。如在 PERT 图中的从 05 经 07 到 09，需时 90 天，最长的一条就叫作关键路。从 05 到 09 的工程进度取决于关键路。总管部门如果通过调整人力、物力等方法缩短关键路上项目所需的时间，就能缩短整个工程进度。

此外，由于其他平行路线（如从05到06或从05到08）所需的时间较短，在这些路线中的作业如果放慢进度，能够节约人力和物力，则可在一定范围内加以调整，而不影响工程的总进度。这种以关键路作为参考条件，对整个工程各平行路线的作业时间进行统筹调整，以节约人力和物力，从而降低成本，尽量缩短整个工程进度的方法叫作关键路法。但在复杂的项目中，有时可能并列几条关键路线，只缩短某一种作业的工期，也不可能缩短整个项目的工期。还有，即使是一条关键路线，当采取措施使这条路线缩短到一定程度时，其他路线也可能变成关键路线。因此，只能根据具体情况统筹兼顾、全面安排，做到合理地缩短工期、保质保量地完成计划。

以上所述，主要是以时间分配为考虑中心的。除此之外，还应考虑费用和劳动力的分配问题及多数项目并列的问题等。

3．随机分析技术

（1）排队论。排队论（Queuing Theory）起源于 20 世纪初期丹麦数学家埃尔朗（A．K．Erlang）用数学方法研究电话作业。20世纪50年代，堪道（D．G．Kendall）在理论上推动了排队论的进一步发展。之后，利用排队论解决存量理论、水库问题、网络队列、生产线和计算机系统等问题，进一步推动了这一领域的研究。

排队论是指用来研究服务系统工作过程的一种数学理论和方法。在这种系统中服务对象何时到达及其占用系统的时间长短均无从预先确定。这是一种随机聚散现象。它通过对每个个别的随机服务现象的统计研究，找出反映这些现象的平均特性规律，从而改进服务系统的工作状态。也就是用概率论的方法分析所要服务的客流状况，预测服务阻塞的程度，在经济上进行合理的设计或改善服务系统。

排队现象在生产、生活中广泛存在。称任何等待一项服务的人或事物或事情为顾客，称任何提供这项服务的人或事物或事情为服务台。因此，当顾客的数量超过了服务台的容量时，也就是说到达的顾客不能立即服务时，就形成了排队现象。表11-3是一些典型的排队的例子。

表11-3　典型的排队的例子

顾　　客	服务内容	服　务　台
病人	看病	医生
客户	法律咨询	法律咨询人员
在公路收费站排队的车辆	收费	收费车道
到达机场上空的飞机	着陆	跑道
不能运转的机器	修理	修理工
需要加油的车辆	加油	加油站的加油机
到达港口的货船	装（卸）货	装卸码头或泊位

研究排队论问题具有很大的意义。因为服务系统规模越大，从总体上看它的服务速度就越快，排队现象就会得到缓解，反之就会造成较多的排队等待。而排队会造成某种直接损失，甚至发生连锁反应和反馈影响。提供服务可减少损失，但不免要支出较大的

费用，可能造成浪费。因此，在系统设计和系统分析的最优化与可靠性问题中，必须注意服务机关和服务对象的相应适应问题，否则就会出现排队现象。以机械加工为例，经常遇到的服务系统有机床加工和仓库存储等。机床和仓库相当于服务机构，毛坯和半成品等相当于服务对象，在仓库里或机床旁经常产生毛坯或半成品的排队现象，要解决这一问题就要用到排队论了。

（2）马尔柯夫分析。马尔柯夫分析又称马尔柯夫预测法，它是利用某一系统的现在状态及其发展动向去预测该系统未来状况的一种分析方法与技术。

俄国数学家马尔柯夫在 20 世纪初经过多次实验观测发现：在一系统中某些因素的概率分布的转换过程中，第几次转换获得的结果常取决于前几次（第 n–1 次）试验的结果。马尔柯夫对这种现象进行了系统深入的研究后指出，对于一个系统，由一个状态转换至另一个状态的过程中，存在着转换概率，而且这种转移概率可以依据其紧接的前一状态推算出来，而与该系统的原始状态和此次转移以前的有限次或无限次转移无关。系统的这种由一状态转移至另一状态的过程称为马尔柯夫过程。若状态是离散的，马尔柯夫过程的整体称为马尔柯夫链。可见，马尔柯夫过程的基本概念是系统的“状态”和状态的“转移”。马尔柯夫过程实际上就是一个将系统的“状态”和“状态转移”定量化了的系统状态转换模型。例如，有一个水池，在池中漂浮着五张睡莲的叶子，一只青蛙在五张叶子之间跳跃、玩耍。仔细观察青蛙的活动情况，就会发现青蛙的动作是随意进行的。为了讨论方便，给各个叶子编号（这种编号是任意的），青蛙活动的时间间隔完全是随机的，关心的是它从一个叶子跳到其他叶子的转移结构而对时间因素不考虑。如果青蛙在第 1 号叶子上时，估计下一次该跳到哪个叶子上，答案与以前跳过的路径完全无关，而只取决于现在的位置 1。这只青蛙从各个叶子上向另一个叶子转移的转移情况如图 11-4 所示。

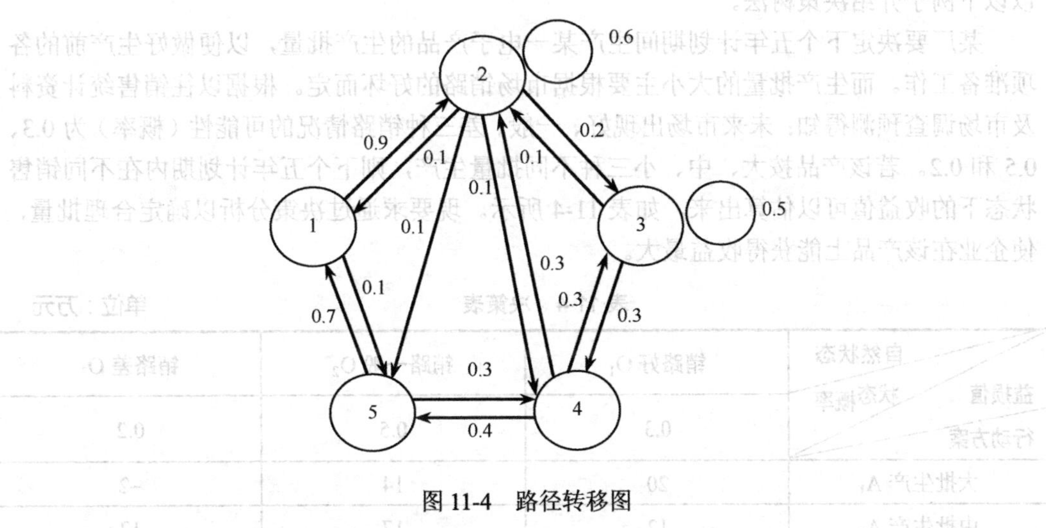

图 11-4　路径转移图

图 11-4 中箭头表示跳跃的方面，数字表示跳跃的概率，自环表示在一定时间里青蛙没动仍在原叶上，这可以叫“虚转移”，如果考虑真实的转移则没有自环。

以 $x(t)$作为青蛙跳跃 t 回后所处的位置。于是将 $x(t)$的取值叫作状态，X={1，2，3，4，5}叫状态空间。在从 $x(0)$到 $x(t)$是已知时，青蛙 t+1 时处在 x 状态上的概率仅与 t 时刻状态有关并满足下式：

$$P\{x_{(t+1)}=j|x_{(0)}=i_0,x_{(1)}=i_1,\cdots,x_{(t)}=i_t\}$$
$$=P\{x_{(t+1)}=j|x_{(t)}=i\} \tag{11-3}$$

式（11-3）反映有一条链把前一状态 x_{t-1}、现状态 x_t 和后状态 x_{t+1} 连接起来。因此，用马尔柯夫链描述随机状态变量的变化时，可以避开求全部随机变量的联合分布，而只需求在某一时点上两个相邻随机变量的条件分布就可以了。

$P\{x_{(t+1)}=j|x_{(t)}=i\}$ 叫转移概率，这种转移概率一般不依赖于时间，因此具有稳定性。具有稳定性的转移概率可以用一个常数 p_{ij} 来表示，将各个状态之间的转移概率用一个矩阵表示出来就得到一个马尔柯夫问题（有限状态稳定的马尔柯夫过程问题）的数学模型：

$$\boldsymbol{P}=\begin{pmatrix} p_{11} & p_{12} & \cdots & p_{1n} \\ p_{21} & p_{22} & \cdots & p_{2n} \\ \vdots & \vdots & & \vdots \\ p_{n1} & p_{n2} & \cdots & p_{nn} \end{pmatrix}$$

由于 $\boldsymbol{P}$ 的每行都是独立的分布，所以每行概率之和等于 1。这个矩阵的矩阵元（a_{ij} ≥0）表示从状态 i 到状态 j 是否可以通达，即 $a_{ij}>0$ 表示系统从 i 态可以转换到 j 态，而且转移的概率为 a_{ij} 的大小。$a_{ij}=0_j$ 表示从 i 态不能转移到 j 态。矩阵元的确一般要根据实际问题的统计资料加以分析才能得到。

4．决策树

所谓决策树法，就是利用树枝形状的图像模型来描述决策问题。它将各种方案及这些方案可能性的大小、可能出现的状态、可能产生的结果都绘制在一张图上，使决策分析可直接在决策树上进行，其决策标准可以是益损期望值或经过变换的其他指标值。现以以下例子介绍决策树法。

某厂要决定下个五年计划期间生产某一电子产品的生产批量，以便做好生产前的各项准备工作。而生产批量的大小主要根据市场销路的好坏而定。根据以往销售统计资料及市场调查预测得知：未来市场出现好、一般、差三种销路情况的可能性（概率）为 0.3、0.5 和 0.2。若该产品按大、中、小三种不同批量生产，则下个五年计划期内在不同销售状态下的收益值可以估算出来，如表 11-4 所示。现要求通过决策分析以确定合理批量，使企业在该产品上能获得收益最大。

表 11-4　决策表　　　　单位：万元

自然状态 / 状态概率 / 益损值 / 行动方案	销路好 O_1	销路一般 O_2	销路差 O_3
	0.3	0.5	0.2
大批生产 A_1	20	14	–2
中批生产 A_2	12	17	12
小批生产 A_3	18	10	10

（1）用决策树法进行分析的步骤。

① 绘制决策树。按表 11-4 所示的各种行动方案和自然状态数，以及其相应的概率

和损益值等信息，由左至右顺序作出决策树，如图 11-5 所示。

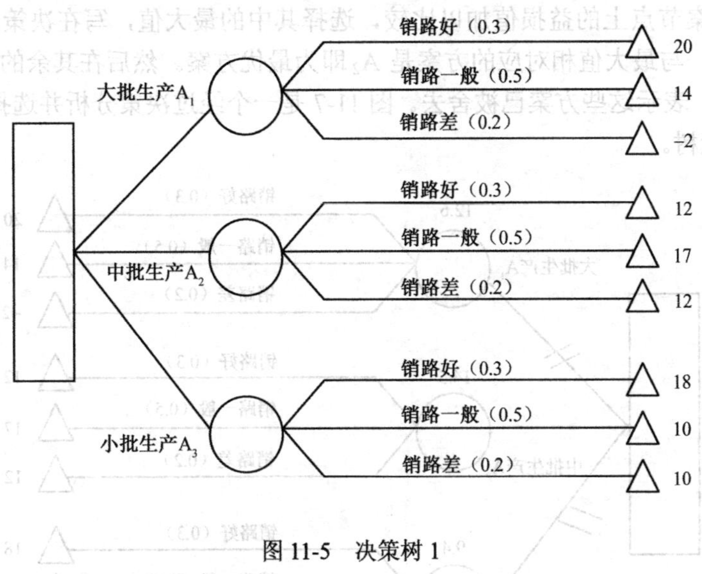

图 11-5　决策树 1

现将图中有关符号及画法说明如下：

□—— 表示决策点，从它这里引出的分枝叫作方案分枝，分枝数量与行动方案数量相同。决策节点表明从它引出的方案有待决策者进行分析和决策。

○—— 表明状态点，从它引出的分枝叫作状态分枝或概率分枝，在每一分枝上写明自然状态名称及其出现的概率。状态分枝的数量与自然状态数量相同。

△—— 表明结果点，将不同方案在各种自然状态下所取得的结果（如益损值）标注在结果节点的右边。

② 计算各种行动方案的益损期望值，并将计算结果标注在相应的方案节点上。图 11-6 是方案 A_1 的益损期望值。

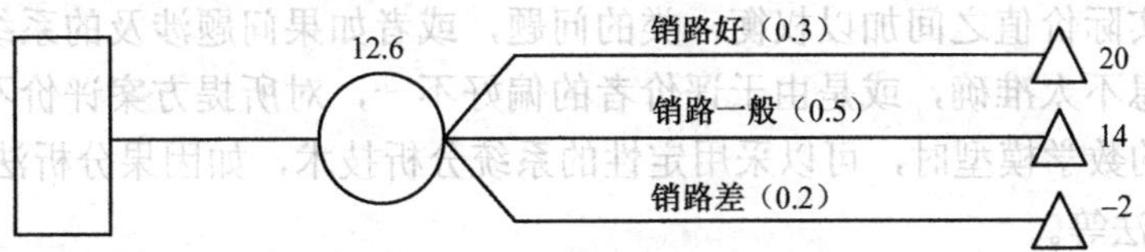

图 11-6　方案 A_1 的益损期望值

期望值是指概率论中随机变量的数学期望值，在这里把每个行动方案看成离散随机变量，所取之值就是每个行动方案相对应的益损值。因此离散随机变量的数学期望值为：

$$E(x)\sum_{i=1}^{m} P_i x_i$$

式中，$E(x)$为期望值；x_i 为第 i 离散随机变量，$i=1,2,3,\cdots,m$；P_i 为 $x=x_i$ 时的概率。

根据以上期望值的求值公式，可求得例子中每个行动方案的益损值为：

$$E(A_1)=0.3\times 20+0.5\times 14+0.2\times(-2)=12.6$$

$$E(A_2)=0.3\times 12+0.5\times 17+0.2\times 12=14.5$$

$$E(A_3)=0.3\times8+0.5\times10+0.2\times10=9.4$$

③ 将方案节点上的益损值加以比较，选择其中的最大值，写在决策点的上方，如图 11-7 所示，与最大值相对应的方案是 A_2 即为最优方案。然后在其余的方案分枝上画上“//”记号，表示这些方案已被舍去。图 11-7 是一个经过决策分析并选择方案 A_2 为最优方案的决策树。

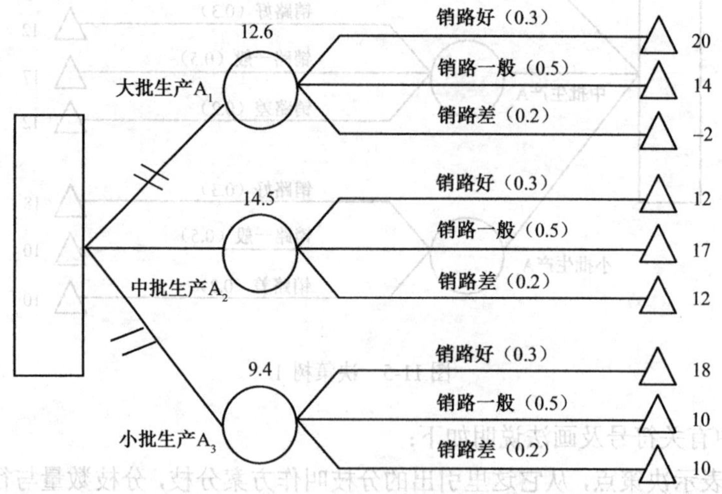

图 11-7　决策树 2

（2）多级决策树。从上例可知，如果只需决策一次即告完成，这种决策分析叫作单级决策。反之，有些决策问题需要进行多次决策才能完成，则这种决策叫作多级决策。应用决策树法进行多级决策分析叫作多级决策树。

11.2.4 系统定性分析

对于诸如带有极强的政治色彩、在决策过程中的非理性或超理性作用突出，必须在价值观和实际价值之间加以权衡一类的问题，或者如果问题涉及的系统结构不清，收集到的信息不太准确，或是由于评价者的偏好不一，对所提方案评价不一致等，难以形成常规的数学模型时，可以采用定性的系统分析技术，如因果分析法、KJ 法、目标-手段分析法等。

1. 因果分析法

因果分析法是利用因果分析图来分析影响系统的因素，并从中找出产生某种结果的主要原因的一种定性分析方法。系统某一行为（结果）的发生，绝非一种或两种原因所致，往往是由于多种复杂因素的影响所致。为了分析影响系统的重要因素，找出产生某种结果的主要原因，系统分析人员广泛使用了一种简便而有效的定性分析法——因果分析法。这种方法是在图中用箭头表示原因与结果之间的关系（见图 11-8），形象简单，一目了然。分析的问题越复杂这种方法越能发挥其长处，因为它把人们头脑中所想问题的结果与其产生的原因结构图形化。在许多人集中讨论一个问题时，这种方法便于把各种不同意见加以综合整理，从而使大家对问题的看法趋于一致。

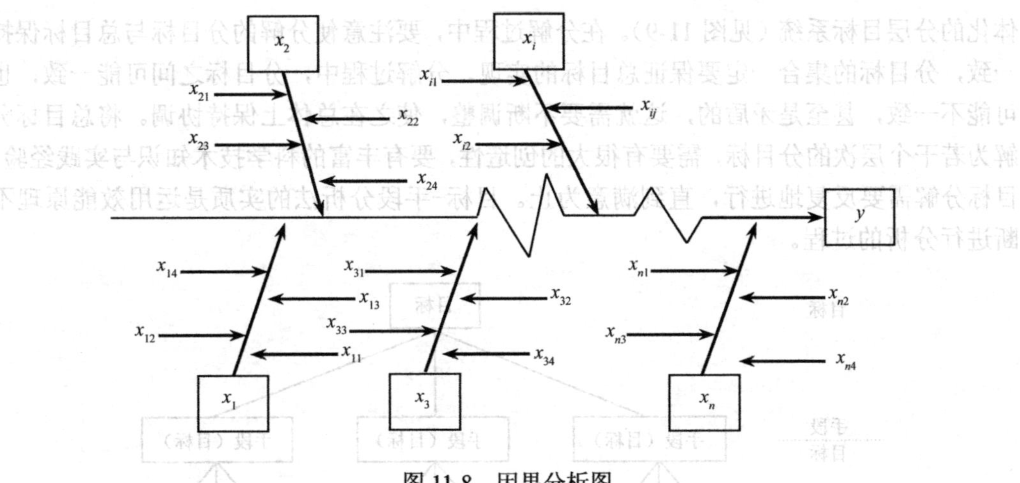

图 11-8　因果分析图

2. KJ 法

KJ 法是一种直观的定性分析方法，它是由日本东京工业大学的川喜田二郎（Kauakida Jir）教授开发的。KJ 法是从很多信息中归纳出问题整体含义的一种分析方法。它的基本原理是把每个信息做成卡片，将这些卡片摊在桌子上观察其全部，把有“亲近性”的卡片集中起来合成子问题，依次做下去，最后求得问题整体的构成。这种方法把人们对图形的思考功能与直觉的综合能力很好地结合起来，不需要特别的手段和知识，不论是个人或者团体都能简便地实行。因此，KJ 法是分析复杂问题的一种有效方法。

KJ 法的实施按下列步骤进行：

① 尽量广泛地收集与问题可能有关的信息，并用关键的语句简洁地表达出来。

② 一个信息做一张卡片，卡片上的标题记载要简明易懂。如果是团体实施，则要记载前充分协商好内容，以防止误解。

③ 把卡片摊在桌子上通过观全局，充分调动人的知觉能力，把有“亲近性”的卡片集中到一起作为一个小组。

④ 给小组取个新名称，其注意事项同步骤①。这个小组是由小项目（卡片）综合起来的，应把它作为子系统来登记。这个步骤不仅要凭直觉，还要运用综合分析能力发现小组的意义所在。

⑤ 重复步骤③和④，分别形成小组、中组和大组，但对难以编组的卡片不要勉强编组，可把它们单独放在一边。

⑥ 把小组（卡片）放在桌上进行移动，根据小组间的类似关系、对应关系、从属关系和因果关系等进行排列。

⑦ 将排列结果画成图表，即把小组按大小用粗线框起来，把一个个有关系的方框用“有向枝”（带箭头的线段）连接起来，构成一目了然的整体结构图。

⑧ 观察结构图，分析它的含义，取得对整个问题的明确认识。

3. 目标-手段分析法

目标-手段分析法就是将要达到的目标和所需要的手段按照系统展开，一级手段等于二级目标，二级手段等于三级目标，以此类推，便产生了层次分明、互相联系又逐渐具体化的分层目标系统（见图11-9）。在分解过程中，要注意使分解的分目标与总目标保持一致，分目标的集合一定要保证总目标的实现。分解过程中，分目标之间可能一致，也可能不一致，甚至是矛盾的，这就需要不断调整，使之在总体上保持协调。将总目标分解为若干个层次的分目标，需要有很大的创造性，要有丰富的科学技术知识与实践经验。目标分解需要反复地进行，直到满意为止。目标-手段分析法的实质是运用效能原理不断进行分析的过程。

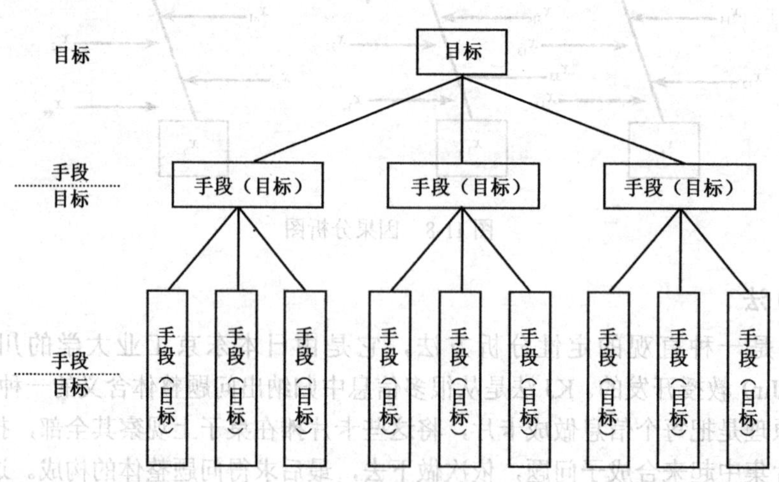

图11-9 目标-手段分析图

复习思考

1. 方案与整体方案有何区别与联系？
2. 系统分析在物流方案设计中有何作用与地位？
3. 系统分析定量技术与定性技术有何关系？

第 12 章

物流方案设计类型

【学习要点】

- 熟悉项目可行性研究；
- 熟悉项目论证与评估；
- 熟悉项目建议书；
- 熟悉商业计划书。

12.1 项目可行性研究

12.1.1 可行性研究的概念

可行性研究（Feasibility Study）是指在调查的基础上，通过市场分析、技术分析、财务分析和国民经济分析，对各种投资项目的技术可行性与经济合理性进行的综合评价。可行性研究的基本任务，是对新建或改建项目的主要问题，从技术经济角度进行全面的分析研究，并对其投产后的经济效果进行预测，在既定的范围内进行方案论证的选择，以便最合理地利用资源，达到预定的社会效益和经济效益。

可行性研究必须从系统总体出发，对技术、经济、财务、商业乃至环境保护、法律等多个方面进行分析和论证，以确定建设项目是否可行，为正确进行投资决策提供科学依据。项目的可行性研究是对多因素、多目标系统进行的不断的分析研究、评价和决策的过程。它需要有各方面知识的专业人才通力合作才能完成。可行性研究不仅应用于建设项目，还可应用于科学技术和工业发展的各个阶段和各个方面。例如，工业发展规划、新技术的开发、产品更新换代、企业技术改造等工作的前期，都可应用可行性研究。可行性研究自 20 世纪 30 年代美国开发田纳西河流域时开始采用以后，已逐步形成一套较为完整的理论、程序和方法。1978 年联合国工业发展组织编制了《工业可行性研究编制手册》。1980 年，该组织与阿拉伯国家工业发展中心共同编辑《工业项目评价手册》。中国从 1982 年开始，已将可行性研究列为基本建设中的一项重要程序。

12.1.2 可行性研究的内容

可行性研究大体可分为如下三个大的方面：

（1）全面深入地进行市场分析、预测。调查和预测拟建项目产品国内、国际市场的供需情况和销售价格；研究产品的目标市场，分析市场占有率；研究确定市场，主要是产品竞争对手和自身竞争力的优势、劣势，以及产品的营销策略，并研究确定主要市场风险和风险程度。

（2）对资源开发项目要深入研究确定资源的可利用量、资源的自然品质、资源的赋存条件和开发利用价值。

（3）深入进行项目建设方案设计。包括：项目的建设规模与产品方案，工程选址，工艺技术方案和主要设备方案，主要材料辅助材料，环境影响问题，节能、节水，项目建成投产及生产经营的组织机构与人力资源配置，项目进度计划，所需投资，融资分析，财务分析，国民经济评价，社会评价，项目不确定性分析，风险分析，综合评价等。

项目的可行性研究工作是由浅到深、由粗到细、前后连接、反复优化的研究过程。前阶段研究是为后阶段更精确的研究提出问题创造条件。可行性研究要对所有的商务风险、技术风险和利润风险进行准确落实，如果经研究发现某个方面的缺陷，就应通过敏感性参数的揭示，找出主要风险原因，从市场营销、产品及规模、工艺技术、原料路线、设备方案及公用辅助设施方案等方面寻找更好的替代方案，以提高项目的可行性。如果所有方案都经过反复优选，项目仍是不可行的，应在研究文件中说明理由。但应说明，研究结果即使是不可行的，这项研究仍然是有价值的，因为这避免了资金的滥用和浪费。

除了以上所讲的项目可行性研究外，在实际中还有一种与投资密切相关的研究，称为专题研究，主要是为可行性研究（或初步可行性研究）创造条件，研究和解决一些关键性或特定的一些问题，它是可行性研究的前提和辅助。专题研究分类如下：

（1）产品市场研究。市场需求及价格的调查分析和预测，产品进入市场的能力以及预期的市场渗透、竞争情况的研究，产品的市场营销战略和竞争对策研究等。

（2）原料及投入物料的研究。包括基本原材料和投入物的当前及以后的来源及供应情况，以及价格趋势。

（3）试验室和中间试验专题研究。需要进行的试验和试验程度，以确定某些原料或产品的适用性及其技术经济指标。

（4）建厂地区和厂址研究。结合工业布局、区域经济、内外建设条件、生产物资供应条件等。对建厂地区和厂址进行研究选择。

（5）规模经济研究。一般是作为工艺选择研究的组成部分来进行的。当问题仅限于规模的经济性而不涉及复杂的多种工艺时，则此项研究的主要任务是评估工厂规模经济性，在考虑可供选择的工艺技术、投资、成本、价格、效益和市场需求的情况下，选择最佳的生产规模。

（6）工艺选择研究。对各种可能的生产技术工艺的先进性、适用性、可靠性及经济性进行分析研究和评价，特别是采用新工艺、新技术时这种研究尤为必要。

（7）设备选择研究。一些建设项目需要很多各类生产设备，并且供应来源、性能、价格相当悬殊时，需要进行设备研究。因为投资项目的构成和经济性在很大程度上取决于设备的类型、价格和生产成本，甚至项目的生产效率也直接随着所选择的设备而变动。

（8）节能研究。按照节约能源的政策法规和规范的要求，提出节约能源的技术措施，对节能情况作出客观评价。

（9）交通影响评价。项目城市交通带来的需求和影响及对策。

12.1.3　可行性研究的实施

1．初期工作

（1）收集资料。包括业主的要求，业主已经完成的研究成果，市场、厂址、原料、能源、运输、维修、共用设施、环境、劳动力来源、资金来源、税务、设备材料价格、物价上涨率等有关资料。

（2）现场考察。考察所有可利用的厂址、废料堆场和水源状况，与业主方技术人员初步商讨设计资料、设计原则和工艺技术方案。

（3）数据评估。认真检查所有数据及其来源，分析项目潜在的致命缺陷和设计难点，审查并确认可以提高效率、降低成本的工艺技术方案。

（4）初步报告。扼要总结初期工作，列出所收集的设计基础资料，分析项目潜在的致命缺陷，确定参与方案比较的工艺方案。

初步报告提交业主，在得到业主的确认后方可进行第二阶段的研究工作。如业主认为项目确实存在不可逆转的致命缺陷，则可及时终止研究工作。

2．可选方案评价

（1）制定设计原则。以现有资料为基础来确定设计原则，该原则必须满足技术方案和产量的要求，当进一步获得资料后，可对原则进行补充和修订。

（2）技术方案比较。对选择的各专业工艺技术方案从技术上和经济上进行比较，提出最后的入选方案。

（3）初步估算基建投资和生产成本。为确定初步的工程现金流量，将对基建投资和生产成本进行初步估算，通过比较，可以判定规模经济及分段生产效果。

（4）中期报告。确定项目的组成，对可选方案进行技术经济比较，提出推荐方案。中期报告提交业主，在得到业主的确认后方可进行下一阶段的研究工作。如果业主对推荐方案有异议，则可对方案进行补充和修改；如果业主认为项目规模经济确实较差，则可及时终止研究工作。

3．推荐方案研究

（1）具体问题研究。对推荐方案的具体问题作进一步的分析研究，包括工艺流程、物料平衡、生产进度计划、设备选型等。

（2）基建投资及生产成本估算。估算项目所需的总投资，确定投资逐年分配计划，合理确定筹资方案；确定成本估算的原则和计算条件，进行成本计算和分析。

（3）技术经济评价。分析确定产品售价，进行财务评价，包括技术经济指标计算、清偿能力分析和不确定性分析，进而进行国家收益分析和社会效益评价。

（4）最终报告。根据本阶段研究结论，按照可行性研究内容和深度的规定编制可行性研究最终报告。最终报告提交业主，在得到业主的确认后，研究工作即告结束。如果业主对最终报告有疑义，则可进一步对最终报告进行补充和修改。

12.1.4 可行性研究报告

可行性研究报告是可行性研究的一个宏观的例子，可行性研究报告主要包括项目投资环境分析、行业发展前景分析、行业竞争格局分析、行业竞争财务指标参考分析、项目建设方案研究、组织实施方案分析、投资估算和资金筹措、项目经济可行性分析、项目不确定性及风险分析等方面。

1．可行性研究报告的特点

不论哪种类型的可行性研究报告都具有以下特点：

（1）专业性。可行性研究报告在论证项目的可行性时要涉及许多专业，通常要涉及基本建设、环境保护、市场预测、人员培训等方面的内容，所以需要各方面专业人员分别开展深入研究，再进行科学的综合分析。

（2）科学性。内容要真实、完整、正确，研究目的要明确，研究过程要客观，要应用各种科学方法、科学推理，得出明确结论。可行性研究报告的结论要建立在定量分析的基础上，这些定量化数据是根据科学技术和经济学原理，在调查研究基础上计算出来的，具有科学根据，经得起时间的考验。

（3）时效性。科技调查报告反映科技领域中某一急需认识的事物或某急需解决的问题，所以，要及时、迅速地写出调查报告，才能实现其价值，发挥其作用。

2．可行性研究报告的用途

（1）用于企业融资、对外招商合作的可行性研究报告。此类研究报告通常要求市场分析准确、投资方案合理，并提供竞争分析、营销计划、管理方案、技术研发等实际运作方案。

（2）用于国家立项的可行性研究报告。此文件是根据《中华人民共和国行政许可法》和《国务院对确需保留的行政审批项目设定行政许可的决定》而编写的，是大型基础设施项目立项的基础文件，发改委根据可行性研究报告进行核准、备案或批复，决定某个项目是否实施。另外医药企业在申请相关证书时也需要编写可行性研究报告。

（3）用于银行贷款的可行性研究报告。商业银行在贷款前进行风险评估时，需要项目方出具详细的可行性研究报告。对于国家开发银行等国内银行，该报告由甲级资格单位出具，通常不需要再组织专家评审。部分银行的贷款可行性研究报告不需要资格，但要求融资方案合理，分析正确，信息全面。另外，在申请国家的相关政策支持资金、工商注册时往往也需要编写可行性研究报告，该文件类似用于银行贷款的可研报告。

（4）用于申请进口设备免税。主要用于进口设备免税用的可行性研究报告，申请办理中外合资企业、内资企业项目确认书的项目需要提供项目可行性研究报告。

（5）用于境外投资项目核准的可行性研究报告。企业在实施走出去战略，对国外矿产资源和其他产业投资时，需要编写可行性研究报告报给国家发展和改革委或省发改委，申请中国进出口银行境外投资重点项目信贷支持时，也需要可行性研究报告。

在上述五种可行性研究报告中，第（2）（4）（5）准入门槛最高，需要编写单位拥有工程咨询资格，该资格由国家发展和改革委员会颁发，分为甲级、乙级、丙级三个等级。

3．可行性研究的作用及定位

大中型投资项目通常需要报请地区或者国家发改委立项备案。受投资项目所在细分行业、资金规模、建设地区、投资方式等不同影响，项目可行性研究报告（立项报告为简版可行性研究报告）均有不同侧重。为了保证项目顺利通过发改委批准完成立项备案，可行性研究报告的编制必须由专业、有经验的咨询机构协助完成。

4．可行性研究报告的撰写

撰写可行性研究报告要注意以下几点：

（1）必须亲自参加该项目的可行性研究，可行性研究报告的编写要尊重科学、尊重客观事实，要从客观实际出发看问题，不带主观偏见，不迎合“长官意志”，各种数据的推算和经济效益的分析要有科学根据。可行性研究报告要观点鲜明，对研究对象的“可行”或“不可行”要作出明确判断，不能模棱两可。

（2）在计算投资效果和社会效益时要认真、负责，尽可能具体、客观，真实、准确。在进行投资估算、产品成本核算时，要考虑到各种不确定因素，要留有余地。

（3）在具体写作可行性研究报告时，要层次分明，条理清晰，文字简洁、恰当。

5．可行性研究报告的工作程序

国际上典型的可行性研究报告的工作程序分为六个步骤。在整个程序中，雇主和咨询单位必须紧密合作。

（1）开始阶段。讨论研究的范围，细心限定研究的界限及明确雇主的目标。

（2）进行实地调查和技术经济研究。每项研究要包括项目的主要方面，需要量、价格、工业结构和竞争决定市场机会，同时，原材料、能源、工艺需求、运输、人力和外部工程又影响适当的工艺技术选择。所有这些方面都是相互关联的，但是每个方面都要分别评价。

（3）优选阶段。将项目的各不同方面设计成可供选择的方案。这里咨询单位的经验是很重要的，它能用较多的有代表性的设计组合制定出少数可供选择的方案，便于有效地取得最优方案，随后进行详细讨论。雇主要作出非计量因素方面的判定，并确定协议项目的最后形式。

（4）对选出的方案详细地进行论证，确定具体的范围，估算投资费用、经营费用和收益，并作出项目的经济分析和评价。为了达到预定目标，可行性研究必须论证选择的项目在技术上是可行的，建设进度是能达到的。估计的投资费用应包括所有合理的未预见费用（如包括施工中的涨价预备费）。经济和财务分析必须说明项目在经济上是可以接受的，资金是可以筹措到的。敏感性分析则用来论证成本、价格或进度等发生时，可能给项目的经济效果带来的影响。

（5）编制可行性研究报告。其结构和内容常常有特定的要求（如各种国际贷款机构的规定）。这些要求和涉及的步骤，在项目的编制和实施中能有利于雇主。

（6）编制资金筹措计划。项目的资金筹措在比较方案时已作出详细的考查，其中一些潜在的项目资金会在贷款者讨论可行性研究时冒出来。实施中的期限和条件的改变也会导致资金的改变，这些都可以根据可行性研究的财务分析进行相应的调整。最后，要作出一个明确的结论，以供决策者作出最终判断。

12.2 项目论证与评估

12.2.1 项目论证概述

项目论证是指对拟实施项目在技术上是否可能、经济上是否有利、建设上是否可行所进行的综合分析和全面科学论证的技术经济研究活动。其目的是避免或减少项目决策的失误，提高投资的效益和综合效果。

项目论证研究的对象一般包括工程项目、技术改造与设备更新项目、产品开发项目及技术发展项目等，它是各类项目实施前的首要环节。一般情况下，任何项目都要通过项目论证说明这个项目建设的条件是可靠的、采用的技术是先进的、经济上是有较大的利润可图的。项目论证报告也是筹措项目资金、进行银行贷款、开展设计、签订合同、进行施工准备的重要依据，只有经过项目论证认为可行的项目才允许依次进行设计、实施和运行。

项目论证是第二次世界大战后在美国建立和发展起来的，后来在许多工业发达国家得到了普遍应用。因为它运用现代技术科学和经济科学的新成就，发展并形成了一套比较完善的理论和方法；它所研究的内容及其深度和广度，对指导项目的实施具有重要的使用价值。因此，项目论证已成为各类项目实施必不可少的重要环节，目前在我国已得到了广泛的应用。

一般来说，通过项目论证应该回答以下几个方面的问题：

（1）本项目在技术上是否可行？

（2）经济上是否有生命力？

（3）财务上是否有利可图？

（4）能否筹集到全部资金？

（5）需要多少资金？

（6）需要多长时间能建立起来？

（7）需要多少物力、人力资源？

概括起来，可以说有三个方面：一是工艺技术；二是市场需求；三是财务经济。市场需求是前提，工艺技术是手段，核心问题是财务经济，即投资盈利问题。其他一切问题，包括复杂的技术工作、市场需要预测等都围绕这个核心，并为此核心提供各种方案。

12.2.2 项目论证的关键点

在项目论证的过程中应该把什么放到中心位置呢？这应该弄清楚，它实际上也是进行项目论证的出发点。一般来说项目论证的着力点如下。

1．要站在咨询的立场上

也就是说要从咨询的立场上或者说是中立的立场上评价项目。因为在一个计划项目中往往涉及许多利害关系，如出资者、政府机关、金融机构、咨询机构、实施单位及受益者等多方面。因此，就应由身份各异的利害相关者从不同的角度评价项目。而在这些相关者中，与最初的意志决定有关的就是咨询者对项目进行直接调查的项目论证。

2．应提出多种替代方案

决策是否正确，只有通过对比才能作出判断。这是因为好与坏、优与劣都是就相互比较而言的。所以，如果没有多种可供实施的方案，当然也就不存在优化选择的必要，多种可供选择的方案实际上是进行评价选优的前提。在当代的技术经济条件下，要解决一个问题，总是可以根据不同的经验，从不同的角度构思出多种解决问题的途径和方法。

3．对各种方案要做经济分析

每一种方案所实施的后果各有不同，项目论证的目的之一就是分析各方案在不同情况下所产生的后果，通过对每一方案的投入、经营费用及收益的综合分析与评价，就可对各方案进行优劣排序。

4．决定最佳投资时期和投资规模

也就是说，项目论证应讲求从实际出发，多方案比较，讲求最佳化，力戒一般化的观点。项目的投资既不能太大，也不能太小；既不能太早，也不能太迟。这点需要通过经济分析加以论证。

5．要提出可能实施的具体措施

对所论证的项目应该考虑其可能实施的具体措施，如果没有提出如何实施所论证的项目，那么对该项目的论证就没有任何价值。

6．要把资源的有效利用放在中心位置

不同的资源有着不同的作用，同一资源在不同的情况下有不同的作用，所产生的效益也有所不同，这样就应该从全局的立场出发达到最佳利用资源的目的。

12.2.3 项目论证的内容

项目论证的内容主要包括机会研究、初步项目论证与辅助（功能）研究。

机会研究是鉴别投资机会；初步项目论证是用于初步的项目选择与确定；项目论证是进一步拟定项目；最后是评价和投资决定。辅助研究或功能研究是拟定项目阶段的一部分。这些研究通常是分开进行的，因为一个咨询机构可能并不具备各方面的合格人才或专门知识。但是，这几种研究的界限往往不宜严格区分。

1．机会研究

机会研究是鉴定投资机会，它寻求的是投资应该用于哪些有些发展的部门，这种投资给企业带来盈利，给国民经济带来全面的或多方面的好处。在市场经济条件下，机会研究经常是对几个投资机会或项目设想进行鉴定，其研究比较粗略，主要依靠情报资料的估计，而不是详细计算。机会研究应通过分析下列各点来鉴别投资机会或项目设想，一旦证明是可行的，则需要对它们进行详尽研究。

（1）在加工或制造方面有所需的丰富自然资源。

（2）为加工工业提供农业原料的现有农业布局情况。

（3）对某些由于人口或购买力增长而具有增长潜力的消费品及对新研制产品的今后需求。

（4）在经济方面具有同样水平的其他国家中获得成功的同类制造业部门。

（5）与本国或国际的其他工业之间可能的相互关系。

（6）现有制造通过前后工序配套可能达到的扩展程度。

（7）多种经营的可能性。

（8）现有工业生产能力的扩大，可能实现的经济性。

（9）一般投资趋向及工业政策。

（10）生产要素的成本和市场供应情况。

（11）进口的情况及出口的可能性。

机会研究又分一般机会研究和具体项目机会研究两种。根据当时的条件，决定进行哪种机会研究，或两种机会研究都进行。

（1）一般机会研究。这种研究主要是通过国家机关或公共机构进行的，目的是通过研究指明具体的投资建议。

有以下三种情况：地区研究，查明某一特定地区贸易的各种可能机会；分部门研究，谋求在某一划定的分部门内的各种投资机会；以资源为基础的研究，以综合利用某一自然资源或工农业产品为出发点，谋求识别其各种投资机会。

（2）具体项目机会研究。一般投资机会作出最初鉴别之后，即应进行这种研究，并应向潜在的投资者散发投资简介，实际上做这项工作的往往是未来的投资者或企业集团。

具体机会研究比一般机会研究更为普遍，其定义为将项目设想转变为概略的投资建议。具体项目的机会研究目的是要促使投资者作出反应，因此它必须包括某些基本资料，仅仅列举可能具有一定潜力的产品就不够了。如果进行项目机会研究是要引起企业家的兴趣，那么在企业家作出积极反应时就应考虑进行初步项目论证。

2．初步项目论证

初步项目论证必须在更为详尽的研究报告中详细阐述项目设想，它是介于项目机会研究和详细项目论证之间的一个阶段。因为详细的项目论证是既费钱又费时间的工作，因此，做一段初步项目论证可以对项目设想进行初步的估计。

这一研究的主要目的是确定：

（1）投资机会是否有前途，值不值得进一步做详细项目论证。

（2）确定的项目概念是否正确，有无必要通过项目论证进一步详细分析。

（3）项目中有哪些关键性问题，是否需要通过市场调查、试验室试验、工业性试验等功能研究做深入研究。

（4）是否有充分的资料足以说明该项目设想既非可行的建议，又对某一具体投资者或投资集团不具有足够的吸引力。

初步项目论证的结构与详细的项目论证基本相同，要概括以下内容：市场和工厂生产能力、原材料投入、地点和厂址、工艺技术和设备选择、土建工程、企业管理费、人力资源、项目实施及经济评价。

如果就投资可能性进行了项目机会研究，那么项目的初步论证阶段往往可以省去。如果关于部门或资源的机会研究包括足够的项目数据可继续进入项目论证阶段或决定终止进行这一研究，那么有时也可越过初步项目论证阶段。然而，如果项目的经济效果使人产生疑问，就要进行初步项目论证来确定项目是否可行，除非初步项目论证的某一方面已通过详尽的市场研究或一些其他的功能研究进入深入的调查。可以通过捷径来决定投资支出和生产成本中的次要组成部分，但不能决定其主要组成部分。必须把估计项目的主要投资支出和生产成本作为初步项目论证研究的一部分，但并不一定只依靠确实的报价单作为估计根据，以往的项目数据可作为主要的参考。

3．辅助（功能）研究

辅助（功能）研究包括项目的一个或几个方面，但不是所有方面，并且只能作为初步项目论证、项目论证和大规模投资建议的前提或辅助。

辅助研究的分类如下：

（1）对要制造的产品进行的市场研究，包括市场的需求预测及预期的市场渗透情况。

（2）原料和投入物资的研究，包括项目使用的基本原料和投入物资的当前和预测的可得性，以及这些原材料和投入的目前和预测的未来价格趋势。

（3）试验室和中间工厂的试验，根据需要进行试验以决定具体原料是否合适。

（4）设施选址研究，特别是对那些运输费用影响大的项目的设施选址十分重要。

（5）规模的经济性研究，一般作为技术选择研究的一个部分进行。如果牵扯到几种技术和几种市场规模，则分开进行这些研究，但研究不扩大到复杂的技术问题中去。这些研究的主要任务是在考虑各种选择的技术、投资费用、生产成本和价格之后，评价最经济的工厂规模。这种研究通常对几种规模的工厂生产能力进行分析，研究该项目的主要特性，并计算出每种规模的结果。

（6）设备选择研究，如果项目的设备涉及的部门多，来源分散，而且成本各不相同，就要坚信这种研究。一般在投资或实施阶段进行设备订货，包括准备投标、招标并对其进行评价，以及订货和交货。如果涉及巨额投资、项目的构成和经济性，在极大程度上取决于设备的类型及其资本费用和经营成本，所选设备直接影响项目的经营效果。在这种情况下，如果得不到标准化的成本，那么设备选择研究就是必不可少的。

辅助研究的内容视研究的性质和打算研究的项目有所不同，但由于其关系到项目的关键方面，因此，其结论应为随后的项目编制阶段指明方向。在大多数情况下，投资前辅助研究如果在项目论证之前或与项目论证一起进行，其内容则构成项目论证的必不可少的一部分。

如果一项基本投入可能是确定项目可行性的一个决定因素，而辅助研究有可能表明否定的结果，那么应在初步项目论证或项目论证之前进行辅助研究。如果所要求的对一项具体功能的详细研究过于复杂，不能作为项目论证的一部分进行，辅助研究则与初步项目论证或项目论证分头同时进行。如果在进行项目论证过程中发现，尽管作为决策过程一部分的初步评价可以早些开始，但比较稳妥的做法是对项目的某一方面进行更详尽的鉴别，那么就在完成该项目论证之后再进行辅助研究。

辅助研究的费用必须和项目论证的费用联系起来考虑，因为这种研究的一个目的就是要在项目论证阶段节省费用。

12.2.4 项目论证的三要素

项目论证的三要素为质量、时间和费用。项目论证的质量取决于项目咨询专家和工程师的知识、经验和掌握足够的基础资料和情报。研究深度不同，对其质量的要求也有所不同。例如，对投资的估计方法不同，投资费用的准确度就有所区别，如表 12-1 所示。

表 12-1　投资误差对比

研究阶段	机会研究	初步项目论证	项目论证
投资误差百分比	±30%	±20%	±10%

研究的深度与时间、费用成正比：机会研究粗略，时间可能只要一个月；项目论证复杂且详细，时间可能需要一两年。

各项投资前论证所占费用目前仍无既定的标准，这些费用因项目和研究报告的不同而异，取决于以下因素，如项目的规模和性质，投资前研究的类型、范围和深度，委托和承担这项研究的机构及收集和估价必要材料所需的时间和精力。但是，总体来说，应按照估计的所需人工的数量决定项目论证的费用。项目论证所需期限可以从较简单的机会研究为期一个月到复杂项目的详细论证为期一年或两年不等。

由于费用对各类投资前研究来说是极为重要的决定因素，因此，如果外部机构承担这类研究，最好标明费用是多少。各项投资前论证所占的费用大致如下：一项机会研究占 0.2%～1.0%；一项初步项目论证占 0.25%～1.5%；一项项目论证，视项目的大小，小型项目占 1.0%～3.0%，具有先进技术的大型项目占 0.2%～1.0%等。辅助研究和试验的费用不能与项目投资费用相联系，而必须按照其拟议中的范围和期限加以估计。

以上数字只是提供概念，指出相对关系，并不是绝对的。项目咨询公司实际索取的费用可能有很大的不同，因为有这样一些可变因素，像咨询人员的经验、所要涉及的工作范围、项目的复杂性、咨询人员的竞争及其业务情况等。

12.2.5　项目论证的基本程序

一个项目论证报告的编制，需要广泛的技术、经济和财务等方面的知识和技能。经过机会研究和初步项目论证后，才开始详细的项目论证。项目论证的目的是为投资决策提供技术、经济和财务依据，因而要分析各有关方面的因素，选择最佳方案并论证其生命力。

项目论证一般有如下七个主要的阶段或步骤，在各阶段中，咨询单位和雇主应在一起紧密合作。

1．开始阶段

开始阶段主要明确问题，包括弄清论证研究的范围及雇主的目标。

2．资料收集与分析

资料收集与分析包括实地调查及技术研究和经济研究、每项研究所要包括的主要方面。需要量、价格、工业结构和竞争将决定市场机会，同时原材料、能源、工艺要求、运输、人力和外围工程又影响适当的工艺技术的选择。

3．建立各种可行的技术方案

为了达到目标通常会有多种可行的方法，因而就形成了多种可行的能够相互代替的技术方案。项目论证主要核心点是从多种可供实施的方案中选优，因此，拟订相应的实施方案就是项目论证的关键工作。在列出技术方案时，既不能把实际上可能实施的方案漏掉，也不能把实际上不可能实现的方案当成可行方案列进去。否则，要么最后选出的方案可能不是最优的方案，要么由于所提方案缺乏可靠的实际基础造成不必要的浪费。所以，在建立各种可行的技术方案时，应当根据调查研究的结果和掌握的全部资料进行全面而仔细的考虑。

4．方案分析阶段

方案分析阶段包括分析各个可行方案在技术上经济上的优缺点；方案各种技术经济指标如投资费用、经营费用、收益、投资回收期、投资收益率等指标的计算分析；方案的综合评价与选优，如敏感分析及对各种方案的求解结果进行比较、分析和评价，最后根据评价结果选择一个最优方案。

5．编制已选择好的方案

编制已选择好的方案包括进一步的市场分析、方案实施的工艺流程、项目地址的选择及服务设施、劳动力及培训、组织与经营管理、现金流量及经济财务分析、额外的效果等。

6．编制项目论证报告

项目论证报告的结构和内容常常有特定的要求，这些要求和涉及的步骤，在项目的编制和实施中能有助于雇主。

7．编制资金筹措计划

项目的资金筹措在比较方案时已做过详细考察，其中一些潜在的项目资金会在贷款者讨论可行性研究时冒出来。实施中的期限和条件的改变也会导致资金的改变，这些都应根据项目论证报告的财务分析作出相应的调整。同时应作出一个最终的决策，以说明项目可根据协议的实施进度及预算进行。

以上步骤只是进行项目论证的一般程序，而不是唯一的程序。在实际工作中，根据所研究问题的性质、条件、方法的不同，也可采用其他适宜的程序。

12.2.6 项目论证报告的格式

1．实施要点

项目论证报告应当在考虑了某一项目的各种备选方案后对其所有的基本问题作出明确的结论。为了叙述的方便，这些结论和建议应在概括这一研究报告的各个关键方面的“实施要点”中予以归纳。也就是说，实施要点这一章反映了项目论证报告各个章节的最关键部分及其最基本的结论，包括：项目背景和历史，市场和工厂生产能力，原材料和投入，坐落地址，项目设计，组织机构和管理费用，人力，项目执行时间安排，财务和经济评价，结论。

2．项目背景和历史

为了保证项目论证报告取得成功，必须清楚地了解项目设想与一个国家的经济状况、一般发展和工业发展等情况如何相适应。

本章主要包括：项目背景，项目主办者和（或）发起者，项目历史，预备性研究及有关调查的费用。

3．市场和工厂生产能力

在拟定项目之前，应当分门别类地确定当前市场有效需求的规模和组成情况，以便估计某一产品可能的市场渗透程度。销售所得收入也应在考虑技术、工厂生产能力、生产计划和销售战略等方面的情况下作出预计。必须在进行项目论证时提出这种预计，同时对产品定价、推销措施、经销系统及费用给予适当考虑。

一旦有了销售预测，就要拟订一个详细的生产计划说明各项生产活动及其时间安排。项目论证这一阶段的最后步骤，就是要考虑各种可供选择的生产、投资支出和销售收益水平来确定工厂的生产能力。

本章主要包括：需求和市场预测，产品和副产品的销售预测和销售，生产计划，工厂的生产能力。

4．原材料和投入

讨论关于制造规定的产品所需原材料和投入的选择和说明及供应计划的确定和原材料费用的计算等。确定投入需要量与项目拟定的其他阶段，诸如确定工厂生产能力和地点及技术和设备选择等都有密切的关系，因为这些问题必然相互影响。选择原材料和投入的主要根据是需求分析和由此得出的生产计划与工厂生产能力。

本章主要包括：原材料和投入，供应计划。

5．坐落地址

项目论证报告必须说明适合于所考虑的项目的地址。应该从一个相当大的地理区域选择地点，还必须从中多考虑几个可供选择的地址，一旦选定地址就要研究建立和经营工厂对周围环境的影响。

本章主要包括：坐落地点，地址，当地条件，对环境的影响。

6．项目设计

项目范围应不仅包括厂区，而且包括为供应投入、交付产品和提供辅助基本设施投资所需的其他全部活动。这种综合方法应有助于决定哪些投资必须由投资者或任何第三方承担。功能和实体布置是据以规定项目范围及其后设计工作的基础。

一旦了解了项目的整个范围，就应在已确定的工厂生产能力的基础上，决定所要采用的合适工艺过程、所需的机器和设备的类型和范围，以及所涉及的技术和设备的费用。

项目范围还必须规定各种结构和土建工程，诸如厂房、辅助建筑物、工厂基础设施之类，并作出有关的成本估计。

本章主要包括：项目布置，项目范围，技术，设备，土建工程。

7．组织机构和管理费用

项目设计和机构规划是密切相关的，因此，应在一系列反馈工作中共同进行。制定机构规划将使得计算管理费用成为可能，而管理费用在有些项目中对项目的营利性可以有决定意义。要对管理费用作出现实估价，必须把组织可行地分成几个组成部分（生产、服务和行政等成本项目)。

本章主要包括：组织机构，企业管理费用。

8. 人力

在生产能力及所使用的生产过程确定之后，有必要对审议中项目的各级管理部门所需人员作出规定；对生产和其他有关活动进行估价时，应同时对项目各个阶段各级人员所需要的培训进行估计。

本章主要包括：工人，职员。

9. 项目执行时间安排

项目执行时期是指从决定投资到开始大规模生产这段时期。这一时期包括谈判和签订合同、项目设计、施工和试运转等若干阶段。如果计划不当，这个时期将会延长时间，以致影响项目的潜在营利性。因此，制订项目执行计划的首要目的就是要确定执行时期所涉及的财务问题，以便在投产前和投产后筹措足够资金使项目得以实施。应对选择筹资办法（自有资本或贷款）及延迟投资所引起的财务问题给予特别注意。

在执行时期，同时发生一系列相互作用的投资活动，涉及各种不同的财务问题。为了调节这些活动，在项目论证报告中应编制并提出最佳执行计划和时间安排。

本章主要包括：项目执行的基本数据和活动，项目执行计划和时间安排的选择，项目执行的成本估计。

10. 财务和经济评价

项目编制应当符合财务和经济评价的要求。项目论证报告前面各部分编写完毕后，下一步就是计算总投资费用。在许多情况下必须假定在项目论证研究阶段已经有了项目筹资的资料；然后再计算项目涉及的财务问题，并把它归入生产总成本中。在进行财务评价时最好采用动态评价方法，并结合采用敏感性分析。同时，还应从项目对国民经济的直接和间接影响方面对项目进行评价。

12.2.7 项目评估

项目评估指在项目可行性研究的基础上，由第三方（国家、银行或有关机构）根据国家颁布的政策、法规、方法、参数和条例等，从项目（或企业）、国民经济、社会角度出发，对拟建项目建设的必要性、建设条件、生产条件，产品市场需求、工程技术、经济效益和社会效益等进行评价、分析和论证，进而判断其是否可行的一个评估过程。

1. 项目评估的特征

(1) 一个独立的项目评估机构（或投资咨询机构）对委托部门负责或对委托评估的项目负责，这个委托部门可以是政府机构、投资贷款银行，也可以是独立的法人（企业）。由于代表和维护利益的角度不同，独立的项目评估机构（投资咨询机构）更能摆脱部门、地区的行政干预和局限性。

(2) 可行性研究报告只提供多方案比较依据，而项目评估报告通常是对多方案择优。因而，项目取舍的依据（决策依据）是项目评估报告。

(3) 项目评估从大局出发，因而更能保证宏观与微观、全局和局部利益的统一，这样也就更能避免投资失误。

（4）项目评估是投资决策科学化、程序化和公正性的有力保证。项目评估有它的既定程序、评价方法和决策原则，还有一套比较完整的评估理论。

2. 项目评估的内容

（1）建设必要性、现实性、可行性和市场预测的评估。

（2）建设条件的评估。

（3）技术方案的评估。

（4）机构设置和管理机制的评估。

（5）社会经济效果的评估。

12.3 项目建议书

12.3.1 项目建议书概述

1. 项目建议书的概念

项目建议书又称立项报告，是项目建设筹建单位或项目法人，根据国民经济的发展、国家和地方中长期规划、产业政策、生产力布局、国内外市场、所在地的内外部条件，提出的某一具体项目的建议文件，是对拟建项目提出的框架性的总体设想。往往是在项目早期，由于项目条件还不够成熟，仅有规划意见书，对项目的具体建设方案还不明晰，市政、环保、交通等专业咨询意见尚未办理。项目建议书主要论证项目建设的必要性，建设方案和投资估算也比较粗，投资误差为±30%。

项目建议书是由项目投资方向其主管部门上报的文件，目前广泛应用于项目的国家立项审批工作中。它要从宏观上论述项目设立的必要性和可能性，把项目投资的设想变为概略的投资建议。项目建议书的呈报可以供项目审批机关作出初步决策。它可以减少项目选择的盲目性，为下一步可行性研究打下基础。

对于大中型项目和一些工艺技术复杂、涉及面广、协调量大的项目，还要编制可行性研究报告。项目建议书是项目发展周期的初始阶段基本情况的汇总，是国家选择和审批项目的依据，也是制作可行性研究报告的依据。涉及利用外资的项目，只有在项目建议书批准后，才可以开展对外工作。

2. 项目建议书的目的

项目建议书是项目发展周期的初始阶段，是国家选择项目的依据，也是可行性研究的依据。

项目建议书是项目发展周期的初始阶段基本情况的汇总，是国家选择和审批项目的依据，也是制作可行性研究报告的依据。涉及利用外资的项目，只有在项目建议书批准后，才可以开展对外工作。提供的项目建议书包括项目的战略、市场和销售、规模、选址、物料供应、工艺、组织和定员、投资、效益、风险等，将使投资机会研究或项目规划设想的效益前景更可信，使项目更具吸引力，更具可行性。

项目建议书批准后，可以着手成立相关项目法人。民营企业（私人投资）项目一般不再需要编写项目建议书，只有在土地一级开发等少数领域，由于行政审批机关习惯沿袭旧的审批模式，有时还要求项目方编写项目建议书。外资项目目前主要采用核准方式，项目方委托有资格的机构编写项目申请报告即可。

12.3.2　项目建议书的内容

1．项目建议书的主要内容

（1）项目建议书的基础内容。项目建议书（又称立项申请）是项目建设筹建单位或项目法人，根据国民经济的发展、国家和地方中长期规划、产业政策、生产力布局、国内外市场、所在地的内外部条件，提出的某一具体项目的建议文件，是对拟建项目提出的框架性的总体设想。对于大中型项目，有的工艺技术复杂，涉及面广，协调量大的项目，还要编制可行性研究报告，作为项目建议书的主要附件之一。

根据不同行业类别，可行性研究内容的侧重点差异较大。

（2）项目建议书的编制要求。根据现行规定，建设项目是指一个总体设计或初步设计范围内，由一个或几个单位工程组成，经济上统一核算，行政上实行统一管理的建设单位。因此，凡在一个总体设计或初步设计范围内经济上统一核算的主体工程、配套工程及附属设施，应编制统一的项目建议书。在一个总体设计范围内，经济上独立核算的各工程项目应分别编制项目建议书。在一个总体设计范围内的分期建设工程项目，也应分别编制项目建议书。

项目建议书的编制应符合以下几个要求：

① 内容真实。项目建议书涉及的内容以及反映情况的数据，应该尽量真实、可靠，减少偏差及失误。其中所运用的资料、数据，都要经过反复核实，以确保内容的真实性。

② 预测准确。项目建议书是投资决策前的活动，具有预测性及前瞻性。它是在事件没有发生之前的研究，也是对事物未来发展的情况、可能遇到的问题和结果的估计。因此，必须进行深入的调查研究，充分地占有资料，运用切合实际的预测方法，科学地预测未来前景。

③ 论证严密。论证性是项目建议书的一个显著特点。要使其有论证性，必须做到运用系统的分析方法，围绕影响项目的各种因素进行全面、系统的分析，包括宏观分析和微观分析两方面。

2．项目建议书的基本框架

第一章　总论

（1）项目名称。

（2）承办单位概况（新建项目指筹建单位情况，技术改造项目指原企业情况）。

（3）拟建地点。

（4）建设内容与规模。

（5）建设年限。

（6）概算投资。

（7）效益分析。

第二章　项目建设的必要性和条件

（1）建设的必要性分析。

（2）建设条件分析。包括场址建设条件（地质、气候、交通、公用设施、征地拆迁工作、施工等）、其他条件分析（政策、资源、法律法规等）。

（3）资源条件评价（指资源开发项目）。包括资源可利用量（矿产地质储量、可采储量等）、资源品质情况（矿产品位、物理性能等）、资源赋存条件（矿体结构、埋藏深度、岩体性质等）。

第三章　建设规模与产品方案

（1）建设规模（达产达标后的规模）。

（2）产品方案（拟开发产品方案）。

第四章　技术方案、设备方案和工程方案

（一）技术方案

（1）生产方法（包括原料路线）。

（2）工艺流程。

（二）主要设备方案

（1）主要设备选型（列出清单表）。

（2）主要设备来源。

（三）工程方案

（1）建、构筑物的建筑特征、结构及面积方案（附平面图、规划图）。

（2）建筑安装工程量及“三材”用量估算。

（3）主要建、构筑物工程一览表。

第五章　投资估算及资金筹措

（一）投资估算

（1）建设投资估算（先总述总投资，后分述建筑工程费、设备购置安装费等）。

（2）流动资金估算。

（3）投资估算表（总资金估算表、单项工程投资估算表）。

（二）资金筹措

（1）自筹资金。

（2）其他来源。

第六章　效益分析

（一）经济效益

（1）销售收入估算（编制销售收入估算表）。

（2）成本费用估算（编制总成本费用表和分项成本估算表）。

（3）利润与税收分析。

（4）投资回收期。

（5）投资利润率。

（二）社会效益

第七章　结论

第八章　附件

建设项目拟选位置地形图；在自有地皮上建设，要附市规划部门对项目建设初步选址意见（规划要点或其他文件）。国家限制发展的或按国家及市政府规定需要先由行业主管部门签署意见的项目，要附有关行业主管部门签署的审查意见。

外商投资项目要附以下材料：

（1）会计师事务所出具的外商资信证明材料。

（2）合营各方的营业执照（复印件）。

（3）合营各方签署的合营意向书（境内单位要有上级主管部门的意见）。

两个或两个以上境内单位合建的项目要附以下材料：

（1）合建各方签署的意向书（要有上级主管部门的意见）。

（2）合建各方的营业执照（复印件）。

（3）其他附件材料。

12.4 商业计划书

12.4.1 商业计划书概述

商业计划书也称商业策划书，是指为一个商业发展计划而做的书面文件。一般商业策划书都是以投资人或相关利益载体为目标阅读者，从而说服他们进行投资或合作。商业计划书是创业者手中的武器，提供给投资者和一切对创业者的项目感兴趣的人，向他们展现创业的潜力和价值，说服他们对项目进行投资和支持。因此，一份好的商业计划书，要使人读后对下列问题非常清楚：

（1）公司的商业机会。

（2）创立公司，把握这一机会的进程。

（3）所需要的资源。

（4）风险和预期回报。

（5）对你采取的行动的建议。

（6）行业趋势分析。

商业计划不是学术论文，它可能面对的是非技术背景但对计划有兴趣的人，如可能的团队成员、可能的投资人和合作伙伴、供应商、顾客、政策机构等。因此，一份好的商业计划书，应该写得让人明白，避免使用过多的专业词汇，聚焦于特定的策略、目标、计划和行动。商业计划的篇幅要适当，太短，容易让人不相信项目的成功；太长，则会被认为太啰嗦，表达不清楚。适合的篇幅一般为 20～40 页（包括附录在内）。

12.4.2 商业计划书的内容

从总体来看，写商业计划书的原则是简明扼要、条理清晰、内容完整、语言通畅易懂、意思表述精确。商业计划书一般包括七个部分。

1. 项目简介

一页纸的“项目简介”是商业计划书中最重要，也是最挑战文笔的内容。就像电视广告，它如果不能在 10 秒内引起观众的兴趣，观众就会换频道。

虽然“项目简介”像是商业计划书的“迷你版”，但它并非要包含商业计划书的每一个方面。

用一句话来清晰地描述你的商业模式，即你的产品或服务。

用一句话来明确表述为什么你的创新及时解决了用户的问题，填补了市场的空缺。

用一句话（包括具体数字）来描述巨大的市场规模和潜在的远景。

用一句话来概括你的竞争优势。

用一句话来形容你和你的团队是一个“成功组合”。

用一句话（包括具体数字和时间）来概述你将如何在最短的时间内让投资人盈利。

用一句话来陈述你希望融多少钱、主要用来干什么。

2．产品/服务

产品和服务就是你的商业模式，也就是将来你的公司将靠什么去赚钱。

别说“要成为中国最大的……”，也别说自己是“最好的……”，最忌讳空洞的语言，要用具体数字说话。

3．开发市场

市场可以从三个方面看：宏观的、微观的及具体如何开发自己的市场。

如果所能得到的宏观市场数据是从互联网站上下载的免费报告，这一类的信息适可而止。重要的是与你的产品直接相关的市场数据，即你的微观市场、你力所能及的市场，这些数据越详细越好。

然后，要说明如何来行之有效地做市场。

4．竞争对手

没有哪家公司没有任何竞争对手。如果竞争对手也是创业公司，你应该比它们做得更好，只有产品比竞争对手的更先进，投资者才会支持你。

5．团队成员

具体挖掘一下自己的真实才能，除了包装你自己以外，也要顾及其他团队成员。

6．收入

创建公司就像盖一座高楼，什么时候地基落成、什么时候封顶、什么时候交钥匙都是工程中的关键节点。对于早期的创业公司来说，投资者最关心的是什么时候公司的产品能够顺利通过各种测试推向市场，什么时候公司账上开始有收入，什么时候公司达到盈亏持平。

当然，持平并不是投资者的最终目的，公司收支持平了，投资者就有信心投更多的钱去扩大规模、去进一步发展。创业者应该明白，无论你创立什么样的公司，账面收支持平越早越好。一个公司开始有收入了，说明公司的产品有市场价值；一个公司盈亏持平，说明它是有盈利潜力的。只有具有盈利能力的公司，才是真正有价值的公司，才会有更多的投资者青睐。

7．财务计划

财务预测是商业计划书中最重要的部分之一。通常投资者对有兴趣的项目一定会要求详细的财务介绍。记住：至少做3年的财务计划，最好做5年，把重点放在第一年。

12.4.3　商业计划书的用途

1．沟通工具

商业计划书可以用来介绍企业的价值，从而吸引到投资、信贷、员工、战略合作伙伴，或包括政府在内的其他利益相关者。

一份成熟的商业计划书不但能够能描述出你公司的成长历史，展现出未来的成长方向和愿景，还将量化出潜在盈利能力。这都需要对自己公司有一个通盘的了解，对所有存在的问题都有所思考，对可能存在的隐患做好预案，并能够提出行之有效的工作计划。

2．管理工具

商业计划书首先是一个计划工具，它能引导你走过公司发展的不同阶段。

一份有想法的计划书能帮助你认清挡路石，从而让你绕过它。很多创业者都与他们的雇员分享商业计划书，以便让团队更深刻地理解自己的业务到底走向何方。

大公司也在利用商业计划，通过年度周期性的反复讨论和仔细推敲，最终确定组织未来的行动纲要和当年的行动计划，并让上级和下级的意志得到统一。

商业计划书也能帮助你跟踪、监督、反馈和度量你的业务流程。

优秀的商业计划书将是一份有生命的文档，随着团队知识与经验的不断增加，它也会随之成长。

当你建立好公司的时间轴及里程碑，在一个时间段后，就能衡量公司实际的路径与开始的计划有什么不同了。越来越多的公司都在开始利用年度周期性的计划工作，总结上一周期的成功与不足，以便调整集体的方向与步骤，并进而奖优罚劣，激励团队的成长。

3．承诺工具

最容易被人忽略的是，商业计划书也是一个承诺的工具。这点在企业利用商业计划书执行融资工作的时候体现得最为明显。

和其他的法律文档一样，在企业和投资人签署融资合同的同时，商业计划书往往将作为一份合同附件存在。与这份附件相对应的是主合同中的对赌条款。对赌条款和商业计划书将共同构成一个业绩承诺：当管理人完成或没有完成商业计划书中所约定的目标，投资人和企业家之间将在利益上如何重新分配。

在辅助执行公司内部管理时，商业计划书也是一个有效的承诺工具。在上级和下级就某一特定目标达成一致以后，他们合作完成的商业计划书就记录下了对目标的约定。这样的约定将成为各类激励工具得以实施的重要基础。

商业计划书也体现了上级对下级的承诺。公司战略得以展开，必然意味着必要的资源投入。只有经过慎重思考的战略，才能够让领导人具有必要投入的决心。人们可以原谅因为具体环境的变化、知识的增长而带来行动计划乃至战略的调整，但是没有任何人愿意和一个朝三暮四、朝令夕改、不具备战略思考能力的领导人共同工作。

12.4.4 商业计划书的撰写

1．执行总结

执行总结是商业计划的 1～2 页的概括，包括：

（1）本商业的简单描述。

（2）机会概述。

（3）目标市场的描述和预测。

（4）竞争优势。

（5）经济状况和盈利能力预测。

（6）团队概述。

（7）提供的利益。

2．产业背景/公司概述

（1）详细的市场描述，主要的竞争对手，市场驱动力。

（2）公司概述应包括详细的产品/服务描述及它如何满足一个关键的顾客需求。

（3）一定要描述你的进入策略和市场开发策略。

3．市场调查和分析

市场调查和分析是表明你对市场了解程度的窗口，一定要阐释以下问题：

（1）顾客。

（2）市场容量和趋势。

（3）竞争和各自的竞争优势。

（4）估计的市场份额和销售额。

（5）市场发展的走势（对于新市场而言，这一点相当困难，但一定要力争贴近真实）。

4．公司战略

阐释公司如何进行竞争，它包括三个问题：

（1）营销计划（定价和分销，广告和提升）。

（2）规划和开发计划（开发状态和目标，困难和风险）。

（3）制造和操作计划 （操作周期，设备和改进）。

5．总体进度安排

公司的进度安排，包括以下领域的重要事件：

（1）收入。

（2）收支平衡点和正现金流。

（3）市场份额。

（4）产品开发介绍。

（5）主要合作伙伴。

（6）融资。

6．风险、问题和假定

（1）创业者常常对于公司的假定和将面临的风险不够现实。

（2）说明你将如何应付风险和问题（紧急计划）。

（3）在眼光的务实性和对公司的潜力的乐观之间达成平衡。

7．管理团队

（1）介绍公司的管理团队。一定要介绍各成员与管理公司有关的教育和工作背景。

（2）注意管理分工和互补。

（3）介绍领导层成员、商业顾问及主要的投资人和持股情况。

8．企业经济状况

介绍公司的财务计划，讨论关键的财务表现驱动因素。一定要讨论如下几个杠杆：

（1）毛利和净利。

（2）盈利能力和持久性。

（3）固定的、可变的和半可变的成本。

（4）达到收支平衡所需的月数。

（5）达到正现金流所需的月数。

9．财务预测

（1）包括收入报告、平衡报表、前两年为季度报表，前五年为年度报表。

（2）同一时期的估价现金流分析。

（3）突出成本控制系统。

10．假定利益

假定利益是你的“卖点”，包括：

（1）总体的资金需求。

（2）在这一轮融资中你需要的是哪一级。

（3）如何使用这些资金。

（4）投资人可以得到的回报。

（5）还可以讨论可能的投资人退出策略。

复习思考

1．项目可行性研究的主要内容有哪些？

2．项目论证与评估的基本程序是怎样的？

3．项目建议书适用于什么样的情况？

4．商业计划书的用途有哪些？

第 4 篇　物流方案设计

第 13 章

冷链物流系统方案设计

【背景介绍】

本方案节取自“郑明杯”第五届全国大学生物流设计大赛获奖作品《基于大数据的郑明冷链精益物流系统方案设计》（有删节）。该方案的背景案例为“郑明杯”第五届全国大学生物流设计大赛案例，详见中国物流与采购教育网（www.clpp.org.cn）。在学习本方案前，需要预先阅读“郑明杯”第五届全国大学生物流设计大赛案例。

【学习要点】

- 熟悉冷链物流的概念；
- 熟悉各种数量模型的建立；
- 熟悉冷链物流系统设计过程。

【方案摘要】

本方案从大数据的视角，以精益思想为指导，将建设精益冷链物流系统作为上海郑明现代物流有限公司（以下简称郑明）打造中国冷链物流第一品牌和实施发展战略的关键，分三个部分展开设计。

第一部分为郑明冷链精益物流系统方案背景分析。通过对冷链物流发展现状的分析，结合案例中郑明的发展战略，将方案设计主题确定为基于大数据的郑明冷链精益物流系统优化。通过对郑明冷链物流系统五个重要的组成部分（冷链物流订单处理、冷链物流仓储、冷链物流运输、冷链物流配送、冷链物流监控）的现状分析，有针对性地进行问题诊断。从“提高效率，降低成本”两个角度出发，优化郑明冷链物流系统。

第二部分为郑明冷链精益物流系统方案设计。基于大数据的视角，在精益思想的指导下，将郑明现代冷链物流系统优化方案设计分为五个子方案，每个子方案都是针对郑明冷链物流系统中所存在的问题提出来的，通过融合精益思想的理念，综合运用线性规划、SLP、相关性分析、遗传算法等理论和方法建立数量模型，对冷链物流订单处理、冷链物流仓储、冷链物流运输、冷链物流配送及冷链物流监控进行优化。

第三部分为郑明冷链精益物流系统方案评价。基于大数据和精益思想的冷链订单处理、冷链仓储、冷链运输、冷链配送和冷链监控构成郑明现代冷链精益物流系统，分别从五个方面进行方案评价。结果显示，优化后的方案能够降低郑明冷链物流成本，减少冷链产品货损及变质等问题，提高了郑明冷链物流的效率与效益。

13.1 冷链物流现状分析

13.1.1 订单处理方面

1. 发货效率低

在郑明冷链物流中心，订单分拣作业流程方面是全程人工作业，拣选操作效率低，订单拣选所用时间长，出错率较高。

2. 订单整合方式不当

订单整合采用相对静态的分析方法，多以单一某时间段的数据为基础进行分析，而且数据取样受季节变动、循环变动、偶然变动等偶然因素的影响，这就造成对设备的选型与系统的扩展性考虑不周全，缺乏对商品和客户动态管理的灵活性。

3. 不能满足动态客户管理

当客户的种类发生变化时，公司反应不及时。例如，当A类客户变成B类客户时，公司反应不及时，仍选用A类客户的分拣方式，会造成其他可能变成A类客户的订单分拣不及时，导致客户满意度下降，从而影响信誉度。

4. 智能化程度低

在郑明冷链仓储作业中，从货物验收、分类储存、分拣打包到配送出库作业都是仓库质检员、仓管员、打包员等工作人员进行检查、拣选打包，工作劳动强度大，所用时间长，智能化程度低。

13.1.2 冷链仓储方面

郑明冷链物流仓储作业缺乏准确性，环节衔接时间耗费较长，造成不必要的物料移动和等待浪费，具体表现如下。

1. 冷链物流仓储布局不合理

（1）不同功能区的位置摆放不合理，使得生鲜产品在库内流动时迂回倒流，产生了运输或移动浪费，冷链物流仓储内部作业流程运作效率降低。

（2）货位分配有待改进。不合理的货位分配产生了动作浪费，增加了许多无谓的操作和搬移，使储货、拣货作业成本增高，出入库效率较低，传统的货架布局已无法适应日益增长的多样化的客户需求。

2. 冷链物流仓储作业效率低

（1）入库操作人工依赖性强，入库效率低。生鲜产品入库时，信息记录人员需对货物信息进行手工记录，填写入库单，然后交由信息输入人员进行录入并打印条形码。当进入仓库的物品种类繁多且集中包装时，更需要人工清点、登记，远远不能满足快速、准确入库的需要。

（2）存货统计缺乏准确性。由于条形码是纸质的，低温环境下经常出现由于条形码损坏导致不能扫描的现象或人为的错误，导致条形码扫描成功率低，使存货统计不准确，影响冷链物流仓储的配送决策，影响冷链食品的品质，造成货物的无端损耗。

（3）出现错误，原因难以查明。当盘点货物的品类、数量与仓库管理系统中不符时，很难快速准确查明出错原因。因为很多因素都有可能导致差错，如货物入库时人工记录及录入信息有误；盘点错误；出库时由于品类多，人工拣货容易出现多拣或少拣的情况。所以要查出错误的原因，可能需要耗费大量时间和人力。

（4）出库延时。传统的条形码应用在大量货物需要扫描标签出库时，由于条形码需要直线对准扫描才能读取信息，往往造成进出货延时，大部分时候无法提高效率，与冷链物流的时效性相悖。

13.1.3　冷链运输方面

1．管理水平落后，时间浪费严重

冷藏车的调度不同于普通货车，在考虑车辆大小之外，还需要根据配送货物品类选择相应制冷功能的车辆。当公司运力不足时引入的社会车辆虽然也具有全程的冷链信息监控功能，但并不在公司的统一调度平台监控中，造成郑明外部车辆调度困难，由此带来的安全责任风险难以规避。公司因运输过程中食品腐烂而造成的损失每年可达 30 万～50 万元，其中大部分是由郑明选用的社会车辆监管不足及冷链运输设备不完善造成的。

2．运输体系不完善，运输成本偏高

冷链运输包含固定成本、运输成本、货损成本及冷藏车的冷却成本等，是常温运输成本的几倍甚至几十倍。在运输中冷链产品出现大量损失，是致使冷链物流的成本居高不下的重要原因。一些易腐食品售价中甚至有高达 7 成是用来补偿物流过程中损失的货物价值。而按照国际标准，冷链产品物流成本最高不超过其总成本的 50%。可见冷链物流在运输环节中浪费了大量的社会资源。

郑明由于缺乏完善的冷链物流运输体系，冷链运输技术和管理水平还不能适应现代社会和冷链物流发展的需求。物流运输各个环节存在信息阻塞、缺乏透明和畅通机制、环节脱钩的问题，造成冷链产品在运输途中发生无谓滞留。由于运输过程中的管理水平低，缺乏科学的运输调度决策，良好的线路规划设计方案，影响了冷链运输的速度，货损风险也随之增大，造成大量损耗的同时使人们的食品安全也面临着巨大隐患。

13.1.4　冷链配送方面

1．冷链配送成本较高

冷链配送需求量具有季节变化性，配送成本较高。在销售淡季，仓库主要是进多出少，配送路径的不合理造成车辆空载率增高。

2．难以实现共同配送

郑明的合作企业不同，客户要求的发货周期和规律都不一样，冷链配送的数量也不一样，但是郑明是按单配送，有订单就必须及时地送到客户所在地，这样车辆的空载率问题就无法避免，而不合理的路径规划导致了冷链配送成本的增加。

3．配货作业复杂

生鲜产品的属性不同，对温度、湿度等环境条件的要求也不同，在配送的过程中会存在串味和货物分散的问题，但是为了满足客户的需求，给同一个客户配送不同的产品，并且能够及时地送到客户手中，却又不浪费郑明的资源，要充分地利用好郑明和顾客产生的数据，设计出合理的路线规划方案，来降低成本，获取更大的利润。

13.1.5 冷链监控方面

1．冷库监控技术相对落后

不少国外企业已经实现了冷库实时远程监控系统的研制和应用，集自动巡测、故障报警、故障定位、自动寻呼、自动记录、自动化管理、远程调试、冷库安装远程控制等功能为一体，该系统可以提供稳定可靠的制冷系统实时监控、集中控制、自动化管理系统。

2．外部车辆监管不足

郑明公司因运输过程中食品腐烂而造成的损失每年可达30万～50万元，其中大部分是由郑明选用的社会车辆监管不足及冷链运输设备不完善造成的。

3．安全监控信息系统不完善

产品在生产流通中没有与各个阶段形成一套完整的标准，即使市场上发现有危害消费者的产品，不能立刻撤出该批次产品，也很难确定产品出现问题环节，追究其事件的责任人。冷链监控存在冷库监控技术不完善、质量安全监控信息系统不完善、外部车辆监控不足等问题，集中表现为监控系统的问题。现阶段郑明冷链物流在减少产品在仓储、在途配送的损失，控制产品在仓储、在途配送及保障产品整个供应链的质量安全方面，需要有完善的冷库监控信息系统和冷链物流状态监控信息系统来保证。

13.2 冷链物流精益思想的提出

精益物流是运用精益思想对企业物流活动进行管理。它主要以客户的需求为中心，即从顾客的角度进行研究，依据其需求判断什么样的活动可以产生满足需求的价值。从整个物流活动的角度出发对活动进行分节，再对活动过程中的每一个环节进行分析，遵照整体价值产生所必须有的步骤和活动，去除不能提供增值的环节。根据不能中途断流、不能反复的绕流、不能有等候的存在、不做无用功的原则，定制优化处理方案，从而减少不必要的等候，以逐渐减少投入，创造越来越多的价值，提供顾客满意度高的物流服务，实现精细、精准控制整个物流过程。在竞争日益激烈的冷链物流市场，以精益思想为指导是取胜的关键。

运用大数据进行预测和决策，可以促进郑明冷链物流作业的精准和高效，与精益思想相辅相成。两者的结合是提升郑明冷链物流水平的重要途径。

郑明冷链精益物流系统方案优化设计分为五个部分，具体思路如下：

（1）订单处理方面：由于郑明冷链订单处理发货效率低、人工依赖大、智能化程度低、缺乏对冷链订单的拣选分批和拣选路径的选择的有效处理，造成冷链订单处理效率低。运用大数据技术和精益思想，预测客户可能出现的订单，提前做好准备，可以减少客户订单拣选的不必要的等待时间，避免拣选路径的迂回绕路等浪费，缩减郑明冷链订单处理的时间，提高效率以达到冷链订单拣选精准决策。

（2）仓储方面：由于郑明冷库布局存在不合理的地方，仓储运作对人工依赖大，缺乏对在库产品信息和状态的有效管理，因此产生了许多不必要的移动，同时也造成出入库效率较低，产品品质受到影响，从而妨碍了为顾客提供满意的服务。以精益思想为指导，通过 RFID 标签和标签读取器获取产品移动数据、位置数据和状态数据，可以为郑明仓储布局和流程作业减少不必要的物料移动，畅通收货、验货、上架、拣货、扫描、打包、装车等一系列环节，使仓储作业高效进行，以达到提高每个仓库的智能化水平、提升每个物流节点的运作效率的目标。

（3）运输方面：处理好满足客户的个性化运输需求与运输规模效益之间的矛盾，其方法是在大数据下合理安排运输网络，进行合理车辆调度。使一次运输单元的规模从始点和末点开始形成向中间运程逐步集约化的增长梯度。精益运输要求消除运输过程中的一切不增值的环节，以减少运输过程中存在的非位移支出及减少运输过程中的非位移时间。开展精益运输的必要条件是尽可能使运输信息充分化。目前正在大力推行的大数据技术，以及迅速发展的物联网趋势，为开展精益运输创造了极其有利的技术条件。

（4）配送方面：精益配送是冷链物流极其重要的环节，对冷链食品来说，配送时间的长短影响着产品的质量，优化配送路径可以缩短配送的时间，降低配送成本。在冷链配送过程中，配送线路合理与否对配送速度、成本、效益影响很大。设计合理、高效的配送路线方案，不仅可以减少配送时间、降低作业成本、提高企业的效益，而且可以更好地为客户服务，提高客户的满意度，维护企业良好的形象。所以，如何在物联网中运用大数据综合考虑各线路的车流量、客户分布状况、车辆的载重量及其他车辆运行限制等因素进行配送线路的规划，将直接关系到配送中心运作的成本和效率。

（5）监控方面：在问题诊断部分已经提出，郑明在库监控和在途监控技术相对落后，导致冷链产品管理不到位，温度、湿度得不到有效监控；在途运输过程中，对外部车辆监控不足、司机违规操作、中途关闭制冷设备等行为，导致冷链中断。通过监控系统，对在库和在途冷链产品的温度进行监控，对制冷设备开关机进行监控。郑明冷链精益物流监控系统，通过对冷链货物进行全程监控，最大限度地减少了因为温度不达标而造成的不必要损失，从而减少了无用功，达到准时的要求。

13.3 冷链精益物流订单系统设计

13.3.1 基于大数据的订单精益处理思路

基于大数据的视角和精益思想优化订单处理，大数据的应用类型有很多，主要的处理模式可以分为流处理和批处理两种，郑明可根据订单性质选择合理的处理模式。通过利用从网络搜索趋势、社交媒体数据及天气预报挖掘出的预测信息，预测客户可能出现的订单，提前做好冷链订单准备工作，以及时解决高峰期订单问题，提高冷链订单处理效率。精益思想以消除郑明在冷链订单处理过程中消耗了资源而不增值的“浪费”活动为根本出发点，合理地进行订单分批，逐步减少订单拣选所经过的路程，以期达到减少订单拣选处理时间的目标。

对冷链订单进行分批以便货物拣选，并且在订单处理中使用基于 RFID 技术的物联网技术，用电子标签使得订单拣选更加便捷，提高订单拣选的准确率，缩短订单拣选所用时间。

13.3.2 订单分批优化设计

1. 问题背景

在本方案中，假定郑明在初始状态下有一组冷链订单集，每个订单都有几种品项的货物需要进行分拣，可将其分成几个批次进行分批分拣，在一个时间段内完成一批次货物的分拣。一个品项货物的取货时间约为 2 分 30 秒，因此在考虑到工作能力和工作效率平衡后，每批次的拣货时间可认为是均匀分布的，即每天平均分成 k 个批次进行作业。不同的订单可能有部分品项相同的货物，可分在同一分批中合并分拣。因此冷链订单分批的目标之一是使得分批后同一批次内订单重复品项数最大，即生鲜产品的合并量最大。冷链订单在完成分拣后需及时运至客户处，而订单的运输要考虑装车的问题，同一车的订单需要全部完成分拣后才可以发运，发车的时间取决于该车最后一个完成分拣的订单的分拣时间。因此，每个订单均有一个最迟组批时间 s_i，即该订单必须在第 s_i 个批次之前完成发货，若超过这个时间发货，则将处以一定的惩罚成本。在订单分批问题中，还要考虑的目标之一是使发车的总拖期最短。因此，该问题是一个多目标的调度问题。

根据实际状况，有以下假设：

（1）每个订单至少包含一种品项。

（2）每种货物只从一个货位取货，且该货位的货物数量满足分拣总数量的要求，即不发生缺货的情况。

（3）每批订单的总订单数有个上限 v。

（4）每批订单的总品项数不能超过 u。

由于多目标优化问题中各目标函数往往是互相冲突的，因此不存在一个令所有目标函数都取得最优的解。多目标优化问题的目的即寻找满足约束的决策向量，使各目标函数都尽量达到令决策者能够认可的解。因此，多目标优化的结果往往是一组最优解集。冷链订单的出入库有明显的季节性，将冷链订单每季出入库频率的大数据作为预测和决策依据，提前做好冷链订单出入库准备，更好地实现冷链订单分批优化。

2. 模型构建

在本问题中，设订单集 $\boldsymbol{O}=\{O_1,O_2,\cdots,O_m\}$，其中 m 为当前客户订单总数，每个订单 O_i 都包含了几个品项的货物。设货物品项集 $\boldsymbol{I}=\{I_1,I_2,\cdots,I_n\}$，其中 n 为订单集所涉及的货物总品项数。令 $\boldsymbol{X}$ 为关联矩阵，其中 $x_i\begin{cases}1,\text{订单}i\text{包含品项}j;\\0,\text{订单}i\text{不包含品项}j;\end{cases}$。因此，$\boldsymbol{O}^{\mathrm{T}}=\boldsymbol{X}\boldsymbol{I}^{\mathrm{T}}$ 分批结果 $\boldsymbol{P}=\{P_1,P_2,\cdots,P_l\}$，$l$ 为最大分批数，令 $\boldsymbol{Y}$ 为分批矩阵，其中 $y_{ij}\begin{cases}1,\text{订单}i\text{分入批次}k\text{中};\\0,\text{订单}i\text{未被分入批次}k\text{中};\end{cases}$ 则 $\boldsymbol{P}^{\mathrm{T}}=\boldsymbol{Y}^{\mathrm{T}}\boldsymbol{O}^{\mathrm{T}}$。设 t_i 为订单的最迟拣选时间，f_i 为惩罚成本。

考虑其约束条件，则有以下几项约束：

$$\sum_{k} Y_{ik} = 1 \tag{13-1}$$

$$\sum_{i} Y_{ik} \ll v \tag{13-2}$$

$$\bigcup_{k=1}^{i} = 0 \tag{13-3}$$

$$\bigcap_{k}^{i} P_k = \phi \tag{13-4}$$

$$\sum_{i}\left(Y_{ik}\sum_{j} X_{ij} I_j\right) \leqslant v \tag{13-5}$$

式（13-1）表示一个订单只能被分到一个批次中；式（13-2）表示每个批次的订单数不能超过 v；式（13-3）表示所有批次的总和为订单集 $\boldsymbol{O}$，即所有订单都被分到各批次中；式（13-4）表示所有批次的交集为空集；式（13-5）表示每一批次的品项数不能超过 u，即实现工作量平衡。

在考虑目标函数时，分别考虑该问题的两个目标，即货物的合并量最大和总拖期最小。假设 PI_k 为第 k 批次订单合并后需拣取的品项数，SI_k 表示属于第 k 批次的订单原品项数和，因此目标一为

$$\max f_1 = \sum_{k}\left(SI_k - PI_k\right) \tag{13-6}$$

令 P_{oi} 表示订单 O_i 所属的批次，P_{oik} 为同一订单处理货物最后拣选所属的批次，若超期则惩罚成本为 W，则目标二为

$$\min f_2 = \sum_{k}\left(P_{ios} - si\right)\cdot W \tag{13-7}$$

通过遗传算法，采用线性函数法将该多目标问题转换成单目标问题进行求解，得到的目标函数为

$$\max f_2 = w_1 f_1 + w_2 f_2 = w_1\sum_{k}\left(SI_k - PI_k\right) - w_2\sum_{k}\left(P_{ois} - S_i\right)\cdot W \tag{13-8}$$

式中，w_1 和 w_2 分别为时间成本系数和惩罚系数。若该车间对分拣时设备的时间成本较敏感，可设置 w_1/w_2 较大的参数。若该车间对出货延迟的惩罚成本较敏感，则可设置 w_1/w_2 较小的参数。在算法进行中，为了保证适应度是个非负的值，可考虑在原始适应度值后加上一个 C，即

$$\max f = w_1 f_1 + w_2 f_2 = w_1\sum_{k}\left(SI_k - PI_k\right) - w_2\sum_{k}\left(P_{ois} - S_i\right)\cdot W + C \tag{13-9}$$

考虑 C 的取值时，若 C 取值过大，则原始适应度函数值之间的自然差异被弱化，使得种群中的优良个体无法通过进化被选择出来；若 C 取值过小，则可能出现适应度函数值为负数的情况，影响算法的进化过程。

13.3.3 订单动态路径优化设计

1. 问题描述

冷链拣货区一般都是由一定数量的等长巷道组成，巷道两侧的货架上存放着要拣取的品项。人推着拣货车在巷道中行走进行拣取作业。拣货车在巷道中能在两个方向来回移动，且能很容易地改变方向。

每张冷链订单上都包含分布在多个巷道中的诸多品项。我们假设一张订单的诸多品项能够一次拣取完成，巷道的改变在其两端进行。为了确定拣取路径的最小长度，我们设定一个在同端出入库的拣货区，其布局及货位编码（巷道—货位号）情形如图 13-1 所示，方格表示商品货位。

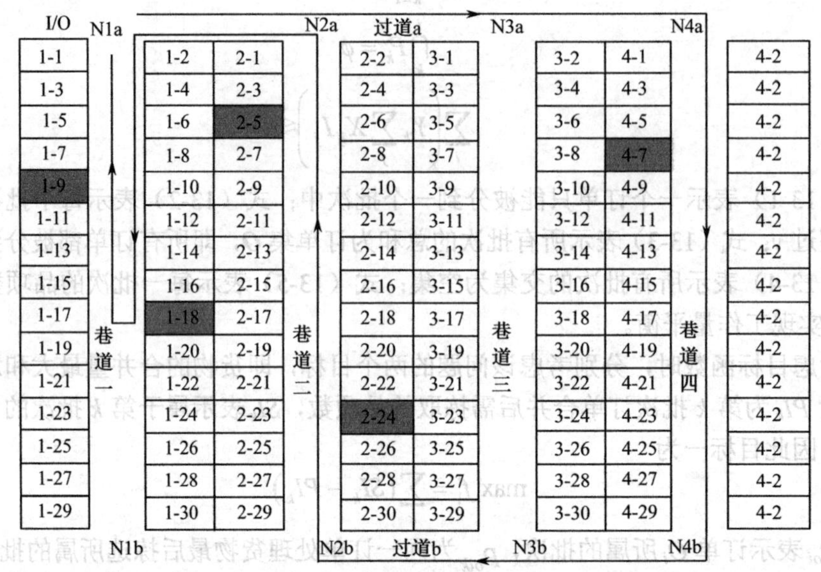

图 13-1 拣货区布局及货位编码

2. 模型构建

（1）模型假设。不失一般性，假设拣货区由 n 个巷道组成，其货位宽、巷道宽及过道宽均为一个单位长。按情形②的拣取顺序确定拣货路径，即最先拣取离出入口最远的巷道上的商品，再依次拣取离出入口较近的巷道上的商品，最后返回出入口。（也可以采取①的顺序，由于①②均属于没有迂回的情形，且距离没有方向性，其纵向优化的结果是一致的。）

由于起点和终点在同一位置，在无迂回情况下，拣货路径长度中横向行走的距离总是等于被拣商品的最大巷道和出入口之间横向距离的 2 倍，为一定值。为简化计算，建模过程中不考虑横向行走的距离，只计算沿巷道方向行走的距离。

假设拣货人员在两端的过道中行走时总认为是贴着货架行走的，其两端纵向行走的距离忽略不计，每张拣货单上的商品都能一次拣取完成。

（2）模型的建立。同一巷道中被拣取的商品如有多个，有两种决策方式：要么从最小货位号到最大货位号，要么从最大货位号到最小货位号；道理同巷道的拣取顺序。从一个巷道到下一个巷道的拣取也有两种决策方式，即原路返回或穿过巷道从另一端到达。所以选择从一个巷道转入下一个巷道的必经点 N_{ia}、$N_{ib}(i=1,2,\cdots,n)$为状态点，根据假设可以得出具有 n 个巷道拣货区的 n 个巷道内均有被拣商品时的拣取路径网络图如图 13-2 所示。

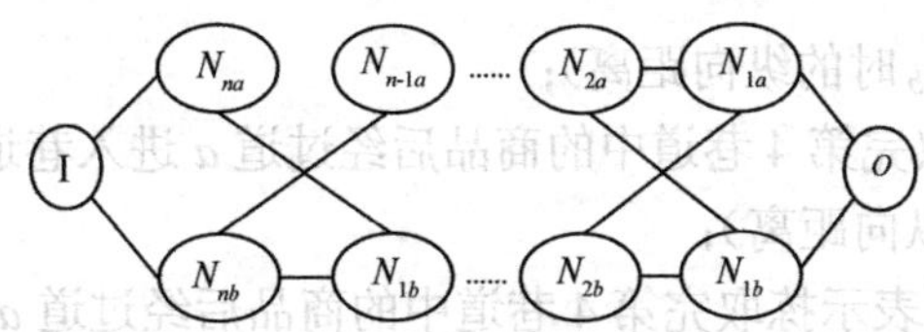

图 13-2　*n* 个巷道均有被拣商品时的拣选路径网络图

网络图中的状态点 N_{ia}、$N_{ib}(i=1,2,\cdots,n)$表示拣取完一个巷道内的商品后回到货架两端时的位置，即巷道 *i* 与过道 *a*、*b* 的交点。如 N_{3b} 表示巷道 3 与过道 *b* 的交点，N_{4b} 表示巷道 4 与过道 *b* 的交点。

N_{ia}-$N_{ib}(i=1,2,\cdots,n;j=1,2,\cdots,n,i>j)$表示从巷道 *i* 通过过道 *a* 到达巷道 *j* 拣取完巷道 *j* 内的商品后回到 N_{ja}、N_{ia}-N_{ib} 表示从巷道 *i* 通过过道 *a* 到达巷道 *j* 拣取完巷道 *j* 内的商品后穿过巷道 *j* 到达 N_{jb}，其他依此类推。d_{ha}、d_{hb} 分别表示货位号为 *m* 的货物到 *a* 端和 *b* 端的距离，其计算如下：

$$d_{ha}\begin{cases}\dfrac{m-1}{2}，货位号m为奇数\\ \dfrac{m-2}{2}，货位号m为偶数，d_{hb}=L-d_{ha}\end{cases}\tag{13-10}$$

（3）动态规划的基本方程。用于衡量所选策略优劣的数量指标称为指标函数，最优拣货路径的指标函数是距离。要求解上述最优拣货路径，只要求出从 *I* 到 *O* 的最短距离即可。递推逐段求解的基本方程如下：

$$\begin{cases}f_k\left(sk\right)=min\left\{dk_{(sk,uk)}+f_{k+1}\left(sk+1\right)\right\},k+n+1,n,\cdots,1\\ f_{k+1}\left(sk+1\right)=0\end{cases}\tag{13-11}$$

式（13.11）中 *k* 为阶段变量；*n* 为被拣商品分布的巷道数；*sk*、*uk* 分别为第 *k* 阶段的状态变量和决策变量。

13.3.4　冷链物流订单精益处理实施

1．订单分批

借助大数据技术，根据历史订单量的趋势，可以作出冷链订单规模预测，调整冷链库存结构，提高拣选效率和冷库利用率，同时可以避免过度自动化设计造成的作业障碍和资源占用，减少浪费，较为详细地把握各拣选分区的物流量，进行冷链订单分批，使各拣选分区作业均衡化，提高冷链配送中心的运作效率，缩短冷链物流精益订单处理优化时间，提高客户满意度。

2．拣选路径

根据被拣取商品的货位，用上述方法分别算出网络图中各段的距离如下：

IN_{4a}=第 4 巷道中被拣取的最大货位号 4 到 28 的距离的 2 倍=2×(28−2)/2=26（表示从起始点出发经 N_{4a} 依次拣取第 4 巷道中货位号 4-28、4-20、4-7 处的商品后返回 N_{4a} 时的纵向距离）；

IN_{4a} 巷道长=15（表示从起始点出发经 N_{4a} 依次拣取第 4 巷道中货位号 4-7、4-20、

4-28 处的商品后到达 N_{4b} 时的纵向距离）；

$N_{4a}N_{4b}$=22 表示拣取完第 4 巷道中的商品后经过道 a 进入巷道 2，拣取完第 2 巷道中的商品后返回 N_{2a} 时的纵向距离）；

$N_{4a}N_{2b}$ 巷道长=15（表示拣取完第 4 巷道中的商品后经过道 a 进入巷道 2，拣取完第 2 巷道中的商品后到达 N_{2b} 时的纵向距离）。

$N_{4b}N_{2a}$ 巷道长=15（表示拣取完第 4 巷道中的商品后经过道 b 进入巷道 2，拣取完第 2 巷道中的商品后到达 N_{2b} 时的纵向距离）。

$N_{4b}N_{2a}$=26 表示拣取完第 4 巷道中的商品后经过道 b 进入巷道 2，依次拣取 2-5、2-24 处的商品后到达 N_{2b} 时的纵向距离）。#

同理可得：$N_{2a}N_a$=16，$N_{2a}N_{1b}$=15，$N_{2b}N_{1a}$=15，$N_{2b}N_{1b}$=22，$N_{1a}O$=0，$N_{1b}O$=15。

由此按模型假设的拣货规则可得拣取路径网络图如图 13-3 所示。

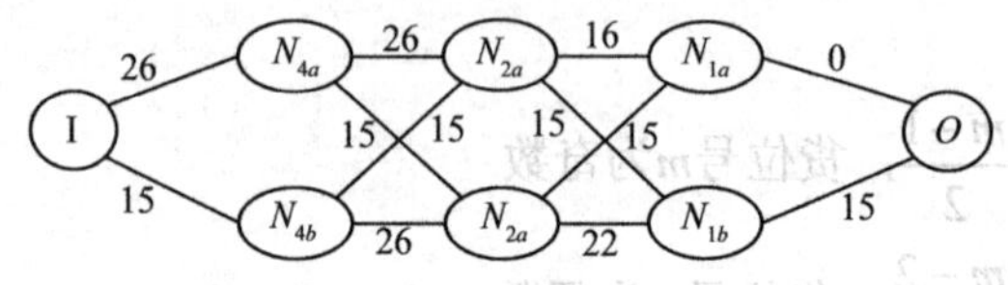

图 13-3 拣选路径网络图

图 13-3 表示按既定拣货规则拣取，图 13-1 中各商品的各种拣货路径共 8 条，要求最优拣货路径，只需求出从 I 到 O 的最短距离即可。求解的递推方程为 $\begin{cases} f_k(sk) = min\left\{dk_{(sk,uk)} + f_{k+1}(sk+1)\right\}, k = 4,3,2,1 \\ f_s(S_s) = 0 \end{cases}$，按式中的逆序解法得最优决策序列 $\{u_k\}$ 为 $U_4^*(N_{1a}) = 0, U_3^*(N_{2a}) = N_{1a}, U_2^*(N_{4b}) = N_{2a}, U_1^*(I) = N_{4b}$．所以最优拣货路径为 $\mathrm{I} \to N_{4b} \to N_{2a} \to N_{1a} \to 0$。其具体含义为：拣取者从 I 出发到达巷道 4 按从小到大的顺序拣取商品，拣取完后到达 N_{4b}，然后经过过道 b 到达巷道 2，按从大到小的顺序拣取商品，拣取完后到达 N_{2a}，再经过道 a 到达巷道 1，按小到大的顺序拣取商品，拣取完后返回 N_{12}，回到出入库点 O。最优拣货路径表示如图 13-1 中带箭头的线所示。

从中可以看出，本动态规划方法中，由于拣取商品时同一巷道中的商品都是按一定顺序依次拣取完成的，不存在“串巷”现象，拣取路线的多少只与商品分布的巷道数 3 有关，仅为 $2^3 = 8$ 条。如果以被拣商品的自然位置为状态点，则图中的每个被拣商品都可能被最先拣取，即从起始点出发就有 7 条分支，接下来依次为 6、5、4、3、2、1。即拣取上述 7 个货位的商品有 6×5×4×3×2×1=5040 条路线（如考虑从一个巷道到另一个巷道又可以分别从巷道的两端到达，则行走路线会更多）。

13.4 冷链精益物流仓储系统设计

13.4.1 基于大数据的精益仓储管理思路

SLP 法是当前布局规划的主流方法，考虑到工厂布局和冷库布局的相似性，选择 SLP 法作为冷库平面布局的方法，通过对系统布置设计基本要素的修改和流程的修改，应用到郑明冷链物流仓储的规划与设计。首先，分析物料流程与作业单位的相关关系，得到作业单位相关关系图，再通过对冷库客流、车流进行分析，对建筑物、运输通道和场地做出有机的组合与合理配置，减少不必要的迂回、倒流，便利各功能区的来往和协作，达到系统内部布局的优化。

大数据是预测、决策的有效工具，利用这一特性，根据郑明仓储历史出入库数据信息，统计和分析生鲜产品出入库次数，预测生鲜产品的出入库趋势，得到生鲜产品的近似存取频率,然后运用遗传算法，建立以入库时间最短为目标的函数，对立体冷库的货位分配进行优化管理，从而可以减少不必要的物料移动，缩短出入库时间，提高郑明冷链仓储的作业效率。利用 RFID 技术的特性和优势，收集和分析生鲜产品的移动数据、位置数据和状态数据，降低人工作业的错误率，减少仓储作业时间，实现托盘可视化管理、出入库管理、自动盘点、货物收取实时确认、产品质量可追溯、畅通仓储作业环节，为郑明冷链仓储作业提供决策支持，达到提高郑明冷链物流仓储作业水平的目标。

13.4.2　仓储作业流程优化设计

1．入库作业流程优化

以精益思想和大数据为核心的生鲜产品入库流程设计包括收货、验收、储存及上架等环节，如图 13-4 所示。

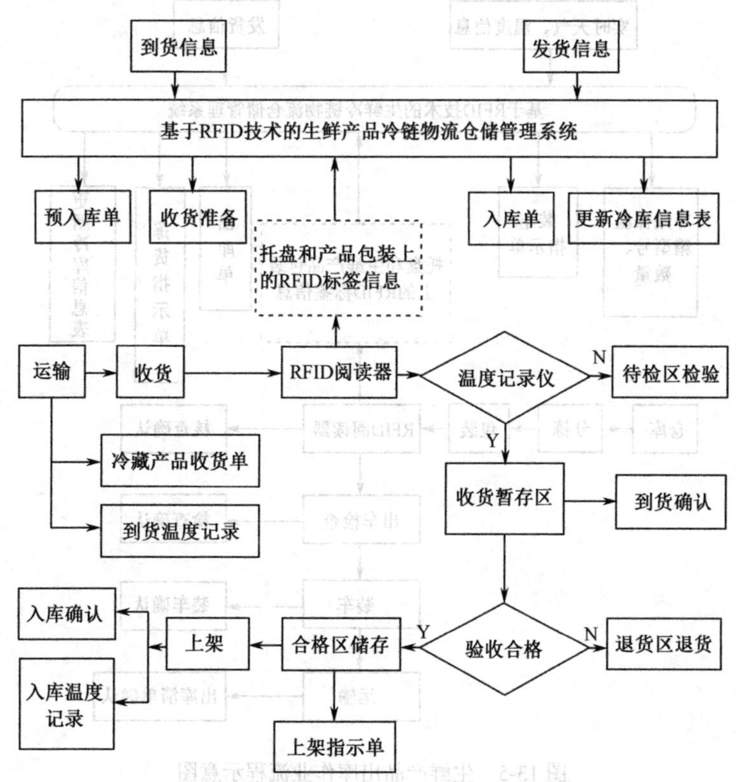

图 13-4　冷链生鲜产品入库作业流程

（1）生鲜产品的收货。当生鲜产品送货车辆送达后，首先由搬运设备将生鲜产品托盘搬运至仓库收货区，在入库口设置的RFID阅读器对生鲜产品包装上的RFID电子标签进行自动识别和信息读取，采集生鲜产品品名、数量、规格、生产厂商等相关信息，并将信息反馈给后台网络的管理主机，主机根据生鲜产品信息自动分配仓储上架储位，将储位信息再通过RFID阅读器写入生鲜产品包装上的电子标签，同时生成生鲜产品收货单和到货生鲜产品温度记录。

（2）生鲜产品验收。通过手持终端和温度记录仪，验收人员对到货生鲜产品进行验收和数据记录，当验收合格后，生鲜产品被输送至合格品区，否则生鲜产品将被转至待验区。生鲜产品验收环节形成的验收记录应包括供应商、数量、到货日期、品名、有效期、质量状况等内容，同时生鲜产品运输途中的温度记录也应作验收记录主要内容之一。

（3）生鲜产品储存及上架。在生鲜产品验收的同时，通过大数据和遗传算法建立的货位优化模型安排储位，验收后即可入库储存。根据入库通知单，冷库作业人员将收货暂存区的生鲜产品移入冷库，并根据主机发送的生鲜产品储位信息和上架指示单把生鲜产品放入上架储位中，同时入库作业人员利用手持终端向管理主机发送入库确认信息。

2. 出库作业流程优化

以精益思想和大数据为核心的生鲜产品出库作业流程包括出库指示、拣货、包装、RFID校验、装车及出库确认等环节，如图13-5所示。

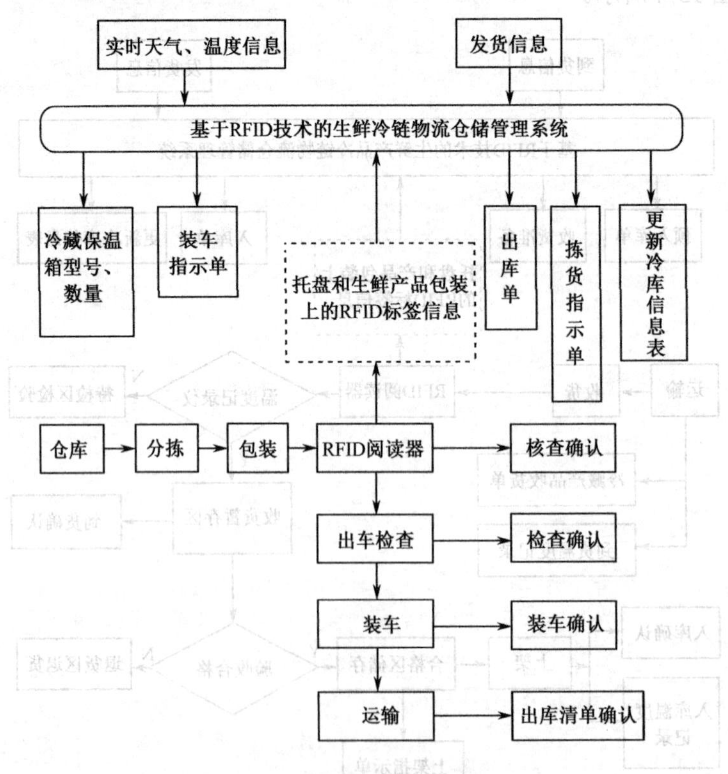

图13-5 生鲜产品出库作业流程示意图

（1）生鲜产品出库指示。当接收到下游客户的生鲜产品出库指示信息后，后台网络管理主机将自动匹配出库生鲜产品的储位信息并以拣货单的形式打印出来，同时将拣货单发送给冷库作业人员。

（2）拣货作业。冷库拣货作业人员接收拣货指示单后，根据指示单内容确定出库生鲜产品的储位，按照指示单所要求的生鲜产品品名、数量、规格等进行拣选，同时将出库生鲜产品转移至出库区。为了确保生鲜产品的质量，拣货和生鲜产品搬运均需保证低温环境，完成后拣货作业人员利用手持终端对出库生鲜产品的出库单号等进行再次确认。

（3）RFID 校验。完成配货及包装后，可利用 RFID 系统对出库生鲜产品进行校验，以免由于多送、少送或错送造成成本上升，此项工作可通过 RFID 系统自动完成，当出库生鲜产品被运至装车月台，设置在出库区的 RFID 阅读器将对出库生鲜产品包装上的 RFID 标签进行自动读取，对包括出库生鲜产品储位、品名、数量、生产商、有效期等信息在内的标签信息进行采集，并将信息返回至后台网络，由管理主机对当前出库生鲜产品进行核查和计数处理，然后将出库标记通过 RFID 阅读器写入出库生鲜产品包装上的 RFID 标签。完成 RFID 校验后，管理主机将会自动打印装车指示单。

（4）生鲜产品装车。根据生鲜产品的储藏条件要求，在确定冷藏运输车达到规定温度后，即可进行装车作业，在装车过程中应暂时关闭制冷机组，同时要求生鲜产品要平放于双面托板上，生鲜产品包装各面均能保持循环的空气流动，以达到均衡的冷藏效果。出库生鲜产品的装车顺序要按照配送路线顺序装车，符合后卸生鲜产品先装车的原则。装车完毕后，送货司机需要在装车单上签字，作为仓库留底。

（5）出库确认。出库生鲜产品装车后即完成了出库作业，出库作业人员利用手持终端向后台管理主机发送出库确认信息，至此完成生鲜产品的出库作业流程。

3. RFID 使用效益分析

根据应用实际，在整托盘上应用电子标签，读写时间在 2～3 秒，其中包括完成写信息的时间，叉车员可以用车载 RFID 识读器阅读，而不需要下车操作。而应用条码时，在入库时需要手持条码，既要扫描货位条码的编号，又要扫描托盘上货物的条码，一般需要采集产品编号、生产批次和托盘编码，这是因为条码的信息容量较小，再加上叉车操作员上下车的时间，入库信息的采集时间为 10～15 秒。如果综合考虑，应用 RFID 标签的运行效率要比应用条码的效率高 3～6 倍。

一个条码的成本为 0.02 元，一个 RFID 标签的成本为 1 元左右，使用 RFID 标签的一次性投资较大。若一个月需要条码 8 000 个，一年费用为 8 000×12×0.02＝1 920 元，10 年费用为 19 200 元；而 2 000 个左右的货位与货物的 RFID 标签费用不过 5 000 元。不可更换电池的 RFID 有源电子标签的电池寿命不小于 2 年，可更换电池的 RFID 有源电子标签的电池寿命不小于 6 个月。可见随着时间增长，条码使用费用会比 RFID 标签使用费用多，从战略角度看，RFID 运行成本低于条码的运行成本。

13.4.3　冷链精益物流仓储优化实施

基于大数据和精益思想，冷链物流仓储优化方案由两部分组成：冷链物流设施优化和冷链物流作业流程优化。精益仓储优化方案旨在减少不必要的物料移动，畅通收货、验货、上架、拣货、扫描、打包、装车等一系列环节，使郑明冷链仓储作业高效进行。方案实施效果如下。

1．仓储功能区布局合理化

（1）调整停车场位置与车辆调度管理及维护区位置缩短了停车场和分拨配送区的距离，避免了迂回，更有利于货运车辆的调配和运输，使货品装车更高效。

（2）增设小型车辆停车场避免了客户用车和员工用车与货车公用停车场，提升了物流作业的流畅性，同时也可以减少交通事故的发生概率。

（3）按照设计的功能区布局可以减少不必要的移动，为仓储内作业提供了便利。

2．仓储货位分配优化

利用大数据可以获取生鲜产品的近似存取频率，Fishbone 布局可使仓库作业移动距离减少约 20%，在此基础上，用遗传算法求解得到的货位分配使得生鲜产品入库时间最短，仓储系统按照产品特征进行分类存放，有利于提高冷藏产品的储存和拣货效率，使生鲜产品库存情况实现透明化，从而实现郑明冷链物流系统对客户的快速反应。

3．托盘可视化管理

（1）通过应用 RFID 标签标识立体仓库中流通的全部托盘，并且在各管理区域部署 RFID 识别设备，可以实现托盘流转的动态跟踪，获取托盘的当前位置、载货或空置状态信息。

（2）通过关联托盘 RFID 标签和货物信息，可实现对整个立体仓库的可视化管理，直观地获取仓库内托盘、货物的实时信息，精确掌握冷藏产品的生产日期、适宜储存环境等相关信息，实现产品质量可追溯。

4．出入库管理

（1）通过在成品仓库及辅料仓库出入口部署 RFID 读写设备，可实现整个仓库的出入库自动化管理，使得出入库迅速而准确。

（2）由于托盘管理已经实现了托盘与货物的关联，因此通过 RFID 技术可以根据收发货单据完成货物出入库的自动核对工作，并且避免因托盘上一维条码的识别率产生不必要的误差，减少人工操作的时间延误和浪费。

5．自动盘点

（1）在立体仓库不进行生产作业时，系统需要在 30 分钟内完成立体仓库的自动盘点工作。

（2）自动盘点完成仓库中全部的托盘标签后，系统将对相关信息进行汇总、过滤、校验，并生成统计数据。

（3）系统自动将盘点数据同出入库管理所记录的数据进行逐条分析，结合误差报告生成分析结果。

6．货物收取实时确认

托盘管理实现了货物关联，结合堆垛机上的 RFID 设备及货架标签，系统可以在堆垛机叉取或放置货物的同时对货位、货物类别和数量等信息实施核对，并将信息及时发送到中控室内的控制终端，以便郑明工作人员及时发现并处理相关问题。

7. 产品包装标准化

基于大数据的郑明冷链物流仓储管理系统能够根据发货时的实时天气、温度自动匹配包装箱类型和数量，实现在途冷藏产品储存温度的精确控制，从而提高生鲜产品的服务质量水平。

13.5 冷链精益物流运输系统设计

13.5.1 基于大数据的精益运输优化思路

精益运输管理的本质是将优质的服务传到顾客的同时，企业自身降低不必要的资源浪费，在保证整个运输流程顺利进行的前提下，实现运输公司的效益最大化，形成企业在市场中的竞争优势。本方案以大数据为手段，以精益思想为指导，寻找建模的基本元素，建立以成本最小化为目标函数值的模型，并用改进的禁忌搜索算法来解决对时间、成本均有严格要求的冷链物流运输车辆调度问题。主要思路包括：

（1）引入大数据技术。在郑明公司专门成立大数据部，该部门主要用来对大数据进行收集、分析、处理及运用。建立云物流调度系统，将数据库部署在云端，同时接收成千上万来自电商网站的运单数据并进行存储管理，通过大数据部的统一规划，实现车辆的统一调度。按照数据的流向划分，本系统的体系结构大体可以分为五个模块层，分别是数据接入层、存储层、调度算法层、信息更新层、交互层。

（2）运用精益思想。以精益思想为指导，保证运输管理组织、车辆调度、运输安全和运输流程四方面的管理精益化，实现公司运输车辆的统一管理。降低不必要的资源浪费，最终将优质、准时、高效的服务传送到顾客手中，实现郑明公司的效益最大化。

（3）构建数学模型。分析冷链物流与常温物流之间的区别，发现冷链物流具有产品的易腐性、运输的时效性、运输设备的特殊性等特点。考虑郑明冷链物流运输的实际情况，构建以运输效果成本（固定成本、运输成本等）、冷藏车的冷却成本、货损成本等因素为主体的成本最小化冷链物流运输车辆调度模型。

（4）利用改进的禁忌搜索算法求解已建立的模型，实现目标函数的最小化。

（5）根据冷链运输中的大数据提供的车辆信息的实时更新及用户的实时信息反馈，运用已经设计的算法进行算例分析，验证模型建立的有效性、算法设计的可行性。最后实施到郑明公司实际的冷链运输车辆调度当中。

13.5.2 冷链物流运输优化设计

1. 车辆调度模型描述

（1）模型构建的一般假设。本方案所定义的冷链物流运输的车辆调度模型建立在一个冷链物流配送中心配送多个客户的条件之上，冷链运输使用具有冷冻和冷藏设备的货车为运输工具，并且需要满足以下两种最基本的约束：一是所运输的货物是单一类型的冷链产品；二是每一位客户的需求量与位置都是已知的，并且每台车的载重量和能够配送的最大距离也是一定的。

为了使目标函数进一步完善，以完成总成本最小的目标，需要做如下约束：

①每条运输路线上各客户的货物需求量之和不得超过运输车辆的载重量。

②每条运输路线的长度不超过配送车辆一次运输的最大行驶距离。

③必须满足每个客户的货物需求，且只能由一台配送车辆为其送货（由于运输的均为冷链产品，并且由一个配送中心定期向各终端卖场进行货物的运送，终端卖场并没有可容纳一车以上的大型冷库）。

④郑明的客户数量、配送点与配送点之间的运输时间、各个配送中心货物的需求量、各个路段的运输效率、单位时间冷链产品的腐败率等数据都来自大数据部门的海量历史数据分析。

（2）相关参数描述。

k——配送中心可以使用的配送车辆数；

N——客户的数量；

f^k——第 k 部车辆的固定成本；

F_o——每部车辆的固定成本；

d_{ij}——运输车辆在（ij）路段上行驶的距离；

C——车辆的单位运输距离的成本；

x_{ij}^k——0，1 变量，若第 k 部车辆经过路段（ij），则 $x_j^k=1$，否则，$x_j^k=0$；

P——冷链物流易腐食品的单位成本；

x_{ij}^k——0，1 变量，若第 k 部车辆为第 j 个客户服务，则 $x_j^k=1$，否则 $x_j^k=0$；

$\bar{b}_j$——服务客户 j 在运输途中冷链产品腐坏数量的期望值；

L_k——第 k 部车辆出发时产品的装载量；

t_{ij}——服务完客户 i 前往客户 j 时所花费的时间；

t_{ok}——第 k 部配送车辆离开配送中心开始配送的出发时间；

t_i——到达客户 i 的时间点；

s_j——j 客户所需货物的数量；

Q_1——单位时间内由于冷藏车箱体内与外界温差导致的因热量传导而产生的能源损耗；

Q_2——为客户服务时热量侵入的成本比例；

v——车辆的行驶速度；

r_j——第 k 部车辆服务于第 j 个客户的服务时间；

Y_k——第 k 部车辆的容量限制；

α——车辆提早到达客户的惩罚函数；

β——车辆延迟到达客户的惩罚函数。

2.模型构建及求解

（1）模型中成本因素的确定及分析。

①运输效果成本：包括固定成本和运输成本。

固定成本：包括司机的工资、运输车辆的折旧费用等，假设一个配送中心有 K 辆车服务于 N 个客户并且每个车辆的固定成本为 $f^k\left(k=1,2,3,\cdots,K\right)$，假设 $f^1=f^2=\cdots=f^k=F_0$，则总的固定成本为：

$$c_{11}=\sum\nolimits_{K=1}^{K}f^{k}=F_{0} \tag{13-12}$$

运输成本：与运输的距离有关，所以表示为：

$$c_{12}=\sum_{K=1}^{k}\sum_{i=0}^{N}\sum_{j=0}^{N}cd_{ij}x_{ij}^{k} \tag{13-13}$$

②货损成本。本方案假设产品运送过程中能保持在固定的运送温度下，并在不考虑其他影响因素的条件下，可假设配送时冷链产品的腐败仅与运送时间有关。另外，由于服务顾客时，后车厢门开启会加剧产品腐败的速度，随着开启时间的长短与开启频率不同，会对冷链产品品质造成不同程度的影响。故本方案分为两种情况对生鲜产品的腐败进行分析：一类为运送途中因运送时间累积，冷链产品腐败所造成的货损损失；另一类则是在服务顾客时，因车辆车厢门的开启造成空气的对流，车厢内的冷空气流出外界热空气流入，使得车厢内的温度上升，造成冷链产品品质急速下降而造成货损，如图 13-6 所示。

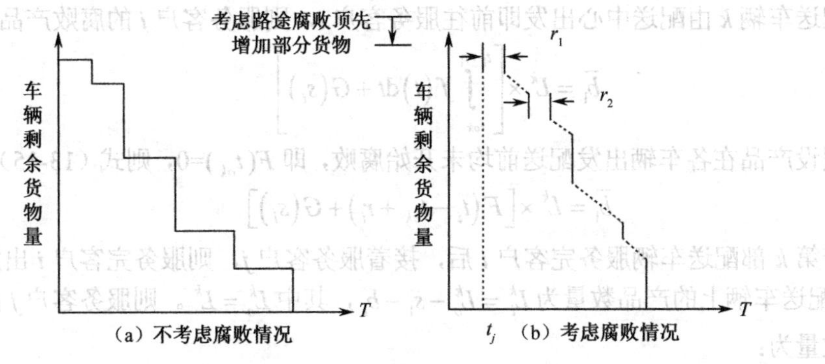

图 13-6　考虑与不考虑产品腐败示意图

在图 13-6 中，r_j 为客户 j 的服务时间长度(r_o=0)，t_j 为运输车辆到达客户的时间点，图中显示出冷链产品在配送途中腐败（图中虚线）分为两部分：一为在配送途中所造成的腐败；另一斜率较大的线段则为在运输车辆到达客户端替客户服务时，因车辆车厢门的开启造成空气的对流，使得车厢内的温度上升，造成冷链产品品质急速下降产生的货损。

冷链产品在运输途中因腐败所造成的期望总货损成本为：

$$c_{2}=P\sum_{K=1}^{k}\sum_{j=1}^{N}x_{ij}^{k}\overline{b}_{j} \tag{13-14}$$

令车辆服务客户 j 时车厢门开启造成的货损损失概率为 $G(s_j)$，其中 s_0 可视为配送中心出发时运输车辆上的产品总量。在此假设 $G(s_j)$=0，即不考虑配送中心产品的腐败情况，并假设冷链产品的腐败的累积概率密度函数为 $F(0)$。货损损失的计算如图 13-7 所示。

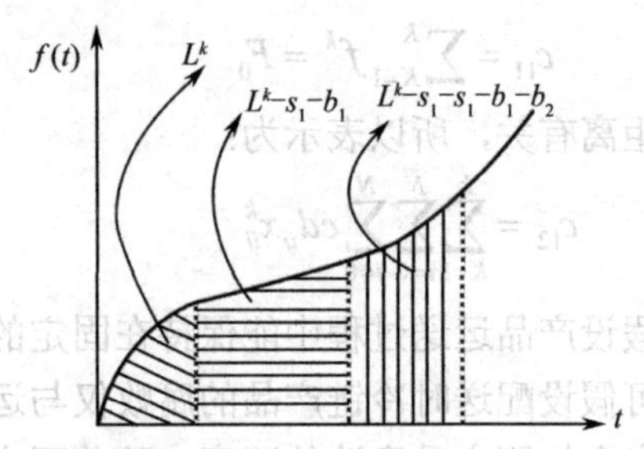

图 13-7 货损成本计算示意图

图 13-7 中 $f(t)$ 为生鲜产品腐败的概率密度函数；s_1、s_2 分别为该车辆所服务第一位和第二位客户的产品需求量；b_1、b_2 则分别是因服务其第一位和第二位客户所造成的货损。运输车辆 k 在出发前往和服务第一个客户途中，车辆上冷链产品的数量为 L^k；运输车辆 k 服务完第一个客户，出发前往服务第二个客户时，车辆上产品数量为 $L^k-s_1-b_1$。假设配送车辆 k 由配送中心出发即前往服务客户 i，则服务客户 i 的腐败产品期望为：

$$\overline{b_1}=L^k\times\left[\int_{t_{ok}}^{t_1+r_1}f(t)\mathrm{d}t+G(s_i)\right] \tag{13-15}$$

假设产品在各车辆出发配送前均未开始腐败，即 $F(t_{ok})$=0，则式（13-15）可改写为：

$$\overline{b_1}=L^k\times\left[F(t_i-t_{ok}+r_i)+G(s_i)\right] \tag{13-16}$$

若第 k 部配送车辆服务完客户 i 后，接着服务客户 j，则服务完客户 i 出发前往客户 j 时，配送车辆上的产品数量为 $L_i^k=L_o^k-s_1-b_1$，其中 $L_o^k=L^k$。则服务客户 j 的期望腐败产品数量为：

$$\overline{b_1}=L_i^k\times\left[F(t_j-t_{ok}+r_j)-(t_i-t_{ok}+r_i)+G(s_i)\right] \tag{13-17}$$

第 k 部配送车辆服务完客户 j 后，剩余产品数量为 $L_j^k=L_i^k-\overline{b}_j-s_j$，则 L_j^k 必须大于等于 0，否则客户 j 无法加入该路径中。在式（13-16）的两边都乘以 x_{oi}^k，可求得各配送车辆所服务的第一个客户的期望腐败产品数量 x_{ij}^k，其余路线的其他客户的期望腐败产品数量则可在式（13-17）等号两边乘以 x_{ij}^k 求得。

③冷藏车的冷却成本。

冷藏车辆的冷却成本主要由于冷藏车厢体内与外界的温差所造成的热传导和服务客户期间冷藏车门开启时的热侵入所造成的。假设冷藏车辆的体积大小、装备设施一致，并且配送单一种类的货物，设一天当中不同时刻的气温变化忽略不计。所以，冷却成本仅与货物运输的里程数和本服务客户的货物需求量有关。计算公式为：

$$c_3=\theta_1\frac{\sum_{K=1}^{K}\sum_{j=1}^{N}\sum_{i=1}^{k}x_{ij}^k d_{ij}}{v}+\theta_2\sum_{K=1}^{K}\sum_{j=1}^{N}x_{ij}r_{jk} \tag{13-18}$$

（2）冷链运输车辆调度基本模型的构建。

综上所述，可以构建冷链物流运输车辆调度问题的基本模型为：

$$\text{Min}Z = c_{11} + c_{11} + c_z + c_z \sum_{K=1}^{k} f^k \sum_{k=2}^{K} \sum_{j=0}^{N} \sum_{j=0}^{N} cd_{ij} x_{ij}^k + P \sum_{K=1}^{K} \sum_{j=2}^{N} x_j^k \overline{b}_j + \left(\theta_1 \frac{\sum_{K=1}^{K} \sum_{j=0}^{N} \sum_{i=0}^{k} x_{ij}^k d_{ij}}{v} + \theta_2 \sum_{K=1}^{k} \sum_{j=1}^{N} x_{ij} r_{jk} \right) \tag{13-19}$$

约束条件：

$$\sum_{i=1}^{K} X_i^k = \begin{cases} K(i=0) \\ 1(i=1,2,\cdots,N) \end{cases} \tag{13-20}$$

$$\sum_{K=1}^{K} \sum_{j=2}^{N} X_i^k = K \tag{13-21}$$

$$\sum_{i=0}^{N} x_{ij}^k = x_j^K (j=0,1,2,\cdots,N;\ k=1,2,\cdots,k) \tag{13-22}$$

$$\sum_{i=0}^{N} x_{ij}^k = x_i^K (j=0,1,2,\cdots,N;\ k=1,2,\cdots,k) \tag{13-23}$$

$$\sum_{i=0}^{N} \sum_{i=0}^{N} X_{ij} = 2N \tag{13-24}$$

$$\sum_{i=0}^{K} \sum_{i=0}^{N} X_i^k S_i \leqslant y_k \tag{13-25}$$

$$X_{oi}^k \overline{b}_1 = X_{oi}^k L^K \times \left[F\left(t_i - t_{ok} + r_i\right) + G\left(S_i\right) \right] \tag{13-26}$$

$$X_{ij}^k \overline{b}_j = X_{ij}^k L_i^K \times \left[F\left(t_j - t_{ok} + r_j\right) - F\left(t_i - t_{ok} + r_i\right) + G\left(S_i\right) \right] \tag{13-27}$$

其中，式（13-20）表示每个客户只被一辆车服务，且每条路径的起止点均为配送中心；式（13-21）表示每部车辆都被使用，没有处于车辆闲置状态；式（13-22）、式（13-23）表示每个需求点的车辆的流量守恒限制；式（13-24）表示每个客户都被服务到；式（13-25）表示车辆的容量限制；式（13-26）、式（13-27）表示腐坏产品数量计算的期望值。

3．冷链精益物流运输优化实施

本方案选取配送中心的 12 个客户为例，包括配送中心在内共 13 个点作为物流节点，配送中心及客户的名称、代码、位置坐标等信息如表 13-1 所示。

表 13-1 节点信息表

序号	名　称	信　息
0	上海郑明现代物流配送中心	（60，140）
1	麦当劳一号冷库	（30，140）
2	麦当劳二号冷库	（30，36）
3	肯德基一号冷库	（48，96）
4	肯德基二号冷库	（52，120）
5	光明一号冷库	（92，154）
6	光明二号冷库	（92，66）
7	蒙牛一号冷库	（94，100）

续表

序号	名　称	信　息
8	蒙牛二号冷库	（108，100）
9	伊利一号冷库	（44，160）
10	伊利二号冷库	（20，54）
11	云润冷库	（108，32）
12	哈根达斯冷库	（130，88）

由于路段的实际距离与空间坐标距离有一定的差异性，根据通常经验：中心与客户、客户与客户的最短距离通过公式=1.2×近似计算，经计算得到各节点间的距离矩阵如表13-2所示。

表13-2　各节点间的距离矩阵

	0	1	2	3	4	5	6	7	8	9	10	11	12
0	0	47.6	127	54.7	25.8	41.9	96.7	63	75	30.7	113.8	141.8	104.6
1	47.6	0	94.4	30.5	27.4	88.5	94.1	78.6	95.1	57.7	73	135.8	124
2	127	94.4	0	72.6	101.8	154.7	72	100.5	112.1	148.9	32.3	81.7	124.7
3	54.7	30.5	72.6	0	29.2	87.4	63.9	55．4	72.2	76.9	60.6	105.3	98.9
4	25.8	27.4	101.8	29.2	0	63	80.6	55.8	71.4	49	88	125.2	101.2
5	41.9	88.5	154.7	87.4	63	0	105.6	64.8	67.6	58	147.9	147.7	91.4
6	96.7	94.1	72	63.9	80.6	105.6	0	40.9	45.1	126.7	87.6	45.1	52.7
7	63	78.6	100.5	55.4	55.8	64.8	40.9	0	16.8	93.7	104.6	83.3	45.5
8	75	95.1	112.1	72.2	71.4	67.6	45.1	16.8	0	105.3	119.2	81.6	30.1
9	30.7	57.7	148.9	76.9	49	58	126.7	93.7	105.3	0	130.4	171.7	134.6
10	114	73	32.3	60.6	88	147.9	87.6	104.6	119.2	130.4	0	108.8	138.2
11	142	135.8	81.7	105.3	125.2	147.7	45.1	83.3	81.6	171.7	108.8	0	72.2
12	105	124	124.7	98.9	101.2	91.4	52.7	45.5	30.1	134.6	138.2	72	0

配送中心的12个客户的需求量、服务时间、客户时间窗如表13-3所示。

表13-3　需求量、服务时间、客户时间窗

客户编号	需求量(千克)	服务时间（小时）	时间窗上界	时间窗下界
1	1.2	0.3	8:00	17:00
2	2	0.5	8:00	10:30
3	1.2	0.3	8:00	17:00
4	1.5	0.4	8:00	12:00
5	1.4	0.4	8:00	8:30
6	0.6	0.2	8:00	17:00
7	1.1	0.3	8:00	17:00
8	1.8	0.5	8:00	10:45
9	0.9	0.2	8:00	8:30
10	1.6	0.4	8:00	13:00
11	1.4	0.4	8:00	16:00
12	1.5	0.4	8:00	17:00

此配送中心配送的产品为冷冻产品，本方案假设此时段的融化为运送时的两倍，由于运送时间的融化已由 $F(x)$ 计算，在此仅加上开关后车门所造成易融食品的额外加速融化部分，为方案中涉及的其他参数值如表 13-4 所示。

表 13-4　相关参数表

参数	值
运输车辆的固定成本	150/次
C 运输成本	3 元/千米
单位时间内能源损耗成本	6 元/小时
车门开启时的能源损耗成本	12 元/小时
车辆等待费用	10 元/小时
客户延迟费用	100 元/小时
V 速度	60 千米/小时
P 产品价格	3.8 万元/千克

在原始车辆调度的条件下，所需要的成本及时间如表 13-5 所示。

表 13-5　方案优化前运输成本

车辆	访问次序	运输效果成本（元）	货损成本（元）	冷却成本（元）	违反时间窗的惩罚成本（元）	行驶时间（小时）	装载量（吨）
1	0-1-0	153.3	15.6	21	0	1.5	1.3
2	0-2-0	350.5	17.6	49.7	0	4.3	1.5
3	0-3-0	180.4	15.2	18	0	1.3	1.2
4	0-4-0	168.4	11.3	15.8	0	0.8	1.4
1	0-5-0	150.9	15.3	35.5	0	2.1	2.1
2	0-6-0	240.4	14.2	39.2	0	3.6	1.1
3	0-7-0	230.6	9.2	36	0	3.3	0.8
4	0-8-0	176.3	14.2	39.5	0	3.6	1.5
1	0-9-0	150.3	8.8	10	0	0.5	0.9
2	0-10-0	299.3	14.3	52.4	0	4.6	2.1
3	0-11-0	360.3	11.3	47	0	4.1	1.2
4	0-12-0	290.7	10.5	46.3	0	3.9	1.1
总成本	2751.6（元）						

现对冷链物流运输车辆调度模型的算法求解，本方案所得的优化解如表 13-6 所示。

表 13-6　方案优化后运输成本

车辆	访问次序	运输效果成本（元）	货损成本（元）	冷却成本（元）	违反时间窗的惩罚成本（元）	行驶时间（小时）	装载量（吨）
	0-5-8-12	545.9	36.2	48	0	4.1	4.7
2	0-9-6-7-11-0	992.6	65.4	62.4	0	7.1	4
3	0-2-10-0	565	33.4	43.8	0	4.6	3.6
4	0-4-3-1-0	235.7	29.6	41.4	0	1.9	3.9
总成本	2339.4（元）						

通过大数据，对以往郑明公司运输货物的运输效果成本、路线分析、路况分析及配送中心对货物需求的分析，运用新建立的郑明冷链精益物流运输系统，通过对成本和时间的计算，可以得出运输成本节约了412.2元，运输时间减少了15.9小时。本方案的优化路线图如图13-8所示。

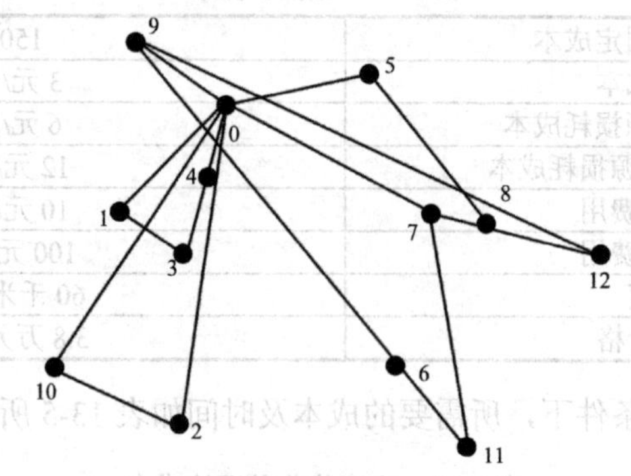

图13-8 优化线路图

13.6 冷链物流配送系统优化设计

13.6.1 基于精益思想的配送优化思路

基于精益思想来控制配送成本的策略主要有简化订单处理、优化配送作业、建立健全的信息系统、提高配送效率及推进配送作业的计划等。

订单处理是企业的核心业务，是指从接受订货到发运交货，并包括受理客户收到货物后反映的处理单据的全过程。因为这能缩短配送时间，减少订单处理费用，从而降低配送成本。优化配送作业的目的是提高配送效率、降低配送成本、加快流通速度、尽量减少资金占用，把低成本、高效率、优质服务作为合理化作业的目标，实施配送合理化作业。借助于现代信息系统的构筑，一方面使各种物流作业或业务处理能准确、迅速地进行；另一方面能由此建立起物流经营战略系统，通过将企业定购的意向、数量、价值等信息在网络上进行传输，从而使生产、流通全过程的企业或部门分享由此带来的利益，充分应对可能发生的各种需求，进而调整不同企业间的经营行为和计划。

以无线网络通信技术为基础的物联网技术，郑明冷链配送人员根据冷链订单做好货物配装，郑明冷链信息中心根据收集起来的订单客户、车辆和道路信息，实时用节约里程法计算出最优路径。冷链配送人员据此进行配送，避免了交通拥堵，实现合理化配送运输，提高冷链产品送达的准时性。

13.6.2 冷链物流配送优化设计

1. 问题描述

各大超市每天数以万计的交易产生大量的交易时间、商品价格、购买数量、商品属性等交易数据，从这些海量数据中，郑明可以实时准确地进行各类超市和餐饮排名及相关产品数量的需求预测，进行用户行为数据分析，得到用户所需的产品信息，便于开展订单处理和仓储装卸等一系列工作的开展，同时可以提高客户的满意度。

根据以上分析所得的数据再对路线进行合理安排规划，由于配送量不同，各个配送地点的距离不同，需要对这些数据进行新一轮的分析和处理工作。同时，联合信息监控系统提供的道路实时信息状况，反馈给正在配送的车辆，随时更改路线，以达到减少配送成本和提高效率的最终目标。

基于精益思想，对客户进行配送时运用节约里程法合理地安排路线可以节约成本，提高配送效率。在实际运用中，根据超市和实时路况产生的大数据对产品相关信息和路线作对应的调整，以满足客户的需求和郑明的要求。

2．优化步骤

配送线路的优化一般采用节约法。节约里程法的基本思路是由一辆车装载所有客户的货物，沿一条优选的线路，依次逐一将货物分送到各个客户，既保证客户按时送货又节约行驶里程，节省运输费用。具体步骤如下：

（1）形成初始解。初始解满足客户的需求，而且所有的约束条件，如车辆载重量的限制、车辆总数的限制等也能得到满足。基本的初始解为直送式配送，即不考虑线路合并的一对一的配送模式，配送中心对每个客户的送货点均指派一辆车或多辆车完成配送。

（2）进行节约度的计算。即两个客户之间的历程节约度为这两个客户节点分别到配送中心的里程之和减去客户节点之间的距离。

（3）对节约度从大到小进行降序排列。

（4）进行回路的合并。从节约度排序表找出产生该节约度的两个客户节点 i、j，并判断连接 i、j 的回路是否存在合并的可能性。

13.6.3　冷链物流配送优化实施

1．配送线路设计

以与郑明合作的光明乳业为例。郑明在上海的物流配送中心在图 13-9 中的 P 点，A～H 为客户所在地，括号内的数字为配送量，单位为吨，线上的数字为配送中心到客户的距离，单位为千米。为了尽量缩短车辆运行距离，必须求出最佳配送路线。假设现有可以利用的车辆是最大装载量为 2 吨和 5 吨的两种厢式货车。

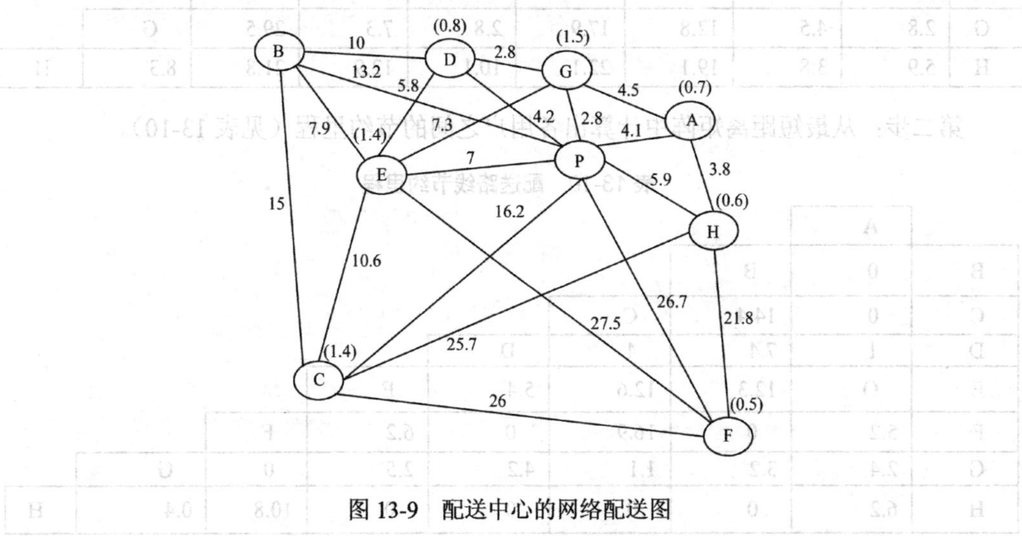

图 13-9　配送中心的网络配送图

第一步：首先计算出相互之间的最短距离，根据图 13-9 中配送中心至各用户之间、用户与用户之间的距离（详见表 13-7、表 13-8），得出配送路线最短的距离矩阵（见表 13-9）。

表 13-7　上海郑明公司的地址分布

配送中心	配送中心地址
配送中心 A	上海市闵行区龙吴路 5268 号
配送中心 B	上海市松江区临富路 1 号
配送中心 C	上海上海市上海市普陀区长寿路 433 弄
配送中心 D	久远路 200 号

表 13-8　上海光明鲜奶地址

分店名称	分店地址
光明鲜奶屋 A	塘沽路 207 附近
光明鲜奶屋 B	银翔路 888 弄 5 号
光明鲜奶屋 C	上海市松江区
光明鲜奶屋 D	大华三路 4 号
光明鲜奶屋 E	清峪路 55-9 附近
光明鲜奶屋 F	闸航路附近
光明鲜奶屋 G	上海市闸北区普善路 1026 号
光明鲜奶屋 H	黄家路

表 13-9　最短配送路线距离矩阵

	P								
A	4.1	A							
B	13.2	17.3	B						
C	16.2	20.3	15	C					
D	4.2	7.3	10	16.4	D				
E	7	11.1	7.9	10.6	5.8	E			
F	26.7	25.6	39.9	26	30.9	27.5	F		
G	2.8	4.5	12.8	17.9	2.8	7.3	29.5	G	
H	5.9	3.8	19.1	22.1	10.1	12.9	21.8	8.3	H

第二步：从最短距离矩阵中计算出各用户之间的节约里程（见表 13-10）。

表 13-10　配送路线节约里程

	A							
B	0	B						
C	0	14.4	C					
D	1	7.4	4	D				
E	O	12.3	12.6	5.4	E			
F	5.2	0	16.9	0	6.2	F		
G	2.4	3.2	1.1	4.2	2.5	0	G	
H	6.2	0	0	0	0	10.8	0.4	H

第三步：对节约里程按大小顺序进行排列（见表 13-11）。

表 13-11　配送线路节约里程排序表

序号	连接点	节约里程	序号	连接点	节约里程
1	C～F	16.9	10	A～F	5.2
2	B～C	14.4	11	D～G	4.2
3	C～E	12.6	12	C～D	4
4	B～E	12.3	13	B～G	3.2
5	F～H	10.8	14	E～G	2.5
6	B～D	7.4	15	A～G	2.4
7	E～F	6.2	16	C～G	1.1
7	A～H	6.2	17	A～D	1
9	D～E	5.4	18	G～H	0.4

第四步：组合成配送线路图。

最终解共有三条配送路线，运行距离为 113.2 公里，需要 2 吨汽车 2 辆，5 吨汽车 1 辆。其中配送路线 I：5 吨汽车 1 辆，运行距离 30.5 公里，装载量为 4.1 吨；配送路线 II：2 吨汽车 1 辆，运行距离 13.8 公里，装载量为 1.3 吨；配送路线 III：2 吨汽车 1 辆，运行距离 68.9 公里，装载量为 1.9 吨，如图 13-10 所示。

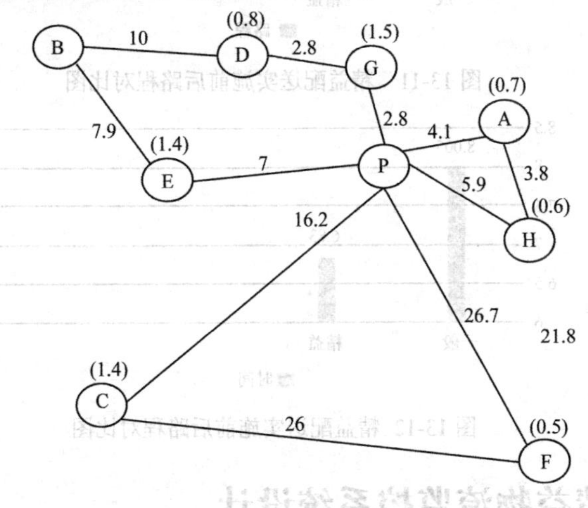

图 13-10　配送中心最佳配送路线

2．配送效率评价

（1）车辆一般在途时间的计算。

① 物流中心到配送运输线路区域中心的时间 $T_1=S_1/V_1$。其中，S_1 为物流中心到配送运输线路区域中心的距离；V_1 为配送车辆从物流中心到配送运输线路区域中心的平均速度，这里取上海市快速道路平均速度 60km/h，这里取郑明公司物流中心即为配送中心 P，所以 T_1 取 0。

② 配送运输线路区域中心到本线路区域内各零售点的总时间$T_2=\sum_{i=1}^{n}2S_{zi}/V_2$。其中，$n$ 为本线路区域内零售点的总数；S_{zi} 为配送运输线路区域中心到本线路区域内各零售点的距离；V_2 为配送车辆从配送运输线路区域中心到本线路区域内各零售点的平均速度，这里取上海市一般道路平均速度 40km/h。根据公式算出 $T_2=4.005\text{h}$。

③ 各零售点停车配送的总时间 $T_3=nt$。其中，n 为本线路区域内零售点的总数；t 为各零售点停车配送的平均时间，这里取郑明公司长期统计的平均数据 30 分钟（0.5h）。因此，$T_3=4\text{h}$。

④ 综上，某一具体配送运输线路的在途时间 $T=2T_1+T_2+T_3=8.005\text{h}$。

（2）精益物流时间的计算。

同上，$T_1=0$，$T_3=4$，总路程 S=113.2km，T_2=2.83h，T=6.83h。节约了路程 46.8km，时间 1.175h，如图 13-11、图 13-12 所示。

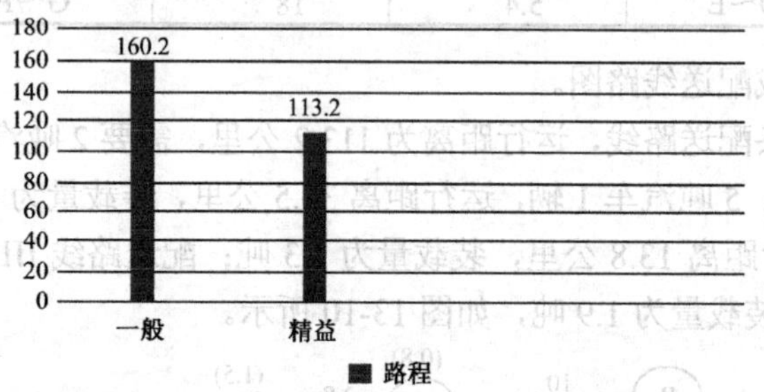

图 13-11 精益配送实施前后路程对比图

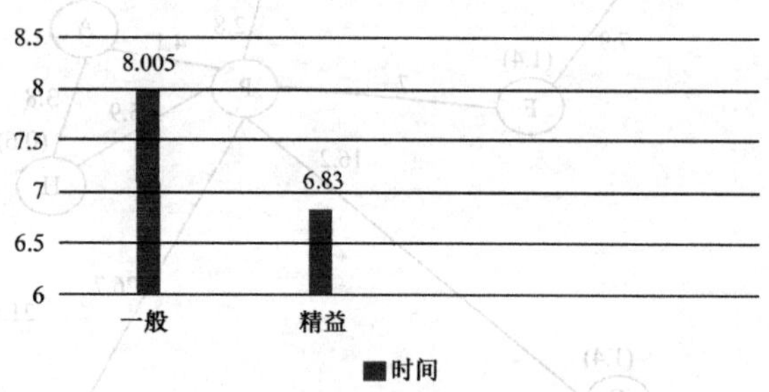

图 13-12 精益配送实施前后路程对比图

13.7 冷链精益物流监控系统设计

13.7.1 冷链物流业务流程分析

1. 冷库业务流程分析

郑明冷库作业流程如图 13-13 所示，流程描述为：

（1）冷库管理员根据进货订单对入库单、货物数量、质量、价格等进行审核。

（2）审核未通过的订单，一律不得入库，送到待检区域；合格入库单登记入库。

（3）登记入库的货物，进行分类码放在相应的货架上，便于库内管理。

（4）在库的冷链产品，进行温度、湿度、防害等品质维护，清理出过期、变质产品。

（5）定期对在库产品进行盘点。

（6）审核出库单，通过后，备料包装。

（7）复核准备出库产品，无误后发运。

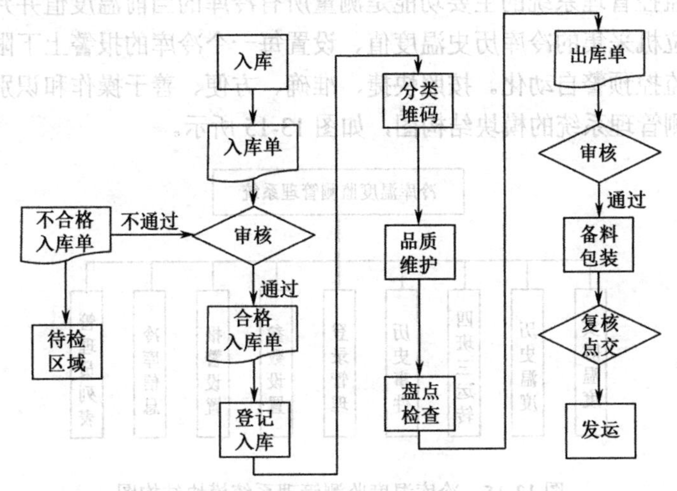

图 13-13　冷库业务流程图

2. 运输业务流程分析

郑明冷链运输作业流程如图 13-14 所示，流程描述为：

① 客户根据自身需求下单至冷库订单处理中心，郑明公司客服人员接到订单通知后根据订单要求将基础信息录入至郑明订单管理系统形成响应订单号。

② 订单信息同步到管理平台后经过初步处理会生成相应的运单。

③ 车辆调度系统根据订单内容调度合适车型的车辆。

④ 司机接到订单后将运单与车辆进行绑定，同时到冷库月台装货发车。

⑤ 郑明冷链在途监控系统会对车辆全程的所有节点进行实时监控，包括规定到厂时间、规定到达客户时间、实际进厂/离厂时间、装卸货开始/结束时间、在途温度、在途状态等。

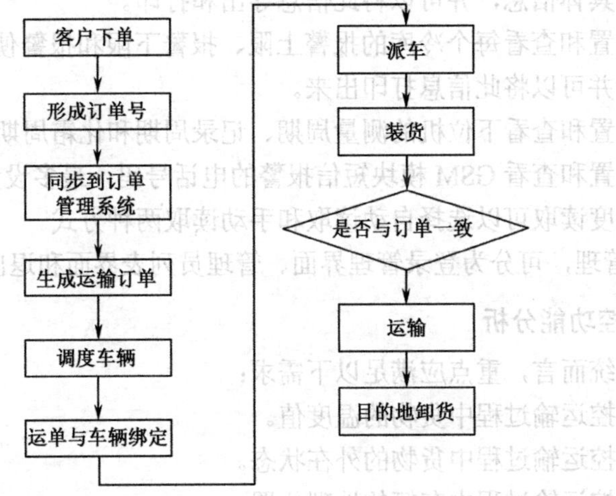

图 13-14　运输业务流程图

13.7.2 监控系统功能需求分析

1．在库监控功能分析

冷库温度监控管理系统的主要功能是测量所有冷库的当前温度值并判断是否报警、记录和分析下位机采集的冷库历史温度值、设置每一个冷库的报警上下限和报警使能，实现郑明冷库监控预警自动化。按照快捷、准确、方便、善于操作和识别的原则，设计出冷库温度监测管理系统的模块结构图，如图 13-15 所示。

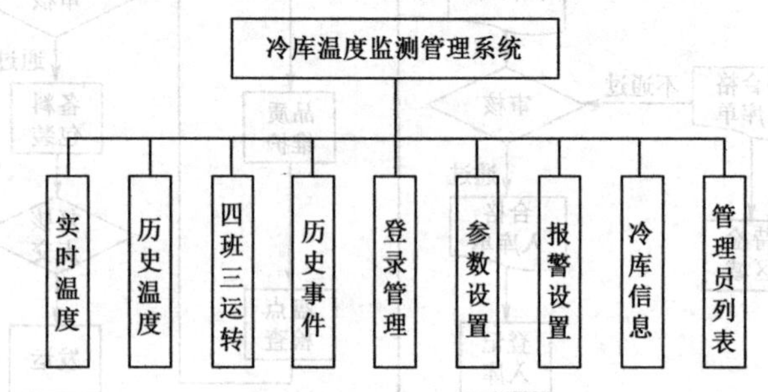

图 13-15 冷库温度监测管理系统模块结构图

系统功能：

（1）监控冷库的实时温度，并以数值和曲线两种方式显示，将每一个冷库的温度曲线表示用不同的颜色区分开。

（2）查看冷库的历史温度值，明确区分出超出报警上限和报警下限，以及化霜的温度值，曲线以不同的颜色区分，可以进行放大、缩小，并可以打印和导出。

（3）三种报警方式，声光报警、弹屏报警和短信报警，可以选择一种或多种报警方式，报警锁定画面，短信报警最多可以发送 3 个手机。

（4）可以查看冷库发送的所有事件，比如冷库温度报警、冷库化霜等信息，并可以将数据打印和导出，用于大数据分析评比最近厂里的工作效率。

（5）可以修改冷库名称、冷库的地理位置、租用冷库的客户名称、客户联系方式、冷库的储藏物等具体信息，并可以将此信息导出和打印。

（6）可以设置和查看每个冷库的报警上限、报警下限和报警使能，其中报警使能按钮要有总开关，并可以将此信息打印出来。

（7）可以设置和查看下位机的测量周期、记录周期和化霜周期。

（8）可以设置和查看 GSM 模块短信报警的电话号码，最多设置 3 个手机号码。

（9）历史温度读取可以选择自动读取和手动读取两种方式。

（10）权限管理，可分为登录管理界面、管理员列表界面和退出管理界面。

2．在途监控功能分析

对本监控系统而言，重点应满足以下需求：

（1）全程监控运输过程中货物的温度值。

（2）全程监控运输过程中货物的外在状态。

（3）全程监控运输过程中车辆的地理位置。

（4）当运输的货物温度超过阈值时发出警报，通知相关管理人员和随车人员进行处理，最大限度地减少运输过程中的损失。

（5）将运输过程中货物的温度数据、状态图片和地理位置信息发送回监控中心，实现远程端与监控中心的数据同步。

（6）监控中心接收车载终端发送的数据并存入数据库，实现数据存储和备份，为以后查询和明确责任做好事实依据。

（7）当接收到的温度超过阈值时，给系统管理员发邮件通知。

（8）将车载终端传来的数据信息通过网站发布出去，使客户及时获得最新信息，随时掌握所运货物的动态。

13.7.3　冷链物流监控系统总体设计

1．在途监控系统功能总体设计

冷链精益物流在途监控信息系统，由车载终端和监控中心两个子系统组成，整体框架图如图 13-16 所示。车载终端由数据采集、数据处理、数据传输三部分组成；监控中心由上位机接收程序、信息发布网站、数据库和服务器组成。数据采集使用串口摄像头、GPS 接收器、RFID 温度标签和 RFID 读写器，数据处理采用高效低耗的单片机作为微控制器，数据传输采用内嵌 TCP/IP 协议的 GPRS 模块。单片机用 AT 指令控制 GPRS 模块将采集到的信息通过 GPRS 网络和 Internet 发回监控中心。监控中心的上位机程序采用 Socket 套接字编程，负责监听端口，并将接收到的数据存入数据库，信息发布网站通过 Web 服务器将货物的温度和车辆地理位置信息发布出去。用户可以使用连接到 Internet 的计算机或手机登录网站查询货物信息。

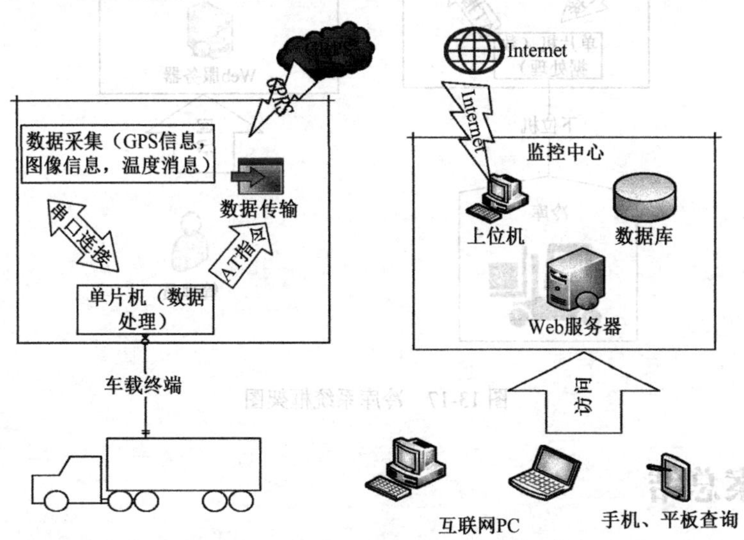

图 13-16　基于物联网下的系统框架图

2．在库监控系统功能总体设计

冷链精益物流在库监控系统采用大型关系数据库 SQL Server，下位机采集板通过温度传感器采集的数据提取到上位机中，因冷库厂房距监控室较远，本系统采用 485 总线进行数据传输，RS845 协议具有远距离、高灵敏度、多点通信、结构简单的特点，适用于通信的应用。上位机数据传送到数据库中进行处理、储存。

郑明公司冷链物流监控信息系统包含基于大数据下的冷库温度监控信息系统和基于物联网下的冷链运输监控信息系统两部分。基于大数据下的冷库监控信息系统通过测量所有冷库的当前温度值并判断是否报警、记录和分析下位机采集的冷库历史温度值及设置每一个冷库的报警上下限和报警使能，实现郑明冷库监控预警自动化。通过对货物历史温度值和冷库历史事件的大数据分析，确立该品类货物最佳储存温度和保存措施。基于物联网下的冷链运输监控信息系统，运用物联网技术，对运输过程中的冷藏车厢内货物的温度信息、图片信息和冷藏车的地理位置信息进行采集，并传输到监控中心，对数据进行处理加工。在运输过程中，如果冷链产品温度超过允许的范围，将会触发蜂鸣器发出警报，通知随车人员进行处理。对于在监控中采集、储存的大量温度、位置等数据，运用大数据技术，对采集的冷库中和运输途中的数据进行挖掘处理。

冷库系统框架图如图 13-17 所示。

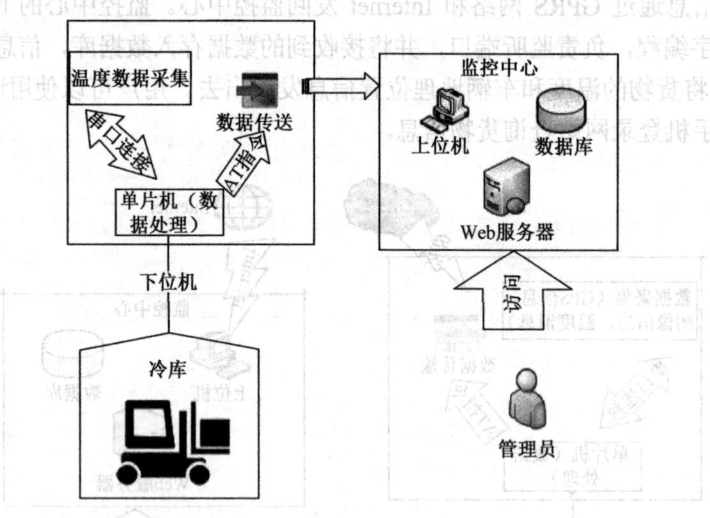

图 13-17　冷库系统框架图

方案总结

基于大数据的视角，以精益思想为指导，根据郑明冷链物流的实际运作情况，以“提高效率”和“降低成本”为目标，通过对郑明冷链物流订单处理、冷链物流仓储、冷链物流运输、冷链物流配送和冷链物流监控五个部分的精益化来改善郑明冷链物流系统，具体如下：

（1）订单精益处理。通过对郑明每季冷链订单出入库频率的分析，利用反映市场需求变化的真实而有效的数据，预测市场可能出现的冷链订单需求，对郑明冷链订单出入库作业进行精准决策；构建订单分批优化模型，进行订单动态路径优化设计，缩短冷链订单拣选路径，提高郑明冷链配送中心拣选效率。

（2）仓储精益管理。应用 SLP 法设计、调整各功能区布局，利用生鲜产品出入库次数大数据和遗传算法优化货位分配，减少移动浪费，避免交叉迂回，提高出入库效率；引入 RFID 技术，根据冷链仓储产品移动大数据、位置大数据和状态大数据，为郑明冷链仓储作业流程提供有效决策，实现郑明冷链仓储可视化管理和精准高效作业。

（3）运输精益管理。建立以成本最小化为目标函数的车辆调度模型，并用改进的禁忌搜索算法来解决对时间、成本均有严格要求的冷链物流运输车辆调度问题。根据大数据提供的车辆信息进行实时车辆调度。

（4）配送精益管理。通过节约里程法，以大数据为手段，在确定的需求下，保证货物准时到达客户指定地点，尽可能地缩短运输时间和减少运输的总里程，实现最佳路线的冷链配送目标，从而提高配送效率，降低成本。

（5）监控精益管理。采用 RFID、GPS 定位系统、SQL Server 大型关系数据库等技术，通过对在途监控系统和在库监控系统的建设，对冷链产品的温度、状态、位置等信息进行监控，并在温度、状态异常情况下报警，通知相关管理人员和随车人员进行紧急处理。

复习思考

1．如何设定冷链物流系统设计目标？

2．在进行各子系统设计时的数量模型该如何选择？

3．冷链物流的实施着重需要考虑哪些问题？

第14章

敏捷仓储系统方案设计

【背景介绍】

此方案节取自“邯运杯”第二届全国大学生物流设计大赛获奖作品《邯运集团敏捷仓储系统（HAWS）方案设计》(有删节)。该方案的背景案例为“邯运杯”第二届全国大学生物流设计大赛案例，详见中国物流与采购教育网（www.clpp.org.cn）。在学习本方案前，需要预先阅读“邯运杯”第二届全国大学生物流设计大赛案例。

【学习要点】

- 熟悉敏捷思想与理念；
- 熟悉物流系统总体设计；
- 熟悉物流系统实施。

【方案摘要】

本方案在敏捷理念的指导下立足于仓储系统，为邯运集团提供敏捷仓储系统整体解决思路，并借此进行邯运由传统运输业向现代物流业整体转型。根据邯运集团的实际运作情况，以“快速反应”和“信息畅通”为目标，通过对邯运集团仓储前、仓储中和仓储后作业流程进行优化重组，以邯运敏捷仓储信息系统为平台，通过对邯运集团组织结构的调整及物流网络规划来整合邯运集团内外部资源，在物流一体化运作基础上构建邯运敏捷仓储系统。在本方案中，邯运敏捷仓储系统作为邯运集团物流转型及发展战略实施的关键。通过数学建模，利用遗传算法及Matlab程序确定仓储设施选址、库位优化和仓库布局，借助Sierpinski曲线算法进行配送线路优化，应用VFP和SQL开发敏捷仓储信息系统。在此基础上优化仓储作业流程，形成邯运集团原料敏捷采购、敏捷快递服务、敏捷汽贸业务和敏捷仓储配送等业务板块，实现邯运集团内外作业信息畅通、仓储敏捷化操作和对客户需求的快速反应。敏捷仓储理念的提出及敏捷仓储系统的构建，是本方案的最大创新点。借助这一思想，能够行之有效地解决邯运集团的绝大部分问题，这种模式还可以用来解决其他非物流企业仓储效率和仓储成本问题。

14.1　仓储系统敏捷思想

14.1.1　敏捷仓储理念

1．敏捷理念

敏捷（Agile）的核心是快速反应，敏捷的目标是低成本与高效率的统一。敏捷性理论产生于制造领域即敏捷制造。随后敏捷性从制造领域延伸到了服务领域，如敏捷物流、敏捷供应链等运作管理模式已被广泛研究与应用。

敏捷性原则定义了这样一组新规则：敏捷性是一种战略竞争能力，是一种在无法预测的持续、快速变化的竞争环境中生存、发展并扩大其竞争优势的能力。敏捷性强调提高企业对多变的市场环境的适应能力，即敏捷性是企业赢得合作与竞争的重要保障。在竞争日趋激烈、市场需求更为复杂多变的网络时代，企业有必要将敏捷化思想运用于物流管理中，其实质是在优化整合企业内外资源的思想上，更多地强调了物流在响应多样化客户需求方面的速度目标。

面对当前更富挑战的经营环境、不稳定和不可预测的市场需求的变化，敏捷性已经成为企业在不确定性市场环境中生存的必备条件。同普通的物流相比，敏捷物流（Agile Logistics）更能够适应新的市场环境下顾客个性化需求，对市场作出更迅速的反应。

2．敏捷仓储

敏捷仓储（Agile Warehousing）是敏捷物流的一个环节。简言之，敏捷仓储是在物流一体化的基础上，利用物流各环节的协同关系和信息共享，在合适的时间，将合适质量、合适数量的合适产品以合适的方式进行保管、存储、分拣和配快速送到合适地点，满足合适客户个性化或大规模定制的及时需要，从而实现成本与整体效率优化的物流活动。

敏捷仓储以缩短仓储作业时间作为突破口。对企业来说，缩短仓储时间不仅可以加快对用户需求的敏捷响应，而且更重要的是它能降低仓储成本。对仓储时间的管理是建立在时间分析基础上的，“门到门”的时间反映了仓储全流程，它包括采购时间、入库时间、在库时间、出库时间和配送时间。

敏捷仓储时间缩短的实现，一方面要依靠物流系统的业务优化，如延迟、集并、经销商库存管理、联合库存管理及第三方物流的运用等；另一方面也依赖于信息技术的发展，特别是自动识别技术、电子数据交换、无线网络技术、商业智能技术等的发展。

在敏捷理念指导下，本方案提出邯运敏捷仓储理念体系，并以此为基础构建邯运集团敏捷仓储系统。

3．邯运敏捷仓储理念

在邯运集团物流一体化运作的基础上，邯运敏捷仓储理念以“快速反应”和“信息畅通”为主旨，借助邯运敏捷仓储系统（HAWS）平台，邯运集团各个业务板块由邯运敏捷仓储信息系统（HAWIS）连为一体，最终实现客户快速响应、作业效率提升和物流成本降低。

邯运敏捷仓储理念体系架构如图 14-1 所示。

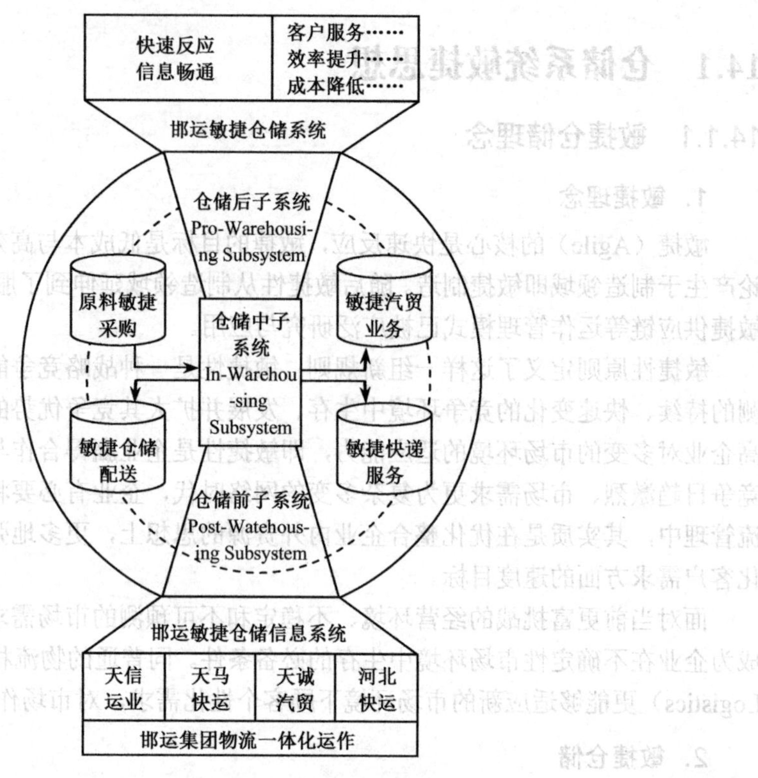

图 14-1 邯运敏捷仓储理念体系架构

14.1.2 物流整体转型

邯运集团业务领域涉及众多，随着业务量的扩大，必然会带来有关成本控制、利润增长、信息系统升级、物流园区规划等一系列问题。对于集团所经营的主要业务板块市场竞争日益激烈，市场需求瞬息万变，客户要求也不断提高。各分公司的业务整合、流程合理化、网络化、信息化以及国际化等多方面对邯运集团的整体营运能力提出了更高的要求，以业务流程快速反应、物流信息快速沟通所构成的“敏捷仓储”为核心的物流转型已成为必然趋势。

1. 物流转型的理念

邯运集团由传统运输企业向现代物流转型，其管理模式和管理方法上都要进行相应的调整。而对于管理者来说，物流转型理念的形成则处于首要的地位。

第一，时效性和快速反应。网络经济时代，邯运集团要实现竞争优势的关键在于物流速度。在传统运输企业的运作方式中，从接受订单到提供服务是一个漫长的过程，而且还不可避免地产生诸多等待和误差。邯运集团需按“敏捷”的观念来组织运输、仓储、采购和配送，在敏捷仓储系统的支持下以最快速度响应客户需求。

第二，贴近客户资源。邯运集团所有物流活动都必须要紧密围绕着客户的需求而展开，“在何时、何地以何种方式，尽快地为哪一个客户提供什么样的物流服务”就成为物流运作活动中需要时刻思考的问题。

第三，物流总成本降低。邯运集团的多个分公司及子公司因为缺少相邻下游企业的相关即时信息，导致总库存不断增加，整个集团的总物流成本会攀升到令人诧异的高度。而“敏捷”的物流在相应敏捷信息系统的支持下，实现客户需要什么就提供什么的订单驱动型物流组织方式，可以极大地降低每一个分公司及子公司的库存量，从而降低整个集团的物流总成本。

第四，物流技术手段的应用。物流各个环节能够实现有机结合的关键是在 Internet 网络环境下实现各物流环节之间的信息集成和共享。基于 Internet 的诸多信息技术开始在企业的物流活动中得到越来越广泛的应用。此外，电子数据交换（EDI）技术、射频识别（RFID）技术、电子资金转账（EFT）技术的普及应用也为实现敏捷仓储提供了技术基础，基于这些技术来开展邯运集团的物流活动日益成为物流的发展趋势。

综上所述，邯运集团物流整体转型理念是：在物流一体化运作的基础上，在敏捷仓储系统的支持下，通过信息及时沟通，针对客户需求变动和物流各环节的衔接作出快速反应。如对存货数量的调整、对客户订单的修改、对配送车辆的重新调度等，而且通过缩短货物的交货时间，提高企业的客户满意度。正是由于在“敏捷”思想的指引下衍生出敏捷仓储运作模式，进而将整个邯运集团在物流行业的竞争中推向了一个更高的层面。

2．物流转型的关键

邯运集团物流转型的关键是物流信息在集团的各个层面以及物流各个环节之间的畅通。物流是一个站在系统角度的物品流动过程，因而从传统的运输企业转型为物流企业，其关键之处在于通过畅通无阻的物流信息来达到物流效率和效益的提升。邯运集团的物流转型，其基础应建立在现有的企业资源计划体系（ERP）与敏捷仓储信息系统（AWIS）的有机结合之上，由此转变为功能完善的现代物流体系。

借助敏捷仓储信息系统，邯运集团将各个分公司的物流业务纳入一体化运作，在运输业务上，邯运集团通过与汽车站、火车站、机场、海关等信息联网，实时了解货物从何地起运、货物到达的时间、到达的准确位置，提前通知收货人做好准备，使货物在几乎不停留的情况下快速流动，直达目的地。在采购业务上，邯运集团可与客户之间及时沟通和分享信息（如生产计划、订单计划等）；在仓储业务上，货物的入库、验收、分拣、出库以及后续的配送通过信息的及时传递实现快速反应，提升物流效率。

3．物流转型的支撑

邯运集团物流转型的支撑在于快速反应。从邯运集团目前经营的物流业务来看，主要集中在仓储这一环节。集团旗下各个子公司之间大多都独立运作每个子公司都有自己的仓库，之间缺乏有效地协作和快速反应机制而导致仓储效率较为低下。与仓储紧密相关的采购业务中，由于信息的及时沟通和共享不够导致采购申报的数量往往超过实际需要，而缺乏在采购后仓储过程中的快速反应则导致采购的物资在仓库积压闲置。

因而，快速反应的支撑作用体现在：应用敏捷仓储系统在申报采购计划前借助信息系统快速了解实际库存，进而在充分了解邯运集团物流总体供需计划的基础上进行预测，然后实现货物在仓库的仓储过程中进行快速入库、检验、分拣和出库，通过敏捷配送实现货物最终安全、快速地到达客户手中。因此，邯运集团有必要通过流程重组、资源整合来统筹各个分公司间的业务，以快速反应为主旨的敏捷仓储系统的构建正是这一过程的最好体现。

14.1.3 敏捷仓储战略

1．中长期战略

在“十一五”规划期（到2025年），根据邯运集团的业务发展计划，邯运敏捷仓储系统（HAWS）作为邯运集团敏捷战略系统的一个部分，通过国际物流和国内物流两个板块进行一体化运作。

邯运集团中长期发展战略如图14-2所示。

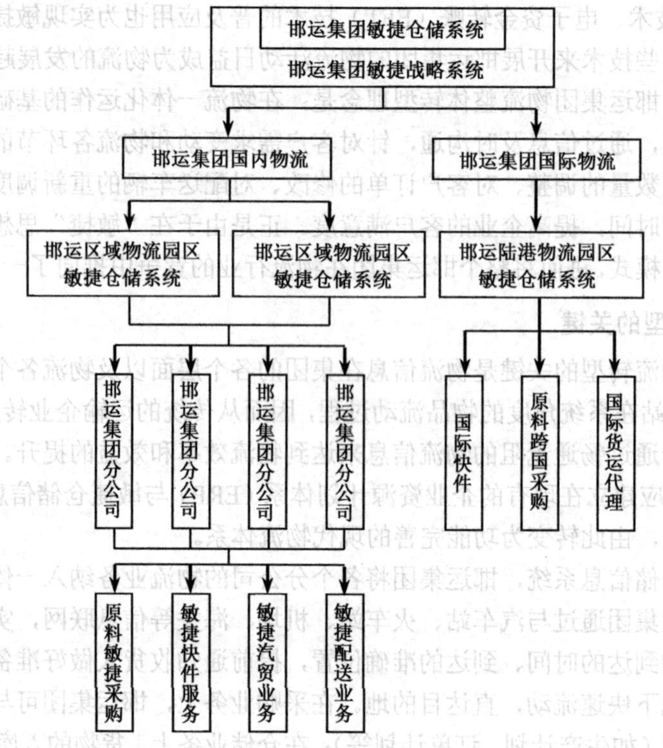

图14-2 邯运集团中长期发展战略框架

在邯运集团国内物流这个领域内，通过建立全国性区域物流园区及相应的邯运敏捷仓储系统，将邯运集团的各个分公司及办事处网点资源进行整合，借助邯运敏捷仓储信息系统（AWIS）这一信息平台实现国内领先。在国际物流这个领域内，通过陆港物流园区及相应的邯运敏捷仓储系统打造国际快递、原料跨国采购和国际货运代理三大业务板块。国际国内两个市场可以通过邯运敏捷物流战略系统进行打通，从而最终形成颇具规模的实力的跨国物流企业集团。

2．中近期战略

在“十一五”至“十二五”期间（2010—2015年），本方案所构建的邯运敏捷仓储系统（HAWS）作为邯运集团敏捷物流系统的一个部分，应用邯运敏捷仓储信息系统对邯运集团现有的四个主要业务领域实现资源整合和优化重组，利用陆港物流园区的优势进行国际物流业务的开展。

邯运集团近期发展战略如图14-3所示。

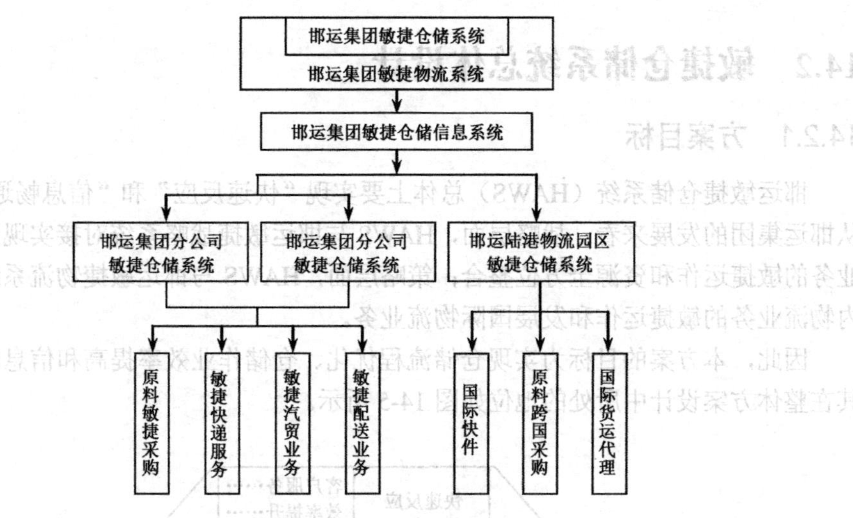

图 14-3　邯运集团近期发展战略框架

14.1.4　敏捷仓储策略

在“十一五”期间内（到 2010 年），结合邯运集团经营运作实际，从硬件和软件方面构建邯运敏捷仓储系统（HAWS）。将邯运集团的仓储系统分为仓储前、仓储中和仓储后三个子系统，通过对每个子系统的设计及在原有模式上的优化来实现敏捷仓储系统的构建。通过邯运敏捷仓储系统保证现有资源快速、有效利用，同时，实现对仓储作业流程全程跟踪和快速反应。

邯运集团敏捷仓储策略框架如图 14-4 所示。

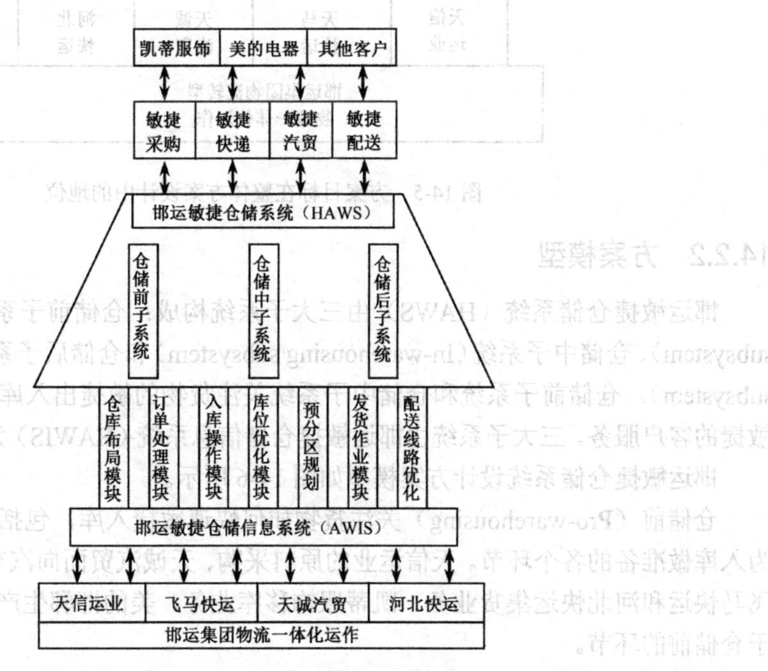

图 14-4　邯运集团敏捷仓储策略框架

14.2 敏捷仓储系统总体设计

14.2.1 方案目标

邯运敏捷仓储系统（HAWS）总体上要实现“快速反应”和“信息畅通”两个目标。从邯运集团的发展来看：战略层面，HAWS与邯运敏捷战略系统对接实现国际国内物流业务的敏捷运作和资源全方位整合；策略层面，HAWS与邯运敏捷物流系统对接实现国内物流业务的敏捷运作和发展国际物流业务。

因此，本方案的目标为实现仓储流程优化、仓储作业效率提高和信息的快速共享。其在整体方案设计中所处的地位如图14-5所示。

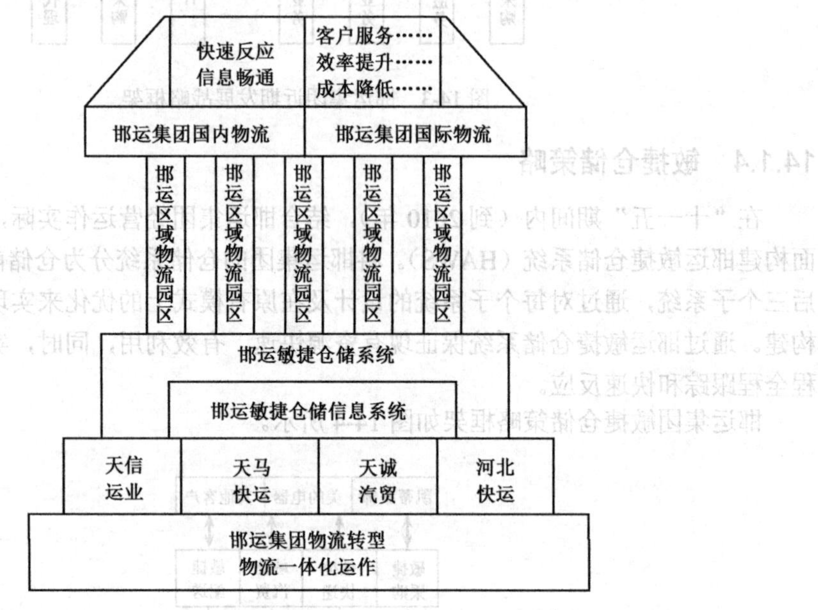

图14-5 方案目标在整体方案设计中的地位

14.2.2 方案模型

邯运敏捷仓储系统（HAWS）由三大子系统构成：仓储前子系统（Pro-warehousing subsystem）、仓储中子系统（In-warehousing subsystem）和仓储后子系统（Post-warehousing subsystem）。仓储前子系统和仓储中子系统关注货物的敏捷出入库，仓储后子系统关注敏捷的客户服务。三大子系统由邯运敏捷仓储信息系统（HAWIS）为平台进行系统实施。

邯运敏捷仓储系统设计方案模型如图14-6所示。

仓储前（Pro-warehousing）关注货物如何快速敏捷入库，包括入库在内及入库以前为入库做准备的各个环节。天信运业的原料采购、天诚汽贸面向汽车制造商的汽贸业务、飞马快运和河北快运集货业务、凯蒂服饰移库业务、美的邯郸生产基地产品移库等都属于仓储前的环节。

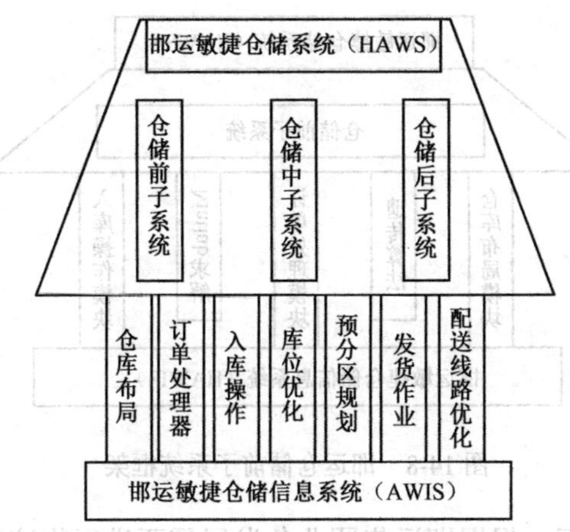

图 14-6　邯运敏捷仓储系统模型

仓储中（In-warehousing）关注货物在仓库中如何快速敏捷放入货位、分拣以及检验出货，包括入库后对货物进行质量和数量管理进行的一系列操作。飞马快运和河北快运的分拣业务、凯蒂服饰及美的电器的分拣出库业务等都属于仓储中的环节。

仓储后（Post-warehousing）关注货物如何快速敏捷出库，包括出库在内及出库后的配送。天信运业的原料经销、天诚汽贸面向消费者的汽贸业务、飞马快运和河北快运配送业务、凯蒂服饰配送业务、美的产品配送业务等都属于仓储后的环节。

14.2.3　设计框架

邯运敏捷仓储系统设计分为仓储前、仓储中和仓储后三个子系统的设计和邯运敏捷仓储信息系统的设计。

邯运敏捷仓储系统设计由子系统目标、设计原则、模型选择、模型求解和效果评价五个部分构成。借助遗传算法和Matlab辅助仓储管理决策。

邯运敏捷仓储系统设计框架如图 14-7 所示。

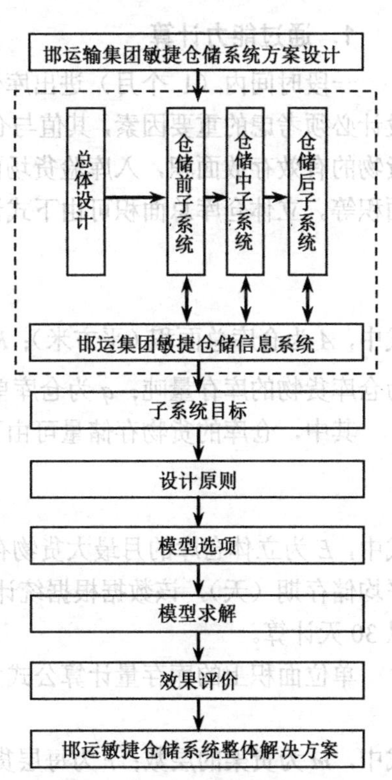

图 14-7　邯运敏捷仓储系统设计框架

14.3　敏捷仓储前子系统

本方案中的仓储前子系统（Pro-Warehousing Subsystem）准确定义为：货物未存放到指定货位之前进行的所有准备、优化和操作，它包括设施选址、仓库布局、订单处理、入库操作四大模块。其系统设计框架如图 14-8 所示。

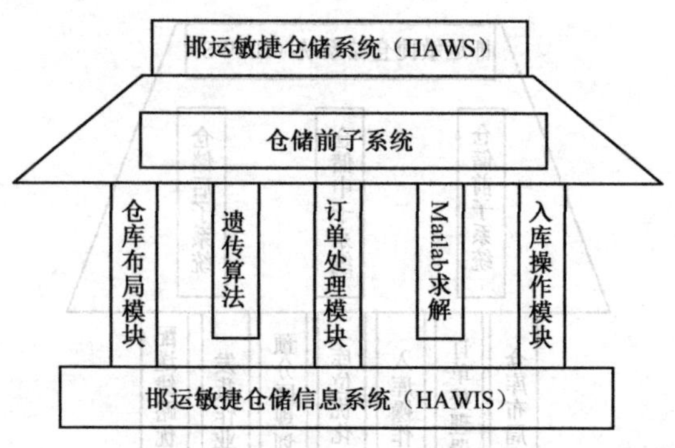

图 14-8　邯运仓储前子系统框架

仓储前子系统的目标：根据邯运集团业务发展需要进行物流网络布局，通过现有仓库优化布局来完善现有的仓储网络，加强订单处理功能和入库操作快捷性，为整个集团的仓储业务敏捷化提供基础。

14.3.1　仓库布局模块

邯运集团旗下分公司分别设有不同的业务仓库，为方便起见，以河北快运的仓库布局为例，涉及通过能力计算和平面及立体布置。

1. 通过能力计算

一段时间内（1 个月）进出库作业量通常用来衡量仓库的通过能力，这是仓库宏观设计必须考虑的重要因素，其值与仓库总面积有关。仓库的总面积由以下几个部分组成：货物的有效存放面积，入库验货场面积，出库发货场面积，通道（人行道、车行道等）面积等。立体仓库总面积可由下式计算：

$$A=\frac{m_Q}{K_q} \tag{14-1}$$

式中，A 为仓库总面积（平方米）；K 为仓库面积利用率，即存货面积与总面积之比；m_Q 为仓库货物的库存量吨；q 为仓库单位面积上的库存量（吨/平方米）。

其中，仓库的货物存储量可由下式计算：

$$m_Q=\frac{EK}{30}t \tag{14-2}$$

式中，E 为立体仓库的月最大货物存取量；K 为设计最大入库百分数；t 为货物在库中的平均储存期（天），该数据根据统计的各种货物历年平均库存周期分析确定；30 为每月以 30 天计算。

单位面积上的库存量计算公式为：

$$q=rm \tag{14-3}$$

式中，m 为货架的层数；r 为每层货物堆存量（吨/平方米）；

仓库面积确定之后，体仓库的通过能力即可计算：

$$p=\frac{30Aqa}{tb} \tag{14-4}$$

式中，a 为仓库面积有效利用率；b 为库存货物的月不平衡系数。

系数 b 与货运量、货源、运输工具的衔接、水文气象及生产管理有关。其值应参照同类仓库正常情况下不少于连续三年的统计资料来分析确定，一般情况下，运量（货物出入库量）越大，不平衡系数越小。

2．平面及立体布置

平面布置主要是解决仓库整体几何形状的问题，立体布置主要解决仓储及运输设施的布局问题。关于平面布置在上节中已经解决了总面积问题，面积确定后，还必须解决仓库的长度和宽度。

（1）长度与宽度。仓库建筑物的长和宽或仓库的构造取决于在仓库内移动产品的物料搬运成本和仓库的建筑成本。因为待建仓库只考虑矩形设计，只能将入库站台位置设在平面图中的 X 点。本方案中仓库采用矩形巷道存储不同类型的货物，地面的面积为 s_0，最优宽度和长度可以通过物料搬运成本与仓库周长成本之间进行的权衡比较来确定。周长成本是指每米仓库周长的年建筑和维护成本。根据 Francis 的结论，假定使用往返拣货法，位于 X 点的站台宽度的最优值为：

$$W^* = \sqrt{\frac{C+8K}{2C+8K}}\sqrt{S} \tag{14-5}$$

长度的最优值为：

$$L^* = \frac{S}{W^*} \tag{14-6}$$

总相关成本为：

$$\mathrm{TC}_* = 2\sqrt{(0.5C+2K)(0.25C+2K)}\sqrt{S} \tag{14-7}$$

式中，C 为某种货物出入库的每米总成本之和乘以每年该种货物出入库的预期数量（元/米）；K 为每米的年周长成本（元/米）；S 为所需的仓库地面面积（平方米）。

在此设该预计邯运邯郸物流园区的仓库月吞吐量为 10 万箱（托盘）的货物，每个托盘需要 1.2 米×1.2 米×1.2 米的存储空间、堆码高度为 2 个托盘的高度，托盘背对背码放，宽度为 2.4 米，巷道宽 3 米，平均出入库物料搬运成本为 0.5 元/米。年仓库空间费用为 1.5 元/平方米，仓库周转率为 10 次/年，总库容需达到 4 万个货位，拣货时每件货物均需以出库站台往返。拟建仓库的面积粗定为 60×80 平方米；造价为 740 元/平方米，预计该仓库的使用年限为 20 年，则：

$$C = 0.15\times 200\,000\times 12 = 360\,000\text{（元/米）} \tag{14-8}$$

根据 Fancis 提出的最优度与宽度的公式及实际问题中的相关数据，可得仓库的宽为：

$$W^* = \sqrt{\frac{360\,000+8\times 907.68}{2\times 360\,000+8\times 907.68}}\times\sqrt{9\,960} = 50.4 \tag{14-9}$$

仓库的长为：

$$L^* = 9\,960 \div 50.4 = 197.62\text{（米）}$$

该矩形的相关成本为：

$$TC_* = 2\sqrt{(0.5\times 360\,000+2\times 907.68)\times(0.25\times 360\,000+2\times 907.68)\times\sqrt{9\,960}}$$
$$=25\,788\,942.76\text{（元/米）}$$

根据最优货架空间和货架最优数量的公式，并结合实际问题中的具体数据可得：

$$m^* = \frac{1}{1.2}\sqrt{(2\times 500\,000\times 0.5+3\times 3\times 1.5+3\times 80)\times\left[\frac{1.2\times 40\,000\times(2.4+3)}{2\times 2}\right]}$$
$$=300\text{（个货位）}$$

$$N^* = \frac{1}{2.4+3}\sqrt{\left(\frac{0.15\times 500\,000\times 0.15+2\times 80}{2\times 500\,000\times 0.15+3\times 3\times 1.5+2\times 80}\right)\times\left[\frac{40\,000(2.4+3)\times 1.2}{2\times 2}\right]}$$
$$=32\text{（个货架）}$$

（2）内部布局规划。在仓库的基本结构确定后，接下来讨论货位、货架与巷道的布局决策，即确定货架上的货位数量、所用货架的数量以及货架的放置方向。

由于问题本身的限制规定只可取货架与库房的长平行这一种结构产品由仓库的一侧的门入库，从另一侧的门出库。每件货物要在库门和货物之间移动四次。站台门位于仓库的中间位置，所有库容都被利用的概率是相同的。除了靠墙摆设的货架外，其余货架均为双面货架。仓库布局的目标是使物料搬运成本、年库房成本和仓库规模（周长）相关的年成本三者之和最小。

因此，对于该仓库结构的最优货位数量为：

$$m^* = \frac{1}{L}\sqrt{\left(\frac{2dC_b+3aC_5+2C_P}{dC_b+2C_P}\right)\left[\frac{K(w+a)L}{2h}\right]} \tag{14-10}$$

双面货架的最优数量为：

$$n^* = \frac{1}{w+a}\sqrt{\left(\frac{dC_b+2C_p}{2dC_b+3aC_*+2C_P}\right)\left[\frac{K(w+a)L}{2h}\right]} \tag{14-11}$$

式中，w 为双面货架的宽（米）；L 为库存空间的长度，例如，托盘的宽度（米）；m 为货架上的货位数；h 为垂直方向上的储存层数；n 为双面货架的数量，两个单面货架视为一个双面货架；K 为库存空间内的总库存容量；a 为个巷道的宽度（米），假定所有的巷道宽度相同；d 为用存储单位（如托盘）表示的仓库年吞吐量（需求）。假定一种产品占用一个空间单位（产品数年）；C_b 为每一长度单位的库存货物的物料搬运成本（元/米）；C_5 为每一单位仓库面积的年成本（水、电、维护）（元/平方米）；C_p 为每一长度单位外墙的年维护成本（米）。

问题的解决：该仓库的年周长成本：仓库周长为 2×(120+83)=406（米）；其造价为 740×9 960=7370 400（元）；分摊到每一年为 7 370 400÷20=368 520（元），分摊到每米周长为 368 520÷406=907.68（元/米）。

仓库是方形的立体布置方案的确定取决于很多因素，包括：

① 货架结构。

② 待处理货物的数量和种类。

③ 按货物种类和用途划分的货架段和组合货架的专用化程度。

④ 货物验收区、储存区、配套区和发货区的相互布局。

（3）货架及最佳巷道数。货架尺寸的确定有静态法和动态法两种，通常是用动态法。所谓动态法确定货架尺寸就是根据所需要的出入库频率和搬运工的搬运速度参数来确定货架的总体尺寸。

已知条件：库容量 Q，出入库频率 P_0，货架的高度 H，货格尺寸和人工搬运速度参数（N_H，V_x）。

当 Q 和 H 确定后，最佳布置就是能满足出入库频率要求的最少的巷道数。此时配备的搬运工最少。具体的算法步骤为：

（1）假定巷道数（先令其值为）1，货架层数 N_{B}，则货架列数：

$$N_t = \frac{Q}{2N_{\mathrm{B}}N_{\mathrm{H}}} \tag{14-12}$$

（2）根据层数和列数以及人工搬运速度参数，计算每个搬运工的平均作业周期 t_s。

（3）计算整个仓库的出入库能力：

$$p = \frac{3\,600N_{\mathrm{B}}}{T_{\mathrm{S}}} \tag{14-13}$$

（4）比较 P 和 P_0。如果 P 小于 P_0，说明设计货架达不到出入库频率要求，再计算 N_{B}=2 的情况。重复以上四步计算，直到 P 大于或等于 P_0 为止，此时的巷道数为最佳巷道数，即可确定该仓库的最佳货架尺寸。

最后由以上计算确定的仓库的平面图如图 14-9 和图 14-10 所示。

图 14-9 仓库的总面积的侧视图

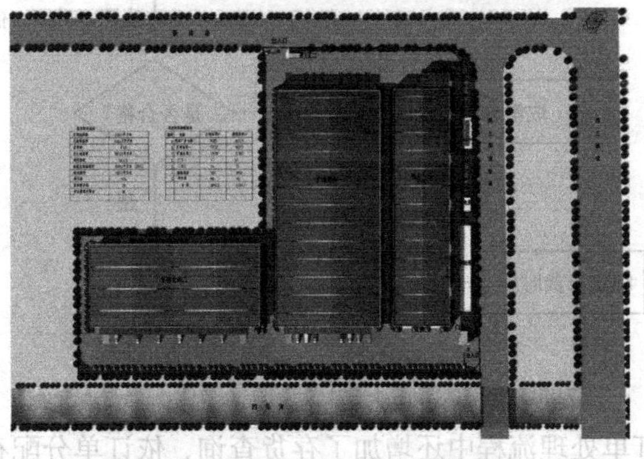

图 14-10 仓库最优长宽比例俯视图

仓库的货架设置及摆放如图 14-11 所示。

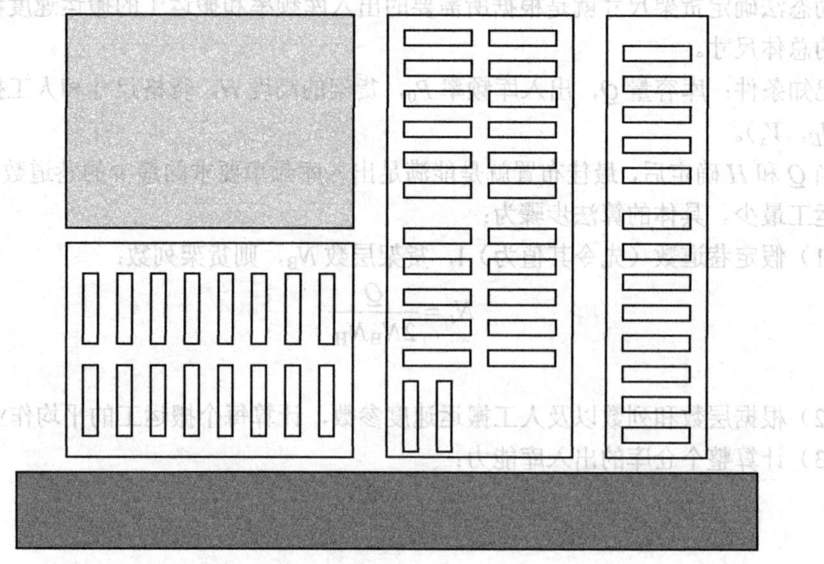

图 14-11　仓库的货架设置及其摆放

14.3.2　订单处理模块

从订单处理分析中可以看出，传送订单、订单确认、货物确认的时间太多，应该尽量改进或尽量减少时间。如果用 EDI 系统来传送的话，又快又准确，不会出现传输错误。因而这些时间就可以大为省略，减少客户的等待，提高服务质量和作业效率。此外，在订单确认时，加了客户信用度的确认，能够有力地保证配送中心的应收货款回收，保障了配送中心的利益。

优化后的敏捷订单处理流程如图 14-12 所示。

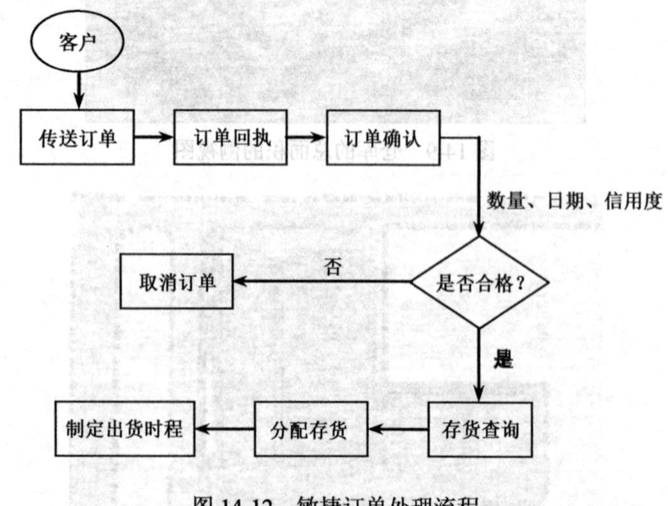

图 14-12　敏捷订单处理流程

优化后的敏捷订单处理流程中还增加了存货查询、依订单分配存货、制定出货时程三个环节。

1．存货查询

此程序在于确认是否有效库存能够满足客户要求，通常称为（事先拣货）。存货档的资料一般包括品项名称、产品描述、库存量、已分配存货、有效存货及期望进货时间。

因而在为凯蒂服饰等公司出货过程中，便可以迅速查出存货状态，便于接单人员与客户协调是否改订替代品或是允许延后出货等权宜办法，以提高人员的接单率及接单处理效率。

2．分配存货

订单资料输入系统，确认无误后，最主要的处理作业在于如何将大量的订货资料，作最有效的汇总分类、调拨库存，以便后续的物流作业能有效地进行。存货的分配模式可分为单一订单分配及批次分配两种。

3．依订单排定出货时程及拣货顺序

应如何安排其出货时程和拣货的先后顺序，通常会再依客户要求、拣取标准时间及内部工作负荷来拟定。

优化后的敏捷订单处理流程分析工作表和敏捷订单处理流程数据统计表如表 14-1 和表 14-2 所示。

表 14-1　敏捷订单处理流程分析表

序　号	步　骤	状　态	时间（分钟）
1	传送订单	★	5
2	订单回执	★	2
3	订单确认	☆	15
4	存货查询	☆	10
5	分配存货	★	15
6	制定出货时程	★	50

表 14-2　敏捷订单处理流程数据统计表

步　骤	状　态	共 几 步	时间（分钟）
操作	★	4	77
耽搁	☆	2	25
合计			102

注：★操作；☆耽搁。

比较优化前后的订单处理流程分析工作表和订单处理流程数据统计表的结果中可以看出，利用 EDI 订货系统大大缩减了客户的等待时间。通过增加几个新的环节，使配送中心的订单处理的流程更为科学，更保证了配送中心的服务质量，从原来的 2 天 15 小时又 35 分钟变成现在的 102 分钟。

14.3.3 入库操作模块

针对河北快运原入库流程存在的弊病和问题，对原流程图进行了优化。优化后的河北快运敏捷入库流程如图 14-13 所示。

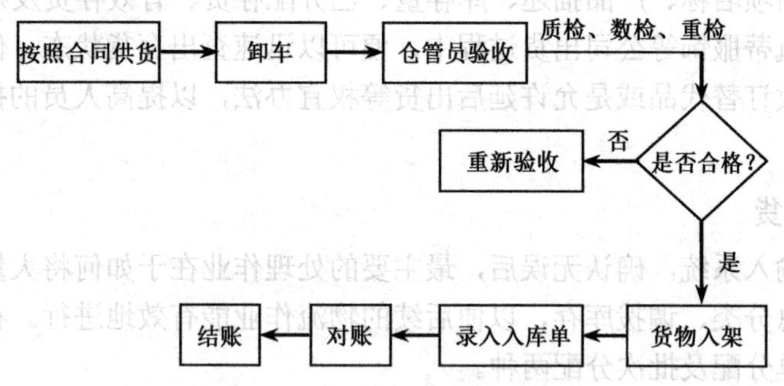

图 14-13 河北快运敏捷入库流程

在图中，对验收环节进行了优化。通过仓管人员对货物的质量、数量和重量一起检查，节省大量时间。假设进来一批药品，但仓管人员只负责对其数量的检查，而质量却要等待专门的药品检查部门来检查，必然效率低下。如果质检、数检和重检一起检查的话，不仅可以提高作业效率，也提高了客户服务水平。在录入入库单环节，是由专门的管理人员来负责这一块工作，不用像以前那样等待较长时间，真正体现了“敏捷”这一理念。

分析优化前后的敏捷入库流程分析工作表，如表 14-3 所示。

表 14-3 敏捷入库流程分析工作表

序 号	步 骤	状 态	时间（分钟）
1	接受货单	★	2
2	验收	◎	15
3	货物入架	★	5
4	签名	★	1
5	等待录入入库单	☆	5
6	稽查	◎	2
7	单据送财务部	→	5
时间合计	35 分钟		

注：★操作；☆耽搁；◎检查；→输送。

流程优化以后，所耗费的时间从 3 天又 15 分钟降低到了 35 分钟，大大提高入库作业效率。

14.4 敏捷仓储中子系统

仓储中子系统（In-Warehousing Subsystem）是指货物进入到仓库后所进行的一系列

的操作，在本方案仓储体系中主要进行的是库位优化和预分区规划。邯运仓储中子系统框架如图 14-14 所示。

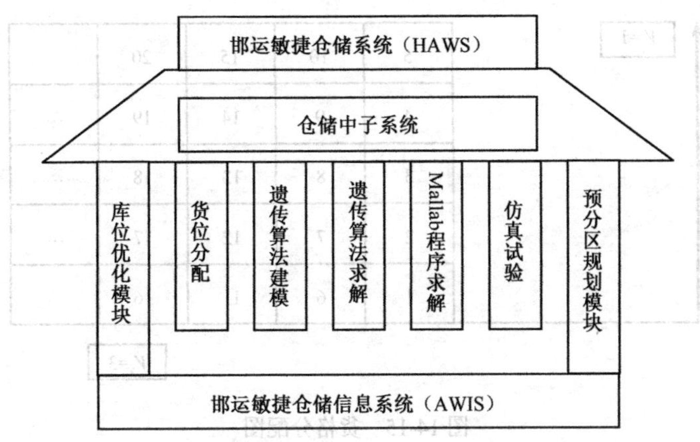

图 14-14　邯运仓储中子系统框架

仓储中子系统的目标为通过库位优化和预分区规划实现入库、存储、分拣等仓储环节的敏捷操作。

14.4.1　库位优化模块

邯运集团的库存货物主要涉及两个方面：一方面是大宗的供应商货物，它主要由煤炭和铁精粉组成；另一方面主要是大规模的小件快递货物。库位设计不仅直接影响到库存量的大小、出入库的效率，还间接影响到邯运集团的整体效益。

1．货位分配的原则

（1）货物在货架上受力稳定，分散存放物料以免货物存放过于集中造成货格受力不均。

（2）货位分配时要尽可能考虑到提高出入库的效率，特别是在线仓库这点尤其重要。

（3）当仓库有多个巷道时要分散存放，以防止因某一巷道阻塞影响某种物料的进出。

（4）FIFO（先进先出）原则，同一物品出库时要按照先入库者先出库以加快物料周转，避免积压。因为邯运集团的库存主要为快递业务，周转快，“先进先出”原则尤为重要。

2．货位分配

当前邯运集团的货位分配采用物理地址编码的方式，很少考虑货位分配对仓储管理员工作效率的影响。本方案对邯运集团的货位进行优化时，在充分考虑效率的基础上，考虑仓库所存放的货物种类、货物数量出入库频率等因素，并对仓库的库位进行规划。

在进行货位规划时，做如下假设：

（1）货物的存放种类已知。

（2）货物每种类的单位时间内存放的数量已知。

（3）每一种货物的存取频率已知。

14.4.2　预分区规划模块

预分区是指没有存放货物时的分区，分区时只考虑仓储管理员的速度这一个因素。

即如果对某些货格，仓储管理员从原点到达该批货格中的任一货格所用的时间都相等，则这批货格归为一类，如图 14-15 所示。

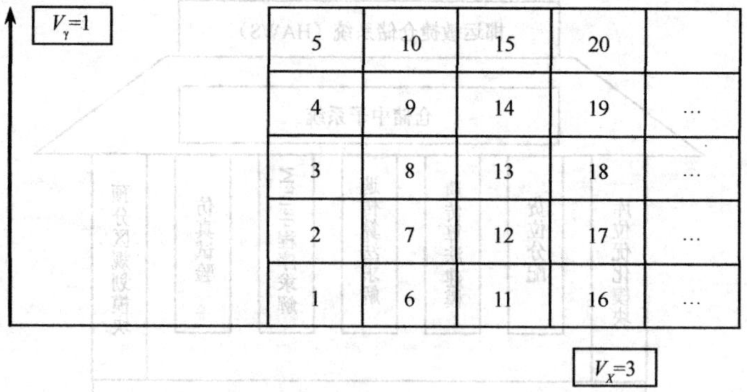

$V_Y=1$

5	10	15	20	
4	9	14	19	…
3	8	13	18	…
2	7	12	17	…
1	6	11	16	…

$V_X=3$

图 14-15　货格分配图

因此，仓储管理员执行一批指令（*n* 条）需要的作业时间 *T* 为：

$$T=T_1+\sum_{T=2}^{N}T_2+2\sum_{i=2}^{n}T_3+T_4 \tag{14-14}$$

式中，T_1 为仓储管理员执行第一条指令所需时间；T_2 为仓储管理员从当前库位到下一库位所需时间；T_3 为仓储管理员从当前库位到原点来回所需时间；T_4 为仓储管理员送回城后个库位后从该库位回到原点所需时间。

1. 分区步骤及数学模型

在上面的分析基础上，具体的分区步骤如下：

① 设员工从原点到某一货格所需时间为 *t*，其中 *i* 为货格编码号。设某一时间值 *t*（*t* 的大小与分区数目有关）。该货格所处的区由下式确定：

$$k\times t\leqslant t_i-\mathrm{t}\leqslant(k+1)\times t \tag{14-15}$$

如果 *i* 货格满足上式，则 *i* 货格位于 *k* 区。

② 经过第一步得到的分区可能各个小区所包含的货格数目不相等。如果各区的货数相差很大的话要进行修正，修正的原则“就近取多补少”，即如果某个区的货格数较少，则从含货格数较多相邻区取货格。取货格时，如果是从高区取货格，则在高区内先取运行时间较少的。如果是从低区取的话，则先取运行时间较多的。无须强求所有区内的货格相同。

③ 将货物按照出入库频率分类，其数目等于仓库分区的数目。

④ 建立权值矩阵，单位时间内堆垛机取放某种货物的工作量与该货物的出入库频率不该货物存放的位置有关，将该货物的出入库频率乘以员工到达存放位置所用时间作为权值因子，即：

$$C_{ij}=f_i\times t_j \tag{14-16}$$

式中，*i* 为种货物的出入库频率；*j* 为员工从原点到 *j* 区取放的标准时间（$t_i=j\times t_{ij}$）。

经过以上处理，仓库的初始分区及第一次开始存放变为一个区内放入一种货物，某一种货物放入某一区后即不能再放入其他区，某一区放入某一货物后也不能再放其他货物，即变成为指派问题，其数学模型如下。

目标函数：

$$\min\sum_{i=1}^{n}\sum_{i=t}^{n}c_{ij}x_{ij} \tag{14-17}$$

约束条件：

$$\sum_{i=1}^{n}x_{ij}=1\text{，}\quad i=1,2,\cdots,n \tag{14-18}$$

$$i\sum_{i=1}^{n}x_{ij}=1\text{，}\quad j=1,2\cdots,n \tag{14-19}$$

$$x_{ij}=0\text{或}1\text{，}\quad i=1,2,\cdots,n,\ x_{ij}=1\text{时 }i\text{ 区放入 }j\text{ 类货物} \tag{14-20}$$

考虑到仓库中不同重量的货物放在不同的位置，因此还要考虑货物的出入库频率及货物重量问题，这时可以将货位分配问题建立为二次指派问题。设 a_{ijkl} 为相关因子，即当 i 类货物分配给 j 区，k 类货物分配给 1 区时的对货架重力的影响系数。则该优化问题数学模型的目标函数为：

$$\min\left(\sum_{i=1}^{n}\sum_{j=1}^{n}c_{ij}x_{ij}+\sum_{i=1}^{n}\sum_{j=1}^{n}\sum_{k=1}^{n}\sum_{1=1}^{n}a_{ijk1}x_{ij}x_{k1}\right) \tag{14-21}$$

2．遗传算法解决方案

邯运集团仓库中的货物种类很多，各类货物的出入库频率也不一样，这时相应分区的数目就很大。对于此类问题再利用前面的方法来求解最优分配货物时就相当复杂，往往无法求解。由于遗传算法在解决组合优化问题时操作简便、寻优能力强，本方案用遗传算法对邯运集团的货位分配优化问题进行研究。

（1）算法步骤。

① 建立权值矩阵，如货格分成 n 个区时，相应的权值矩阵仍用下式建立：

$$c_{ij}=f_1\times t_1 \tag{14-22}$$

式中，c_{ij} 为权值矩阵 i 行 j 列的元素，是出入库频率与员工从原点到 j 区的时间之积；f_1 为 i 种货物的出入库频率；t_1 为员工从原点到 j 区取放的标准时间（$t_1=j\times t_{\text{间}}$）。

② 编码。遗传算法应用的瓶颈之一是编码问题，本方案中编码采用顺序表达法。以邯运集团河北快运仓库为例，仓库分为 9 个区存放 9 类货物，采用顺序表达法时的某个染色体为[923547681]，该染色体表示第 1 个区放第 9 类货物；第 2 个区放第 2 类货物；以此类推。

③ 初始种群。重复上面的三步直到产生规定数目的染色体为止。选择过程采用转轮选择机制，适应度函数采用当前代中评估函数的最大值减去该评估函数值。

④ 遗传算子交叉。任何在双亲中指派到相同位置的机货物在后代中仍占据这个位置；对于剩下的位置由双亲中指派到该位置的两类货物中随机选一类货物，从左到右进行；将剩下的未指派的货物分派给尚空闲的位置。

（2）实现过程。

① 建立有 n 个元素的数组，对每个元素都赋给一个随机数。程序如下：

```
For i=1:i(n:i++)
A[i]=randonf(n);
```

② 计算数组各元素在数组中按照大小所处的位置。如果有些元素相等，则按数组下标排序，下标值小的元素位置在前面，大的在后面。

```
For(i=l;i(=n:i++)
{b「i」=0:
For(j=1;i<=n;++)
{if(!=j)
 If((a[i]>a[j])||((a=a[i][j])&&<i>j)))
  b=[i]=b[i]+1: ) )
```

③ 将数组 $b[i]$ 中的值按下标顺序排列，组成一个染色体。

```
For(j=1 : j<= n : j + +)
chromosome[i],bit[j]=b[j];染色体 chromosome[i]的第 j 个位是 b[j]。
```

重复上面的三步直到产生规定数目的染色体为止。

以上过程用图 14-16 说明。

图 14-16 遗传算法实现过程

④ 利用 Matlab 进行编程计算并得出最优划分方案，最后得到优化后的结果并利用 Matlab 里面的仿真工具箱画出仿真图像。由于在上面仓库选址问题中详细列出 Matlab 的遗传算法编程和后台程序，在这里不作赘述。

3. 库位优化仿真试验

本方案以 12 层、30 列仓库为例，将货位被划分成 7 个区域：A、B、C、D、E、F 和 G 区，各区所占全部货位数和作业概率分别如表 14-4 所示。

表 14-4 各类货物的作业概率图 单位：%

区　域	A	B	C	D	E	F	G
货格数	32	25	20	15	10	5	3
作业概率	8	12	10	10	22	18	20

在计算作业周期过程中，各个给定的常量为：W=1 000 毫米，H=800 毫米，V_X=80 米/分钟，V_Y=63 米/分钟，L=1200 毫米，货架高度 H=120 毫米。同时，在 Matlab 中分别编写遗传算法的几个关键步骤的 *m* 文件。

把最优结果、已知的数据和算式、限制条件输入到工具箱的相应位置，工具箱自动分析并得到最优状态时的 7 种不同出库频率商品的货位分配位置，最后调用 Matlab 内部图形仓用二维图形表示出来，其具体的分布如图 14-17 所示。

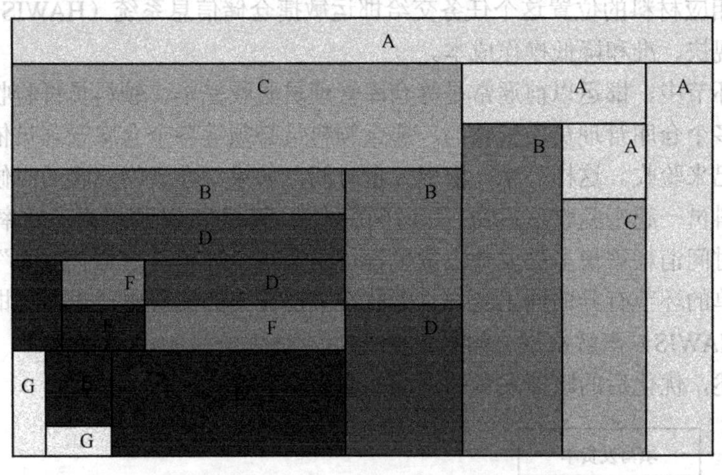

图 14-17　出入库频率不同的货物存放位置分布

14.5　敏捷仓储后子系统

仓储后子系统（Post-Warehousing Subsystem）是指货物从货位取出后所进行的一系列的操作和优化，在本方案敏捷仓储系统中主要进行发货作业流程优化和配送线路的优化。邯运仓储后子系统框架如图 14-18 所示。

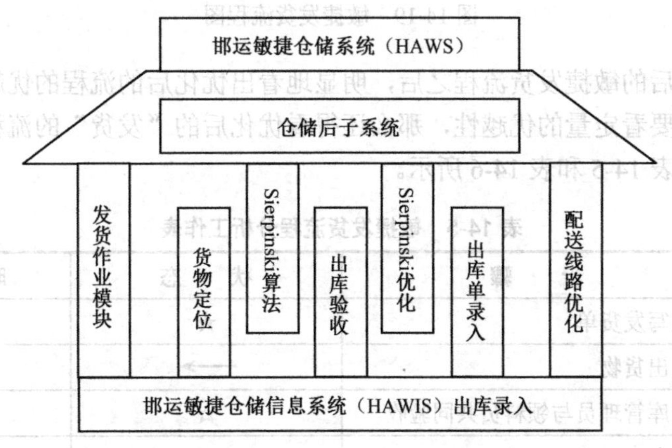

图 14-18　邯运仓储后子系统框架

仓储后子系统的主要目标为货物出库后敏捷快速地进行发货作业和通过实现配送线路优化缩短配送时间，实现敏捷客户反应。

14.5.1 发货作业模块

在本方案发货作业流程问题的分析中可以明显地看出在“发货”的流程中，“到货架找相应材料的位置”、“验收”、“出货单等待录入”等环节必须进行优化。

到货架找相应材料的位置，这个环节用去了16分钟。人力去找货物的位置，不仅时间花得多，而且也容易出错或者遗漏货物。如果在这个环节引进条形码自动识别系统，把到货架找相应材料的位置这个任务交给邯运敏捷仓储信息系统（HAWIS），通过计算机处理以实现快、准和降低操作成本。

在验收环节中，邯运以前通常是等仓库管理员验收完毕，领料员再验收一次。如果该批货物是多个仓库管理员所管辖的，那么领料员必须等各个仓库管理员依次验收完货物之后再自己来验收。这样一来，浪费大量时间。如果。在货物验收的时候，各位仓库管理员与领料员一起来验收这货物，那时间就大大缩减了，从而提高了效率。在“发货”的流程中，时间消耗得最多的要数出货单等待录入这个环节，这与“入库”流程里的等待录入入库单的环节有异曲同工之说。因此在“发货”的流程中，也需靠邯运敏捷仓储信息系统（HAWIS）来解决这一问题。

综上所述，优化后的敏捷发货的流程如图14-19所示。

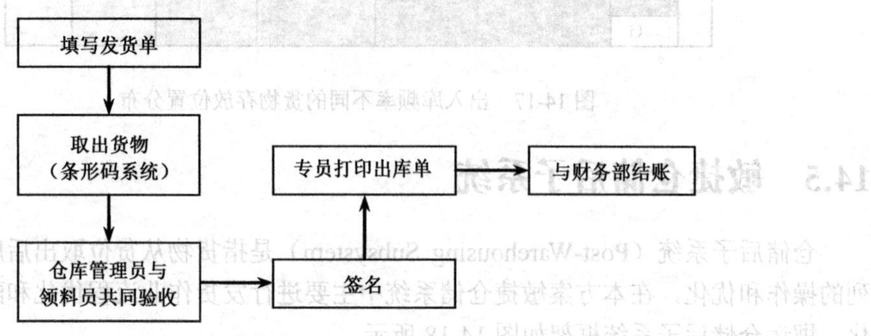

图14-19 敏捷发货流程图

在分析优化后的敏捷发货流程之后，明显地看出优化后的流程的优越性。但只能看到定性的，如果要看定量的优越性，那么还得看优化后的“发货”的流程分析工作表和数据统计表，如表14-5和表14-6所示。

表14-5 敏捷发货流程分析工作表

序 号	步 骤	状 态	时间（分钟）
1	填写发货单	★	1
2	取出货物	→	4
3	仓库管理员与领料员共同验收	☆	0.5
4	签名	★	1
5	出库单等待录入	☆	5
6	专员打印出库单	★	2
7	单据送给财务部	→	5

表 14-6 敏捷发货流程统计表

步　骤	状　态	共有几步	时间（分钟）
操作	★	3	7
耽搁	☆	1	5
检查	◎	1	5
输送	⟶	2	8
时间合计			25

注：★ 操作；☆ 耽搁；◎ 检查；⟶ 输送。

优化前“发货”的流程所需时间总数为 4 天又 16 分钟，优化后仅用了 25 分钟，其中条形码系统节省了 12.5 分钟，共同验收为流程节省了 14.5 分钟。另外，设一个或者两个专门管理数据的专员却节省了宝贵而大量的时间达到 4 天左右，消除了原来存在的影响工作效率和服务质量的许多不良现象：单据很混乱、监督体制欠缺、管理力度不够、人员散漫、质检不严等。流程的明晰，提高了货物出入库的效率，同样也提高了仓储后配送的效率和供应商或客户的满意度，实现了敏捷发货的目标。

14.5.2 配送线路优化模块

1. 模型选择

Sierpinski 曲线是用一维的线来填充二维的平面，经过无限扩展的曲线覆盖到整个平面上而一笔画成的空间填充曲线。假设这条空间闭合曲线的总长度为单位 1，那么这条线上的每个点，都对应一个坐标，都有一个先后顺序。这条曲线只是确定访问（配送）每个点（需求）的先后顺序，然后根据现实地交通状况相对调整。Sierpinski 曲线方法简单有效，易于实施。这种方法下的配送线路优化，其直觉的倾向在一般情况下结果总是非常接近最优值，离最优解只有最多有 25%的误差。因此，Sierpinski 曲线的应用范围较为广泛，主要用于解决 TSP、Meals on Wheels（上门送餐服务）、美国红十字送血等一系列问题。

2. Sierpinski 算法原理

在 Sierpinski 曲线这个闭合的线路中，可以在上面任意取一点作为配送线路的起点，同时也作为终点。以沿图案绕行一周的距离作为 1 的话，那么在这个配送线路上的其他任何一点，都会对应一个 0～1 的数值，把点标在曲线上，沿着线走就可以得到点的次序。以一定的顺序经过所有的点就是优化后的配送线路。

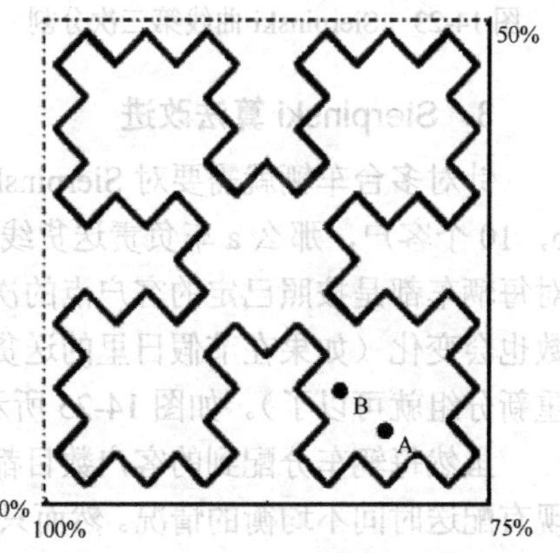

图 14-20 Sierpinski 曲线的划分

Sierpinski 曲线是一条非常对称的图形，将这条曲线一分为二（见图 14-20），如果从左下角出发，沿曲线往上走的话，平面中的左上部分所包含的点总是先于另外右下部分的点。而这个图案又是自我重复复制的，也即可以对半个平面继续划分以至循环往复。对任何两点，总能找到一个划分，使它们处于不同的小的半平面上，这时就可以确定配送的先后。

具体而言，Sierpinski 曲线基本算法的步骤为：第一次分割，从左下角出发，到右上角时正好经历了50%的曲线，再返回起点则为100%。从而可知A、B两点的顺序数值都在50%和100%之间（见图14-21）。第二次分割，到右下角的数值为75%，而进一步可知A、B两点的顺序数值都在75%和100%之间（见图14-22）。第三次分割，A、B两点的顺序数值都在75%和87.5%之间（见图14-23）。第四次分割，A点的顺序数值在75%和81.25%之间，B点的顺序数值则在81.25%和87.5%之间。所以A点先于B点（见图14-24）。

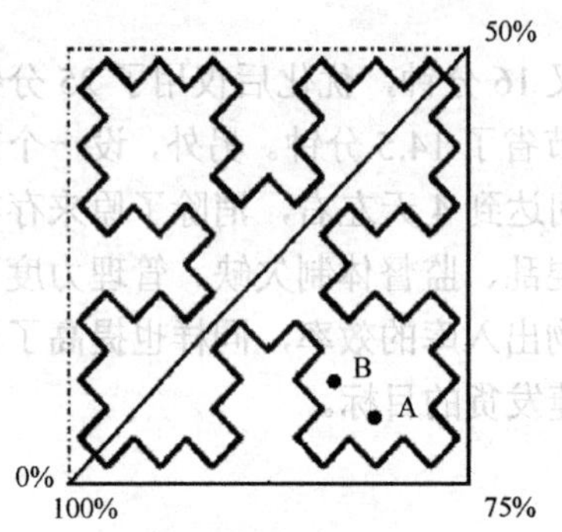

图 14-21 Sierpinski 曲线第一次分割

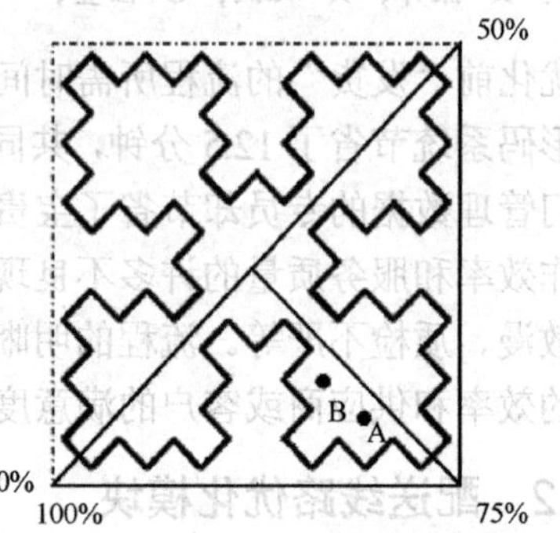

图 14-22 Sierpinski 曲线第二次分割

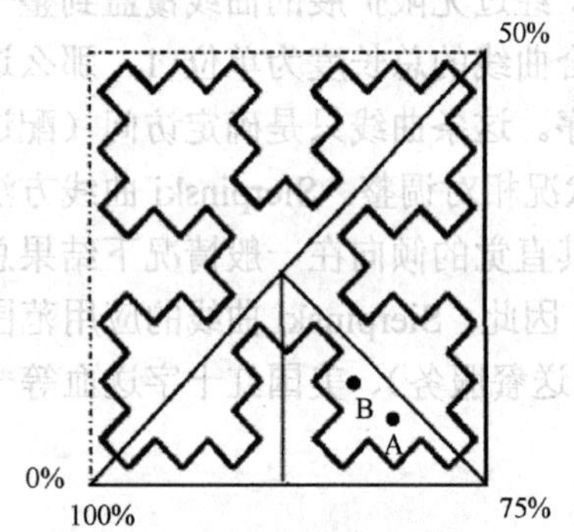

图 14-23 Sierpinski 曲线第三次分割

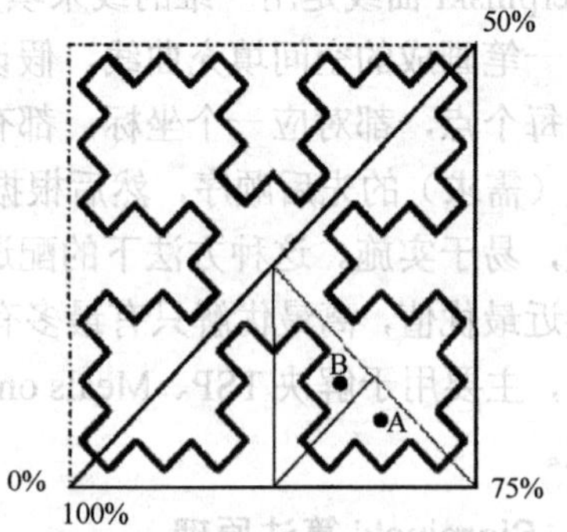

图 14-24 Sierpinski 曲线第四次分割

3. Sierpinski 算法改进

针对多台车辆就需要对 Sierpinski 曲线基本算法进行改进。假设有两台配送车辆 a、b，10个客户，那么a车负责送货线路图上的左边5个客户，b车就负责右边5个客户，对每辆车都是按照已定的客户点的次序来送货。此外，每天的送货量不同，出动的车辆数也会变化（如果在节假日里的送货量激增，就会临时额外租用货车，在这种时候只要重新分组就可以了）。如图14-25所示，D为配送中心。

虽然每辆车分配到的客户数目都差不多，但是每辆车运输的距离都不相同，就会出现有配送时间不均衡的情况。然而只要客户分布的范围基本均匀，采用 Sierpinski 曲线来确定客户点的次序，在此基础上再在各车之间平均分配送货量，每辆车所需要行驶的总距离就非常接近。

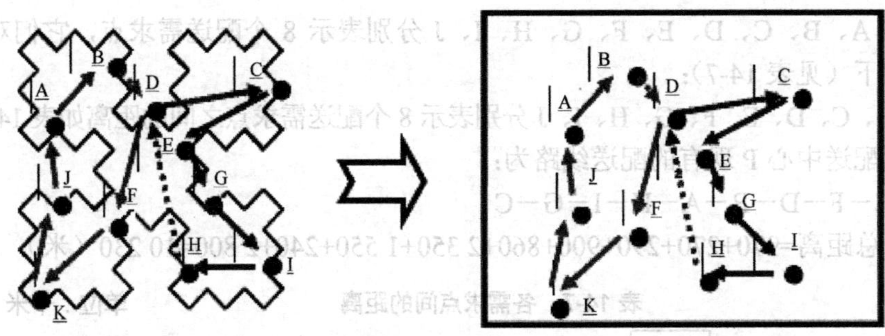

图 14-25　Sierpinski 曲线算法中多辆车配送

在配送过程中常常会遇到一些临时下的订单，一般企业就会将此订单压积，要么下次推迟到下次送货，要么另安排车辆即使配送，使之不影响已定的配送线路，但是用 Sierpinski 曲线算法就不用担心这种随机型客户。如果有新的客户加进来，只需要在图上确定它的顺序数值，把它插入到已有的点的序列里面去就行了。

4．河北物流园区配送例案

邯运集团的主要业务集中在河北地区，根据邯运战略发展规划，邯运集团在河北区域将设立区域性物流园区。石家庄作为河北的省会城市、经济中心和交通枢纽，其在邯运集团的物流战略地位举足轻重。

邯运集团石家庄物流园区在设计对邯运分公司 K 石家庄各物流需求点进行配送时，其配送情况如图 14-26 所示，图中各字母和黑色的框代表美的在石家庄需要配送的商场的名称和分布位置。

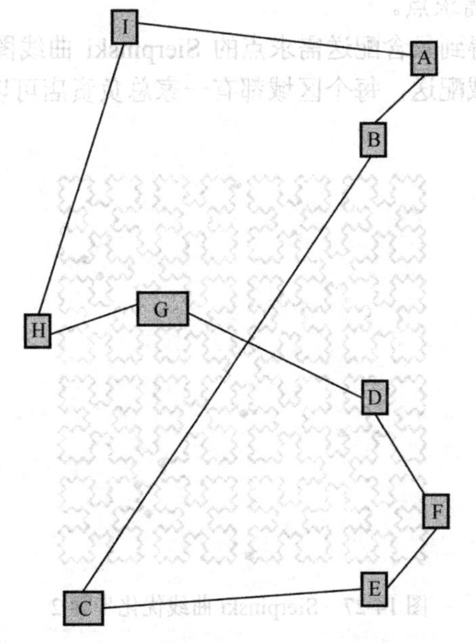

图 14-26　河北分公司 K 一日实际配送情况

其中 A、B、C、D、E、F、G、H、I、J 分别表示 8 个配送需求点，它们对应的地理位置如下（见表 14-7）:

A、B、C、D、E、F、G、H、I、J 分别表示 8 个配送需求点之间的距离如表 14-7 所示。

河北配送中心 P 现有的配送线路为:

C—E—F—D—B—A—H—I—G—C

总距离=970+270+290+900+860+2 350+1 550+240+2 800=10 230（米）

表 14-7　各需求点间的距离　　单位：千米

A—福信商厦	A								
B—海天商厦	860	B							
C—中百超市	1 370	1 260	C						
D—金都大百货	1 670	900	1 180	D					
E—文光大楼	1 870	1 240	970	460	E				
F—利中大楼	1 900	1 160	1 090	290	270	F			
G—米来欧大厦	2 570	1 780	2 800	1 750	2 110	1 850	G		
H—百货大楼	2 350	2 010	3 270	2 540	2 980	2 740	1 470	H	
I—都行商城	2 820	2 020	3 020	1 910	2 300	2 020	2 400	1 550	I
J—正达百货									

5. Sierpinski 算法优化

基于 Sierpinski 曲线算法的优化步骤为:

（1）将一条无限扩充的 Sierpinski 曲线填充到配送区域的电子地图上，在图上用点标明河北分公司 K 的配送需求点。

（2）舍去电子地图得到只含配送需求点的 Sierpinski 曲线图（见图 14-27），由于天津分公司实行的是按区域配送，每个区域都有一家总负责店可以按照实际需求对此区域内的需求点供货。

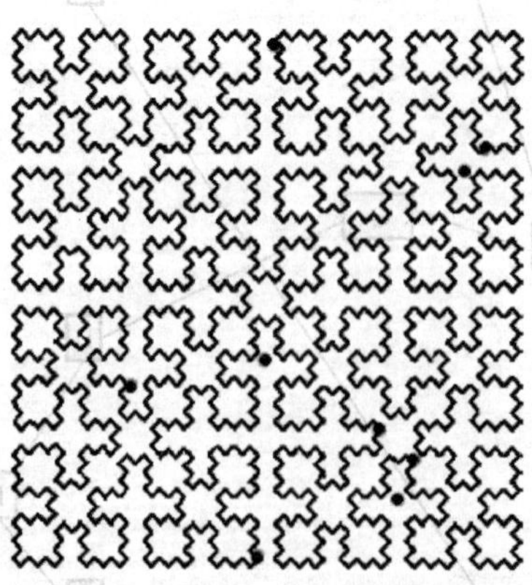

图 14-27　Sierpinski 曲线优化步骤 2

（3）以河北配送中心 P 为起点，按逆时针顺序把这些点连接起来得到连线图（见图 14-28）。

（4）把连线图覆盖到电子地图上就取得优化后的配送线路图（见图 14-29）。

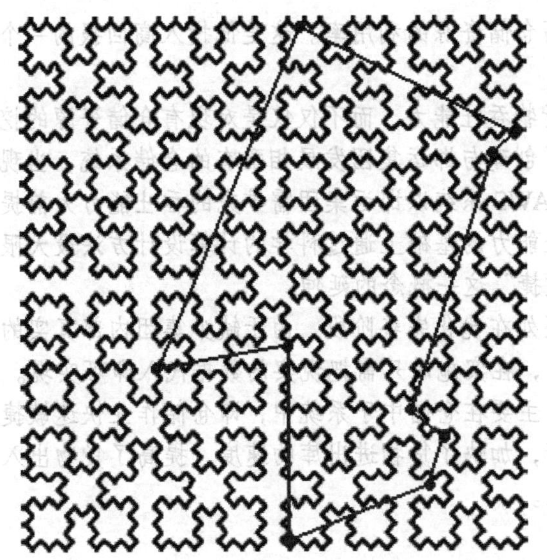

图 14-28　Sierpinski 曲线优化步骤 3

图 14-29　Sierpinski 曲线优化步骤 4

由图可以看出曲线已经覆盖到整个地区，图上的每个点都在曲线上有先后顺序。那么按照顺序遍历完所有的点，就得出优化后的邯运分公司 K 配送线路：

C—E—F—D—G—I—H—A—B—C

总距离=970+270+290+150+240+1 550+2 350+860+1 260=9 540（米）

节约路程=10 230–9 540=690（米）

其优化路程百分比=（10 230–9 540）÷10 230×100%=6.744%

由此可见，用希尔平斯基曲线算法优化比单凭司机的喜好和经验优化效果更好。由于 Sierpinski 曲线算法求出的是需求点在地图中的遍历顺序，点与点之间具体线路的走法可以依据邯运所要求的时间最短、路程最短或成本最短来选择。

以上考虑的基本上是一辆车送货的情况。多辆车配送的情况，还可以考虑更多的因素：如供应点的需求量、车载量、公路情况等。考虑的因素越多，所优化的效果就越好。大多数车辆回程时空载率很高，邯运集团也可以考虑逆向物流，将需回收的物品载回，这样能大大提高车辆的载货率，也节约了成本。

方案总结

本方案立足于邯运集团物流一体化运作的基础上进行邯运敏捷仓储系统（HAWS）的构建，与一般仓储体系相比，它具有以下特点：

（1）HAWS 是在一般仓储系统的基础上改造优化而来的，是一般系统的升级优化版。HAWS 对仓储流程的各个环节都进行了细致深入的分析和构建，确保了整个系统的全面性和可行性，基本上不存在管理上的死角，这是一般系统办不到的。

（2）HAWS 突现了“敏捷”这一概念。总的来说就是：避免投入的浪费，管理上的浪费和有效资源的浪费，整个系统设计的原则就是：“恰当的就是最好的”。HAWS 系统中并不提倡改造现有仓储的东西越多越好，投入越大越好，而是从整体上对现有仓储的资源进行全方位的挖掘，最大限度地提高仓储资源的利用率。这是低投入高回报的一个很重要的一个环节。

（3）HAWS着眼于整个邯运集团的货物吞吐能力，而不仅仅是对现有仓储资源的挖掘。HAWS系统设计的最终目的就是为了创建与邯运集团发展相配套的仓储系统，当现有仓储最大利用率都不能满足需要时，HAWS系统以邯运集团需扩充的吞吐能力为前提进行恰当的选址和内部布局。在保证吞吐能力的基础上通过科学的计算设计方法最大限度地减少资金的投入，这实际上也是“敏捷”这一概念的延伸。

（4）HAWS用到的一些模型和算法还处在优化完善阶段，由于缺少集团内部真实的数据，几个模型基本上以案例的方式给出，在实施时只需把现实的数据代入即可实现。

邯运敏捷仓储系统的敏捷性外在体现主要在仓储中子系统中，即仓储作业快速敏捷和仓储作业效率的提高。仓储流程的明晰，加快了货物进出库的速度，提高了货物出入库的效率，增加了整个仓储系统的敏捷性。

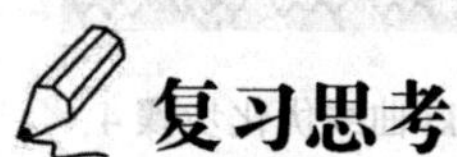

复习思考

1.什么是敏捷理念？仓储系统敏捷思想体现在哪些方面？

2.仓储系统总体设计时需要考虑哪些因素？

3.为何要将仓储系统分解为仓储前子系统、仓储中子系统与仓储后子系统，它们之间存在什么关系？

第 15 章

快递网络系统方案设计

【背景介绍】

此方案节取自“SF 杯”第三届全国大学生物流设计大赛获奖作品《基于价值链的 SF 速运网络系统集成》(有删节)。该方案的背景案例为“SF 杯”第三届全国大学生物流设计大赛案例，详见中国物流与采购教育网(www.clpp.org.cn)。在学习本方案前，需要预先阅读“SF 杯”第三届全国大学生物流设计大赛案例。

【学习要点】

- 熟悉快递物流战略的制定；
- 熟悉快递物流节点选址过程；
- 熟悉快递物流网络规划内容。

【方案摘要】

本方案运用价值链和网络系统集成理论，对 SF 物流价值链进行系统分析与诊断，建立了 SF 物流竞争力模型，从战略定位、网络优化、增值服务和绩效评价四个方面进行系统设计，针对 SF 的“小众市场”提出基于“小众价值”的 SF 竞争优势，达到 FIRST 的战略目标。本方案通过导入依据价值链理论，将 SF 的价值增加环节分为基本服务活动(网络设计、节点选址、流程优化等)和增值服务活动(代收货款、电子商务、员工管理等)。通过运用最小割模型和禁忌搜索法等理论对 SF 网络现状进行优化和资源整合，从整体和全局的角度对 SF 公司进行优化、对流程进行重组。同时，通过对 SF 客户需求分析，完善 SF 客户分类，并在此基础上对于 SF 的 VIP 客户开展有针对性的增值服务，抓住现在物流业向电子商务发展的机遇和前景，充分利用 SF 先进的信息系统平台，重点优化了代收货款和电子商务增值服务项目。基于价值链的 SF 速运网络系统集成，关注于 SF 的核心竞争力和竞争优势的提升，并最终将 SF 打造成为领先(FIRST)国内的快递业的典范。

15.1 快递网络规划目标

1. SF 网络规划的目标

根据 SF 的战略目标，SF 网络规划的总体目标是：以提高快件的响应速度、快速满足客户需求为目标，在整合现有资源的前提下，充分集成 SF 资源，实现网络的高效运作，提升 SF 在其核心业务即快件高时效方面的竞争力。

SF 网络规划的具体目标如下：在近期（2015 年以前）对现有的网络进行整合，实现网络资源的优化配置，在中期（2015—2020 年）扩大网络覆盖范围，把网络延伸到华中、西南、西北的偏远地区，在远期（2020 年以后）将网络覆盖全国，并把服务扩展到亚洲、美洲乃至世界，建设国际快递网络。

2．SF 网络规划的内容

SF 网络系统设计与运行涉及运输业务模式、运输方式、运输工具和运输线路等多方面内容，因此对网络系统规划通常要对下问题进行决策：

（1）SF 运输业务模式的选择。SF 运输模式的选择主要取决于运输业务在企业中的定位，作为快递企业，运输业务模式的优劣直接影响到 SF 快件处理的时效性，因此要根据整体发展战略和产品的特征来选择运输业务模式。

（2）SF 运输路线的规划与选择。运输路线的规划是指在一定的交通网络中，对某种产品在供应地点与需求地点之间的供求关系的建立及具体运输路线所作的规划和选择，SF 运输线路的合理规划与选择直接关系到产品能否及时送到客户手中，以及企业总成本的控制。

（3）SF 运输批量和运输时间的确定。运输批量可以结合运输线路的选择和流量分配等问题，运输时间则一般根据交货时间的规定及货物运输的在途时间确定的，客户对某些企业的产品或服务的时间要求非常高，因此 SF 快递运输和收派时间的确定对客户至关重要。

（4）SF 运输工具的配载与调度问题。运输车辆的配载问题在短途、小批量的支线运输中遇到的较多，SF 快递的产品物资种类繁多、客户较为分散，就需要考虑车辆的合理调度，尽可能提高运输车辆的利用降低成本。

3．SF 网络规划的步骤

（1）SF 速运网络现状分析。首先需要对 SF 现有的网络进行分析，找出其中资源利用率较低、网络容量不足的路径，并分析原因，同时需要对企业未来的业务量进行预测，确定网络规划的目标。

（2）找出 SF 网络规划的约束条件。SF 物流网络规划不仅要考虑客户的需求量，更要考虑企业的硬件设施，如建立区域枢纽，需要具备一定规模的中转场，还要有足够的周转能力，以及企业的周边环境。

（3）构造 SF 速运网络规划模型。SF 网络规划应采用图表模型，如网络图、最大流模型等，此类模型较为直观，可较好地模拟出网络路径。当然也可选用成本、利润等指标为目标函数，构建优化模型。

（4）SF 速运网络规划模型求解。运用数学方法或模型对 SF 网络规划的方案进行分析，在各可行方案的财务分析中，主要应注意方案的费用和收益的比较，并结合运输主体的风险承受能力作出分析。

（5）SF 速运网络规划模型评价。具体的决策还要根据客观情况，结合定性分析来作出，只有定性分析，充分考虑无法量化的因素后才能得出最优的方案。

4. 常见的网络模式

网络规划常用的模式有中枢式、中枢辐射式和轴辐式几种模式，下面将以航空网络为例，介绍它们的概念和特点。

（1）中枢式。中枢式航线网络是指航空公司将一个或几个适当的机场作为中枢，中枢周边较小的城市间不直接通航，而是通过中枢进行有效中转完成衔接的一种航线网络布局模式。网络中的中枢称为“枢纽机场”，是整个航线网络的核心。网络布局呈现以枢纽机场为轴心向其他机场辐射的特点。

（2）中枢辐射式。中枢式航线网络与点对点式航线网络最大的不同在于，中枢式航线网络中航班之间有着非常紧密的联系。这种联系主要表现在航班空间和时间两方面的集中。从空间角度看，中枢辐射式航空模式取消了原有的中小城市间的直达航班，转为在枢纽机场进行中转，在枢纽点形成航班的汇集。从时间角度看，为了使航班间能够实现有效衔接，将中转航班安排在某时间段集中进港，继而在随后的时间段内安排航班集中出港。

（3）轴辐式。轴辐网络是一种双层网络结构，它是指客货的运输不允许采用城市对式（又称点对点式）的运输方式，而只允许先通过采用某一预先指定的枢纽点然后再从枢纽点转运到目的地。因此，非枢纽点中的乘客或货物将汇集到枢纽点。轴辐网络形成双层网络结构，所有枢纽点之间可以相互完全连接，枢纽点与非枢纽点采用星型相连。枢纽点相连所生的网络被称为干线网络，非枢纽点与枢纽点相连接所构成的网络称为支线网络。由于乘客或货物在枢纽点汇集，因此枢纽点的运输量增加，从而在枢纽点之间的运输可以采用更大更有效率、成本更低的交通工具。

本方案采取中枢辐射式网络模式对 SF 在全国的网络进行构建。中枢辐射式航空模式取消了原有的中小城市间的直达航班，转为在枢纽机场进行中转，在枢纽点形成航班的汇集。因此，能提高航班载货率，节省航空运营成本，降低运输总成本。同时，根据客户的需求来适量分配航班，将中转航班安排在某时间段集中进港，可以使航班间能够实现有效衔接，更好地满足客户需求。

15.2　快递网络规划设计

1. SF 国内航空网络规划

目前，SF 的航空运输业务量规模日益增长，已形成了较为完善的体系，但是它在全国的网络布局中仍有不合理之处，造成资源利用率低或资源不足、无法满足需求量。随着 SF 业务量的增长，必须在其原有的航空网络基础上进行优化，以充分利用航空资源，提高快件服务水平。

（1）资料收集。SF 在全国主要城市的航空运输业务量见附表，各城市的代码如表 15-1 所示。

表 15-1　各城市的代码表

代码	010	021	023	024	027	028	029	371	510
城市	北京	上海	重庆	沈阳	武汉	成都	西安	郑州	无锡

续表

代码	536	571	591	731	755	852	886	991
城市	潍坊	杭州	福州	长沙	深圳	香港	台湾	乌鲁木齐

各个城市之间的直线距离如表 15-2 所示。

表 15-2　各城市的直线距离　　单位：千米

城　市	北京 1	上海 2	重庆 3	沈阳 4	武汉 5	成都 6	西安 7	郑州 8
上海 2	1 065							
重庆 3	1 935	1 950						
沈阳 4	625	1 190	2 680					
武汉 5	1 060	630	760	1 910				
成都 6	1 550	1 650	270	2 880	980			
西安 7	910	1 260	570	2 090	610	610		
郑州 8	625	995	890	1 580	450	1 010	430	
无锡 9	1 340	125	1 820	1 980	701	2 495	1 380	870
潍坊 10	705	1 180	2 165	1 285	1 335	2 505	1 390	875
杭州 11	1 590	205	2 310	2 235	805	2 840	1 560	1 045
福州 12	2 330	820	1 965	2 740	955	2 435	1 855	1 595
长沙 13	1 590	1 010	650	2 256	300	910	770	730
深圳 14	2 370	1 515	1 845	3 150	1 255	2 340	2 160	1 895
香港 15	1 990	1 240	1 100	2 360	960	1 125	1 450	1 395
台北 16	1 720	705	1 605	1 860	940	1 805	1 605	1 330
乌鲁木齐 17	2 425	3 270	3 305	3 905	3 545	3 025	2 570	3 080

城　市	无锡 9	潍坊 10	杭州 11	福州 12	长沙 13	深圳 14	香港 15	台北 16
潍坊 10	1 050							
杭州 11	315	1 270						
福州 12	1 130	2 160	710					
长沙 13	1 075	1 475	990	980				
深圳 14	1 730	2 270	1 495	840	850			
香港 15	1 220	1 675	1 055	715	650	30		
台北 16	730	1 315	600	260	920	810	800	
乌鲁木齐 17	4 030	3 340	4 165	4 425	3 895	4 730	3 430	3 730

（2）模型求解。根据各航空枢纽点之间的距离和业务量，采用网络图对模型求解，解题过程如表 15-3 所示。

表 15-3　网络图各枢纽点的链数

节点编号	链　　数		连　　点	
1	干线链数	5	干线链	2—1065，5—1060，6—1550，11—1590，14—2370
	支线链数	2	支线链	4—625，10—705
2	干线链数	2	干线链	1—1065，14—1515
5	干线链数	4	干线链	1—1060，6—980，11—805，14—1255
	支线链数	3	支线链	7—610，8—450，13—300
6	干线链数	5	干线链	1—1550，11—2840，14—2340，5—1255，17—3025
	支线链数	1	支线链	3—270
11	干线链数	4	干线链	1—1590，5—1255，6—2340，11—1495，2—1515
	支线链数	1	支线链	9—315
14	干线链数	5	干线链	1—2370，5—1255，6—2340，11—1495，2—1515
	支线链数	3	支线链	12—840，15—30，16—810

（3）模型评价。经过设计规划，将 SF 全国网络划分为华北、华东、西北、华南、西南、华中六大区域。其中，华北枢纽为北京、华南枢纽为深圳、华东区域枢纽为杭州、华中区域枢纽为武汉、西南区域枢纽为成都。其中，由于西北区域目前开通航空业务的城市主要是乌鲁木齐，考虑到乌鲁木齐现有业务量较小，距离其他城市较远的特殊条件，考虑通过距离较近的华中区域枢纽进行中转。

2．SF 国际航空网络规划

根据 SF 提供的案例及官方网站，知道 SF 在不断扩大国内网络的同时，走出国门，积极拓展国际市场，目前，在日本、韩国、新加坡以及俄罗斯四个国家开通国际业务。针对 SF 开通国际业务还处于初步和探索性阶段以及目前国际业务量情况，将 SF 国际业务主要根据三个分拨中心的地理位置的相邻性进行中转。如北京负责俄罗斯、日本、韩国；上海负责日本、韩国等东亚、美洲国家，深圳负责新加坡等东南亚、大洋洲国家。

3．华东区陆运干线优化

目前，SF 华东地区采取三级中转的模式，中转场之间通过干线直连，主要是第一种方式。通过对华东中转场的重新定位，上海为国际枢纽，杭州为华东航空枢纽，结合华东发展实际及未来业务量，选择第三种混合网络模式将是 SF 未来的网络模式。

骨干航空网络上形成以杭州为核心的Hub模式为主、城市之间直达为辅的网络模式。杭州区域性航空枢纽 NDC，发挥中转功能，以南京、苏州、上海、无锡为辅助枢纽 RDC，辅助枢纽之间实行直连，开展循环对开和交叉对开的运输模式。以网状结构覆盖和辐射整个华东地区。同时，能保证更多的快件通过航空枢纽进行中转，保证时效，如图 15-1 所示。

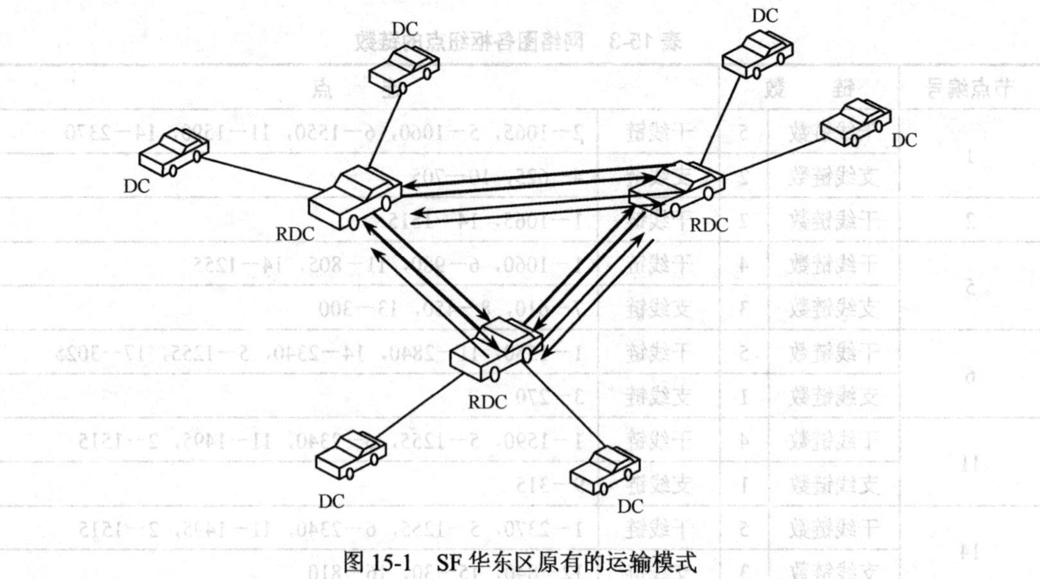

图 15-1　SF 华东区原有的运输模式

建立以上海为国际航空枢纽，杭州为华东航空枢纽中转中心 NDC，以南京、无锡、苏州为 RDC，通过开展地面网络实行各个中转中心的连接，开展航空快件从 NDC—RDC—DC 的层级运输模式，省内件 RDC—RDC、RDC—RDC—DC 的中转模式，具体运输模式如图 15-2 所示。

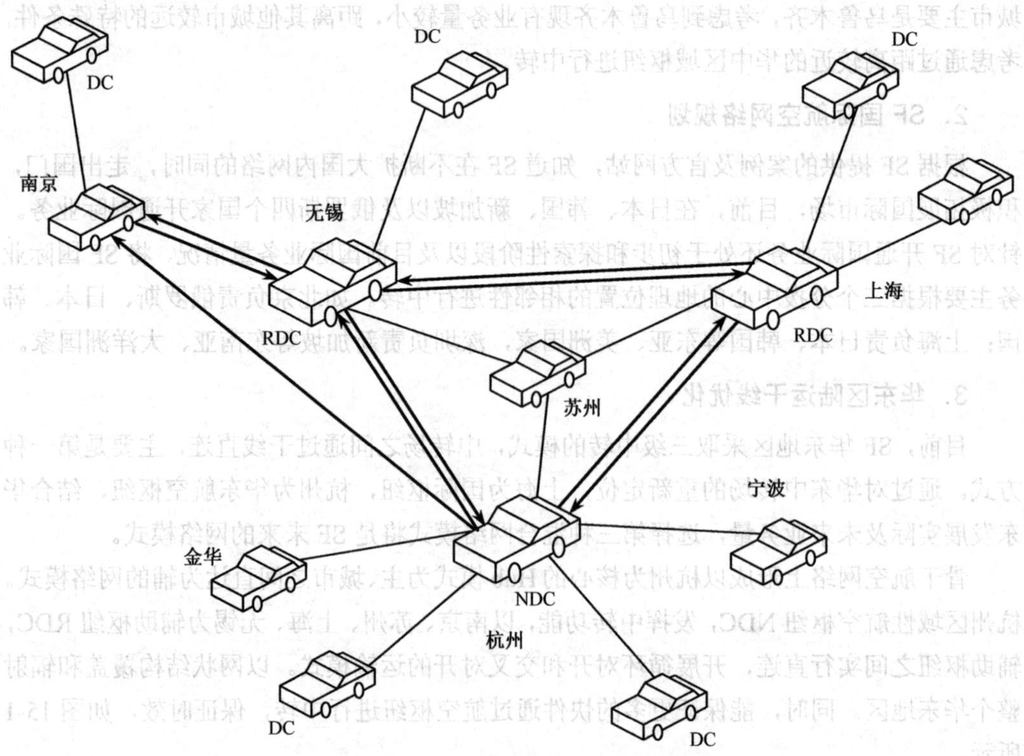

图 15-2　调整后的 SF 华东区运输模式

4．东南区陆运干线优化

根据华南和东南的一级分拨中心选址，在该区域采用中枢辐射式进行网络优化，即以深圳为华南的一级分拨中心，以泉州为东南的一级分拨中心，辐射各自的区域内部各节点并相互连接，以提高区域快件的周转效率和运输工具利用率。

5．航空—公路衔接规划

机场是城市对外交通的空中门户，机场一般远离市中心，距离市中心 30～50 千米，因此，与机场衔接的交通枢纽要突出快速性的特点。

SF 在全国的网络包括空运网和陆运网，通过空运网保证时效，进行区域之间的衔接；通过陆运网进行区域内部的快件中转和集散，使 SF 的网络扩大延伸到全国各个区域。通过航空枢纽和陆运中转场的选址，航空和陆运干线的连接，SF 的网络布局得到了调整，保证了快件周转和收派的时效性。运用飞机和货车相结合的运输方式，可以有效地利用资源，提高快件的周转效率。

SF 网络分为航空和陆运两个部分，各部分又分别从区域枢纽、辐射城市和基层网点分别优化，包括节点选址、内部布局和流程优化，以达到各节点高效运作、线路精简畅通、资源优化利用的目标。SF 速运网络总体布局如表 15-4 所示。

表 15-4　SF 速运网络总体布局

<table>
<tr><th>区域</th><th>网络</th><th>区域枢纽
（一级分拨中心）</th><th>辐射城市
（二级分拨中心）</th><th>基层网点——三级分拨中心（分部、点部）</th></tr>
<tr><td rowspan="2">全国</td><td>航空</td><td rowspan="2">深圳、北京、杭州、武汉、成都、乌鲁木齐</td><td rowspan="2">上海、无锡、潍坊、沈阳、郑州、西安、香港、重庆、福州、长沙、遵义、云南</td><td rowspan="2">南京、徐州、盐城、福州、厦门、宁波、金华、温州、淮安、南京、苏州</td></tr>
<tr><td>陆运</td></tr>
<tr><td rowspan="2">华东</td><td>航空</td><td rowspan="2">杭州</td><td rowspan="2">无锡、上海</td><td rowspan="2">南京、徐州、盐城</td></tr>
<tr><td>陆运</td></tr>
<tr><td rowspan="2">华南</td><td>航空</td><td rowspan="2">深圳</td><td rowspan="2">厦门、泉州</td><td rowspan="2">福州、厦门</td></tr>
<tr><td>陆运</td></tr>
<tr><td rowspan="2">华北</td><td>航空</td><td rowspan="2">北京</td><td rowspan="2">潍坊、沈阳</td><td rowspan="2">ZGC 分部</td></tr>
<tr><td>陆运</td></tr>
<tr><td rowspan="2">西南</td><td>航空</td><td rowspan="2">成都</td><td rowspan="2">重庆、云南、遵义</td><td rowspan="2"></td></tr>
<tr><td>陆运</td></tr>
<tr><td rowspan="2">华中</td><td>航空</td><td rowspan="2">武汉</td><td rowspan="2">郑州、长沙、西安</td><td rowspan="2"></td></tr>
<tr><td>陆运</td></tr>
<tr><td rowspan="2">西北</td><td>航空</td><td rowspan="2">乌鲁木齐</td><td rowspan="2">西北区</td><td rowspan="2"></td></tr>
<tr><td>陆运</td></tr>
<tr><td>国际</td><td>航空</td><td>新加坡、首尔、东京、伊尔库茨克</td><td>新加坡、韩国、日本、俄罗斯</td><td></td></tr>
</table>

快件配送的规划和运作效率在很大程度上决定了快递的效率和成本，而快递网络的

规划是否合理也决定了货物运输的时间性和经济性。SF要在满足客户时间要求和质量要求的前提下，通过优化网络来提高快件配送的速度，提高快件操作的时效性，降低物流成本，合理进行资源的优化配置，以保有其核心竞争力。

15.3 快递网络节点规划

SF采取自建网点的形式拓展业务，其组织架构包括四级：SF总部、经营本部（华南、华东、华北、华中、东南、海外）、区部（以省为单位）、分部（以市为单位）和点部。SF的快件采用两级中转模式：集散点（点部）和集散中心（一级中转场、二级中转场）。SF的网络节点规划主要包括对各级中转场的规划和基层点部的规划。

15.3.1 规划模型的构建

1. 节点规划SLP模型

系统布置设计（Systematic Layout Planning，SLP）方法，是理查德·约瑟提出的设施布置的经典方法，该方法采用严密的系统分析手段和规范的系统设计步骤进行系统置设计，具有很强的实践性。在SLP方法中，可将研究工程布置问题的依据和切入点归纳为5个基本要素，分别是：产品（*P*）、数量（*Q*）、操作流程（*R*）、辅助部门（*S*）、时间安排（*T*）。其中*P*、*Q*两个基本要素是其他特征和条件的基础，只有在对上述各要素充分调查研究并取得全面准确的数据的基础上，绘制出相关的表格和关系图模型，有条理的分析计算，才能最终求得工程布置的最佳方案。

采用系统布置设计法来进行平面布置，对各作业单位之间的相互关系作出分析，把定性的相互关系密切程度由高至低分别用A、E、I、O、U、X及相应的4、3、2、1、0、–1分值表示，将物流与非物流相互关系进行综合，得到作业单位与其他作业单位的关系密切程度。

2. 中转场货物种类及特点

中转场（Allocating Center）是专门从事分拨活动的经济组织，它又是集加工、理货、送货等多种功能于一体的物流据点。根据区域划分及中枢辐射式网络规划，SF一级中转场主要是进行陆运干线快件在进行航空运输之前进行的分拣处理工作，是航空与公路运输的最为重要的衔接点。

SF快递的中转场作为SF区域最为重要的中转枢纽，要辐射整个区域，提高快件处理效能，必须首先在中转场内部作出合理的分区和规划，打造一个大规模、多功能、高效率的服务平台，以更好地满足客户不断增长的需求。

在中转场，经中转的快件主要为货物（物流）及快递，货物要求有一定的仓库进行暂时或短期的储存，且要求中转场具有相关配套的装卸搬运机械设备，对配送能力要求较高；快递则需要进行快速进行中转，对时效性要求很高，要求中转场有较强的分拣中转能力，要求信息传递速度快，信息协调能力强。

3. 中转场作业区域规划

SF中转场功能分区有进港区、仓储区、理货区、异常处理区、办公区、加工包装区、出港区。具体布置如图 15-3 所示。

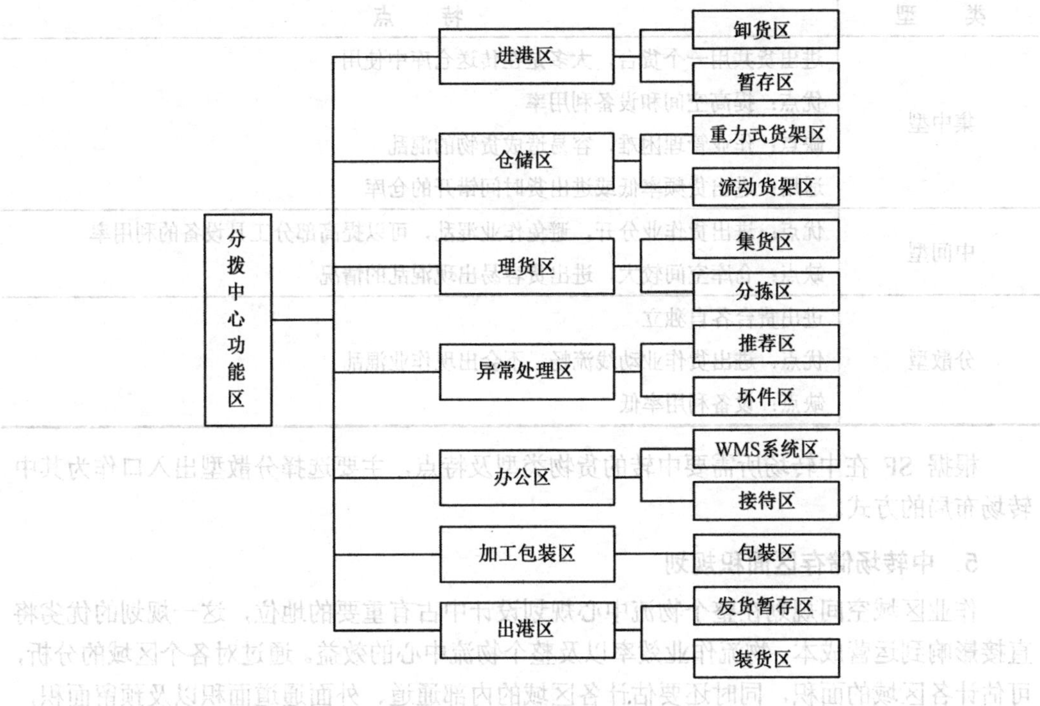

图 15-3 功能区域图

中转场的功能分区如下：

（1）进港区。进港车辆在车辆引导人员引导下，经过扫描设备的扫描，进入所属区域车位，等待卸车。

（2）出港区。快件经过自动分拣系统分拣完毕和扫描后，等待包裹装车和运往机场的区域。

（3）理货区。管理快件信息和追踪信息、管理分拣设备的区域。

（4）办公区。用于工作人员进行日常办公和接待客户的区域。

（5）加工包装区。特殊包裹需要进行配送加工和处理的区域。

（6）特殊处理区。对于需退回和不符合标准包裹等的处理区域。其中，包括退回的快件和损坏的坏件。

（7）储存区。主要用于储存大客户货物或暂时储放的货物。

4. 中转场出入口规划

在中转场的各项规划中，出入口的规划十分重要，其合理与否直接影响到快件入库和出库的效率。因此，在规划设计要遵循以下原则：

（1）其位置能使车辆快速安全地到达，不会产生交叉会车。

（2）出入口的大小要兼顾到主要车辆规格。

（3）出入口要与中转场仓库主通道相连，方便快件货物的进出。

不同的出入口配置，有不同的特点及适用范围，具体如表 15-5 所示。

表 15-5　出入口特点比较

类　型	特　点
集中型	进出货共用一个货台，大多是在传送仓库中使用 优点：提高空间和设备利用率 缺点：作业管理困难，容易造成货物的混乱 适用：进出货频率低或进出货时间错开的仓库
中间型	优点：进出货作业分开，避免作业混乱，可以提高部分工具设备的利用率 缺点：仓库空间较大，进出货容易出现混乱的情况
分散型	进出货台各自独立 优点：进出货作业动线流畅，不会出现作业混乱 缺点：设备利用率低

根据 SF 在中转场所需要中转的货物类型及特点，主要选择分散型出入口作为其中转场布局的方式。

5．中转场储存区面积规划

作业区域空间规划在整个物流中心规划设计中占有重要的地位，这一规划的优劣将直接影响到运营成本、物流作业效率以及整个物流中心的效益。通过对各个区域的分析，可估计各区域的面积，同时还要估计各区域的内部通道、外面通道面积以及预留面积，最后确定各个区域的总面积。

（1）储存区面积。由于快递企业储存的货物都是周转快件的货品，且通常直接堆放，因此储存区面积的计算常用荷重计算法。

$$S=\frac{QT}{T_0 q\alpha} \tag{15-1}$$

式中，S 为仓库面积（平方米）；Q 为全年物料入库量（吨）；T 为物料平均储备天数；q 为单位有效面积的平均承重能力（吨/平方米）；a 为储存面积利用系数；T_0 为年有效工作日数。

即通过公式：

$$\text{储存区面积}=\frac{\text{全年存储量（吨）}}{\text{单位有效面积平均承重能力（吨/平方米）}}\times\frac{\text{物料平均存储天数}}{\text{年有效工作日（天）}}\times\frac{1}{\text{储存区面积利用率（\%）}}$$

求出仓库面积。

（2）通道宽度。通道宽度一般根据物料周转量、物料尺寸和库内搬运设备尺寸等决定单向还是双向运行，进而确定通道宽度。

$$B=2b+c$$

式中，B 为双向通道最小宽度；b 为设备或物料宽度的最大值；C 为安全间隙。

即通过公式：

$$\text{双向最小宽度}=2\times\max(\text{物料宽度})+\text{安全间隙}$$

可求出双向通道最小宽度。

双向通道最小宽度安全间隙一般取经验值 0.9 米，快递企业的基层网点一般采用人工分拣方式，拣货也采用人工拣取方式，人工存取方式的库房内通道的最小宽度的经验值取 0.9～1.0 米，如表 15-6 所示。

表 15-6　通道宽度计算表

通道类型	计算公式	
主通道	主通道=2 辆堆高机宽度+0.9 米	
储存通道	储存通道宽度≥2 辆堆高机宽度+0.9 米	
人行通道	人行宽度为 $W=d\times w\times n/v$ 其中，人员通过速度 v，单位时间通过人数 n，两人并排行走所需最短距离 d，人身宽约 w，每一人员在通道上行走瞬间需要的空间为 $d\times w$	
通道类型和使用设备	**宽度（米）**	**转弯半径（米）**
中枢主通道	3.5～6	
辅助通道	3	
人行通道	0.75～1	
重型平衡式堆高机	3.5～4	3.5～4
前置式堆高机	2.5～3	2.5～3
窄巷道式堆高机	2～2.5（1100 毫米×1100 毫米托盘）	1.7～2
人	0.5	
手推车	1	

（3）地面重叠堆垛高度计算也需要根据货物货高、堆码层数和抬货高度来确定。

$$\mathrm{HL}=N\times \mathrm{HA}+\mathrm{FA} \tag{15-2}$$

$$H_e=\mathrm{HL}+a \tag{15-3}$$

式中，HL 为最大举升货高；N 为堆码层数；HA 为货高；FA 为抬货高度；H_e 为梁下有效高度；a 为梁下间隙。

其中，抬货高度 FA 一般采用经验值 0.3 米，梁下间隙的经验值一般用 0.5 米。

6. 中转场流动线路规划

规划设计中转场的货物流动线路时，设计混合式的流动线路规划具体实施步骤如下：

（1）预估区域内的模块面积大小和长宽比例。

（2）决定进出港月台位置及场内物流路线。

（3）布置面积较大且长宽比例不易变更的区域。

（4）布置面积较小且长宽比例可变更调整的区域。

（5）布置行政管理和办公区域。

一般的流动路线有 I 形、L 形、U 形、S 形四种，作业区域间需要设置哪种流动路线形式，需要进行比较和分析，根据中转场出入口设计，选择 S 形布置作业区域及货物中心通道更符合实际情况，如图 15-4 所示。

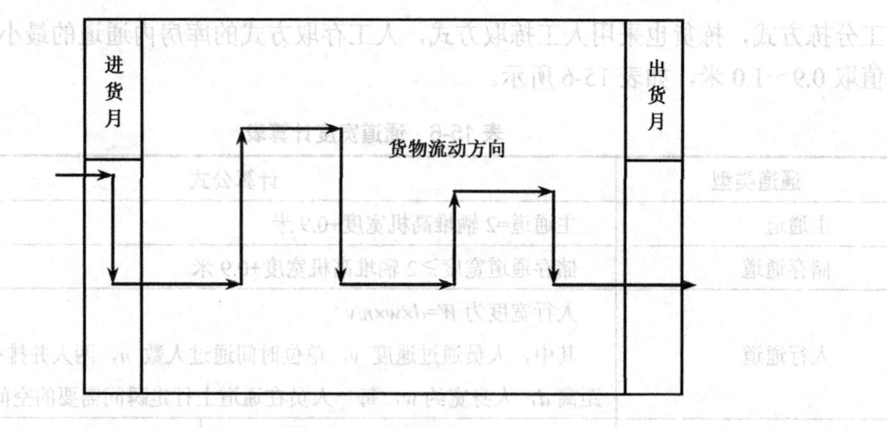

图 15-4 货物路径

15.3.2 一级中转场规划

1. 功能区相对位置布置

根据 SLP 模型，分拣中心各个作业区相互关系结果如图 15-5 所示。

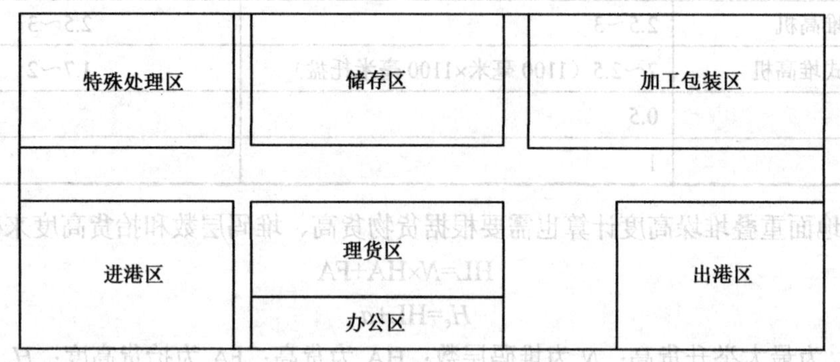

图 15-5 分拣中心各作业区关系图

重设后的分拣中心出入库布局由原来的直线型变为 U 形结构，这种结构根据中转场各个功能分区的关联程度和实际需要来布置，同时，根据客户分类，设置了大客户处理区，实施专人负责大客户快件等增值服务，留住大客户，吸引更多的中高端客户享受 SF 服务。

2. 一级中转场航班配置

根据国外相关研究成果，航空运输业务需求的增长速度与 GDP、城市人口发展呈正相关关系。从实际的运行情况来看：571 出港的航班最多能够承担的货运量为 400 吨/日，755 进港的航班最多能够承担的货运量为 500 吨/日。

分析 SF 公司目前主要的航空运输，业务量周转量最大的为北京和深圳两个城市。以深圳为例，根据其机型和单位成本，可建立航班配置模型，求出能满足需求量的最小成本。

深圳的日均快件周转量为 183 493+340 065=523 558（千克），即约为 525 吨。建立航空快递供需（产销）不平衡的运输问题模型如表 15-7 所示。

表 15-7 航空快递供需表

机 型	单小时成本（元）			业载（吨）
	每天飞行 4 小时	每天飞行 6 小时	每天飞行 8 小时	
B737	4.5	4	3.5	14
B757	7.5	7	6.5	28
A300	8.5	8	7.5	40
Am	0	0	0	443
需求量	175	175	175	525

模型建立如下：

目标函数型为：

$$\min Z = \sum_{i=1}^{n}\sum_{j=1}^{n} C_{ij}X_{ij} \quad (15\text{-}4)$$

约束函数为：

$$\sum_{i=1}^{m} X_{ij} = a_i, i = 1,2,\cdots,m$$

$$\sum_{j=1}^{n} X_{ij} \leqslant b_j, j = 1,2,\cdots,n$$

$$X_{ij} \geqslant 0, i = 1,2,\cdots,m, j = 1,2,\cdots,n$$

采用 ORS 软件计算运输规划的问题，得出最优解为：

x_{32}=15，x_{23}=10，x_{22}=40，x_{34}=20，运输总成本 F=565 万元。

从计算结果可得出，采用 A300 机型的全货机每天飞行 6 小时、B757 机型的货机每天飞行 6 小时和 8 小时配置航班可使成本最小化。

15.3.3 二级中转场规划

1．二级中转场布局

SF 的二级中转场主要承担着区域性的快件周转工作，内部布局与一级中转场类似，其作业流程区别于一级中转场的环节主要体现在快件的分拣上，二级中转场采用人工分拣方式，处理快件的时效性远远低于一级中转场。要做好二级中转场处理区时，需要先做好中转场内部规划布局。

在二级中转场内部规划中，计划增加代收货款处理区，顺应 SF 电子商务的发展。在代收货款处理区中，同时，在中转场内部布局中，同样设置大客户处理区，大客户是 SF 公司收入的重要来源。增设大客户处理区，实行大客户区别对待。具体布置如图 15-6 所示。

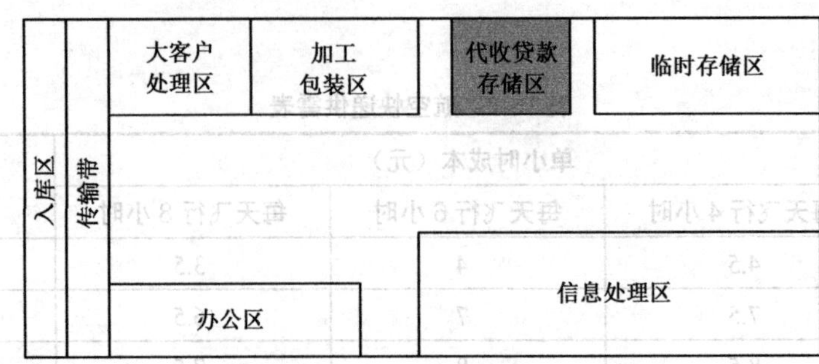

图 15-6　二级中转场内部布置

2．车辆调度方式与配送路径

有时限双向配送车辆优化调度模型。在制订配送方案时，既要考虑将客户需要的货物从配送中心送到各个客户，又要考虑将客户产生或供应的货物从客户取到配送中心，分别确定送货的配送路线和取货的配送路线。

（1）模型的描述。用多台配送车辆将客户需求的货物从配送中心送到各个客户，并将客户供应的货物从客户取到配送中心，每个客户的位置一定，其货物需求量和供应量一定，需求时间窗和供应时间窗也一定，每台配送车辆的载重量一定，其一次配送的最大行驶距离一定，要求合理安排车辆的配送路线和行车时间，使目标函数得到优化（这里设优化目标有两个：一是使配送总运距最短，二是使配送企业因未能将货物在客户指定的时间窗内送到或取走而遭受的惩罚最小）。

（2）模型的约束条件。

① 车辆在配送过程中的载货量不超过其最大载重量。

② 每条配送路径的长度不超过配送车辆一次配送的最大行驶距离。

③ 每个客户的需求的货物必须送到，供应的货物必须取走。

④ 客户需求的货物要在客户指定的需求时间窗内送到，客户供应的货物也要在客户指定的供应时间窗内取走。

（3）模型的建立。根据以上限定，硬时间窗双向配送车辆优化高度问题的求解思路，可建立硬时间窗双向配送车辆优化调度问题的基于直观描述的数学模型：

目标函数：

$$\min Z=\sum_{i=1}^{n}\left[\sum_{j=1}^{n}dr_{k(i-1)}r_{ki}+dr_{kn_k}r_{k0}\times \text{sign}\ (n_k)\right] \tag{15-5}$$

约束函数：

$$\sum_{i=1}^{n}qr_{ki}\leqslant Qk$$

$$\sum_{i=1}^{n}ur_{ki}+\sum_{i=1}^{n}qr_{ki}\leqslant Qk$$

$$\sum_{i=1}^{n}ur_{ki}\leqslant Dk$$

$$\sum_{i=1}^{n} n_k = 2L$$

$$R_k = \left\{ r_{ki} \middle| r_{ki} \in \{1,2,\cdots,2L\}, i = 1,2,\cdots,n_k \right\}$$

$$R_{ki} \cap R_{k2} = \varnothing, \quad \forall k_1 \neq k_2$$

$$Sr_{k(i-1)} + tr_{k(i-1)} + ta \times (qr_{k(i-1)} + tr_{k(i-1)}r_{ki}) = sr_{ki}(i),\ i = 1,2,\cdots,n_k$$

$$t_i = \max\{a_i - s_i, 0\},\ i = 1,2,\cdots,2L$$

$$s_i \leqslant b_i = 1,2,\cdots,2L$$

$$\text{sign}(n_k) = \begin{cases} 1, & n_k \geqslant 1 \\ 0, & \text{其他} \end{cases}$$

（4）模型分析。结合 SF 的实际情况，根据福建省的一个陆运干线枢纽和 3 个需求点坐标，客户的货物供应量和需求量，各个需求点的供应和需求时间窗、车辆的最大载重量和一次配送的最大行驶距离等，可把这 3 个客户拆分为 6 个客户，进而把模型转化为包括 6 个客户的单时间窗问题。客户 1～3 表示需求客户，货物需求量取原问题中客户的需求量，其供应量为 0，其要求服务的时间窗为原客户的需求时间窗。客户 4～6 为供应客户，其供应量为原客户的供应量，需求量为 0，其要求服务的时间窗为原客户的供应时间窗，两个客户的位置均与原客户相同。

目前，SF 在整个华南区有 10 台配送车辆，车辆的载重量为 7.3 吨和 11.2 吨两种型号，需要向 6 个城市送快件和取快件，各自的需求量、供应量、时间窗、陆运干线枢纽到客户的运距和各个客户之间的距离如表 15-8 所示。

表 15-8 客户点坐标与需求量

客户编号	1	2	3	4	5	6
横坐标 x	8	38	22	8	38	22
纵坐标 y	10	27	20	10	27	20
距离 D_k（千米）	720	150	70	720	150	70
货物需求量 $q(t)$	19.963	9.428	5.756	0	0	0
货物供应量 $u(t)$	0	0	0	34.595	1.559	2.484

设福建省陆运干线枢纽泉州的编号为 0，坐标为（118.5E，24.5N），以泉州为中心点建立坐标系，则将各点坐标转化成相对坐标值。设 0（30 千米，20 千米），用 1、4 代表深圳，2、5 代表福州，3、6 代表厦门。各客户之间的距离：深圳—福州：840 千米，深圳—厦门：650 千米，福州—厦门：220 千米。.

设配送车辆在行驶过程中的平均行驶速度为千米/小时，一次配送的最大行驶距离不计，配送车辆在客户处的装货和卸货时间不计。要求使目标函数（配送总里程最短）得到优化。

（5）模型求解。在用禁忌搜索算法对此问题求解时采用以下运行参数：对不可行路径的惩罚权重取 300 千米，迭代步数取 400，每次迭代共搜索当前解的 40 个邻居，禁忌长度取 5。随机求解 10 次，求得计算结果如表 15-9 所示。

表 15-9　禁忌搜索算法计算结果

计算次序	1	2	3	4	5
配送总距离（千米）	1 898.2	1 907.4	1 903.3	1 904.2	1 912.0
使用的车辆数（辆）	4	4	3	4	4
首次搜索到最终解的迭代步数	312	382	311	231	145
计算时间（秒）	1.70	1.76	1.70	1.70	1.65
计算次序	6	7	8	9	10
配送总距离（千米）	1 908.9	1 907.7	1 899.3	1 904.1	1 898.5
使用的车辆数（辆）	4	4	3	4	3
首次搜索到最终解的迭代步数	304	346	359	321	269
计算时间	1.70	1.71	1.69	1.70	1.71

（6）结果分析。从表 15-9 可看出，用禁忌搜索算法对上述模型的 10 次求解中，都得到了质量较高的解，其配送总里程的平均值为 1 902.6 千米，平均每条线路使用的车辆数为 3.7 辆，即到每个配送点共需要 7.4 辆车，比已知条件平均节省 2.6 辆，其中第 3 次得到的解最接近平均值，其配送总里程为 1 903.3 千米，这个解对应的 3 条配送路径分别为 0—1—4—3—5—2—6；0—3—5—2—6—1—4；0—2—6—1—4—3—5；即从泉州出发，分别依次向深圳、福州、厦门发车，向深圳发车采用 2.7 辆 11.2 吨的车辆，即可采用两辆 11.2 吨和 7.3 吨的货车向深圳收递快件，向福州和厦门各采用两辆 7.3 吨的货车收发快件，就可满足各个区域的需求量。

15.3.4　三级中转场规划

SF 的网络节点除了一级和二级中转场外，还包括三级中转场，即基层网点，主要是各分部和点部，它们在功能上除了中转、收件、派件外，还直接与客户联系，能快速了解客户的需求，影响了客户对 SF 的满意度，因此，对基层网点的规划不仅要考虑平面布局和流程设计，还要对客户进行管理，以便及时地响应客户需求。

SF 的基层网点实际上是一个小型的流通型配送中心和转运型仓库，基本上没有储存的功能，仅以转载和暂存周转类快件，或随进随出方式进行配装和送货，单件货物被整合，采用大小货车衔接运输的方式，以一定批量运输到各个节点。由于其收派件的效率直接影响到整个快件处理的时效性，对基层网点的合理布局和流程优化就体现了其重要性。

1. SF 基层网点的布局

基层网点的布局主要是为了解决存储系统的大小、位置分配、存储拣货的方法和成本、效率权衡的问题，主要目标包括：空间利用最大化、设备利用最大化、人员利用最大化、物料损耗最小化、物料搬运高效化。

（1）基层网点的内部功能分区。基层网点类似于仓库，通常包括生产作业区、辅助生产区和行政生活区三大部分组成，而作业区根据其功能，可以将仓库内部作业区分为卸货验收区、储存保管区、配货发货区、加工区等组成。

各个分区的功能如表 15-10 所示。

表 15-10　各区域功能介绍

功能区		主要功能
作业区	发货暂存区	暂存经过检验、未能及时装车的货物
	卸货验收区	商品到达后的卸货、清点、检验、分类、入库等工作
	分拣区	进行货物分拣与配装作业
	加工区	根据客户需要进行必要的货物加工，包括分装、混装、包装等流通加工作业
	发货区	对货物进行查验、待送前暂存和发货，同时也包括运输货物的线路和接靠货车的站台、场地
辅助作业区		是为商品储运保管工作服务的辅助车间或服务站，也包括退货区、变电室、维修车间、车库和油库等
行政区		处理营业事务和内部指挥管理的场所

（2）基层网点作业区域面积规划。作业区域空间规划在整个物流中心规划设计中占有重要的地位，这一规划的优劣将直接影响到运营成本、物流作业效率以及整个物流中心的效益。通过对各个区域的分析，可估计各区域的面积，同时还要估计各区域的内部通道、外面通道面积以及预留面积，最后确定各个区域的总面积。

2．ZGC 分部规划设计

（1）ZGC 分部快件量 EIQ 分析和未来业务量的预测。由 ZGC 分部 2009 年月收件量统计可求出年收件量为 1 433 250 件，采用 ABCD 组合派工后，各个片区的平均增长率为 5.27%，可预测出 ZGC 分部在 2010 年及未来 5 年的业务量，如表 15-11 所示。

表 15-11　ZGC 分部业务量预测

年　份	预测业务量（件）
2009	1 433 250
2010	1 508 782
2011	1 588 295
2012	1 671 998
2013	1 760 112
2014	1 852 870
2015	1 950 516

到 2009 年年底，SF 快递在 ZGC 高科技园区有 187 人，分部下辖 6 个点部，每个点部下辖 5 到 10 个组合区域，共 37 个组合区域，每个区域下辖 1 到 4 个单元区域，共 50 个单元区域，在 ZGC 分部的 16 个片区采用 ABCD 组合派工后，各片区的业务量快速增长。根据 SF 在这些片区内的业务量，为了更好地掌握订单信息和出入库数量，从订单

特征分析物流状态，得出诸如从物流中心卷烟的规格分布及ABC分类、入出库频次及时间特征等内容，以对分点作出更合理的规划，可对SF在该区域内的进出库和暂存快件量进行EIQ分析，即从客户订单、品项、数量数据出发，进行出货特性的分析，并依此进行系统布局、出入库设备设备能力计算、自动化程度和装卸搬动系统进行设计。

由于快递企业的运送的产品品项繁多，但是每一张订单上的产品品项是单一的，而且快递企业不需通过分析每一品项的出货量来确定库存的品种和数量，因此，对I和K不做考虑，即在此不讨论IQ、IK，单从时间维度上考虑订单量和出货量，如每日、每月、高峰日、高峰月等，不管是对于手工分拣线、半自动分拣线、还是全自动分拣线的卷烟分拣货格数量确定，结合SF的实际，选择EQ（订单量）和TQ（出货量）进行分析。业务量汇总情况如表15-12所示。

表15-12 ZGC分部在16个片区的收件量

片区名称	增长率	订单出货数量（件）				收件占比	累计比例
		2009年9~12月	2010年1~8月	全年订单出货量（EQ）	累计出货量（EQ）		
HL1	2.10%	17 330	42 827	60 157	60 157	7.05%	7.05%
HL2							
KM1	2.21%	18 652	45 838	64 490	124 647	7.59%	14.64%
KM2							
ZC1	5.10%	12 699	35 788	48 487	173 134	5.20%	19.82%
ZC2							
ZF	4.41%	7 826	21 347	29 173	202 307	3.20%	23.04%
DH	4.78%	13 440	37 310	50 750	253 057	5.50%	28.54%
E-WORLD	4.08%	7 219	19 383	26 602	279 659	2.95%	31.49%
DH	4.78%	13 440	37 309	50 749	330 408	5.50%	36.99%
ZHY	4.05%	8 322	22 312	30 634	361 042	3.40%	40.39%
KC	5.72%	5 219	15 151	20 370	381 412	2.14%	42.53%
HJ	6.57%	8 277	25 016	33 293	414 705	3.40%	45.93%
XQD	11.82%	6 022	23 352	29 374	444 079	2.50%	48.43%
CYTD	6.36%	5 114	15 300	20 414	464 493	2.10%	49.53%
DH1	6.11%	6 043	17 865	23 908	488 401	2.48%	52.01%
总和		129 603	358 798	488 401			

由表15-12可看出ZGC分部在各个片区内的业务量，收件市场份额较大的片区主要有HL、KM、ZC和DH四个片区。分析历史订单，可预测未来的需求状况，以此改善分部规模、内部布局和作业流程，如图15-7所示。

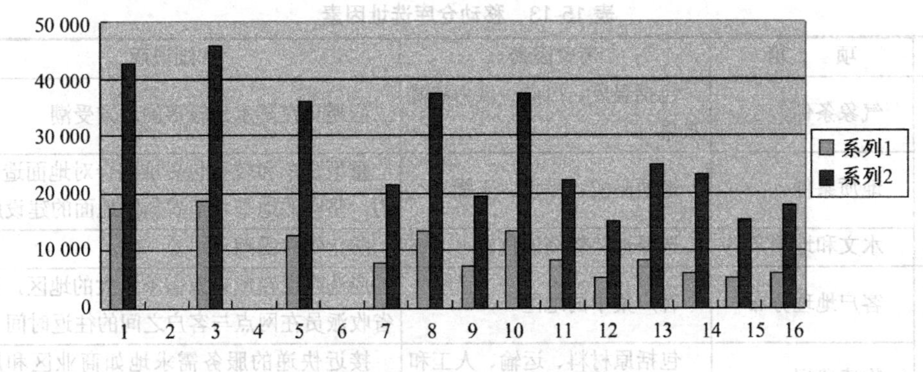

图 15-7 各片区业务量增长情况

绘出 EQ 和 TQ 分布图，如图 15-8 所示。

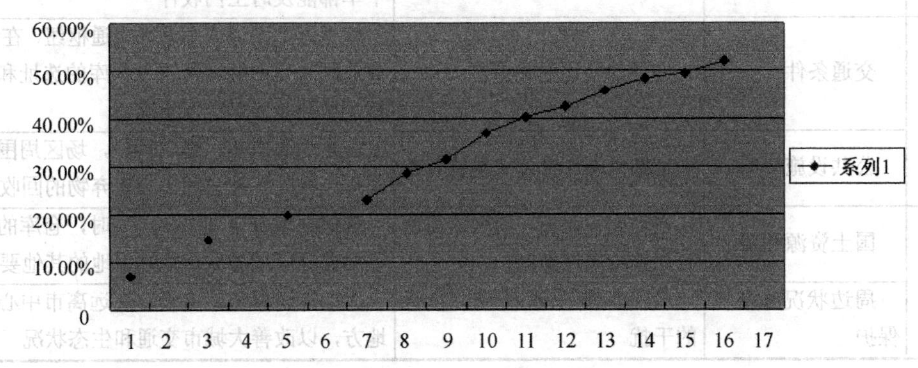

图 15-8 各片区出货量累计比例

由业务量分布图可用 ABC 分析法将一特定百分比内的主要订单或产品找出，以作进一步的分析及重点管理。通常先以出货量排序，以占前 20%及 50%的订单件数（或品项数），计算所占出货量的百分比，并作为重点分类的依据。如表 15-12 中，ZGC 分部在采用 ABCD 组合派工后的业务量增长到 488 401 件，因此，它的分部平面布局、仓库容量、机器设备和员工效能必须能够满足现在和未来的需求量，据此对 ZGC 分部的布局和流程作出优化。如根据业务量的 EQ（订单量）分析可了解零售户每次订货的数量分布，决定着送货包装的单位，以及分拣系统和配送系统的效率。根据 TQ（出货量）可得出基于时间订单数量，进而分析系统能力需求，也是确定分拣系统能力、搬运设备能力、各暂存区能力等功能区和处理能力的规划依据。

（2）ZGC 分部移动仓库的选址因素考虑。ZGC 分部为了提高快件收派效率，缩短收派员在客户处的时间，采取在人口密集区建立移动仓库的模式，使分部的业务量和人均效能得到了很大的改善，因此，移动仓库的选址对提高快件收派时效性有很重要的影响。随着业务量的增长，移动仓库的选址也必须考虑更多的客户需求因素，如表 15-13 所示。

表 15-13　移动仓库选址因素

分类	项　目	考虑因素	详细说明
自然条件因素	气象条件	包括温度、风向、风力和降水量	应避免在降水量较多的地方受潮
	地质条件	地质坚实、平坦、干燥	重型货车和较重包裹堆码会对地面造成压力，坚实的地基可节省加固地面的建设成本
	水文和地形条件	选择地势较高的位置	防止快件受潮
经营环境因素	客户地理分布	客户集中的地区	应选在现在或未来需求量大的地区，可节省收派员在网点与客户之间的往返时间
	物流费用	包括原材料、运输、人工和建设成本	接近快递的服务需求地如商业区和居民区，可缩短路程，降低运输费用
	服务水平	保证快速满足客户需求	移动仓库的布局必须保证客户在任何时候下单都能及时上门收件
基础设施方案	交通条件	方便的交通运输条件	应靠近主干道或车站等交通枢纽，在 ZGC 商业区，交通拥堵严重，仓库的选址和线路规划必须能应对突发状况
	公共设施	道路、通信等公共设施齐备	充足的水电热、燃气供应，场区周围要有固体废物处理能力和包装废弃物的回收利用
其他因素	国土资源利用	占地面积足够，周围还需留有足够的发展空间	应根据地价合理选择，同时，仓库的布局还要兼顾区域与城市规划用地的其他要素
	周边状况和环境保护	应尽可能降低对城市生活的干扰	大型转运枢纽，应设置在远离市中心区的地方，以改善大城市交通和生态状况

（3）ZGC 分部的内部功能分区。ZGC 分部作为 SF 的基层网点，除了需要具备其普遍性业务和功能外，还需要对中关村高科技园区的大客户进行管理，为其提供增值服务。为快速调整、适应需求量不断增长所带来的竞争压力，分部必须利用现有的服务资源，向核心大客户提供增值服务，因此在其内部功能划分和各区域面积规划上也需要体现其特殊性，如表 15-14 所示。

表 15-14　ZGC 分部的内部功能区

功能区		主要功能
作业区	发货暂存区	暂存经过检验、未能及时装车的货物
	卸货验收区	商品到达后的卸货、清点、检验、分类、入库等工作
	分拣区	进行货物分拣与配装作业
	加工区	根据客户需要进行必要的货物加工，包括分装、混装、包装等流通加工作业
	发货区	货物查验、待送前暂存和发货，包括运输货物的线路和接靠货车的站台、场地
	退货区	投递失败和损坏的快件的暂存区
办公区		处理营业事务和应急系统的场所，包括客户资料和相关文件
VIP 客户服务区		形成 VIP 客户绿色通道并对大客户进行管理，以向其提供差异化的服务

（4）ZGC 分部作业区域面积规划。根据对 ZGC 分部在未来 5 年的业务量的预测，

可规划出其在未来的内部功能分区和各作业区域面积，以便对货物进行更方便的管理，向客户提供更快速的服务。

储存区面积：对周转快且直接堆放的货品，采用荷重计算法计算其储存区面积。ZGC 分部 2009 年收件量为 1 433 250 件，以票均重量为 2.68 千克计算，可得出 ZGC 分部 2009 年全年为 3 841.11 吨，由于储存物品的仓库地面荷载标准为 7.0 千牛顿/平方米，可推导出单位有效面积平均承重能力的平均值为 0.5 吨/平方米，仓库利用系数取经验值 0.4，年平均工作日 300 天，快件平均储备期为 0.5 天。

$$s=\frac{Q\times T}{T_0\times q\times \alpha}=\frac{3\,841.11\times 0.7}{300\times 0.5\times 0.4}=44.8\ （平方米） \qquad (15\text{-}6)$$

通过条件可得出仓库面积为 44.8 平方米，2009 年 ZGC 分部的作业区域面积为 200 平方米，由此可看出仓库（发货暂存区和分拣区）所占的面积仅占 22.4%，对快递业务量不断增长的 ZGC 分部来说，必然会出现无法满足需求量的情况。

通道宽度：通道宽度一般根据物料周转量、物料尺寸和库内搬运设备尺寸等决定单向还是双向运行，进而确定通道宽度。SF 对不符合运输要求的快件提供纸箱加固包装服务，其包装纸箱通常采用的规格是 360 毫米×300 毫米×200 毫米，但最大的规格六号纸箱规格为 700 毫米×400 毫米×320 毫米，而快递行业标准要求快件的单件包装规格任何一边的长度不宜超过 150 厘米，因此最大物料宽度为 0.4 米，ZGC 分部主要采用人工分拣方式拣货，库房内通道的安全间隙的可取经验值 0.9～1.0 米。

库房高度设计：在储存空间中，库房的有效高度要受货物的高度和其他因素的限制。SF 对不规则快件的包装规格最大高度为 320 毫米，快递行业标准要求单件快件最高不得超过 1.5 米，快件纸箱的承载力较小，至多能采用两层货物堆码，ZGC 分部采用人工拣取的方式，抬货高度可用经验值 0.3 米，梁下尺寸也可用经验值 0.5 米。

$$\text{HL}=N\times\text{HA}+\text{FA}=2\times1.5+0.3=3.3\ （米）$$

$$H_e=\text{HL}+a=2\times1.5+0.3+0.5=3.8\ （米）$$

由计算结果可看出，要使快件的包装箱能堆码两层，仓库的高度至少要达到 3.3 米。ZGC 分部作业区域平面布局：2009 年，ZGC 分部的作业区面积仅有 200 平方米，根据其业务量，可得出其原来的平面布局如图 15-9 所示。

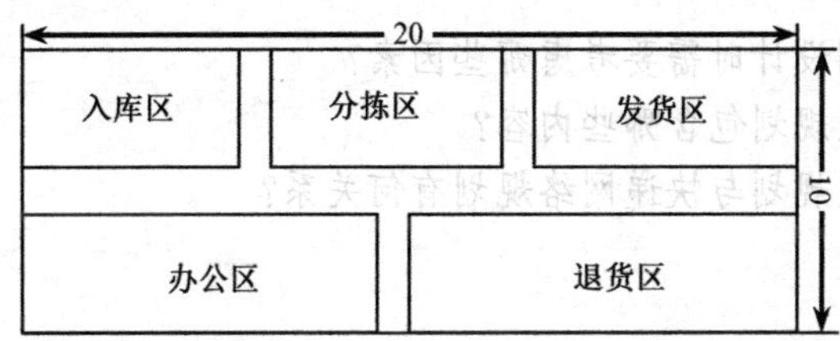

图 15-9　原作业区平面布局

由于需求量的不断增加，ZGC 分部的面积扩大到 600 平方米，内部布局也必须发生相应的改变以满足其业务量的增长，优化后的内部布局如图 15-10 所示。

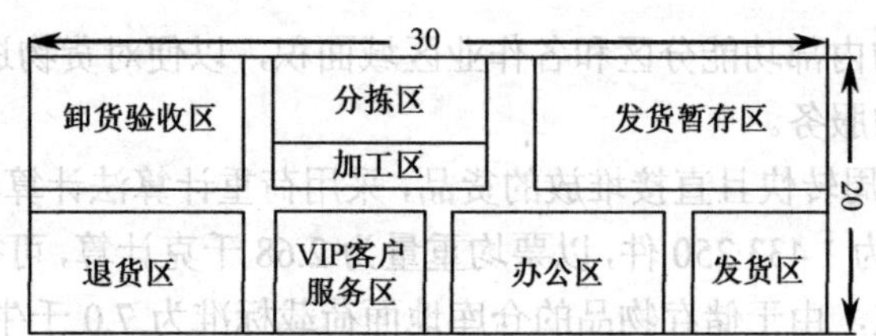

图 15-10 作业区平面布局优化

方案总结

本方案在充分研读和分析案例的基础上，查阅了大量资料和相关文献，并结合 SF 自身的特点进行了方案的优化设计。

方案在基于价值链和网络系统集成的理论下，针对 SF 的发展状况和特点，提出了符合 SF 实际的价值链分析模型，并运用“世界级物流竞争力分析模型”对 SF 进行了分析和总结，在对 SF 快件量预测的基础上，制定发展战略，最终得出方案的设计方向。方案以网络优化为主导，增值服务为辅助，结合对 SF 信息系统和呼叫中心的整合和规划，进行方案设计并辐射解决其他方面的问题。使得快递过程中的每个环节都最大限度地贡献价值，形成一个具有强大竞争力的价值链网络，从而提升 SF 的整体实力。

方案在网络优化设计方面，综合运用了各种模型和方法对 SF 的网络现状进行优化和资源整合：首先，通过对 SF 速运网络节点、航空和干线枢纽及分拨中心的选址优化，使得 SF 的网络布局更加科学、合理；通过对航空和陆运网络的整合规划，极大地集成了 SF 现有的运输资源，提高了资源利用率；其次，在科学选址的基础上，对分拨中心的内部功能和布局进行规划，重点对 ZGC 高新科技园分部进行了规划设计，其中包括 ZGC 的布局、客户划分、快件流程优化等；最后，对 SF 速运的整体快件流程进行优化设计，包括了快件生命周期的规划和分拨中心流程的优化，提高了 SF 的收、派件速度。

复习思考

1．快递网络规划设计时需要考虑哪些因素？
2．快递网络节点规划包含哪些内容？
3．快递网络节点规划与快递网络规划有何关系？

参考文献

[1] 中国物流与采购联合会，中国物流学会．中国物流管理优秀案例集[M]．北京：中国财富出版社，2016．

[2] 钱智．物流管理经典案例剖析——物流师培训辅导教材[M]．北京：中国经济出版社，2007．

[3] 牛鱼龙．中国物流百强案例[M]．重庆：重庆大学出版社，2007．

[4] 中国物流学会．中国物流学术前沿报告（2014—2015）[C]．北京：中国物资出版社，2014．

[5] 中国物流与采购联合会．中国物流与采购信息化优秀案例集[M]．北京：中国财富出版社，2016．

[6] 周兴建，蔡丽华．现代物流管理概论[M]．北京：中国纺织出版社，2016．

[7] 田凤权，沈向东．物流管理案例分析[M]．北京：电子工业出版社，2010．

[8] 张理．现代物流案例分析（第二版）[M]．北京：水利水电出版社，2008．

[9] 宋方．现代物流案例教学与实例[M]．北京：中国财富出版社，2007．

[10] 黎继子．供应链管理[M]．北京：机械工业出版社，2011．

[11] 邵正宇，周兴建．物流系统规划与设计（第二版）[M]．北京：北京交通大学出版社，2014．

[12] 李学工．现代物流方案策划与设计[M]．北京：机械工业出版社，2011．

[13] 周兴建．现代仓储管理与实务[M]．北京：北京大学出版社，2012．

[14] 汪佑民．配送中心规划与管理[M]．北京：经济科学出版社，2013．

[15] 黎继子．电子商务物流[M]．北京：中国纺织出版社，2016．

[16] 王清斌．物流方案设计（高等物流）[M]．大连：东北财经大学出版社，2012．

[17] 徐天芳，江舰．物流方案策划与设计[M]．北京：高等教育出版社，2005．

[18] 刘江鸿．物流方案设计浅谈[J]．物流技术，2012（10）：65-68．

[19] 周兴建．物流管理专业课程案例教学策略研究[J]．教育教学论坛. 2014(1): 82-83.

[20] 孙家庆，等．指导大学生物流方案设计的探索与实践[J]．航海教育研究，2012(2): 62-64.

[21] ZHOU Xing-jian, DONG Hai-ying. Cultivation mode for logistics intellectuals base on combining of schooling education and professional certification [J]. Advances in Education Research, 2012(5):126-133.

[22] 周兴建, 蔡丽华, 万星．学科竞赛与案例教学融合下的“互联网+教学”模式[J]．教育现代化, 2016(6):102-103.

反侵权盗版声明